普通高等职业教育“十三五”规划教材

21世纪高职高专会计类专业课程改革规划教材

税法与纳税会计

（第三版）

主　编　薛有奎
副主编　李巧俐　缪金和　李智英
参　编　张　静　冯洪涛　王新玉

中国人民大学出版社

·北京·

前　言

高等职业教育的目标是顺应时代发展的需要，为生产、建设、服务第一线培养应用型复合人才。本着“基础理论以必需和够用为度，专业知识重点放在成熟的技术和管理规范上”的原则，结合高职高专会计专业自身特点，依据多年的教学与实践经验，编者编写了本教材。

1. 本教材内容

本教材内容涉及增值税、消费税、关税、企业所得税、个人所得税、资源税、土地增值税、房产税、城市维护建设税与教育费附加、车船税、印花税、契税、城镇土地使用税的税收规定、税额计算与会计处理。

2. 本教材结构

本教材分为十个学习情境。学习情境一：税法与纳税会计概述；学习情境二：增值税及账务处理；学习情境三：消费税及账务处理；学习情境四：关税及账务处理；学习情境五：企业所得税及账务处理；学习情境六：个人所得税及账务处理；学习情境七：资源税及账务处理；学习情境八：土地增值税及账务处理；学习情境九：其他各税种及账务处理；学习情境十：纳税综合实训。

每个学习情境后均附有课后练习，为方便教学，题目基本按知识点的顺序编排。

3. 本教材特色

（1）内容前沿。本教材根据最新的税收法律法规、规章制度及现行的《企业会计准则》进行编写，内容准确、规范，具有鲜明的时代特征，符合不断变化的政策倾向和政策要求。

（2）校企合作，实用性强。本教材编写人员为高职院校教学经验丰富的骨干教师以及实践经验丰富的企业专业人员。教材突出实际应用能力的培养，将税法理论与税务会计处理融为一体，实现边学边练、重点突破，有利于学生做到理论与实践的结合。

（3）仿真模拟。本教材中的学习情境十采用大量与纳税实务相近的图表进行模拟训练，使学生的学习更加直观和接近实际，通过对涉税业务的模拟核算，进行所涉税种的计算、填制、申报等业务的模拟训练，进而达到对所学知识的充分理解和有效运用，最大限度地提高学生的综合素质与实践技能，实现“零试用期”的目标。

（4）具有拓展性。本教材根据高职高专学生学习层次不同的特点，增加了“拓展阅读”和“深度阅读”项目，以更好地满足高职高专学生的学习需要。

（5）兼顾学历课程内容与职业资格应试内容。本教材的内容符合高等职业学历教育和相关职业资格考试的要求，不仅可以满足高职高专学生相关专业的知识所需，而且可以为职业资格考试打下坚实的理论基础。每个学习情境后的课后练习精选了历年会计初级职称考试的部分经典题目，为学生参加会计初级、中级职称考试打下良好的基础。

本书由潍坊工程职业学院薛有奎担任主编，由潍坊工程职业学院李巧俐、东营科技职业学院缪金和、山东尧王置业有限公司李智英担任副主编，潍坊工程职业学院张静、冯洪涛、王新玉参加了编写工作。书中例题习题中的年份采用20×9等形式，相关解答均采用2018年1月底适用的会计、税法等规定，敬请读者注意!

在本教材的编写过程中，我们参考了大量的文献资料。在此，我们向这些文献的作者表示诚挚的谢意!

由于税法和会计的相关准则、制度、法律法规和规章仍然处于适时调整状态，且随着经济的发展也会出现一些新情况，本书部分内容可能涉及不到，加之编者水平和精力有限，不足之处在所难免，敬请读者批评指正。

编　者

目录

学习情境一
税法与纳税会计概述

教学目标

1. 了解税法法律关系、税法的构成要素；
2. 了解我国现行税法体系；
3. 了解纳税会计的含义；
4. 了解纳税会计的职能；
5. 熟悉纳税会计的核算方法；
6. 熟悉企业的纳税程序。

单元一 税法概述

一、税法的含义

税法是国家制定的用以调整国家与纳税人之间在征纳税方面的权利及义务关系的法律规范的总称，是国家及纳税人依法征税、依法纳税的行为准则。税法的目的是保障国家利益和纳税人的合法权益，维护正常的税收秩序，保证国家的财政收入。从形式特征来看，税收具有强制性、无偿性、规范性的特点。

二、税法法律关系

（一）税法法律关系的构成

税法法律关系在总体上与其他法律关系一样，是由权利（力）主体、权利（力）客体和税法法律关系的内容三方面构成的，但在三方面的内涵上，税法法律关系则具有特殊性。

1. 权利（力）主体

权利（力）主体，即税法法律关系中享有权利（力）和承担义务的当事人。在我国税法法律关系中，权利（力）主体一方是代表国家行使征税职责的国家税务机关，包括国家各级税务机关、海关和财政机关；另一方是履行纳税义务的人，包括法人、自然人和其他组织。在华的外国企业、组织、外籍人、无国籍人，以及虽然在华没有机构或场所但有来源于中国境内所得的外国企业或组织等，均属于履行纳税义务的人。在权利（力）主体的确定方面，我国采取的是属地兼属人的原则。

拓展阅读

在税法法律关系中，权利（力）主体双方法律地位平等，但双方是行政管理者与被管理者的关系，所以其权利（力）与义务不对等。这是税法法律关系区别于一般民事法律关系的一个重要特征。

国家税务机关的权力主要表现为依法进行征税、税务检查以及对违章者进行处罚；其义务主要是向纳税人宣传、辅导税法，及时把征收的税款解缴国库，依法受理纳税人对税收争议的申诉等。

纳税义务人的权利主要包括多缴税款申请退还权、延期纳税权、依法申请减免税权、申请复议和提起诉讼权等。其义务主要是按税法规定办理税务登记、进行纳税申报、接受税务检查、依法缴纳税款等。

2. 权利（力）客体

权利（力）客体，即税法法律关系主体的权利（力）、义务所共同指向的对象，也就是征税对象。例如，所得税法律关系客体就是生产经营所得和其他所得，财产税法律关系客体就是财产，流转税法律关系客体就是货物销售收入或劳务收入。

3. 税法法律关系的内容

税法法律关系的内容就是权利（力）主体所享有的权利（力）和所应承担的义务，这是税法法律关系中最实质的东西，也是税法的灵魂。

（二）税法法律关系的产生、变更或消灭

税法法律关系的产生、变更或消灭必须有能够引起税法法律关系产生、变更或消灭的客观情况，也就是由税收法律事实来决定。税收法律事实一般是指税务机关依法征税的行为和纳税人的经济活动行为，发生这种行为才能产生、变更或消灭税法法律关系。例如，纳税人开业经营即产生税法法律关系，纳税人转业或停业就造成税法法律关系的变更或消灭。

（三）税法法律关系的保护

税法法律关系是同国家利益及企业和个人的权益相联系的。保护税法法律关系，实质上就是保护国家正常的经济秩序，保障国家财政收入，维护纳税人的合法权益。税法法律关系的保护形式和方法有很多，税法中关于限期纳税、征收滞纳金和罚款的规定；《中华人民共和国刑法》中对构成骗税罪给予刑罚的规定；以及税法中对纳税人不服税务机关的征税处理，可以申请复议或提出诉讼的规定等都是对税法法律关系的直接保护。税法法律关系的保护对权利（力）主体双方是对等的，不能只对一方保护，而对另一方不予保护，对权利（力）享有者的保护，就是对义务承担者的制约。

三、税法的构成要素

税法的构成要素一般包括总则、纳税义务人、征税对象、税目、税率、纳税环节、

纳税期限、纳税地点、减税免税、罚则、附则等项目。

（一）总则

总则主要包括立法依据、立法目的、适用原则等。

（二）纳税义务人

纳税义务人，即纳税主体，是指一切履行纳税义务的法人、自然人及其他组织。

（三）征税对象

征税对象，即纳税客体，是指税法法律关系中征纳双方权利（力）、义务所指向的物或行为。这是区分不同税种的主要标志，我国现行税收法律法规都有自己特定的征税对象。例如，企业所得税的征税对象就是应税所得，增值税的征税对象就是商品或劳务在生产和流通过程中的增值额。

（四）税目

税目是各个税种所规定的具体征税项目，它是征税对象的具体化。例如，消费税具体规定了烟、酒等税目。

（五）税率

税率是对征税对象的征收比例或征收额度。税率是计算税额的尺度，也是衡量税负轻重的重要标志。我国现行的税率主要包括以下几种。

1. 比例税率

比例税率，即对同一征税对象，不分数额大小，规定相同的征收比例。我国的增值税、城市维护建设税、企业所得税等采用的是比例税率。

2. 超额累进税率

超额累进税率，即把征税对象按数额的大小分成若干等级，每等级规定一个税率，税率依次提高，每一个纳税人的征税对象依所属等级同时适用几个税率分别计算，将计算结果相加后得出应纳税款。目前，采用这种税率的有个人所得税。

3. 定额税

定额税，即按征税对象确定的计算单位，直接规定一个固定的税额。目前，采用定额税的有城镇土地使用税、车船税等。

4. 超率累进税率

超率累进税率，即以征税对象数额的相对率划分若干级距，分别规定相应的差别税率，相对率每超过一个级距，对超过的部分就按高一级的税率计算征税。目前，采用这种税率的是土地增值税。

（六）纳税环节

纳税环节是指税法规定的征税对象在从生产到消费的流转过程中应当缴纳税款的环节。例如，流转税在生产和流通环节纳税，所得税在分配环节纳税等。

（七）纳税期限

纳税期限是指纳税人按照税法规定缴纳税款的期限。例如，企业所得税在月度或者季度终了后15日内预缴，年度终了后5个月内汇算清缴，多退少补；增值税的纳税期限分别为5日、10日、15日、1个月或者1个季度。纳税人的具体纳税期限由主管税务机关根据纳税人应纳税额的大小分别核定，不能按照固定期限纳税的，可以按次纳税。

（八）纳税地点

纳税地点是指根据各个税种纳税对象的纳税环节和有利于对税款源泉的控制而规定的纳税人（包括代征、代扣、代缴义务人）的具体纳税地点。

（九）减税免税

减税免税是指对某些纳税人和征税对象采取减少征税或者免予征税的特殊规定。

（十）罚则

罚则是指对纳税人违反税法的行为采取的处罚措施。

（十一）附则

附则一般规定了与该法紧密相关的内容，如该法的解释权、生效时间等。

四、税法的分类

税法的分类大致有以下几种。

（一）根据基本内容和效力分类

根据基本内容和效力的不同，税法可分为税收基本法和税收普通法。

我国目前还没有制定统一的税收基本法。税收普通法包括《中华人民共和国个人所得税法》《中华人民共和国企业所得税法》《中华人民共和国车船税法》《中华人民共和国环境保护税法》《中华人民共和国税收征收管理法》等。

（二）根据职能作用分类

根据职能作用的不同，税法可分为税收实体法和税收程序法。

《中华人民共和国企业所得税法》《中华人民共和国个人所得税法》属于税收实体法。《中华人民共和国税收征收管理法》属于税收程序法。

（三）根据征收对象分类

1. 对流转额课税的税法

这类税法的特点是与商品生产、流通、消费有密切的联系。增值税、消费税、关税都是对流转额课税。

2. 对所得额课税的税法

企业所得税、个人所得税都是对所得额课税。

3. 对财产、行为课税的税法

房产税、印花税都是对财产、行为课税。

4. 对自然资源课税的税法

该类税法是为保护和合理使用国家自然资源而课税。我国现行的资源税、城镇土地使用税均属于此范畴。

（四）根据主权国家税收管辖权分类

根据主权国家税收管辖权的不同，税法可分为国内税法、国际税法、外国税法。

（五）根据税收收入归属和征收管辖权限分类

根据税收收入归属和征收管辖权限的不同，税法可分为中央税法、地方税法和中央与地方共享税法。

中央税属于中央政府的财政收入，由国家税务总局征收管理，如消费税、关税等。地方税属于各级地方政府的财政收入，由地方税务局征收管理，如城市维护建设税、城镇土地使用税等。中央与地方共享税（如增值税）属于中央政府和地方政府的共同收入，目前主要由国家税务总局征收管理。

五、我国现行税法体系的内容

我国现行税法体系按其性质和作用大致分为以下几部分。

（一）流转税类

流转税类包括增值税、消费税，主要在生产、流通或者服务业中发挥调节作用。

（二）资源税类

资源税类包括资源税、城镇土地使用税，主要对因开发和利用自然资源差异而形成的级差收入发挥调节作用。

（三）所得税类

所得税类包括企业所得税、个人所得税，主要在国民收入形成后，对生产经营者的利润和个人的纯收入发挥调节作用。

（四）特定目的税类

特定目的税类包括城市维护建设税、土地增值税、车辆购置税、耕地占用税、烟叶税，主要是为了达到特定目的，对特定对象和特定行为发挥调节作用。

（五）财产和行为税类

财产和行为税类包括房产税、车船税、印花税、契税，主要对某些财产和行为发挥调节作用。

（六）关税类

关税类的征税对象主要是进出境的货物、物品。

（七）环境保护税类

环境保护税类是以环境保护为目的开征的各个税种的总称，具体包括：1）对排放污染物行为征收的各种排污税；2）对污染产品和资源产品征收的各种产品税；3）对自然资源开采征收的资源税；4）具有环保意义的其他税收。目前，《中华人民共和国环境保护税法》主要规范对排放污染物行为征税。

拓展阅读

除税收实体法外，我国税收征收管理适用的法律制度是税收管理机关分别规定的：由税务机关负责征收的税种的征收管理，按照全国人民代表大会常务委员会发布实施的《中华人民共和国税收征收管理法》执行；由海关机关负责征收的税种的征收管理，按照

《中华人民共和国海关法》及《中华人民共和国进出口关税条例》等有关规定执行。

上述税收实体法和税收程序法的法律制度构成了我国现行税法体系。

拓展阅读

根据税负转移或转嫁问题，税种可分为间接税和直接税。由于流转税都是按照商品和劳务收入计算征收的，而这些税种虽然由纳税人负责缴纳，但最终是由商品和劳务的购买者即消费者负担，所以称为间接税；而所得税类的纳税人本身就是负税人，一般不存在税负转移或转嫁问题，所以将所得税类称为直接税。

单元二 纳税会计概述

一、纳税会计的含义

纳税会计是以国家的现行法令为准绳，以货币计量为基本形式，运用会计学的基本理论和核算方法，连续、系统、全面地对纳税人的税款形成、计算、申报、缴纳、清算的过程进行核算和监督的一门专业会计。纳税会计既涉及会计中的税务问题，又涉及税务中的会计问题，还涉及国家税收和税法，研究领域包括经济学范畴、法学范畴、会计学范畴。

二、纳税会计的发展、目标、职能

（一）纳税会计的发展

纳税会计是社会经济发展到一定阶段的产物。税法与会计准则为税收制度的发展和会计准则的不断完善以及二者的相互协调，为纳税会计的独立与财务会计的分离提供了条件。

纳税会计大致经历了四个阶段：一是国家税收会计与财务会计独立并存阶段；二是税收会计与财务会计相互影响、互促发展阶段；三是税收会计与财务会计适当分离，各司其职阶段；四是税收会计、财务会计、纳税会计分离并存阶段。

（二）纳税会计的目标

纳税会计的目标是向税务机关、投资人等纳税会计信息使用者提供有助于税务决策的会计信息，其具体的工作目标体现在以下三个方面。

1. 维护国家利益，履行纳税义务

纳税会计要以国家的现行税法为依据，在财务会计有关资料的基础上，正确进行与税款形成、计算、申报、缴纳有关的会计处理，为税务机关及时提供真实的纳税信息。

2. 协调与财务会计的关系

纳税会计要以国家现行税法为准绳，要按会计法规做调整分录，还要在财务报告中正确披露有关纳税的会计信息。它与财务会计是相互补充、相互服务、相互依存的关系。

两者作为企业会计的重要组成部分，只有相互配合、相互协调，才能完成各自的具体目标，才能为企业共同的目标服务。

3. 实施纳税筹划，实现最优税负决策

纳税会计涉及的是与企业纳税有关的特定领域。在企业经营的各个环节，事先进行税负测算，做出税负最轻的决策，并在事后进行税负分析，是纳税会计的主要目标，也是纳税人权利的具体体现。

（三）纳税会计的职能

纳税会计具有一般会计的共性职能，即核算和监督职能，但由于纳税会计只对纳税人的涉税经济活动进行会计核算，因此，其核算和监督职能是特定的。具体地说，纳税会计的职能，一是正确核算纳税人的涉税会计事项，二是监督纳税人依法纳税。

正确核算纳税人的涉税会计事项是指纳税会计根据国家的税收法律制度和会计准则等，全面、客观、系统地反映企业生产与经营过程中的纳税活动，包括应纳税款的形成、计算、缴纳、退补等，从而为国家组织税收提供可靠的依据。通过纳税会计核算的税务活动及提供的资料，还可以促进企业改善经营管理，提高经济效益。

监督纳税人依法纳税是指纳税会计根据国家的税收法令和有关方针、政策、制度等，通过一系列会计核算和监督的方法，监督企业应纳税款的形成、申报、缴纳情况，监督企业收益的分配。通过纳税会计对企业纳税活动进行监督和控制，可以保证国家税收法令的贯彻实施。

三、纳税会计的对象

纳税会计的对象是纳税人涉税经济活动的货币表现方面，包括纳税人的涉税业务活动和履行纳税义务业务活动，是应纳税款的形成、计算、缴纳、退补、罚款等活动的货币表现。纳税会计的对象具体包括以下几个方面。

（一）收入

收入是指企业在日常活动中形成的、与所有者投入资本无关的、会导致所有者权益增加的经济利益的总流入。

拓展阅读

会计上确认的收入与税法上的应税收入既有联系又有区别。如何确认与核算各项收入，不仅是计算增值税、消费税、流转税的依据，也是计算企业所得税的基础。

（二）费用

费用是指企业在日常活动中所发生的与所有者利润分配无关的、会导致所有者权益减少的经济利益的总流出。

拓展阅读

会计上确认的费用与税法上的应税费用既有联系又有区别。如何确认与核算企业经营过程中的各项成本与费用，直接关系到有关税款（特别是企业所得税）的计算和缴纳的正确性。

（三）利润（或亏损）

利润（或亏损）是指企业在一定会计期间的经营成果。利润包括收入减去费用后的净额、直接计入当期损益的利得和损失等。企业利润总额形成的正确性，直接影响企业所得税应纳税所得额的确定以及所得税的计算和缴纳。

拓展阅读

企业按会计准则的规定确认的当期损益，与按税法规定计算的应纳税所得额之间往往存在差异，在计算应纳企业所得税时，需要按税法规定予以纳税调整。

（四）税款计算与缴纳

负有纳税义务的企业既要严格按照税法的规定正确计算应纳税款，按照法定程序编制纳税申请表，正确、及时地解缴税款入库，也要根据会计准则进行记账、算账、报账。

（五）税收减免

税收减免是国家对某些纳税人或征税对象采取减少征税或免予征税的特殊规定，是国家税收优惠政策的具体体现。减免税必须严格按照税法规定的管辖权限、减免范围和减免幅度进行计算和审批。因税收减免而引起纳税人收回退还的税款等经济业务，企业应当通过纳税会计的核算、申报、收取和登记。

四、纳税会计的核算方法

纳税会计的核算方法是在传统会计方法的基础上，结合纳税会计特征形成的。

（一）设置账户

纳税会计要全面、连续、系统地反映和监督纳税人的涉税事项，涉及的账户主要包括“应交税费”及其明细账户、“税金及附加”“所得税费用”“递延所得税资产”“递延所得税负债”“以前年度损益调整”“营业外收入”“其他应收款”等。

（二）复式记账

纳税会计利用复式借贷记账法对每一项涉税业务以相同的金额，在两个或两个以上的账户中登记，借以反映经济业务的来龙去脉。

（三）填制和审核会计凭证

纳税会计的计税、报税、交税、税款抵扣、税收优惠都必须有合法、合规的凭证。进行纳税会计核算时，应注意取得和填制合法、合规的涉税业务原始凭证，在此基础上填制记账凭证，并认真加以审核，根据审核无误的会计凭证确认税款抵扣、登记账户、计算缴纳税款、申请税收优惠等。纳税会计有关凭证包括纳税申报表、扣缴个人所得税报告表、定额税款通知书、预缴税款通知单、支付个人收入明细表、税收缴款书、税收完税证、代扣代缴税款凭证、税收罚款收据、税收收入退还书、出口产品完税分割单、印花税销售凭证、增值税专用发票、减免凭证。

（四）计算计税成本、费用、损失、应税收入

依照税法的要求，考虑并正确计算计税成本、费用、损失是纳税会计必不可缺的过

程。例如，增值税的计税营业额中有的要包括价外费用。企业财务会计核算的收入往往与税法规定的计税收入范畴不一致，因此，企业的纳税会计要按税法的规定正确确认应税收入。

（五）差异调整、纳税计算

会计和税收的差异表现在许多方面，尤其是在收益的确认方面。企业应按税法、暂行条例和实施细则规定的方法对某一会计期间的会计收益进行调整，正确计算当期应缴税款，并做相应的账务处理。

（六）纳税申报及税款缴纳、编制纳税会计报表

纳税申报是纳税人在发生纳税义务后，按税务机关规定的内容和期限，向主管税务机关以书面报表的形式写明有关纳税事项及应纳税额所必须履行的法定手续。纳税会计报表是总括反映纳税人在一定纳税期间涉税事项的书面报告。

五、企业的纳税程序

企业依法纳税的一般程序为：纳税登记、账证管理、纳税申报、税款缴纳、接受税务稽查。

（一）纳税登记

根据规定，2018 年 1 月 1 日后一律使用加载统一代码的营业执照（营业执照、组织机构代码证、税务登记证、社会保险登记证和统计登记证五证合一），按照《中华人民共和国税收征收管理法》相关规定，在营业执照办领后及时办理或变更相关事项（最迟不得超过 30 日）：（1）税务机关补录涉税基础信息（包括房产、土地、车船等财产信息、银行账号、财务负责人信息、代扣代缴、代收代缴税款业务情况等），生产经营地、财务负责人、核算方式等基础信息发生变更的向税务机关申报变更；（2）在领取营业执照之日起 15 日内将财务、会计制度或财务、会计处理办法报送主管税务机关备案，在开立存款账户之日起 15 日内，向主管税务机关报告全部账号；（3）填写“增值税一般纳税人资格登记表”办理增值税一般纳税人资格登记制；（4）税务机关审核确定纳税人所适用的税种、税目、税率、报缴税款的期限、征收方式和缴库方式；（5）首次领购发票的，按税务机关要求提交资料，凭“发票领购簿”核定的票种及数量领购发票；（6）办理注销登记的，向主管税务机关提出清税申报，填报“清税申报表”。税务机关在结清应纳税款、多退（免）税款、滞纳金和罚款，缴销发票和税控设备后，由受理方税务机关出具“清税证明”，申请人持“清税证明”向企业登记机关申请办理注销登记。

（二）账证管理

根据《中华人民共和国税收征收管理法》和《中华人民共和国税收征收管理法实施细则》的有关规定，所有纳税人和扣缴义务人都必须按照有关法律法规和国务院、财政部、税务主管部门的规定设置账簿。所有纳税人和扣缴义务人都必须根据合法有效的凭证进行账务处理。

（三）纳税申报

纳税申报是纳税程序的中心环节。它是纳税人在发生纳税义务后，按税务机关规定

的内容和期限，向主管税务机关以书面报表的形式写明有关纳税事项及应纳税款所履行的法定手续。

（四）税款缴纳

纳税人在纳税申报后，应按照法定的方式、期限将税款解缴入库，这是纳税人完全履行纳税义务的标志。税款缴纳的方式主要包括自核自缴方式、申报核实缴纳方式、申报查验缴纳方式、定额申报缴纳方式。

（五）接受税务稽查

税务稽查是纳税检查的一种形式，是税务稽查部门实施的有计划的专业检查工作，是税务机关以税收法律法规为依据对纳税人是否履行纳税义务的情况以及偷逃税行为进行审核和查处的一项税收管理工作。

六、税务行政复议与税务行政诉讼

（一）税务行政复议

1. 税务行政复议的概念

税务行政复议是按税法的规定，纳税人或其他当事人与国家税务机关就其主管纳税事项发生争议时，纳税人或其他当事人可以提出复议申请，由主管税务机关或其上级税务机关对其争议进行复查的制度。税务行政复议的主体是税务机关，税务行政复议的范围只能在其主管事项范围内。税务行政复议是我国行政复议制度的重要组成部分，是纳税人的重要权利。

2. 税务行政复议的范围

（1）属于必经复议范围的具体行政行为。必经复议是指根据税收法律法规的规定，对税务机关的具体行政行为不服的当事人，必须首先经过税务行政复议程序，对复议结果仍然不服的，才可进行税务行政诉讼。属于必经复议范围的具体行政行为包括征收税款，加收滞纳金，审批减免税和出口退税，扣缴义务人或受税务机关委托征收的单位做出的代扣代缴、代收代缴行为。

（2）属于选择复议范围的具体行政行为。选择复议是指发生税务行政争议后，纳税人、扣缴义务人或其他当事人既可以经过复议阶段，对复议结果不服的再提出行政诉讼，也可以直接向人民法院起诉。除上述必经复议的税务行为外，其余大部分的税务行政争议均属于选择复议范围。

（二）税务行政诉讼

税务行政诉讼是指公民、纳税人或者其他组织认为税务机关和税务机关工作人员的具体征税等行政行为侵犯了其合法权益，有权向人民法院提起诉讼。

拓展阅读

（1）行政复议机关受理申请人对税务机关下列具体行政行为不服提出的行政复议申请：

1）征税行为，包括确认纳税主体、征税对象、征税范围、减税、免税、退税、抵扣税款、适用税率、计税依据、纳税环节、纳税期限、纳税地点和税款征收方式等具体行政行为，征收税款、加收滞纳金，扣缴义务人、受税务机关委托的单位和个人作出的代扣代缴、代收代缴、代征行为等。

(2) 行政复议机关：

1) 对各级国家税务局的具体行政行为不服的，向其上一级国家税务局申请行政复议。

2) 对各级地方税务局的具体行政行为不服的，可以选择向其上一级地方税务局或者该税务局的本级人民政府申请行政复议。

省、自治区、直辖市人民代表大会及其常务委员会、人民政府对地方税务局的行政复议管辖另有规定的，从其规定。

3) 对国家税务总局的具体行政行为不服的，向国家税务总局申请行政复议。对行政复议决定不服，申请人可以向人民法院提起行政诉讼，也可以向国务院申请裁决。国务院的裁决为最终裁决。

4) 对计划单列市国家税务局的具体行政行为不服的，向国家税务总局申请行政复议；对计划单列市地方税务局的具体行政行为不服的，可以选择向省地方税务局或者本级人民政府申请行政复议。

5) 对税务所（分局）、各级税务局的稽查局的具体行政行为不服的，向其所属税务局申请行政复议。

6) 对两个以上税务机关共同作出的具体行政行为不服的，向共同上一级税务机关申请行政复议；对税务机关与其他行政机关共同作出的具体行政行为不服的，向其共同上一级行政机关申请行政复议。

7) 对被撤销的税务机关在撤销以前所作出的具体行政行为不服的，向继续行使其职权的税务机关的上一级税务机关申请行政复议。

8) 对税务机关作出逾期不缴纳罚款加处罚款的决定不服的，向作出行政处罚决定的税务机关申请行政复议。但是对已处罚款和加处罚款都不服的，一并向作出行政处罚决定的税务机关的上一级税务机关申请行政复议。

单元三　税务行政许可登记实训

一、实训目的

掌握税务行政许可事项，熟练填写税务行政许可申请表及相关资料。

二、实训资料

大树十字坡餐饮有限公司于 20×8 年 1 月 5 日在北京市工商行政管理局办理注册登记，领取了营业执照。营业执照字号：企总副字第 01268 号；地址：北京市和平区和平路 112 号，生产、经营地址相同；邮政编码：100080；经营范围：主营餐饮、客房、娱乐服务，兼营烟酒、歌舞厅；经营方式：服务、零售；法定代表人：张青，身份证号码为

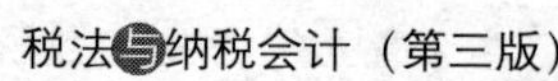

370721197108120579；公司注册资本为 1 500 万元人民币，经营期限 20 年，从业人员 540 人；开户银行：北京市工商银行马连道分理处，银行账号为 41002653038××××××98。该公司财务部经理是牛二，办税人员是王伦。该公司于 20×8 年 1 月 26 日开始营业，现应到税务机关办理税务行政许可。

三、实训任务

（1）企业印制发票审批。

（2）对纳税人延期缴纳税款的核准。

（3）对纳税人延期申报的核准。

（4）对纳税人变更纳税定额的核准。

（5）增值税专用发票（增值税税控系统）最高开票限额审批。

（6）对采取实际利润额预缴以外的其他企业所得税预缴方式的核定。

深度阅读

税收知识：http：//www.chinatax.gov.cn/n810351/n810901/n848183/c1161494/content.html

纳税服务 http：//www.chinatax.gov.cn/n810346/index.html

税制简介：http：//szs.mof.gov.cn/zhengwuxinxi/shuizhijianjie/

关税司（关税政策研究中心）：http：//gss.mof.gov.cn/

《国家税务总局关于“三证合一”登记制度改革涉及增值税一般纳税人管理有关事项的公告》（国家税务总局公告 2015 年第 74 号）

《税务行政复议规则（2015 年修正）》（国家税务总局令第 39 号）

《国家税务总局关于税务行政许可若干问题的公告》（国家税务总局公告 2016 年第 11 号）

课后练习

一、单项选择题

1. 下列各项中，属于税法法律关系权利客体的是（　　）。

A. 纳税人　　B. 税率　　C. 课税对象　　D. 纳税义务

2. 下列税收法律中，属于税收程序法的是（　　）。

A.《中华人民共和国企业所得税法》

B.《中华人民共和国税收征收管理法》

C.《中华人民共和国增值税暂行条例实施细则》

D.《中华人民共和国房产税暂行条例》

3. 根据规定，有权制定税收行政法规的是（　　）。

A. 全国人民代表大会及其常务委员会　　B. 国务院

C. 财政部　　D. 国家税务总局

4. 下列各项中，按课税对象的性质分类的税种有（　　）。

A. 所得税　　B. 直接税　　C. 地方税　　D. 从量税

5. 下列各项中，属于土地增值税税率形式的是（　　）。

A. 全额累进税率　　B. 定额税率

C. 超额累进税率　　D. 超率累进税率

二、多项选择题

1. 下列各项中，可以成为税法法律关系权利（力）主体的有（　　）。

A. 税务部门　　B. 在我国境内有所得的外国企业

C. 海关部门　　D. 在我国境内有所得的外籍个人

2. 下列各项中，属于纳税主体权利（力）的有（　　）。

A. 请求延期纳税　　B. 按期办理纳税申报

C. 委托税务代理　　D. 申请行政复议前缴纳税款、滞纳金

3. 下列各项中，属于流转税的有（　　）。

A. 增值税　　B. 消费税　　C. 房产税　　D. 所得税

4. 在我国现行的下列税种中，属于财产行为税类的是（　　）。

A. 房产税　　B. 印花税　　C. 车船税　　D. 消费税

5. 某大型超市在20×9年度缴纳的下列税种中，属于地方税务局征收的有（　　）。

A. 增值税　　B. 房产税　　C. 印花税　　D. 车船税

6. 按照税收管理和使用权限分类，可以将我国税种分为中央税、地方税和中央地方共享税。下列各项中，属于共享收入的税种是（　　）。

A. 增值税　　B. 消费税　　C. 契税　　D. 土地增值税

7. 下列税种中，属于地方税的有（　　）。

A. 增值税　　B. 房产税　　C. 车船税　　D. 土地增值税

8. 税收实体法由多种要素构成。下列各项中，不属于税收实体法基本要素的有（　　）。

A. 纳税担保人　　B. 纳税义务人　　C. 征税人　　D. 税务代理人

三、实训题

（一）企业概况

（1）企业名称：北京五湖电器有限公司。

（2）地址：北京市长安街888号。

（3）法定代表人：王平。

（4）注册资本：380万元（北京市东明股份有限公司占66%，汪华占34%）。

（5）企业类型：有限责任公司。

（6）经营范围及产品：制造并销售电热器、电风扇。

（7）开户银行：工商银行北京长安里支行（基本户）。

（8）银行账号：81451058675081002。

（9）孙立：财务部长；刘浩：负责出纳核算；张晶：负责工资薪金核算；李涛：负责资产物资核算；吴静：负责往来核算；张琴：负责收入、期间费用和利润的核算；吴江：负责成本核算；赵莉：负责总账报表核算；宋文：负责资金业务核算；韩江：负责公司涉税业务核算。

(10) 从业人员：260 人。

(11) 经营期限：15 年。

20×8 年 1 月 5 日，该公司在北京市工商行政管理局办理注册登记，领取营业执照后，于 20×8 年 1 月 26 日开始营业，现应到税务机关办理税务登记。

(二) 实训任务

(1) 企业印制发票审批。

(2) 对纳税人延期缴纳税款的核准。

(3) 对纳税人延期申报的核准。

(4) 对纳税人变更纳税定额的核准。

(5) 增值税专用发票（增值税税控系统）最高开票限额审批。

(6) 对采取实际利润额预缴以外的其他企业所得税预缴方式的核定。

学习情境二 增值税及账务处理

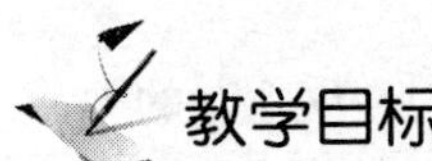

教学目标

1. 熟悉增值税的含义和征税范围；
2. 了解一般纳税人与小规模纳税人的认定标准；
3. 掌握一般纳税人增值税应纳税额的计算；
4. 掌握小规模纳税人增值税应纳税额的计算；
5. 掌握进口货物增值税的计算；
6. 掌握出口货物退（免）税的计算；
7. 熟悉增值税专用发票的使用及管理；
8. 掌握增值税的账务处理；
9. 掌握增值税会计报表的编制。

单元一 增值税概述

一、增值税的含义

增值税是流转税的主要税种之一，最初于 1917 年由耶鲁大学的亚当斯教授提出，被称为营业毛利税。1921 年，法国的西蒙斯正式将这一税种冠名为增值税。1954 年，法国政府率先采用增值税。目前，我国增值税税法的基本规范是 1993 年 12 月 13 日由国务院颁布的，根据 2016 年 2 月 6 日《国务院关于修改部分行政法规的决定》第一次修订，根据 2017 年 11 月 19 日《国务院关于废止〈中华人民共和国营业税暂行条例〉和修改〈中华人民共和国增值税暂行条例〉的决定》第二次修订，自 2009 年 1 月 1 日起实施的《中华人民共和国增值税暂行条例》（以下简称《增值税暂行条例》）以及经国务院批准，财政部、国家税务总局于 2016 年 3 月 23 日发布的《关于全面推开营业税改征增值税试点的通知》（以下简称《营改增试点》）。《增值税暂行条例》规范销售或进口货物、提供加工修理修配劳务的销售货物应税劳务行为。《营改增试点》规范销售服务、销售无形资产、销售不动产的应税服务行为。其中，销售服务是指提供交通运输服务、邮政服务、电信服务、建筑服务、金融服务、现代服务、生活服务。

拓展阅读

增值税是以销售或进口的货物、提供的加工修理修配劳务以及销售服务、无形资产、不动产应税行为的销售额计算税款，并实行税款抵扣的一种流转税，具有避免重复征税、普遍征税、多环节征税、税负公平、属于价外税的特点。

二、征税范围

（一）销售或进口货物、提供加工修理修配劳务

货物是指有形动产，包括电力、热力、气体在内。

加工是指受托加工货物，即委托方提供原料及主要材料，受托方按照委托方的要求制造货物并收取加工费的业务；修理修配是指受托方对损伤或丧失功能的货物进行修复，使其恢复原状和功能的业务。

（二）销售服务、销售无形资产、销售不动产

在中华人民共和国境内有偿提供销售服务、销售无形资产或者不动产应税行为。

其中，有偿是指取得货币、货物或者其他经济利益。在境内销售服务、无形资产或者不动产是指：(1) 服务（租赁不动产除外）或者无形资产（自然资源使用权除外）的销售方或者购买方在境内；(2) 所销售或者租赁的不动产在境内；(3) 所销售自然资源使用权的自然资源在境内；(4) 财政部和国家税务总局规定的其他情形。

拓展阅读

下列非经营活动的情形不缴纳增值税：

(1) 行政单位收取的同时满足以下条件的政府性基金或者行政事业性收费：1) 由国务院或者财政部批准设立的政府性基金，由国务院或者省级人民政府及其财政、价格主管部门批准设立的行政事业性收费；2) 收取时开具省级以上（含省级）财政部门监（印）制的财政票据；3) 所收款项全额上缴财政。

(2) 单位或者个体工商户聘用的员工为本单位或者雇主提供取得工资的服务。

(3) 单位或者个体工商户为聘用的员工提供服务。

(4) 各党派、共青团、工会、妇联、中科协、青联、台联、侨联收取党费、团费、会费，以及政府间国际组织收取会费，属于非经营活动，不征收增值税。

(5) 财政部和国家税务总局规定的其他情形。

拓展阅读

下列情形不属于在境内销售服务或者无形资产：

(1) 境外单位或者个人向境内单位或者个人销售完全在境外发生的服务。

(2) 境外单位或者个人向境内单位或者个人销售完全在境外使用的无形资产。

(3) 境外单位或者个人向境内单位或者个人出租完全在境外使用的有形动产。

(4) 境外单位或者个人发生的下列行为不属于在境内销售服务或者无形资产：1) 为

出境的函件、包裹在境外提供的邮政服务、收派服务；2）向境内单位或者个人提供的工程施工地点在境外的建筑服务、工程监理服务；3）向境内单位或者个人提供的工程、矿产资源在境外的工程勘察勘探服务；4）向境内单位或者个人提供的会议展览地点在境外的会议展览服务。

（5）财政部和国家税务总局规定的其他情形。

1. 交通运输服务

交通运输服务是指利用运输工具将货物或者旅客送达目的地，使其空间位置得到转移的业务活动。包括陆路运输服务、水路运输服务、航空运输服务和管道运输服务。

（1）缆车运输、索道运输属于陆路运输服务；出租车公司向使用本公司自有出租车的出租车司机收取的管理费用，按照陆路运输服务缴纳增值税。

（2）水路运输的程租、期租业务属于水路运输服务。程租业务，是指运输企业为租船人完成某一特定航次的运输任务并收取租赁费的业务。期租业务，是指运输企业将配备有操作人员的船舶承租给他人使用一定期限，承租期内听候承租方调遣，不论是否经营，均按天向承租方收取租赁费，发生的固定费用均由船东负担的业务。

（3）航空运输的湿租业务，属于航空运输服务。湿租业务，是指航空运输企业将配备有机组人员的飞机承租给他人使用一定期限，承租期内听候承租方调遣，不论是否经营，均按一定标准向承租方收取租赁费，发生的固定费用均由承租方承担的业务。

（4）航天运输服务，按照航空运输服务缴纳增值税。航天运输服务，是指利用火箭等载体将卫星、空间探测器等空间飞行器发射到空间轨道的业务活动。

（5）无运输工具承运业务，按照交通运输服务缴纳增值税。无运输工具承运业务，是指经营者以承运人身份与托运人签订运输服务合同，收取运费并承担承运人责任，然后委托实际承运人完成运输服务的经营活动。

2. 邮政服务

邮政服务是指中国邮政集团公司及其所属邮政企业提供邮件寄递、邮政汇兑和机要通信等邮政基本服务的业务活动。包括邮政普遍服务、邮政特殊服务和其他邮政服务。

邮政普遍服务是指函件、包裹等邮件寄递，以及邮票发行、报刊发行和邮政汇兑等业务活动。

邮政特殊服务是指义务兵平常信函、机要通信、盲人读物和革命烈士遗物的寄递等业务活动。

其他邮政服务是指邮册等邮品销售、邮政代理等业务活动。

3. 电信服务

电信服务，是指利用有线、无线的电磁系统或者光电系统等各种通信网络资源，提供语音通话服务，传送、发射、接收或者应用图像、短信等电子数据和信息的业务活动。包括基础电信服务和增值电信服务。

基础电信服务是指利用固网、移动网、卫星、互联网，提供语音通话服务的业务活动，以及出租或者出售带宽、波长等网络元素的业务活动。

增值电信服务是指利用固网、移动网、卫星、互联网、有线电视网络，提供短信和彩信服务、电子数据和信息的传输及应用服务、互联网接入服务等业务活动。

卫星电视信号落地转接服务，按照增值电信服务缴纳增值税。

4. 建筑服务

建筑服务是指各类建筑物、构筑物及其附属设施的建造、修缮、装饰，线路、管道、设备、设施等的安装以及其他工程作业的业务活动。包括工程服务、安装服务、修缮服务、装饰服务和其他建筑服务。

工程服务是指新建、改建各种建筑物、构筑物的工程作业，包括与建筑物相连的各种设备或者支柱、操作平台的安装或者装设工程作业，以及各种窑炉和金属结构工程作业。

安装服务是指生产设备、动力设备、起重设备、运输设备、传动设备、医疗实验设备以及其他各种设备、设施的装配、安置工程作业，包括与被安装设备相连的工作台、梯子、栏杆的装设工程作业，以及被安装设备的绝缘、防腐、保温、油漆等工程作业。

修缮服务是指对建筑物、构筑物进行修补、加固、养护、改善，使之恢复原来的使用价值或者延长其使用期限的工程作业。

装饰服务是指对建筑物、构筑物进行修饰装修，使之美观或者具有特定用途的工程作业。

其他建筑服务是指上列工程作业之外的各种工程作业服务，如钻井（打井）、拆除建筑物或者构筑物、平整土地、园林绿化、疏浚（不包括航道疏浚）、建筑物平移、搭脚手架、爆破、矿山穿孔、表面附着物（包括岩层、土层、沙层等）剥离和清理等工程作业。

拓展阅读

固定电话、有线电视、宽带、水、电、燃气、暖气等经营者向用户收取的安装费、初装费、开户费、扩容费以及类似收费，按照安装服务缴纳增值税。

5. 金融服务

金融服务是指经营金融保险的业务活动。包括贷款服务、直接收费金融服务、保险服务和金融商品转让。

贷款服务是指将资金贷与他人使用而取得利息收入的业务活动。

直接收费金融服务是指为货币资金融通及其他金融业务提供相关服务并且收取费用的业务活动。包括提供货币兑换、账户管理、电子银行、信用卡、信用证、财务担保、资产管理、信托管理、基金管理、金融交易场所（平台）管理、资金结算、资金清算、金融支付等服务。

保险服务是指投保人根据合同约定，向保险人支付保险费，保险人对于合同约定的可能发生的事故因其发生所造成的财产损失承担赔偿保险金责任，或者当被保险人死亡、伤残、疾病或者达到合同约定的年龄、期限等条件时承担给付保险金责任的商业保险行为。包括人身保险服务和财产保险服务。

金融商品转让是指转让外汇、有价证券、非货物期货和其他金融商品所有权的业务活动。

其他金融商品转让包括基金、信托、理财产品等各类资产管理产品和各种金融衍生品的转让。

拓展阅读

（1）各种占用、拆借资金取得的收入，包括金融商品持有期间（含到期）利息（保本收益、报酬、资金占用费、补偿金等）收入、信用卡透支利息收入、买入返售金融商品利息收入、融资融券收取的利息收入，以及融资性售后回租、押汇、罚息、票据贴现、转贷等业务取得的利息及利息性质的收入，按照贷款服务缴纳增值税。

（2）以货币资金投资收取的固定利润或者保底利润，按照贷款服务缴纳增值税。

（3）保本收益、报酬、资金占用费、补偿金是指合同中明确承诺到期本金可全部收回的投资收益。金融商品持有期间（含到期）取得的非保本的上述收益，不属于利息或利息性质的收入，不征收增值税。

（4）纳税人购入基金、信托、理财产品等各类资产管理产品持有至到期，不属于金融商品转让。

（5）证券公司、保险公司、金融租赁公司、证券基金管理公司、证券投资基金以及其他经人民银行、银监会、证监会、保监会批准成立且经营金融保险业务的机构发放贷款后，自结息日起90天内发生的应收未收利息按现行规定缴纳增值税，自结息日起90天后发生的应收未收利息暂不缴纳增值税，待实际收到利息时按规定缴纳增值税。

（6）再保险的相关规定：1）境内保险公司向境外保险公司提供的完全在境外消费的再保险服务，免征增值税；2）试点纳税人提供再保险服务（境内保险公司向境外保险公司提供的再保险服务除外），实行与原保险服务一致的增值税政策。再保险合同对应多个原保险合同的，所有原保险合同均适用免征增值税政策时，该再保险合同适用免征增值税政策。否则，该再保险合同应按规定缴纳增值税。

（7）保险公司开展共保业务时，按照以下规定开具增值税发票：1）主承保人与投保人签订保险合同并全额收取保费，然后再与其他共保人签订共保协议并支付共保保费的，由主承保人向投保人全额开具发票，其他共保人向主承保人开具发票；2）主承保人和其他共保人共同与投保人签订保险合同并分别收取保费的，由主承保人和其他共保人分别就各自获得的保费收入向投保人开具发票。

6. 现代服务

现代服务是指围绕制造业、文化产业、现代物流产业等提供技术性、知识性服务的业务活动。包括研发和技术服务、信息技术服务、文化创意服务、物流辅助服务、租赁服务、鉴证咨询服务、广播影视服务、商务辅助服务和其他现代服务。

（1）研发和技术服务包括研发服务、合同能源管理服务、工程勘察勘探服务、专业技术服务。

1）研发服务是指就新技术、新产品、新工艺或者新材料及其系统进行研究与试验开发的业务活动。

2）合同能源管理服务是指节能服务公司与用能单位以契约形式约定节能目标，节能服务公司提供必要的服务，用能单位以节能效果支付节能服务公司投入及其合理报酬的业务活动。

3）工程勘察勘探服务是指在采矿、工程施工前后，对地形、地质构造、地下资源蕴藏情况进行实地调查的业务活动。

4）专业技术服务是指气象服务、地震服务、海洋服务、测绘服务、城市规划、环境与生态监测服务等专项技术服务。

（2）信息技术服务是指利用计算机、通信网络等技术对信息进行生产、收集、处理、加工、存储、运输、检索和利用，并提供信息服务的业务活动。包括软件服务、电路设计及测试服务、信息系统服务、业务流程管理服务和信息系统增值服务。

1）软件服务是指提供软件开发服务、软件维护服务、软件测试服务的业务活动。

2）电路设计及测试服务是指提供集成电路和电子电路产品设计、测试及相关技术支持服务的业务活动。

3）信息系统服务是指提供信息系统集成、网络管理、网站内容维护、桌面管理与维护、信息系统应用、基础信息技术管理平台整合、信息技术基础设施管理、数据中心、托管中心、信息安全服务、在线杀毒、虚拟主机等业务活动。包括网站对非自有的网络游戏提供的网络运营服务。

4）业务流程管理服务是指依托信息技术提供的人力资源管理、财务经济管理、审计管理、税务管理、物流信息管理、经营信息管理和呼叫中心等服务的活动。

5）信息系统增值服务是指利用信息系统资源为用户附加提供的信息技术服务。包括数据处理、分析和整合、数据库管理、数据备份、数据存储、容灾服务、电子商务平台等。

（3）文化创意服务包括设计服务、知识产权服务、广告服务和会议展览服务。

1）设计服务是指把计划、规划、设想通过文字、语言、图画、声音、视觉等形式传递出来的业务活动。包括工业设计、内部管理设计、业务运作设计、供应链设计、造型设计、服装设计、环境设计、平面设计、包装设计、动漫设计、网游设计、展示设计、网站设计、机械设计、工程设计、广告设计、创意策划、文印晒图等。

2）知识产权服务是指处理知识产权事务的业务活动。包括对专利、商标、著作权、软件、集成电路布图设计的登记、鉴定、评估、认证、检索服务。

3）广告服务是指利用图书、报纸、杂志、广播、电视、电影、幻灯、路牌、招贴、橱窗、霓虹灯、灯箱、互联网等各种形式为客户的商品、经营服务项目、文体节目或者通告、声明等委托事项进行宣传和提供相关服务的业务活动。包括广告代理和广告的发布、播映、宣传、展示等。

4）会议展览服务，是指为商品流通、促销、展示、经贸洽谈、民间交流、企业沟通、国际往来等举办或者组织安排的各类展览和会议的业务活动。

（4）物流辅助服务包括航空服务、港口码头服务、货运客运场站服务、打捞救助服务、装卸搬运服务、仓储服务和收派服务。

1）航空服务包括航空地面服务和通用航空服务。

航空地面服务是指航空公司、飞机场、民航管理局、航站等向在境内航行或者在境内机场停留的境内外飞机或者其他飞行器提供的导航等劳务性地面服务的业务活动。包括旅客安全检查服务、停机坪管理服务、机场候机厅管理服务、飞机清洗消毒服务、空中飞行管理服务、飞机起降服务、飞行通信服务、地面信号服务、飞机安全服务、飞机跑道管理服务、空中交通管理服务等。通用航空服务，是指为专业工作提供飞行服务的业务活动，包括航空摄影、航空培训、航空测量、航空勘探、航空护林、航空吊挂播洒、航空降雨、航空气象探测、航空海洋监测、航空科学实验等。

2）港口码头服务是指港务船舶调度服务、船舶通信服务、航道管理服务、航道疏浚服务、灯塔管理服务、航标管理服务、船舶引航服务、理货服务、系解缆服务、停泊和移泊服务、海上船舶溢油清除服务、水上交通管理服务、船只专业清洗消毒检测服务和防止船只漏油服务等为船只提供服务的业务活动。

3）货运客运场站服务是指货运客运场站提供货物配载服务、运输组织服务、中转换乘服务、车辆调度服务、票务服务、货物打包整理、铁路线路使用服务、加挂铁路客车服务、铁路行包专列发送服务、铁路到达和中转服务、铁路车辆编解服务、车辆挂运服务、铁路接触网服务、铁路机车牵引服务等业务活动。

4）打捞救助服务是指提供船舶人员救助、船舶财产救助、水上救助和沉船沉物打捞服务的业务活动。

5）装卸搬运服务是指使用装卸搬运工具或者人力、畜力将货物在运输工具之间、装卸现场之间或者运输工具与装卸现场之间进行装卸和搬运的业务活动。

6）仓储服务是指利用仓库、货场或者其他场所代客贮放、保管货物的业务活动。

7）收派服务是指接受寄件人委托，在承诺的时限内完成函件和包裹的收件、分拣、派送服务的业务活动。收件服务是指从寄件人收取函件和包裹，并运送到服务提供方同城的集散中心的业务活动。分拣服务是指服务提供方在其集散中心对函件和包裹进行归类、分发的业务活动。派送服务是指服务提供方从其集散中心将函件和包裹送达同城的收件人的业务活动。

拓展阅读

港口设施经营人收取的港口设施保安费按照港口码头服务缴纳增值税。

（5）租赁服务包括融资租赁服务和经营租赁服务。

1）融资租赁服务是指具有融资性质和所有权转移特点的租赁活动。即出租人根据承租人所要求的规格、型号、性能等条件购入有形动产或者不动产租赁给承租人，合同期内租赁物所有权属于出租人，承租人只拥有使用权，合同期满付清租金后，承租人有权按照残值购入租赁物，以拥有其所有权。不论出租人是否将租赁物销售给承租人，均属于融资租赁。按照标的物的不同，融资租赁服务可分为有形动产融资租赁服务和不动产融资租赁服务。

2）经营租赁服务，是指在约定时间内将有形动产或者不动产转让他人使用且租赁物所有权不变更的业务活动。按照标的物的不同，经营租赁服务可分为有形动产经营租赁服务和不动产经营租赁服务。

拓展阅读

1）将建筑物、构筑物等不动产或者飞机、车辆等有形动产的广告位出租给其他单位或者个人用于发布广告，按照经营租赁服务缴纳增值税。

2）车辆停放服务、道路通行服务（包括过路费、过桥费、过闸费等）等按照不动产经营租赁服务缴纳增值税。

3）水路运输的光租业务、航空运输的干租业务，属于经营租赁。1）光租业务是指运输企业将船舶在约定的时间内出租给他人使用，不配备操作人员，不承担运输过程中发生的各项费用，只收取固定租赁费的业务活动。2）干租业务是指航空运输企业将飞机在约定的时间内出租给他人使用，不配备机组人员，不承担运输过程中发生的各项费用，只收取固定租赁费的业务活动。

（6）鉴证咨询服务包括认证服务、鉴证服务和咨询服务。

1）认证服务是指具有专业资质的单位利用检测、检验、计量等技术，证明产品、服务、管理体系符合相关技术规范、相关技术规范的强制性要求或者标准的业务活动。

2）鉴证服务是指具有专业资质的单位受托对相关事项进行鉴证，发表具有证明力的意见的业务活动。包括会计鉴证、税务鉴证、法律鉴证、职业技能鉴定、工程造价鉴证、工程监理、资产评估、环境评估、房地产土地评估、建筑图纸审核、医疗事故鉴定等。

3）咨询服务是指提供信息、建议、策划、顾问等服务的活动。包括金融、软件、技术、财务、税收、法律、内部管理、业务运作、流程管理、健康等方面的咨询。

拓展阅读

翻译服务和市场调查服务按照咨询服务缴纳增值税。

（7）广播影视服务包括广播影视节目（作品）的制作服务、发行服务和播映（含放映，下同）服务。

1）广播影视节目（作品）制作服务是指进行专题（特别节目）、专栏、综艺、体育、动画片、广播剧、电视剧、电影等广播影视节目和作品制作的服务。具体包括与广播影视节目和作品相关的策划、采编、拍摄、录音、音视频文字图片素材制作、场景布置、后期的剪辑、翻译（编译）、字幕制作、片头、片尾、片花制作、特效制作、影片修复、编目和确权等业务活动。

2）广播影视节目（作品）发行服务，是指以分账、买断、委托等方式，向影院、电台、电视台、网站等单位和个人发行广播影视节目（作品）以及转让体育赛事等活动的报道及播映权的业务活动。

3）广播影视节目（作品）播映服务，是指在影院、剧院、录像厅及其他场所播映广播影视节目（作品），以及通过电台、电视台、卫星通信、互联网、有线电视等无线或者有线装置播映广播影视节目（作品）的业务活动。

（8）商务辅助服务包括企业管理服务、经纪代理服务、人力资源服务、安全保护服务。

1）企业管理服务是指提供总部管理、投资与资产管理、市场管理、物业管理、日常综合管理等服务的业务活动。

2）经纪代理服务是指各类经纪、中介、代理服务。包括金融代理、知识产权代理、货物运输代理、代理报关、法律代理、房地产中介、职业中介、婚姻中介、代理记账、拍卖等。

3）人力资源服务，是指提供公共就业、劳务派遣、人才委托招聘、劳动力外包等服务的业务活动。

纳税人提供签证代理服务，以取得的全部价款和价外费用，扣除向服务接受方收取并代为支付给外交部和外国驻华使（领）馆的签证费、认证费后的余额为销售额。向服务接受方收取并代为支付的签证费、认证费，不得开具增值税专用发票，可以开具增值税普通发票。纳税人代理进口按规定免征进口增值税的货物，其销售额不包括向委托方收取并代为支付的货款。向委托方收取并代为支付的款项，不得开具增值税专用发票，可以开具增值税普通发票。

4）安全保护服务，是指提供保护人身安全和财产安全，维护社会治安等的业务活动。包括场所住宅保安、特种保安、安全系统监控以及其他安保服务。

（9）其他现代服务是指除研发和技术服务、信息技术服务、文化创意服务、物流辅助服务、租赁服务、鉴证咨询服务、广播影视服务和商务辅助服务以外的现代服务。

7. 生活服务

生活服务是指为满足城乡居民日常生活需求提供的各类服务活动。包括文化体育服务、教育医疗服务、旅游娱乐服务、餐饮住宿服务、居民日常服务和其他生活服务。

（1）文化体育服务包括文化服务和体育服务。

1）文化服务是指为满足社会公众文化生活需求提供的各种服务。包括：文艺创作、文艺表演、文化比赛，图书馆的图书和资料借阅，档案馆的档案管理，文物及非物质遗产保护，组织举办宗教活动、科技活动、文化活动，提供游览场所。

2）体育服务，是指组织举办体育比赛、体育表演、体育活动，以及提供体育训练、体育指导、体育管理的业务活动。

（2）教育医疗服务包括教育服务和医疗服务。

1）教育服务是指提供学历教育服务、非学历教育服务、教育辅助服务的业务活动。学历教育服务是指根据教育行政管理部门确定或者认可的招生和教学计划组织教学，并颁发相应学历证书的业务活动。包括初等教育、初级中等教育、高级中等教育、高等教育等。非学历教育服务包括学前教育、各类培训、演讲、讲座、报告会等。教育辅助服务包括教育测评、考试、招生等服务。

2）医疗服务是指提供医学检查、诊断、治疗、康复、预防、保健、接生、计划生育、防疫服务等方面的服务，以及与这些服务有关的提供药品、医用材料器具、救护车、病房住宿和伙食的业务。

拓展阅读

境外单位通过教育部考试中心及其直属单位在境内开展考试，教育部考试中心及其直属单位应以取得的考试费收入扣除支付给境外单位考试费后的余额为销售额，按提供“教育辅助服务”缴纳增值税；就代为收取并支付给境外单位的考试费统一扣缴增值税。教育部考试中心及其直属单位代为收取并支付给境外单位的考试费，不得开具增值税专用发票，可以开具增值税普通发票。

（3）旅游娱乐服务包括旅游服务和娱乐服务。

1）旅游服务是指根据旅游者的要求，组织安排交通、游览、住宿、餐饮、购物、文娱、商务等服务的业务活动。

2）娱乐服务是指为娱乐活动同时提供场所和服务的业务。具体包括：歌厅、舞厅、夜总会、酒吧、台球、高尔夫球、保龄球、游艺（包括射击、狩猎、跑马、游戏机、蹦极、卡丁车、热气球、动力伞、射箭、飞镖）。

拓展阅读

在中华人民共和国境内提供娱乐服务的单位和个人缴纳文化事业建设费。娱乐服务应缴费额＝娱乐服务计费销售额×3%；销售额为缴纳义务人提供娱乐服务取得的全部含税价款和价外费用。未达到增值税起征点的缴纳义务人，免征文化事业建设费。

（4）餐饮住宿服务包括餐饮服务和住宿服务。

1）餐饮服务，是指通过同时提供饮食和饮食场所的方式为消费者提供饮食消费服务的业务活动。

2）住宿服务，是指提供住宿场所及配套服务等的活动。包括宾馆、旅馆、旅社、度假村和其他经营性住宿场所提供的住宿服务。

拓展阅读

纳税人以长（短）租形式出租酒店式公寓并提供配套服务的，按照住宿服务缴纳增值税。

（5）居民日常服务是指主要为满足居民个人及其家庭日常生活需求提供的服务，包括市容市政管理、家政、婚庆、养老、殡葬、照料和护理、救助救济、美容美发、按摩、桑拿、氧吧、足疗、沐浴、洗染、摄影扩印等服务。

（6）其他生活服务是指除文化体育服务、教育医疗服务、旅游娱乐服务、餐饮住宿服务和居民日常服务之外的生活服务。

拓展阅读

1）提供餐饮服务的纳税人销售的外卖食品，按照“餐饮服务”缴纳增值税。

2）宾馆、旅馆、旅社、度假村和其他经营性住宿场所提供会议场地及配套服务的活动，按照“会议展览服务”缴纳增值税。

3）纳税人在游览场所经营索道、摆渡车、电瓶车、游船等取得的收入，按照“文化体育服务”缴纳增值税。

4）纳税人提供武装守护押运服务，按照“安全保护服务”缴纳增值税。

5）物业服务企业为业主提供的装修服务，按照“建筑服务”缴纳增值税。

6）纳税人将建筑施工设备出租给他人使用并配备操作人员的，按照“建筑服务”缴纳增值税。

8. 销售无形资产

销售无形资产是指转让无形资产所有权或者使用权的业务活动。无形资产是指不具实物形态，但能带来经济利益的资产，包括技术、商标、著作权、商誉、自然资源使用权和其他权益性无形资产。

（1）技术，包括专利技术和非专利技术。

（2）自然资源使用权，包括土地使用权、海域使用权、探矿权、采矿权、取水权和其他自然资源使用权。

（3）其他权益性无形资产包括基础设施资产经营权、公共事业特许权、配额、经营权（包括特许经营权、连锁经营权、其他经营权）、经销权、分销权、代理权、会员权、席位权、网络游戏虚拟道具、域名、名称权、肖像权、冠名权、转会费等。

9. 销售不动产

销售不动产是指转让不动产所有权的业务活动。不动产，是指不能移动或者移动后会引起性质、形状改变的财产，包括建筑物、构筑物等。

建筑物，包括住宅、商业营业用房、办公楼等可供居住、工作或者进行其他活动的建造物。

构筑物，包括道路、桥梁、隧道、水坝等建造物。

转让建筑物有限产权或者永久使用权的，转让在建的建筑物或者构筑物所有权的，以及在转让建筑物或者构筑物时一并转让其所占土地的使用权的，按照销售不动产缴纳增值税。

（三）视同销售行为

1. 销售货物

(1) 将货物交付他人代销。

(2) 销售代销货物。

(3) 设有两个以上机构并实行统一核算的纳税人将货物从一个机构移送至其他机构用于销售，但相关机构设在同一县（市）的除外。

(4) 将自产、委托加工或购买的货物作为投资，提供给其他单位或个体经营者。

(5) 将自产、委托加工或购买的货物分配给股东或投资者。

(6) 将自产、委托加工的货物用于集体福利或个人消费。

(7) 将自产、委托加工或购买的货物无偿赠送他人。

2. 销售服务、销售无形资产、销售不动产

(1) 单位或者个体工商户向其他单位或者个人无偿提供服务，但用于公益事业或者以社会公众为对象的除外。

(2) 单位或者个人向其他单位或者个人无偿转让无形资产或者不动产，但用于公益事业或者以社会公众为对象的除外。

(3) 财政部和国家税务总局规定的其他情形。

拓展阅读

纳税人出租不动产，租赁合同中约定免租期的，不属于《营改增试点》中规定的视同销售服务。

三、纳税义务人与扣缴义务人

（一）纳税义务人

在中华人民共和国境内销售货物、销售加工修理修配劳务、进口货物、销售服务、转让无形资产或者不动产的单位和个人为增值税的纳税义务人。单位，是指企业、行政单位、事业单位、军事单位、社会团体及其他单位。个人，是指个体工商户和其他个人。

（二）承租人和承包人

(1) 单位以承包、承租、挂靠方式经营的，承包人、承租人、挂靠人（以下统称承包人）以发包人、出租人、被挂靠人（以下统称发包人）名义对外经营并由发包人承担相关法律责任的，以该发包人为纳税人。否则，以承包人为纳税人。

(2) 资管产品运营过程中发生的增值税应税行为，以资管产品管理人为增值税纳税人。

（三）扣缴义务人

境外的单位或个人在境内销售应税劳务而在境内未设有经营机构的，其应纳税款以代理人为扣缴义务人；没有代理人的，以购买者为扣缴义务人。境外单位或者个人在境内发生销售服务、无形资产或者不动产应税行为，在境内未设有经营机构的，以购买方为增值税扣缴义务人。

单元二 纳税人认定及税率

《增值税暂行条例》《营改增试点》将纳税人按其经营规模大小及会计核算健全与否（会计核算不健全是指不能正确核算增值税的销项税额、进项税额和应纳税额）划分为一般纳税人和小规模纳税人。

一、纳税人的认定标准

（一）一般纳税人

一般纳税人是指年应税销售额（包括一个公历年度内的全部应税销售额）超过《增值税暂行条例》《营改增试点》规定的小规模纳税人标准的企业和企业性单位（以下简称企业）。

（二）小规模纳税人

小规模纳税人是指年销售额在规定标准以下，并且会计核算不健全，不能按规定报送有关税务资料的增值税纳税人。

小规模纳税人的标准为：

1. 销售或进口货物、提供加工修理修配劳务的销售应税劳务行为

(1) 从事货物生产或者提供应税劳务的纳税人，以及以从事货物生产或者提供应税劳务为主，并兼营货物批发或者零售的纳税人，年应征增值税销售额（即年应税销售额）在 50 万元以下（含本数，下同）的。

(2) 除 (1) 规定以外的纳税人，年应税销售额在 80 万元以下的。

从事货物生产或者提供应税劳务为主，是指纳税人的年货物生产或提供应税劳务的销售额占年应税销售额的比重在 50%以上。

2. 销售服务、销售无形资产、销售不动产应税服务行为

销售服务、销售无形资产、销售不动产应税行为的年应税销售额不超过 500 万元的。

年应税销售额是指纳税人在连续不超过12个月的经营期内累计应征增值税销售额，含减（免）税销售额、发生境外应税行为销售额以及按规定已从销售额中差额扣除的部分。

应税行为年应税销售额=连续不超过12个月应税行为营业额合计÷（1+3%）

3. 纳税人认定的相关规定

下列纳税人通常不属于一般纳税人：（1）年应税销售额未超过小规模纳税人标准的企业；（2）年应税销售额超过规定标准的其他个人不属于一般纳税人；（3）不经常发生增值税应税行为的企业。

年应税销售额超过规定标准但不经常发生应税行为的单位和个体工商户可选择按照小规模纳税人纳税。

年应税销售额未超过规定标准的纳税人，会计核算健全，能够提供准确税务资料的，可以向主管税务机关办理一般纳税人资格登记，成为一般纳税人。除国家税务总局另有规定外，一经登记为一般纳税人后，不得转为小规模纳税人。

纳税人销售额超过小规模纳税人标准，未申请办理一般纳税人认定手续的，应按销售额依照增值税税率计算应纳税额，不得抵扣进项税额，也不得使用增值税专用发票。

二、税率、征收率与预征率

（1）增值税一般纳税人销售或者进口货物，提供加工、修理修配劳务，除低税率适用范围和销售个别旧货适用征收率外，税率一律为基本税率17%。

（2）增值税一般纳税人销售或者进口下列货物，按低税率11%计征增值税。

农产品（含粮食）、自来水、暖气、石油液化气、天然气、食用植物油、冷气、热水、煤气、居民用煤炭制品、食用盐、农机、饲料、农药、农膜、化肥、沼气、二甲醚、图书、报纸、杂志、音像制品、电子出版物。

（3）纳税人出口货物适用零税率；境内单位和个人发生的跨境应税行为，税率为零，具体范围由财政部和国家税务总局另行规定。

拓展阅读

零税率不同于免税，出口货物免税是指在出口环节不征收增值税；零税率是指对出口货物在出口环节不征收增值税，并且对该出口货物在出口之前缴纳的增值税进行退税，使该出口货物在出口时完全不含增值税。

（4）提供应税服务、销售不动产、转让土地使用权适用的适率。

1）纳税人发生增值电信服务、金融服务、现代服务、生活服务应税行为税率为6%。

2）提供交通运输、邮政、基础电信、建筑、不动产租赁服务，销售不动产，转让土地使用权，税率为11%。

3）提供有形动产租赁服务，税率为17%。

（5）增值税征收率为3%、5%、1.5%。

除财政部、国家税务总局另有规定外（参看单元三——四、应纳税额的计算部分及国家税务总局公告2014年第36号）销售货物、提供应税劳务，销售服务、销售无形资产的小规模纳税人征收率为3%。

(6) 预征率为2%、3%或5%。

参看单元三——四、应纳税额的计算。

单元三 增值税应纳税额的计算

一、销售额的确定

销售额是指纳税人销售货物或者销售加工修理修配劳务，销售服务、无形资产或不动产收取的全部价款和价外费用，但是不包括收取的销项税额。

价外费用是指价外的手续费、补贴、基金、集资费、返还利润、奖励费、违约金（延期付款利息）、包装费、包装物租金、储备费、运输装卸费、代收款项、代垫款项及其他各种性质的价外收费。

拓展阅读

下列项目不属于价外费用：

(1) 向购买方收取的销项税额。

(2) 受托加工应征消费税的消费品所代收代缴的消费税。

(3) 同时符合以下条件的代垫运费：1) 承运者的运费发票开具给购货方的。2) 纳税人将该项发票转交给购货方的。

(4) 同时符合以下条件代为收取的政府性基金或者行政事业性收费：1) 由国务院或者财政部批准设立的政府性基金、由国务院或者省级人民政府及其财政、价格主管部门批准设立的行政事业性收费；2) 收取时开具省级以上财政部门印制的财政票据；3) 所收款项全部上缴财政。

(5) 以委托方名义开具发票代委托方收取的款项。

(6) 凡向购买方收取的价外费用，无论会计制度如何核算，均应并入销售额计算应纳税额。销售额以人民币以外的货币结算的，应当折合成人民币计算，折合率可以选择销售额发生的当天或者当月1日的人民币汇率中间价，纳税人应当在事先确定采用何种折合率，确定后12个月内不得变更。

（一）销售额的一般规定

(1) 纳税人兼营销售货物、加工修理修配劳务、服务、无形资产或者不动产，适用不同税率或者征收率的，应当分别核算适用不同税率或者征收率的销售额；未分别核算的，从高适用税率。

(2) 纳税人兼营免税、减税项目的，应当分别核算免税、减税项目的销售额；未分别核算的，不得免税、减税。

(3) 纳税人销售货物或者销售加工修理修配劳务，发生销售服务、无形资产或不动产，将价款和折扣额在同一张发票上分别注明的，以折扣后的价款为销售额；未在同一张发票上分别注明的，以价款为销售额，不得扣减折扣额。

（4）纳税人销售货物或者销售加工修理修配劳务，发生销售服务、无形资产或不动产，开具增值税专用发票后，发生开票有误或者销售折让、中止、退回等情形的，应当按照规定开具红字增值税专用发票；未按照规定开具红字增值税专用发票的，不得扣减销项税额或者销售额。

（二）销售额的特殊规定

（1）纳税人采取以旧换新方式销售货物的，应按新货物的同期销售价格确定销售额，不得扣减旧货物的收购价格。但金银首饰以旧换新业务的特殊情况，可以按销售方实际收取的不含增值税的全部价款征收增值税。

（2）纳税人采取还本销售方式销售货物，其销售额就是货物的销售价格，不得从销售额中减除还本支出。

（3）纳税人采取以物易物方式的，双方都应做购销处理，以各自发出的货物核算销售额并计算销项税额，以各自收到的货物按规定核算购货额并计算进项税额。

（4）纳税人为销售货物而出租出借包装物收取的押金，单独记账核算的，时间在1年以内，又未过期的，不并入销售额征税，但对因逾期未收回包装物不再退还的押金，应按所包装货物的适用税率计算销项税额。

拓展阅读

1）逾期是指按合同约定实际逾期或以1年为期限。对收取1年以上的押金，无论是否退还均并入销售额征税。2）并入销售额征税的包装物押金视为含税价。3）包装物租金在销货时作为价外费用并入销售额计算销项税额。4）对销售除啤酒、黄酒外的其他酒类产品收取的包装物押金，无论是否返还以及会计上如何核算，均应并入当期销售额征税。

（5）贷款服务以提供贷款服务取得的全部利息及利息性质的收入为销售额。

银行提供贷款服务按期计收利息的，结息日当日计收的全部利息收入，均应计入结息日所属期的销售额，按照现行规定计算缴纳增值税。

金融企业发放贷款后，自结息日起90天内发生的应收未收利息按现行规定缴纳增值税，自结息日起90天后发生的应收未收利息暂不缴纳增值税，待实际收到利息时按规定缴纳增值税。

（6）直接收费金融服务以提供直接收费金融服务收取的手续费、佣金、酬金、管理费、服务费、经手费、开户费、过户费、结算费、转托管费等各类费用为销售额。

（7）金融商品转让，按照卖出价扣除买入价后的余额为销售额。转让金融商品出现的正负差，按盈亏相抵后的余额为销售额。若相抵后出现负差，可结转下一纳税期与下期转让金融商品销售额相抵，但年末时仍出现负差的，不得转入下一个会计年度。金融商品的买入价，可以选择按照加权平均法或者移动加权平均法进行核算，选择后36个月内不得变更。

（8）经纪代理服务以取得的全部价款和价外费用，扣除向委托方收取并代为支付的政府性基金或者行政事业性收费后的余额为销售额。经纪代理服务向委托方收取的政府性基金或者行政事业性收费，不得开具增值税专用发票。

（9）经人民银行、银监会或者商务部批准从事融资租赁业务的试点纳税人提供融资租赁和融资性售后回租业务的，以取得的全部价款和价外费用，扣除支付的借款利息（包括外汇借款和人民币借款利息）、发行债券利息和车辆购置税后的余额为销售额。

（10）航空运输企业的销售额不包括代收的机场建设费和代售其他航空运输企业客票而代收转付的价款。

（11）试点纳税人中的一般纳税人（以下称一般纳税人）提供客运场站服务，以其取得的全部价款和价外费用，扣除支付给承运方运费后的余额为销售额。

（12）试点纳税人提供旅游服务，可以选择以取得的全部价款和价外费用，扣除向旅游服务购买方收取并支付给其他单位或者个人的住宿费、餐饮费、交通费、签证费、门票费和支付给其他接团旅游企业的旅游费用后的余额为销售额。

提供旅游服务选择扣除办法计算销售额的，向旅游服务购买方收取并支付的上述费用，不得开具增值税专用发票，可以开具普通发票。

纳税人提供旅游服务，将火车票、飞机票等交通费发票原件交付给旅游服务购买方而无法收回的，以交通费发票复印件作为差额扣除凭证。

（13）提供物业管理服务的纳税人，向服务接受方收取的自来水水费，以扣除其对外支付的自来水水费后的余额为销售额，按照简易计税方法依3%的征收率计算缴纳增值税。

拓展阅读

从全部价款和价外费用中扣除的价款，应当符合以下条件，否则不得扣除：1）支付给境内单位或者个人的款项，以发票为合法有效凭证；2）支付给境外单位或者个人的款项，以该单位或者个人的签收单据为合法有效凭证，税务机关对签收单据有疑义的，可以要求其提供境外公证机构的确认证明；3）缴纳的税款，以完税凭证为合法有效凭证；4）扣除的政府性基金、行政事业性收费或者向政府支付的土地价款，以省级以上（含省级）财政部门监（印）制的财政票据为合法有效凭证；5）国家税务总局规定的其他凭证；6）纳税人取得的上述凭证属于增值税扣税凭证的，其进项税额不得从销项税额中抵扣。

（三）视同销售行为销售额的规定

对单元一“征税范围”中列明的视同销售行为以及价格明显偏低或者偏高且不具有合理商业目的的销售行为，主管税务机关有权按照下列顺序确定销售额：

（1）按纳税人最近时期销售同类货物、应税劳务、销售服务、无形资产或者不动产的平均价格确定。

（2）按其他纳税人最近时期销售同类货物、应税劳务、销售服务、无形资产或者不动产的平均价格确定。

（3）按组成计税价格确定。组成计税价格的公式为：

组成计税价格＝成本×（1＋成本利润率）

征收增值税的货物，同时又征收消费税的，其组成计税价格的公式为：

组成计税价格＝成本×（1＋成本利润率）＋消费税税额

或　组成计税价格＝成本×（1＋成本利润率）÷（1－消费税税率）

拓展阅读

（1）成本利润率由国家税务总局确定。

（2）不具有合理商业目的，是指以谋取税收利益为主要目的，通过人为安排，减少、免除、推迟缴纳增值税税款，或者增加退还增值税税款。

（四）财政部、国家税务总局的其他规定

一般纳税人转让不动产、出租不动产、跨县（市、区）提供建筑服务、房地产企业销售自行开发的房地产以及劳务派遣、收费公路、人力资源外包、预付卡等规定参看本单元“四、应纳税额的计算”部分。

二、销项税额的计算

销项税额是指纳税人销售货物或者提供应税劳务，发生销售服务、无形资产或不动产应税行为按照销售额和增值税税率计算并向购买方收取的增值税税额。销项税额的计算公式为：

销项税额＝销售额×适用税率

公式中的销售额是不包括收取的销项税额的销售额。

纳税人采用销售额和销项税额合并定价方法的，按照下列公式计算销售额：

销售额＝含税销售额÷（1＋税率）

三、进项税额的计算

进项税额是指纳税人购进货物、加工修理修配劳务、服务、无形资产或者不动产，支付或者负担的增值税税额。

（一）准予从销项税额中抵扣的进项税额

（1）从销售方取得的增值税专用发票（含税控机动车销售统一发票，下同）上注明的增值税额。

（2）从海关取得的海关进口增值税专用缴款书上注明的增值税额。

（3）购进农产品的相关规定。

1）营业税改征增值税试点期间，纳税人购进用于生产销售或委托受托加工17%税率货物的农产品按照农产品收购发票或者销售发票上注明的农产品买价和13%的扣除率计算的进项税额。计算公式为：

进项税额＝买价×扣除率（13%）

买价，是指纳税人购进农产品在农产品收购发票或者销售发票上注明的价款和按照规定缴纳的烟叶税。

2）除第1）项规定外，纳税人购进农产品，取得一般纳税人开具的增值税专用发票或海关进口增值税专用缴款书的，以增值税专用发票或海关进口增值税专用缴款书上注

明的增值税额为进项税额；从按照简易计税方法依照3%征收率计算缴纳增值税的小规模纳税人取得增值税专用发票的，以增值税专用发票上注明的金额和11%的扣除率计算进项税额；取得（开具）农产品销售发票或收购发票的，以农产品销售发票或收购发票上注明的农产品买价和11%的扣除率计算进项税额。

3）纳税人购进农产品进项税额实行核定扣除的，按照《财政部　国家税务总局关于在部分行业试行农产品增值税进项税额核定扣除办法的通知》（财税〔2012〕38号）、《财政部　国家税务总局关于扩大农产品增值税进项税额核定扣除试点行业范围的通知》（财税〔2013〕57号）执行。其中，《农产品增值税进项税额核定扣除试点实施办法》（财税〔2012〕38号印发）第四条第（二）项规定的扣除率调整为11%。

4）纳税人从批发、零售环节购进适用免征增值税政策的蔬菜、部分鲜活肉蛋而取得的普通发票，不得作为计算抵扣进项税额的凭证。

5）纳税人购进农产品既用于生产销售或委托受托加工17%税率货物又用于生产销售其他货物服务的，应当分别核算用于生产销售或委托受托加工17%税率货物和其他货物服务的农产品进项税额。未分别核算的，统一以增值税专用发票或海关进口增值税专用缴款书上注明的增值税额为进项税额，或以农产品收购发票、销售发票上注明的农产品买价和11%的扣除率计算进项税额。

6）《中华人民共和国增值税暂行条例》第八条第二款第（三）项和上述所称销售发票，是指农业生产者销售自产农产品适用免征增值税政策而开具的普通发票。

拓展阅读

1）农产品指直接从事植物的种植、收割和动物的饲养、捕捞的单位和个人销售的自产农产品。

2）农产品所包括的具体品目按照1995年6月财政部、国家税务总局印发的《农业产品征税范围注释》执行。

3）购买的农产品价款仅限于经主管税务机关批准使用的收购凭证上注明的价款。

4）购进烟叶准予抵扣的增值税进项税额的计算公式为：

烟叶收购金额＝烟叶收购价款×（1＋10%）

烟叶税应纳税额＝烟叶收购金额×税率（20%）

准予抵扣的进项税额＝（烟叶收购金额＋烟叶税应纳税额）×扣除率

5）对农民专业合作社销售本社成员生产的农产品，视同农业生产者销售自产农产品免征增值税。

（4）从境外单位或者个人购进服务、无形资产或者不动产，自税务机关或者扣缴义务人取得的解缴税款的完税凭证上注明的增值税额。

（5）增值税纳税人2011年12月1日以后初次购买增值税税控系统专用设备（包括分开票机）支付的费用可凭购买增值税税控系统专用设备取得的增值税专用发票，在增值税应纳税额中全额抵减（抵减额为价税合计额），不足抵减的可结转下期继续抵减；非初次购买增值税税控系统专用设备支付的费用，由其自行负担，不得在增值税应纳税额中抵减。2011年12月1日以后缴纳的技术维护费可凭技术维护服务单位开具的技术维护费发票，在增值税应纳税额中全额抵减，不足抵减的可结转下期继续抵减。增值税一般纳税人初次购买增值税税控系统专用设备（包括分开票机）支付的费用及缴纳的技术维护费在增值税应纳税额中全额抵减的，其增值税专用发票不作为增值税抵扣凭证，其进项税额不得从销项税额中抵扣。

（6）一般纳税人支付的道路、桥、闸通行费（指有关单位依法或者依规设立并收取的过路、过桥和过闸费用），暂凭取得的通行费发票（不含财政票据，下同）上注明的收费金额按照下列公式计算可抵扣的进项税额：1）高速公路通行费可抵扣进项税额＝高速公路通行费发票上注明的金额÷（1＋3%）×3%；2）一级公路、二级公路、桥、闸通行费可抵扣进项税额＝一级公路、二级公路、桥、闸通行费发票上注明的金额÷（1＋5%）×5%。

（二）不得从销项税额中抵扣的进项税额

（1）用于简易计税方法计税项目、免征增值税项目、集体福利或者个人消费的购进货物、加工修理修配劳务、服务、无形资产和不动产。其中涉及的固定资产、无形资产、不动产，仅指专用于上述项目的固定资产、无形资产（不包括其他权益性无形资产）、不动产。

固定资产是指使用期限超过 12 个月的机器、机械、运输工具以及其他与生产经营有关的设备、工具、器具等有形动产。

纳税人的交际应酬消费属于个人消费。

（2）非正常损失的购进货物，以及相关的加工修理修配劳务和交通运输服务。

非正常损失，是指因管理不善造成货物被盗、丢失、霉烂变质，以及因违反法律法规造成货物或者不动产被依法没收、销毁、拆除的情形。

（3）非正常损失的在产品、产成品所耗用的购进货物（不包括固定资产）、加工修理修配劳务和交通运输服务。

（4）非正常损失的不动产，以及该不动产所耗用的购进货物、设计服务和建筑服务。

（5）非正常损失的不动产在建工程所耗用的购进货物、设计服务和建筑服务。

纳税人新建、改建、扩建、修缮、装饰不动产，均属于不动产在建工程。

拓展阅读

第（4）、（5）项中的货物是指构成不动产实体的材料和设备，包括建筑装饰材料和给排水、采暖、卫生、通风、照明、通信、煤气、消防、中央空调、电梯、电气、智能化楼宇设备及配套设施。

（6）购进的旅客运输服务、贷款服务、餐饮服务、居民日常服务和娱乐服务。

纳税人接受贷款服务向贷款方支付的与该笔贷款直接相关的投融资顾问费、手续费、咨询费等费用，其进项税额不得从销项税额中抵扣。

（7）纳税人取得的增值税扣税凭证不符合法律、行政法规或者国家税务总局有关规定的，其进项税额不得从销项税额中抵扣。

（8）纳税人凭完税凭证抵扣进项税额的，应当具备书面合同、付款证明和境外单位的对账单或者发票。资料不全的，其进项税额不得从销项税额中抵扣。

（9）财政部和国家税务总局规定的其他情形。

（三）从销项税额中抵扣的进项税额的其他规定

（1）适用一般计税方法的试点纳税人，2016 年 5 月 1 日后取得并在会计制度上按固定资产核算的不动产或者 2016 年 5 月 1 日后取得的不动产在建工程，其进项税额应自取得之日起分 2 年从销项税额中抵扣，第一年抵扣比例为 60%，第二年抵扣比例为 40%。

1）取得不动产，包括以直接购买、接受捐赠、接受投资入股、自建以及抵债等各种形式取得不动产，纳税人新建、改建、扩建、修缮、装饰不动产，属于不动产在建工程。

【解释】 房地产开发企业自行开发的房地产项目；融资租入的不动产以及在施工现场修建的临时建筑物、构筑物，其进项税额不适用上述分 2 年抵扣的规定。

2）纳税人 2016 年 5 月 1 日后购进货物和设计服务、建筑服务，用于新建不动产，或者用于改建、扩建、修缮、装饰不动产并增加不动产原值超过 50%的，其进项税额适用分 2 年从销项税额中抵扣。

【解释 1】 不动产原值是指取得不动产时的购置原价或作价。

【解释 2】 上述分 2 年从销项税额中抵扣的购进货物，是指构成不动产实体的材料和设备，包括建筑装饰材料和给排水、采暖、卫生、通风、照明、通信、煤气、消防、中央空调、电梯、电气、智能化楼宇设备及配套设施。

【解释 3】 纳税人按规定从销项税额中抵扣进项税额，应取得 2016 年 5 月 1 日后开具的合法有效的增值税扣税凭证。上述进项税额中，60%的部分于取得扣税凭证的当期从销项税额中抵扣；40%的部分为待抵扣进项税额，于取得扣税凭证的当月起第 13 个月从销项税额中抵扣。

3）购进时已全额抵扣进项税额的货物和服务，转用于不动产在建工程的，其已抵扣进项税额的 40%部分，应于转用的当期从进项税额中扣减，计入待抵扣进项税额，并于转用的当月起第 13 个月从销项税额中抵扣。

4）纳税人销售其取得的不动产或者不动产在建工程时，尚未抵扣完毕的待抵扣进项税额，允许于销售的当期从销项税额中抵扣。

5）已抵扣进项税额的不动产，发生非正常损失，或者改变用途，专用于简易计税方法计税项目、免征增值税项目、集体福利或者个人消费的，按照下列公式计算不得抵扣的进项税额：

不得抵扣的进项税额＝（已抵扣进项税额＋待抵扣进项税额）×不动产净值率

【解释 1】 不得抵扣的进项税额小于或等于该不动产已抵扣进项税额的，应于该不动产改变用途的当期，将不得抵扣的进项税额从进项税额中扣减。

【解释 2】 不得抵扣的进项税额大于该不动产已抵扣进项税额的，应于该不动产改变用途的当期，将已抵扣进项税额从进项税额中扣减，并从该不动产待抵扣进项税额中扣减不得抵扣进项税额与已抵扣进项税额的差额。

【解释 3】 公式中的不动产净值率的计算公式为：

不动产净值率＝（不动产净值÷不动产原值）×100%

6）不动产在建工程发生非正常损失的，其所耗用的购进货物、设计服务和建筑服务已抵扣的进项税额应于当期全部转出；其待抵扣进项税额不得抵扣。

7）按照规定不得抵扣进项税额的不动产，发生用途改变，用于允许抵扣进项税额项目的，按照下列公式在改变用途的次月计算可抵扣进项税额：

可抵扣进项税额＝增值税扣税凭证注明或计算的进项税额×不动产净值率

【解释】 可抵扣进项税额应取得 2016 年 5 月 1 日后开具的合法有效的增值税扣税凭

证。60%的部分于改变用途的次月从销项税额中抵扣，40%的部分为待抵扣进项税额，于改变用途的次月起第13个月从销项税额中抵扣。

8）纳税人注销税务登记时，其尚未抵扣完毕的待抵扣进项税额于注销清算的当期从销项税额中抵扣。

9）对不同的不动产和不动产在建工程，纳税人应分别核算其待抵扣进项税额。纳税人应建立不动产和不动产在建工程台账，分别记录并归集不动产和不动产在建工程的成本、费用、扣税凭证及进项税额抵扣情况，留存备查。用于简易计税方法计税项目、免征增值税项目、集体福利或者个人消费的不动产和不动产在建工程，也应在纳税人建立的台账中记录。

（2）按规定不得抵扣且未抵扣进项税额的固定资产、无形资产、不动产，发生用途改变，用于允许抵扣进项税额的应税项目，可在用途改变的次月按照下列公式计算可以抵扣的进项税额：

$$\text{可以抵扣的进项税额}=\frac{\text{固定资产、无形资产、不动产净值}}{(1+\text{适用税率})}\times\text{适用税率}$$

（3）适用一般计税方法的纳税人，兼营简易计税方法计税项目、免征增值税项目而无法划分不得抵扣的进项税额，按照下列公式计算不得抵扣的进项税额：

$$\text{不得抵扣的进项税额}=\text{当期无法划分的全部进项税额}\times\left(\text{当期简易计税方法计税项目销售额}+\text{免征增值税项目销售额}\right)\div\text{当期全部销售额}$$

【解释】主管税务机关可以按照上述公式依据年度数据对不得抵扣的进项税额进行清算。

（4）已抵扣进项税额的购进货物（不含固定资产）、劳务、服务，发生不得抵扣情形的，应当将该进项税额从当期进项税额中扣减；无法确定该进项税额的，按照当期实际成本计算应扣减的进项税额。

（5）已抵扣进项税额的固定资产、无形资产或者不动产，发生不得抵扣情形的，按照下列公式计算不得抵扣的进项税额：

不得抵扣的进项税额＝固定资产、无形资产或者不动产净值×适用税率

固定资产、无形资产或者不动产净值，是指纳税人根据财务会计制度计提折旧或摊销后的余额。

（6）纳税人适用一般计税方法计税的，因销售折让、中止或者退回而退还给购买方的增值税额，应当从当期的销项税额中扣减；因销售折让、中止或者退回而收回的增值税额，应当从当期的进项税额中扣减。

（四）从销项税额中抵扣的进项税额的时间规定

（1）防伪税控专用发票进项税额抵扣的时间限定。

自2017年7月1日起，增值税一般纳税人取得的2017年7月1日及以后开具的增值税专用发票和机动车销售统一发票，应自开具之日起360日内认证或登录增值税发票选择确认平台进行确认，并在规定的纳税申报期内，向主管国税机关申报抵扣进项税额。

（2）海关完税凭证进项税额抵扣的时间限定。

增值税一般纳税人取得的2017年7月1日及以后开具的海关进口增值税专用缴款书，应自开具之日起360日内向主管国税机关报送《海关完税凭证抵扣清单》，申请稽核比对。

拓展阅读

增值税一般纳税人进口货物时应准确填报企业名称，确保海关缴款书上的企业名称与税务登记的企业名称一致。税务机关将进口货物取得的属于增值税抵扣范围的海关缴款书信息与海关采集的缴款信息进行稽核比对。经稽核比对相符后，海关缴款书上注明的增值税额可作为进项税额在销项税额中抵扣。稽核比对不相符的，所列税额暂不得抵扣。

（3）对增值税一般纳税人发生真实交易但由于客观原因造成增值税扣税凭证逾期的，经主管税务机关审核、逐级上报，稽核比对后，对比对相符的增值税扣税凭证，允许纳税人继续抵扣其进项税额。

四、应纳税额的计算

增值税的计税方法，包括一般计税方法和简易计税方法。

（一）一般计税方法

1. 一般计税方法概述

一般计税方法的应纳税额，是指当期销项税额抵扣当期进项税额后的余额。应纳税额的计算公式为：

应纳税额＝当期销项税额－当期进项税额

当期销项税额小于当期进项税额不足抵扣时，其不足部分可以结转下期继续抵扣。

2. 一般计税方法适用

除小规模纳税人及选择简易计税的一般纳税人及财政部和国家税务总局特殊规定外，一般纳税人销售货物、应税劳务、销售服务、无形资产或者不动产应税行为，适用一般计税。

拓展阅读

境外单位或者个人在境内发生应税行为，在境内未设有经营机构的，扣缴义务人按照下列公式计算应扣缴税额：

应扣缴税额＝购买方支付的价款÷（1＋税率）×税率

【例 2－1】北京市五湖电器有限公司为增值税一般纳税人，适用增值税税率为17%，20×9年10月发生有关生产经营业务如下：

（1）销售电暖气给某大商场，开具增值税专用发票，取得不含税销售额100万元，开具普通发票，取得销售电暖气的送货运输费收入11.7万元；销售电吹风，开具普通发票，取得含税销售额58.5万元。

（2）将试制的一批应税新型电熨斗发给本公司职工，成本价为30万元，成本利润率为10%，该新产品无同类市场销售价格。

（3）销售20×9年1月购进的进口小汽车10辆，开具普通发票，每辆取得含税销售额5.85万元，该小汽车原值为每辆6.9万元。

（4）向农业生产者购进免税农产品一批用于生产销售17%税率货物，支付收购价100

万元；支付运费取得增值税专用发票，金额5万元，税额0.55万元，款项已支付给运输单位。本月下旬发现购进的农产品有30%被盗（以上相关票据均符合税法的规定）。

（5）购进生产用电子元件一批，取得增值税专用发票，注明支付的货款为50万元。

要求：计算该公司10月应缴纳的增值税税额。

解：

销项税额＝100×17%＋11.7÷(1＋17%)×17%＋58.5÷(1＋17%)×17%
＋30×(1＋10%)×17%＋5.85÷(1＋17%)×17%×10＝41.31（万元）

可抵扣的进项税额＝(100×13%＋0.55)×(1－30%)＋50×17%＝17.985（万元）

该公司10月应缴纳的增值税税额＝41.31－17.985＝23.325（万元）

（二）简易计税方法

1. 简易计税方法概述

简易计税方法的应纳税额，是指按照销售额和增值税征收率计算的增值税额，不得抵扣进项税额。应纳税额计算公式为：

应纳税额＝销售额×征收率

简易计税方法的销售额不包括其应纳税额，纳税人采用销售额和应纳税额合并定价方法的，按照下列公式计算销售额：

销售额＝含税销售额÷（1＋征收率）

拓展阅读

纳税人适用简易计税方法计税的，因销售折让、中止或者退回而退还给购买方的销售额，应当从当期销售额中扣减。扣减当期销售额后仍有余额造成多缴的税款，可以从以后的应纳税额中扣减。

2. 简易计税方法适用

小规模纳税人销售货物、销售加工修理修配劳务、销售服务、无形资产或者不动产适用简易计税方法计税。一般纳税人发生财政部和国家税务总局规定的特定销售行为，可以选择适用简易计税方法计税，但一经选择，36个月内不得变更。具体参见财税〔2016〕36号文件。

【例2-2】大海编织厂为增值税小规模纳税人。20×9年11月，该厂取得零售收入12.36万元。

要求：计算该厂应缴纳的增值税税额。

解：

应缴纳增值税税额＝12.36÷(1＋3%)×3%＝0.36（万元）

（三）一般纳税人转让不动产的相关规定

不动产包括以直接购买、接受捐赠、接受投资入股、自建以及抵债等各种形式取得的不动产。

【解释】房地产开发企业销售自行开发的房地产项目不适用。

1. 一般纳税人转让其取得的不动产

（1）一般纳税人转让其2016年4月30日前取得（不含自建）的不动产适用简易计税

的，以取得的全部价款和价外费用扣除不动产购置原价或者取得不动产时的作价后的余额为销售额，按5%的征收率计算纳税。

（2）一般纳税人转让其2016年4月30日前自建的不动产适用简易计税的，以取得的全部价款和价外费用为销售额，按5%的征收率计算纳税。

（3）一般纳税人转让其2016年4月30日前取得（不含自建）的不动产适用一般计税方法的，以取得的全部价款和价外费用为销售额计算应纳税额。纳税人应以取得的全部价款和价外费用扣除不动产购置原价或者取得不动产时的作价后的余额，按5%的预征率预缴税款。

（4）一般纳税人转让其2016年4月30日前自建的不动产适用一般计税方法的，以取得的全部价款和价外费用为销售额计算应纳税额。纳税人应以取得的全部价款和价外费用，按5%的预征率预缴税款。

（5）一般纳税人转让其2016年5月1日后取得（不含自建）的不动产适用一般计税方法的，以取得的全部价款和价外费用为销售额，以取得的全部价款和价外费用扣除不动产购置原价或者取得不动产时的作价后的余额，按5%的预征率预缴税款。

（6）一般纳税人转让其2016年5月1日后自建的不动产适用一般计税方法的，以取得的全部价款和价外费用为销售额。以取得的全部价款和价外费用，按5%的预征率预缴税款。

2. 小规模纳税人转让其取得的不动产（个人转让其购买的住房外）

（1）小规模纳税人转让其取得（不含自建）的不动产，以取得的全部价款和价外费用扣除不动产购置原价或者取得不动产时的作价后的余额为销售额，按照5%的征收率计算应纳税额。

（2）小规模纳税人转让其自建的不动产，以取得的全部价款和价外费用为销售额，按照5%的征收率计算应纳税额。

3. 个人转让其购买的住房

（1）个人转让其购买的住房按照有关规定全额缴纳增值税的，以取得的全部价款和价外费用为销售额，按5%的征收率计算纳税。

（2）个人转让其购买的住房按照有关规定差额缴纳增值税的，以取得的全部价款和价外费用扣除购买住房价款后的余额为销售额，按5%的征收率计算纳税。

（四）出租不动产的相关规定

纳税人以经营租赁方式出租其取得的不动产（包括以直接购买、接受捐赠、接受投资入股、自建以及抵债等各种形式取得的不动产），适用以下规定。

【解释】纳税人提供道路通行服务不适用。

1. 一般纳税人出租不动产

（1）一般纳税人出租其2016年4月30日前取得的不动产适用简易计税的，按照5%的征收率计算应纳税额。

（2）一般纳税人出租取得的不动产适用一般计税方法计税的，不动产所在地与机构所在地不在同一县（市、区）的，纳税人应按照3%的预征率向不动产所在地主管国税机关预缴税款，向机构所在地主管国税机关申报纳税。

2. 小规模纳税人出租不动产

（1）单位和个体工商户出租不动产（不含个体工商户出租住房），按5%的征收率计算应纳税额。

(2) 个体工商户出租住房，按5%的征收率减按1.5%计算应纳税额。

(3) 其他个人出租不动产（不含住房），按5%的征收率计算应纳税额，向不动产所在地主管地税机关申报纳税。其他个人出租住房，按5%的征收率减按1.5%计算应纳税额，向不动产所在地主管地税机关申报纳税。

3. 不动产经营租赁服务

(1) 房地产开发企业中的一般纳税人出租自行开发的房地产老项目，适用简易计税方法，按5%的征收率计算应纳税额。

(2) 房地产开发企业中的一般纳税人出租其2016年5月1日后自行开发的与机构所在地不在同一县（市）的房地产项目，按3%预征率在不动产所在地预缴税款后，向机构所在地主管税务机关进行纳税申报。

(3) 房地产开发企业中的小规模纳税人出租自行开发的房地产项目，按5%的征收率计算应纳税额。房地产项目与其机构所在地不在同一县（市）的，按上述计税方法在不动产所在地预缴税款后，向机构所在地主管税务机关进行纳税申报。

(4) 纳税人以经营租赁方式将土地出租给他人使用，按照不动产经营租赁服务缴纳增值税。

纳税人转让2016年4月30日前取得的土地使用权，可以选择适用简易计税方法，以取得的全部价款和价外费用减去取得该土地使用权的原价后的余额为销售额，按照5%的征收率计算缴纳增值税。

(5) 一般纳税人2016年4月30日前签订的不动产融资租赁合同，或以2016年4月30日前取得的不动产提供的融资租赁服务，可以选择适用简易计税方法，按照5%的征收率计算缴纳增值税。

（五）跨县（市、区）提供建筑服务相关规定

1. 一般纳税人跨县（市、区）提供建筑服务

纳税人跨县（市、区）提供建筑服务，按照以下规定预缴税款：

(1) 适用一般计税方法计税的，以取得的全部价款和价外费用扣除支付的分包款后的余额，按照2%的预征率计算应预缴税款。

(2) 适用简易计税方法计税的，以取得的全部价款和价外费用扣除支付的分包款后的余额，按照3%的征收率计算应预缴税款。

向建筑服务发生地主管国税机关预缴税款，向机构所在地主管国税机关申报纳税。

2. 小规模纳税人跨县（市、区）提供建筑服务

以取得的全部价款和价外费用扣除支付的分包款后的余额，按照3%的征收率计算应预缴税款。向建筑服务发生地主管国税机关预缴税款，向机构所在地主管国税机关申报纳税

3. 预交税款计算

(1) 适用一般计税方法计税的：

应预缴税款＝（全部价款和价外费用－支付的分包款）÷（1＋11%）×2%

(2) 适用简易计税方法计税的：

应预缴税款＝（全部价款和价外费用－支付的分包款）÷（1＋3%）×3%

（六）房地产开发企业销售自行开发的房地产相关规定

自行开发，是指在依法取得土地使用权的土地上进行基础设施和房屋建设。包括房地产开发企业以接盘等形式购入未完工的房地产项目继续开发后，以自己的名义立项销售项目。

1. 一般纳税人销售自行开发的房地产

(1) 适用一般计税方法计税，按照取得的全部价款和价外费用，扣除当期销售房地产项目对应的土地价款后的余额计算销售额。销售额的计算公式如下：

$$销售额=(全部价款和价外费用-当期允许扣除的土地价款)\div(1+11\%)$$

1) 当期允许扣除的土地价款按照以下公式计算：

$$\text{当期允许扣除的土地价款}=\left(\frac{当期销售房地产}{项目建筑面积}\div\frac{房地产项目可供}{销售建筑面积}\right)\times\text{支付的土地价款}$$

当期销售房地产项目建筑面积，是指当期进行纳税申报的增值税销售额对应的建筑面积。

房地产项目可供销售建筑面积，是指房地产项目可以出售的总建筑面积，不包括销售房地产项目时未单独作价结算的配套公共设施的建筑面积。

支付的土地价款，是指向政府、土地管理部门或受政府委托收取土地价款的单位直接支付的土地价款。

2) 在计算销售额时从全部价款和价外费用中扣除土地价款，应当取得省级以上（含省级）财政部门监（印）制的财政票据。

3) 一般纳税人应建立台账登记土地价款的扣除情况，扣除的土地价款不得超过纳税人实际支付的土地价款。

4) 向政府部门支付的土地价款包括土地受让人向政府部门支付的征地和拆迁补偿费用、土地前期开发费用和土地出让收益等。

(2) 销售自行开发的房地产老项目，可以选择适用简易计税方法按照5%的征收率计税，以取得的全部价款和价外费用为销售额（不得扣除对应的土地价款）。

(3) 采取预收款方式销售自行开发的房地产项目，应在收到预收款时按照3%的预征率预缴增值税。

$$应预缴税款=预收款\div(1+适用税率或征收率)\times3\%$$

适用一般计税方法计税的，按照11%的适用税率计算；适用简易计税方法计税的，按照5%的征收率计算。

销售自行开发的房地产项目，兼有一般计税方法计税、简易计税方法计税、免征增值税的房地产项目而无法划分不得抵扣的进项税额的，应以《建筑工程施工许可证》注明的“建设规模”为依据进行划分。

$$\text{不得抵扣的进项税额}=\text{当期无法划分的全部进项税额}\times\left(\frac{简易计税、免税房地产}{项目建设规模}\div\frac{房地产项目}{总建设规模}\right)$$

2. 小规模纳税人销售自行开发的房地产

(1) 采取预收款方式销售自行开发的房地产项目，在收到预收款时按3%的预征率预缴，在取得预收款的次月纳税申报期或主管国税机关核定的纳税期限向主管国税机关预缴税款。

应预缴税款＝预收款÷（1＋5％）×3％

（2）销售自行开发的房地产项目，以当期销售额和5％的征收率计算当期应纳税额，抵减已预缴税款后，向主管国税机关申报纳税。未抵减完的预缴税款可以结转下期继续抵减。

3. 其他规定

纳税人转让不动产，按照有关规定差额缴纳增值税的，如因丢失等原因无法提供取得不动产时的发票，可向税务机关提供其他能证明契税计税金额的完税凭证等资料，进行差额扣除。纳税人以契税计税金额进行差额扣除的，按照下列公式计算增值税应纳税额：

（1）2016年4月30日及以前缴纳契税的：

$$\text{增值税应纳税额}=\left[\text{全部交易价格（含增值税）}-\text{契税计税金额（含增值税）}\right]\div(1+5\%)\times5\%$$

（2）2016年5月1日及以后缴纳契税的：

$$\text{增值税应纳税额}=\left[\text{全部交易价格（含增值税）}\div(1+5\%)-\text{契税计税金额（不含增值税）}\right]\times5\%$$

（七）劳务派遣、收费公路、人力资源外包等相关规定

1. 劳务派遣服务政策

（1）一般纳税人提供劳务派遣服务以取得的全部价款和价外费用为销售额，按照一般计税方法计算缴纳增值税；也可以选择差额纳税，以取得的全部价款和价外费用，扣除代用工单位支付给劳务派遣员工的工资、福利和为其办理社会保险及住房公积金后的余额为销售额，按照简易计税方法依5％的征收率计算缴纳增值税。

（2）小规模纳税人提供劳务派遣服务，以取得的全部价款和价外费用为销售额，按照简易计税方法依3％的征收率计算缴纳增值税；也可以选择差额纳税，以取得的全部价款和价外费用，扣除代用工单位支付给劳务派遣员工的工资、福利和为其办理社会保险及住房公积金后的余额为销售额，按照简易计税方法依5％的征收率计算缴纳增值税。

拓展阅读

纳税人提供安全保护服务，比照劳务派遣服务政策执行。

2. 收费公路通行费抵扣及征收政策

（1）一般纳税人支付的道路、桥、闸通行费，暂凭取得的通行费发票（不含财政票据，下同）上注明的收费金额按照下列公式计算可抵扣的进项税额：

$$\text{高速公路通行费可抵扣进项税额}=\text{高速公路通行费发票上注明的金额}\div(1+3\%)\times3\%$$

$$\text{一级公路、二级公路、桥、闸通行费可抵扣进项税额}=\text{一级公路、二级公路、桥、闸通行费发票上注明的金额}\div(1+5\%)\times5\%$$

（2）一般纳税人收取试点前开工的一级公路、二级公路、桥、闸通行费，可以选择适用简易计税方法，按照5％的征收率计算缴纳增值税。

3. 人力资源外包服务政策

（1）纳税人提供人力资源外包服务，按照经纪代理服务缴纳增值税，其销售额不包

括受客户单位委托代为向客户单位员工发放的工资和代理缴纳的社会保险、住房公积金。向委托方收取并代为发放的工资和代理缴纳的社会保险、住房公积金，不得开具增值税专用发票，可以开具普通发票。

（2）一般纳税人提供人力资源外包服务，可以选择适用简易计税方法，按照5%的征收率计算缴纳增值税。

4. 个人保险代理人政策

个人保险代理人为保险企业提供保险代理服务应当缴纳的增值税和城市维护建设税、教育费附加、地方教育附加，税务机关可委托保险企业代征。个人保险代理人为保险企业提供保险代理服务应当缴纳的个人所得税，由保险企业按照现行规定依法代扣代缴。

接受税务机关委托代征税款的保险企业，向个人保险代理人支付佣金费用后，可代个人保险代理人统一向主管国税机关申请汇总代开增值税普通发票或增值税专用发票。

个人保险代理人是指根据保险企业的委托，在保险企业授权范围内代为办理保险业务的自然人，不包括个体工商户。

证券经纪人、信用卡和旅游等行业的个人代理人比照上述规定执行。信用卡、旅游等行业的个人代理人计算个人所得税时，展业成本不减去。

5. 商业预付卡政策

（1）单用途卡的规定。

1）单用途卡发卡企业或者售卡企业（以下统称售卡方）销售单用途卡，或者接受单用途卡持卡人充值取得的预收资金，不缴纳增值税。售卡方可按照规定向购卡人、充值人开具增值税普通发票，不得开具增值税专用发票。

2）售卡方因发行或者销售单用途卡并办理相关资金收付结算业务取得的手续费、结算费、服务费、管理费等收入，应按照现行规定缴纳增值税。

3）持卡人使用单用途卡购买货物或服务时，货物或者服务的销售方应按照现行规定缴纳增值税，且不得向持卡人开具增值税发票。

（2）支付机构预付卡（以下称多用途卡）的规定。

1）支付机构销售多用途卡取得的等值人民币资金，或者接受多用途卡持卡人充值取得的充值资金，不缴纳增值税。支付机构可按规定向购卡人、充值人开具增值税普通发票，不得开具增值税专用发票。

2）支付机构因发行或者受理多用途卡并办理相关资金收付结算业务取得的手续费、结算费、服务费、管理费等收入，应按照现行规定缴纳增值税。

3）持卡人使用多用途卡，向与支付机构签署合作协议的特约商户购买货物或服务，特约商户应按照现行规定缴纳增值税，且不得向持卡人开具增值税发票。

五、兼营与混合销售

（一）兼营

试点纳税人销售货物、加工修理修配劳务、服务、无形资产或者不动产适用不同税率或者征收率的，应当分别核算适用不同税率或者征收率的销售额，未分别核算销售额的，按照以下方法适用税率或者征收率：

（1）兼有不同税率的销售货物、加工修理修配劳务、服务、无形资产或者不动产，从高适用税率。

(2) 兼有不同征收率的销售货物、加工修理修配劳务、服务、无形资产或者不动产，从高适用征收率。

(3) 兼有不同税率和征收率的销售货物、加工修理修配劳务、服务、无形资产或者不动产，从高适用税率。

（二） 混合销售

一项销售行为如果既涉及货物又涉及服务，为混合销售。从事货物的生产、批发或者零售的单位和个体工商户的混合销售行为，按照销售货物缴纳增值税；其他单位和个体工商户的混合销售行为，按照销售服务缴纳增值税。

上述从事货物的生产、批发或者零售的单位和个体工商户，包括以从事货物的生产、批发或者零售为主，并兼营销售服务的单位和个体工商户在内。

单元四 进口货物征税

一、进口货物征税的范围及纳税人

（一）进口货物征税的范围

申报进入中华人民共和国海关境内的货物，均应缴纳增值税。

确定一项货物是否属于进口货物，必须首先看其是否有报关进口手续。只要是报关进口的应税货物，无论是国外产制还是我国已出口而转销国内的货物，无论是进口者自行采购还是国外捐赠的货物，无论是进口者自用还是作为贸易或其他用途的货物，均应按照规定缴纳进口环节的增值税。对进口货物是否减免税，由国务院统一规定，任何地方、部门都无权规定减免税项目。

（二）进口货物的纳税人

进口货物的收货人或办理报关手续的单位和个人，为进口货物增值税的纳税义务人。对于企事业单位和个人委托代理进口应征增值税的货物，对代理进口货物以海关开具的完税凭证上的纳税人为增值税纳税人。在实际工作中，一般由进口代理者代缴进口环节增值税。纳税后，由代理者将已纳税款和进口货物价款费用等与委托方结算，由委托者承担已纳税款。

二、进口货物的适用税率

进口货物增值税税率与本章单元二的内容相同，此处不再赘述。

三、进口货物应纳税额的计算

纳税人进口货物，按照组成计税价格和规定的税率计算应纳税额，不得抵扣任何税额。组成计税价格和应纳税额的计算公式为：

组成计税价格＝关税完税价格＋关税＋消费税

应纳税额＝组成计税价格×税率

拓展阅读

应当注意的是：所谓不得抵扣任何税额，是指在计算进口环节应纳增值税税额时，不得抵扣发生在我国境外的各种税金。纳税人进口货物取得的合法海关完税凭证，是计算增值税进项税额的唯一依据，其价格差额部分以及从境外供应商取得的退换或返还的资金，不作进项税额转出处理。

四、进口货物的税收管理

进口货物的增值税纳税义务发生时间为报关进口的当天，由进口人或代理人向报关地海关申报纳税，自海关填发税款缴款书之日起 15 日内缴纳税款，进口货物的增值税由海关代征。

【例 2－3】北京华联商场于 20×9 年 11 月进口货物一批。该批货物在国外的买价为 80 万元，该批货物运抵我国海关前发生的包装费、运输费、保险费等共计 25 万元。货物报关后，北京华联商场按规定缴纳了进口环节的增值税，并取得了海关开具的完税凭证。该批进口货物在国内全部销售，取得不含税销售额 200 万元。

要求：计算该批货物进口环节、国内销售环节分别应缴纳的增值税税额（货物进口关税税率为 15％，增值税税率为 17％）。

解：

关税的组成计税价格 ＝ 80 ＋ 25 ＝ 105（万元）

应缴纳进口关税 ＝ 105 × 15％ ＝ 15.75（万元）

进口环节应纳增值税的组成计税价格 ＝ 105 ＋ 15.75 ＝ 120.75（万元）

进口环节应缴纳增值税税额 ＝ 120.75 × 17％ ＝ 20.527 5（万元）

国内销售环节的销项税额 ＝ 200 × 17％ ＝ 34（万元）

国内销售环节应缴纳增值税税额 ＝ 34 － 20.527 5 ＝ 13.472 5（万元）

单元五 出口货物、服务及无形资产的退（免）税

出口货物、服务及无形资产退（免）税是国际贸易中通常采用的并为世界各国普遍接受的做法，对出口出口货物、服务及无形资产已承担或应承担的税（主要是增值税和消费税）实行退税或免征，目的在于鼓励各国出口货物公平竞争。因此，出口退（免）税成为国际社会通行的惯例。

我国根据货物出口的不同情况，在遵循“征多少、退多少”“未征不退和彻底退税”基本原则的基础上，制定了不同的出口退（免）税形式：出口免税并退税、出口不免税也不退税、出口免税不退税。（1）出口免税并退税，出口免税是指在出口销售环节不征增值税、消费税；出口退税是指对在出口前实际承担的税收负担，按规定的退税率计算

后予以退还。(2) 出口不免税也不退税，出口不免税是指对国家限制或禁止出口的，在出口环节视同国内销售照常征税；出口不退税是指对出口不退还出口前其所负担的税收。(3) 出口免税不退税，出口不退税是指出口因在前一道生产、销售环节或进口环节是免税的，出口时的价格中本身就不含税，也无须退税。

一、适用增值税退（免）税政策的出口货物劳务

（一）出口企业出口货物

出口企业是指依法办理工商登记、税务登记、对外贸易经营者备案登记，自营或委托出口货物的单位或个体工商户，以及依法办理工商登记、税务登记但未办理对外贸易经营者备案登记，委托出口货物的生产企业。

（二）出口企业或其他单位视同出口货物

(1) 出口企业对外援助、对外承包、境外投资的出口货物。

(2) 出口企业经海关报关进入国家批准的出口加工区、保税物流园区、保税港区、综合保税区、珠澳跨境工业区（珠海园区）、中哈霍尔果斯国际边境合作中心（中方配套区域）、保税物流中心（B 型）（以下统称特殊区域）并销售给特殊区域内单位或境外单位、个人的货物。

(3) 经批准的免税品经营企业销售的货物（国家规定不允许经营和限制出口的货物、卷烟和超出免税品经营企业《企业法人营业执照》规定经营范围的货物除外）。

(4) 出口企业或其他单位销售给用于国际金融组织或外国政府贷款国际招标建设项目的中标机电产品。

(5) 生产企业向海上石油天然气开采企业销售的自产的海洋工程结构物。

(6) 出口企业或其他单位销售给国际运输企业用于国际运输工具上的货物。本条规定暂仅适用于外轮供应公司、远洋运输供应公司销售给外轮、远洋国轮的货物，国内航空供应公司生产销售给国内和国外航空公司国际航班的航空食品。

(7) 出口企业或其他单位销售给特殊区域内生产企业生产耗用且不向海关报关而输入特殊区域的水（包括蒸汽）、电力、燃气（以下称输入特殊区域的水电气）。

（三）出口企业对外提供加工修理修配劳务

对外提供加工修理修配劳务，是指对进境复出口货物或从事国际运输的运输工具进行的加工修理修配。

二、增值税退（免）税办法

（一）免抵退税办法

生产企业出口自产货物和视同自产货物及对外提供加工修理修配劳务，以及列名生产企业出口非自产货物，免征增值税，相应的进项税额抵减应纳增值税额（不包括适用增值税即征即退、先征后退政策的应纳增值税额），未抵减完的部分予以退还。

（二）免退税办法

不具有生产能力的出口企业（以下称外贸企业）或其他单位出口货物劳务，免征增

值税，相应的进项税额予以退还。

三、增值税出口退税率

（1）除财政部和国家税务总局根据国务院决定而明确的增值税出口退税率（以下称退税率）外，出口货物的退税率为其适用税率。退税率有调整的，除另有规定外，其执行时间以货物（包括被加工修理修配的货物）出口货物报关单（出口退税专用）上注明的出口日期为准。

（2）退税率的特殊规定：

1）外贸企业购进按简易办法征税的出口货物、从小规模纳税人购进的出口货物，其退税率分别为简易办法实际执行的征收率、小规模纳税人征收率。上述出口货物取得增值税专用发票的，退税率按照增值税专用发票上的税率和出口货物退税率孰低的原则确定。

2）出口企业委托加工修理修配货物，其加工修理修配费用的退税率，为出口货物的退税率。

3）中标机电产品、出口企业向海关报关进入特殊区域销售给特殊区域内生产企业生产耗用的列名原材料、输入特殊区域的水电气，其退税率为适用税率。如果国家调整列名原材料的退税率，列名原材料应当自调整之日起按调整后的退税率执行。

4）海洋工程结构物退税率按照海洋工程结构物的具体范围执行。

（3）适用不同退税率的货物劳务，应分开报关、核算并申报退（免）税，未分开报关、核算或划分不清的，从低适用退税率。

四、增值税退（免）税的计税依据

出口货物劳务的增值税退（免）税的计税依据，按出口货物劳务的出口发票（外销发票）、其他普通发票或购进出口货物劳务的增值税专用发票、海关进口增值税专用缴款书确定。

（1）生产企业出口货物劳务（进料加工复出口货物除外）增值税退（免）税的计税依据，为出口货物劳务的实际离岸价（FOB）。实际离岸价应以出口发票上的离岸价为准，但如果出口发票不能反映实际离岸价，主管税务机关有权予以核定。

（2）生产企业进料加工复出口货物增值税退（免）税的计税依据，按出口货物的离岸价（FOB）扣除出口货物所含的海关保税进口料件的金额后确定。

（3）生产企业国内购进无进项税额且不计提进项税额的免税原材料加工后出口的货物的计税依据，按出口货物的离岸价（FOB）扣除出口货物所含的国内购进免税原材料的金额后确定。

（4）外贸企业出口货物（委托加工修理修配货物除外）增值税退（免）税的计税依据，为购进出口货物的增值税专用发票注明的金额或海关进口增值税专用缴款书注明的完税价格。

（5）外贸企业出口委托加工修理修配货物增值税退（免）税的计税依据，为加工修理修配费用增值税专用发票注明的金额。外贸企业应将加工修理修配使用的原材料（进料加工海关保税进口料件除外）作价销售给受托加工修理修配的生产企业，受托加工修理修配的生产企业应将原材料成本并入加工修理修配费用开具发票。

（6）出口进项税额未计算抵扣的已使用过的设备增值税退（免）税的计税依据，按下列公式确定：

$$\text{退（免）税计税依据}=\text{增值税专用发票上的金额或海关进口增值税专用缴款书注明的完税价格}\times\text{已使用过的设备固定资产净值}\div\text{已使用过的设备原值}$$

$$\text{已使用过的设备固定资产净值}=\text{已使用过的设备原值}-\text{已使用过的设备已提累计折旧}$$

已使用过的设备是指出口企业根据财务会计制度已经计提折旧的固定资产。

（7）免税品经营企业销售的货物增值税退（免）税的计税依据，为购进货物的增值税专用发票注明的金额或海关进口增值税专用缴款书注明的完税价格。

（8）中标机电产品增值税退（免）税的计税依据，生产企业为销售机电产品的普通发票注明的金额，外贸企业为购进货物的增值税专用发票注明的金额或海关进口增值税专用缴款书注明的完税价格。

（9）生产企业向海上石油天然气开采企业销售的自产的海洋工程结构物增值税退（免）税的计税依据，为销售海洋工程结构物的普通发票注明的金额。

（10）输入特殊区域的水电气增值税退（免）税的计税依据，为作为购买方的特殊区域内生产企业购进水（包括蒸汽）、电力、燃气的增值税专用发票注明的金额。

五、增值税免抵退税和免退税的计算

（1）生产企业出口货物劳务增值税免抵退税，依下列公式计算：

当期应纳税额的计算：

$$\text{当期应纳税额}=\text{当期销项税额}-(\text{当期进项税额}-\text{当期不得免征和抵扣税额})$$

$$\text{当期不得免征和抵扣税额}=\text{当期出口货物离岸价}\times\text{外汇人民币折合率}\times(\text{出口货物适用税率}-\text{出口货物退税率})-\text{当期不得免征和抵扣税额抵减额}$$

$$\text{当期不得免征和抵扣税额抵减额}=\text{当期免税购进原材料价格}\times(\text{出口货物适用税率}-\text{出口货物退税率})$$

当期免抵退税额的计算：

$$\text{当期免抵退税额}=\text{当期出口货物离岸价}\times\text{外汇人民币折合率}\times\text{出口货物退税率}-\text{当期免抵退税额抵减额}$$

当期免抵退税额抵减额＝当期免税购进原材料价格×出口货物退税率

当期应退税额和免抵税额的计算：

1）当期期末留抵税额≤当期免抵退税额，则：

当期应退税额＝当期期末留抵税额

当期免抵税额＝当期免抵退税额－当期应退税额

2）当期期末留抵税额＞当期免抵退税额，则：

当期应退税额＝当期免抵退税额

当期免抵税额＝0

当期期末留抵税额为当期增值税纳税申报表中“期末留抵税额”。

当期免税购进原材料价格包括当期国内购进的无进项税额且不计提进项税额的免税

原材料的价格和当期进料加工保税进口料件的价格，其中当期进料加工保税进口料件的价格为组成计税价格。

$$\text{当期进料加工保税进口料件的组成计税价格}=\text{当期进口料件到岸价格}+\text{海关实征关税}+\text{海关实征消费税}$$

1）采用“实耗法”的，当期进料加工保税进口料件的组成计税价格为当期进料加工出口货物耗用的进口料件组成计税价格。其计算公式为：

$$\text{当期进料加工保税进口料件的组成计税价格}=\text{当期进料加工出口货物离岸价}\times\text{外汇人民币折合率}\times\text{计划分配率}$$

$$\text{计划分配率}=\text{计划进口总值}\div\text{计划出口总值}\times 100\%$$

实行纸质手册和电子化手册的生产企业，应根据海关签发的加工贸易手册或加工贸易电子化纸质单证所列的计划进出口总值计算计划分配率。

实行电子账册的生产企业，计划分配率按前一期已核销的实际分配率确定；新启用电子账册的，计划分配率按前一期已核销的纸质手册或电子化手册的实际分配率确定。

2）采用“购进法”的，当期进料加工保税进口料件的组成计税价格为当期实际购进的进料加工进口料件的组成计税价格。

若当期实际不得免征和抵扣税额抵减额大于当期出口货物离岸价×外汇人民币折合率×（出口货物适用税率－出口货物退税率）的，则：

$$\text{当期不得免征和抵扣税额抵减额}=\text{当期出口货物离岸价}\times\text{外汇人民币折合率}\times\left(\text{出口货物适用税率}-\text{出口货物退税率}\right)$$

【例 2－4】北京市五湖电器有限公司是具有进出口经营权的生产企业，进行自产产品经营出口销售及国内销售。该公司于 20×9 年 5 月购进所需原材料等货物，允许抵扣的进项税额为 50 万元，内销产品取得销售额 500 万元，增值税税额为 85 万元，出口货物离岸价折合人民币 2 400 万元。假设上期留抵税款 1 万元，增值税税率为 17%，退税率为 13%。

要求：计算当期免抵退税不得免征和抵扣税额、当期应纳税额、当期期末留抵税额、当期应退税额、当期免抵税额及当期免抵退税额。

解：

当期免抵退税不得免征和抵扣税额 $=2\,400\times(17\%-13\%)=96$（万元）

当期应纳税额 $=85-(50-96)-1=130$（万元）

当期期末留抵税额 $=0$

当期应退税额 $=0$

当期免抵税额 $=$ 当期免抵退税额 $=2\,400\times 13\%=312$（万元）

【例 2－5】北京市五湖电器有限公司是具有进出口经营权的生产企业，进行自产产品经营出口销售及国内销售。该公司于 20×9 年 5 月购进所需原材料等货物，允许抵扣的进项税额为 204 万元，内销产品取得销售额 500 万元，增值税税额为 85 万元，出口货物离岸价折合人民币 2 400 万元。假设上期留抵税款 1 万元，增值税税率为 17%，退税率为 13%。

要求：计算当期免抵退税不得免征和抵扣税额、当期应纳税额、当期期末留抵税额、当期应退税额、当期免抵税额及当期免抵退税额。

解：

当期免抵退不得免征和抵扣税额 = 2 400 ×（17% − 13%）= 96（万元）

由于85−（204−96）−1=−24（万元），故：

当期应纳税额 = 0

当期期末留抵税额 = 24（万元）

当期免抵退税额 = 2 400 × 13% = 312（万元）

由于当期期末留抵税额24万元≤当期免抵退税额312万元，故：

当期应退税额 = 当期期末留抵税额 = 24（万元）

当期免抵税额 = 当期免抵退税额 − 当期应退税额 = 312 − 24 = 288（万元）

【例2-6】 北京市五湖电器有限公司是具有进出口经营权的生产企业，进行自产产品经营出口销售及国内销售。该公司于20×9年5月购进所需原材料等货物，允许抵扣的进项税额为1 000万元，内销产品取得销售额500万元，增值税税额为85万元，出口货物离岸价折合人民币2 400万元。假设上期留抵税款1万元，增值税税率为17%，退税率为13%。

要求：计算当期免抵退税不得免征和抵扣税额、当期应纳税额、当期期末留抵税额、当期应退税额、当期免抵税额及当期免抵退税额。

解：

当期免抵退不得免征和抵扣税额 = 2 400 ×（17% − 13%）= 96（万元）

由于85−（1 000−96）−1=−820（万元），故：

当期应纳税额 = 0

当期期末留抵税额 = 820（万元）

当期免抵退税额 = 2 400 × 13% = 312（万元）

由于当期期末留抵税额820万元>当期免抵退税额312万元，故：

当期应退税额 = 当期免抵退税额 = 312（万元）

当期免抵税额 = 0

【例2-7】 北京市五湖电器有限公司是自营出口的增值税一般纳税人，出口货物的征税税率为17%，退税税率为11%。20×9年9月，该公司的有关经营业务为：购进原材料一批，取得的增值税专用发票注明的价款为400万元，外购货物进项税准予抵扣。当月进料加工免税进口料件的组成计税价格为150万元，上期期末留抵税款1万元，本月内销货物不含税销售额为10万元，款项已存入银行。本月出口货物的销售额为250 000美元，当日的外汇牌价为1USD=8RMB。

要求：计算该公司当期的免抵退税额和期末留抵结转下期继续抵扣税额。

解：

$$\begin{array}{l}\text{免抵退税不得免征和抵扣税额抵减额} = \text{免税进口料件的组成计税价格} \times \left(\text{出口货物征税税率} - \text{出口货物退税税率}\right) \\ \quad = 150 \times (17\% - 11\%) = 9\ (\text{万元})\end{array}$$

$$\begin{array}{l}\text{免抵退税不得免征和抵扣税额} = \text{当期出口货物离岸价} \times \text{外汇人民币牌价} \times \left(\text{出口货物征税税率} - \text{出口货物退税税率}\right) - \text{免抵退税不得免征和抵扣税额抵减额} \\ \quad = 200 \times (17\% - 11\%) - 9 = 3\ (\text{万元})\end{array}$$

当期应纳税额 = 10 × 17% −（400 × 17% − 3）− 1 = − 64.3（万元）

$$\text{免抵退税额抵减额}=\text{免税购进原材料}\times\text{材料出口货物退税税率}=150\times11\%=16.5\text{（万元）}$$

$$\text{出口货物免抵退税额}=200\times11\%-16.5=5.5\text{（万元）}$$

按规定，如当期期末留抵税额>当期免抵退税额，故：

当期应退税额＝当期免抵退税额＝5.5(万元)

当期免抵税额＝当期免抵退税额－当期应退税额＝0

期末留抵结转下期继续抵扣税额＝64.3－5.5＝58.5（万元）

（2）外贸企业出口货物劳务增值税免退税，依下列公式计算：

1）外贸企业出口委托加工修理修配货物以外的货物：

增值税应退税额＝增值税退（免）税计税依据×出口货物退税率

【例 2-8】上海亿隆商贸进出口公司 20×8 年 5 月出口德国甲产品 2 000 吨，进货增值税专用发票列明单价 20 元/吨，计税金额为 40 000 元，退税税率为 13%。

要求：计算外贸企业当月退税额。

解：

当月应退税额＝40 000×13%＝5 200（元）

2）外贸企业出口委托加工修理修配货物：

$$\text{出口委托加工修理修配货物的增值税应退税额}=\text{委托加工修理修配的增值税退（免）}\times\text{出口货物退税率}$$

【例 2-9】上海佳佳进出口公司于 20×9 年 5 月购进布匹，委托其他公司加工成服装出口，取得布匹增值税发票一张，注明计税金额 5 000 元，取得服装加工费计税金额 1 000 元受托方将原材料成本并入加工修理修配费用并开具增值税专用发票，已知退税税率为 17%。

要求：计算该公司的应退税额。

解：

该公司的应退税额＝(5 000＋1 000)×17%＝1 020 (元)

（3）退税率低于适用税率的，相应计算出的差额部分的税款计入出口货物劳务成本。

（4）出口企业既有适用增值税免抵退项目，也有增值税即征即退、先征后退项目的，增值税即征即退和先征后退项目不参与出口项目免抵退税计算。出口企业应分别核算增值税免抵退项目和增值税即征即退、先征后退项目，并分别申请享受增值税即征即退、先征后退和免抵退税政策。

用于增值税即征即退或者先征后退项目的进项税额无法划分的，按照下列公式计算：

$$\text{无法划分进项税额中用于增值税即征即退或者先征后退项目的部分}=\text{当月无法划分的全部进项税额}\times\text{当月增值税即征即退或者先征后退项目销售额}\div\text{当月全部销售额、营业额合计}$$

六、适用增值税征税政策的出口货物劳务

（一）适用范围

（1）出口企业出口或视同出口财政部和国家税务总局根据国务院决定明确的取消出

口退（免）税的货物。

（2）出口企业或其他单位销售给特殊区域内的生活消费用品和交通运输工具。

（3）出口企业或其他单位因骗取出口退税被税务机关停止办理增值税退（免）税期间出口的货物。

（4）出口企业或其他单位提供虚假备案单证的货物。

（5）出口企业或其他单位增值税退（免）税凭证有伪造或内容不实的货物。

（6）出口企业或其他单位未在国家税务总局规定期限内申报免税核销以及经主管税务机关审核不予免税核销的出口卷烟。

（7）出口企业或其他单位具有以下情形之一的出口货物劳务：

1）将空白的出口货物报关单、出口收汇核销单等退（免）税凭证交由除签有委托合同的货代公司、报关行，或由境外进口方指定的货代公司（提供合同约定或者其他相关证明）以外的其他单位或个人使用的。

2）以自营名义出口，其出口业务实质上是由本企业及其投资的企业以外的单位或个人借该出口企业名义操作完成的。

3）以自营名义出口，其出口的同一批货物既签订购货合同，又签订代理出口合同（或协议）的。

4）出口货物在海关验放后，自己或委托货代承运人对该笔货物的海运提单或其他运输单据等上的品名、规格等进行修改，造成出口货物报关单与海运提单或其他运输单据有关内容不符的。

5）以自营名义出口，但不承担出口货物的质量、收款或退税风险之一的，即出口货物发生质量问题不承担购买方的索赔责任（合同中有约定质量责任承担者除外）；不承担未按期收款导致不能核销的责任（合同中有约定收款责任承担者除外）；不承担因申报出口退（免）税的资料、单证等出现问题造成不退税责任的。

6）未实质参与出口经营活动、接受并从事由中间人介绍的其他出口业务，但仍以自营名义出口的。

（二）应纳增值税的计算

1. 一般纳税人出口货物

$$\text{销项税额}=\frac{\text{出口货物离岸价}-\text{出口货物耗用的进料加工保税进口料件金额}}{1+\text{适用税率}}\times\text{适用税率}$$

出口货物若已按征退税率之差计算不得免征和抵扣税额并已经转入成本的，相应的税额应转回进项税额。

$$\text{出口货物耗用的进料加工保税进口料件金额}=\text{主营业务成本}\times(\text{投入的保税进口料件金额}\div\text{生产成本})$$

主营业务成本、生产成本均为不予退（免）税的进料加工出口货物的主营业务成本、生产成本。当耗用的保税进口料件金额大于不予退（免）税的进料加工出口货物金额时，耗用的保税进口料件金额为不予退（免）税的进料加工出口货物金额。

出口企业应分别核算内销货物和增值税征税的出口货物的生产成本、主营业务成本。未分别核算的，其相应的生产成本、主营业务成本由主管税务机关核定。

进料加工手册海关核销后，出口企业应对出口货物耗用的保税进口料件金额进行清算。清算公式为：

清算耗用的保税进口料件总额＝实际保税进口料件总额－退(免)税出口货物耗用的保税进口料件总额－进料加工副产品耗用的保税进口料件总额

若耗用的保税进口料件总额与各纳税期扣减的保税进口料件金额之和存在差额时，应在清算的当期相应调整销项税额。当耗用的保税进口料件总额大于出口货物离岸金额时，其差额部分不得扣减其他出口货物金额。

2. 小规模纳税人出口货物

应纳税额＝出口货物离岸价÷(1＋征收率)×征收率

七、适用增值税免税政策的出口货物劳务

（一）适用范围

（1）出口企业或其他单位出口规定的货物，具体是指：

1）增值税小规模纳税人出口的货物。

2）避孕药品和用具，古旧图书。

3）软件产品。其具体范围是指海关税则号前四位为“9803”的货物。

4）含黄金、铂金成分的货物，钻石及其饰品。

5）国家计划内出口的卷烟。

6）已使用过的设备。其具体范围是指购进时未取得增值税专用发票、海关进口增值税专用缴款书但其他相关单证齐全的已使用过的设备。

7）非出口企业委托出口的货物。

8）非列名生产企业出口的非视同自产货物。

9）农业生产者自产农产品

10）油画、花生果仁、黑大豆等财政部和国家税务总局规定的出口免税的货物。

11）外贸企业取得普通发票、废旧物资收购凭证、农产品收购发票、政府非税收入票据的货物。

12）来料加工复出口的货物。

13）特殊区域内的企业出口的特殊区域内的货物。

14）以人民币现金作为结算方式的边境地区出口企业从所在省（自治区）的边境口岸出口到接壤国家的一般贸易和边境小额贸易出口货物。

15）以旅游购物贸易方式报关出口的货物。

（2）出口企业或其他单位视同出口的下列货物劳务：

1）国家批准设立的免税店销售的免税货物［包括进口免税货物和已实现退（免）税的货物］。

2）特殊区域内的企业为境外的单位或个人提供加工修理修配劳务。

3）同一特殊区域、不同特殊区域内的企业之间销售特殊区域内的货物。

（3）出口企业或其他单位未按规定申报或未补齐增值税退（免）税凭证的出口货物劳务。

1）未在国家税务总局规定的期限内申报增值税退（免）税的出口货物劳务。

2）未在规定期限内申报开具《代理出口货物证明》的出口货物劳务。

3）已申报增值税退（免）税，却未在国家税务总局规定的期限内向税务机关补齐增值税退（免）税凭证的出口货物劳务。

（二）进项税额的处理计算

（1）适用增值税免税政策的出口货物劳务，其进项税额不得抵扣和退税，应当转入成本。

（2）出口卷烟，依下列公式计算：

$$\text{不得抵扣的进项税额}=\text{出口卷烟含消费税金额}\div\left(\text{出口卷烟含消费税金额}+\text{内销卷烟销售额}\right)\times\text{当期全部进项税额}$$

1）当生产企业销售的出口卷烟在国内有同类产品销售价格时：

出口卷烟含消费税金额＝出口销售数量×销售价格

“销售价格”为同类产品生产企业国内实际调拨价格。如实际调拨价格低于税务机关公示的计税价格的，“销售价格”为税务机关公示的计税价格；高于公示计税价格的，销售价格为实际调拨价格。

2）当生产企业销售的出口卷烟在国内没有同类产品销售价格时：

$$\text{出口卷烟含税金额}=\frac{\text{出口销售额}+\text{出口销售数量}\times\text{消费税定额税率}}{1-\text{消费税比例税率}}$$

“出口销售额”以出口发票上的离岸价为准。若出口发票不能如实反映离岸价，生产企业应按实际离岸价计算，否则，税务机关有权按照有关规定予以核定调整。

（3）除出口卷烟外，适用增值税免税政策的其他出口货物劳务的计算，按照增值税免税政策的统一规定执行。其中，如果涉及销售额，除来料加工复出口货物为其加工费收入外，其他均为出口离岸价或销售额。

八、适用增值税零税率的服务或者无形资产

（一）退（免）税政策政策适用

（1）境内的单位和个人提供适用增值税零税率的服务或者无形资产属于适用增值税一般计税方法的生产企业，实行免抵退税办法；外贸企业直接将服务或自行研发的无形资产出口，视同生产企业连同其出口货物统一实行免抵退税办法。

（2）外贸企业外购服务或者无形资产出口实行免退税办法。

（3）境内的单位和个人提供适用增值税零税率的服务或者无形资产属于适用简易计税方法的，实行免征增值税办法。

（4）服务和无形资产的退税率为《营改增试点》第十五条规定适用的增值税税率。

（5）实行退（免）税办法的服务和无形资产，如果主管税务机关认定出口价格偏高的，有权按照核定的出口价格计算退（免）税，核定的出口价格低于外贸企业购进价格的，低于部分对应的进项税额不予退税，转入成本。

（二）适用增值税零税率的范围

中华人民共和国境内（以下称境内）的单位和个人销售的下列服务及无形资产，适用增值税零税率：

（1）国际运输服务，包括在境内载运旅客或者货物出境、在境外载运旅客或者货物入境、在境外载运旅客或者货物。

（2）航天运输服务。

（3）向境外单位提供的完全在境外消费的研发服务、合同能源管理服务、设计服务、广播影视节目（作品）的制作和发行服务、软件服务、电路设计及测试服务、信息系统服务、业务流程管理服务、离岸服务外包业务、转让技术。

（4）财政部和国家税务总局规定的其他服务。

（三）适用免征增值税的范围

境内的单位和个人销售的下列服务和无形资产免征增值税，但财政部和国家税务总局规定适用增值税零税率的除外：

（1）以下服务：1）工程项目在境外的建筑服务；2）工程项目在境外的工程监理服务；3）工程、矿产资源在境外的工程勘察勘探服务；4）会议展览地点在境外的会议展览服务；5）存储地点在境外的仓储服务；6）标的物在境外使用的有形动产租赁服务；7）在境外提供的广播影视节目（作品）的播映服务；8）在境外提供的文化体育服务、教育医疗服务、旅游服务。

（2）为出口货物提供的邮政服务、收派服务、保险服务（包括出口货物保险和出口信用保险）。

（3）向境外单位提供的完全在境外消费的下列服务和无形资产：电信服务、知识产权服务、物流辅助服务（仓储服务、收派服务除外）、鉴证咨询服务、专业技术服务、商务辅助服务、广告投放地在境外的广告服务、无形资产。

（4）以无运输工具承运方式提供的国际运输服务。

（5）为境外单位之间的货币资金融通及其他金融业务提供的直接收费金融服务，且该服务与境内的货物、无形资产和不动产无关。

（6）《国家税务总局关于发布〈营业税改征增值税跨境应税行为增值税免税管理办法（试行）〉的公告》（国家税务总局公告2016年第29号）规定的跨境应税行为。

（7）财政部和国家税务总局规定的其他服务。

单元六 征收管理和增值税专用发票的使用管理

一、纳税义务、扣缴发生时间

纳税义务发生时间是指纳税人发生应税销售行为应当承担纳税义务的起始时间，通常情形下为纳税人发生应税行为并收讫销售款项或者取得索取销售款项凭据收讫销售款项的当天（指纳税人销售货物、销售加工修理修配劳务、销售服务、无形资产、不动产过程中或者完成后收到款项；取得索取销售款项凭据的当天是指书面合同确定的付款日期）；先开具发票的，为开具发票的当天。具体如下：

（1）采取直接收款方式销售货物，不论货物是否发出，均为收到销售额或取得索取销售额的凭据，并将提货单交给买方的当天。

（2）采取托收承付和委托银行收款方式销售货物，为发出货物并办妥托收手续的当天。

（3）采取赊销和分期收款方式的，为按合同约定的收款日期的当天。

（4）采取预收货款方式销售货物，为货物发出的当天。

（5）委托其他纳税人代销货物，为收到代销单位销售的代销清单的当天；在收到代销清单前已收到全部或部分货款的，其纳税义务发生时间为收到全部或部分货款的当天；对于发出代销商品超过 180 天仍未收到代销清单及货款的，视同销售实现，一律征收增值税，其纳税义务发生时间为发出代销商品满 180 天的当天。

（6）销售加工修理修配劳务，为销售加工修理修配劳务同时收讫销售额或取得索取销售额的凭据的当天。

（7）销售服务、无形资产未签订书面合同或者书面合同未确定付款日期的，为服务、无形资产转让完成的当天或者不动产权属变更的当天。

（8）纳税人提供租赁服务采取预收款方式的，其纳税义务发生时间为收到预收款的当天。纳税人提供建筑服务，被工程发包方从应支付的工程款中扣押的质押金、保证金，未开具发票的，以纳税人实际收到质押金、保证金的当天为纳税义务发生时间。

（9）纳税人从事金融商品转让的，为金融商品所有权转移的当天。

（10）纳税人发生视同销售行为的纳税义务发生时间：货物为移送的当天；服务、无形资产为转让完成的当天或者不动产权属变更的当天。

（11）进口货物，为报关进口的当天。

（12）增值税扣缴义务发生时间为纳税人增值税纳税义务发生的当天。

二、纳税期限

（1）增值税的纳税期限分别为 1 日、3 日、5 日、10 日、15 日、1 个月或者 1 个季度。纳税人的具体纳税期限，由主管税务机关根据纳税人应纳税额的大小分别核定。

（2）以 1 个季度为纳税期限（以 1 个季度为纳税期限的增值税纳税人，其取得的全部增值税应税收入、消费税应税收入，均可以 1 个季度为纳税期限）的规定适用于小规模纳税人、银行、财务公司、信托投资公司、信用社，以及财政部和国家税务总局规定的其他纳税人。不能按照固定期限纳税的，可以按次纳税。

（3）纳税人以 1 个月或者 1 个季度为 1 个纳税期的，自期满之日起 15 日内申报纳税；以 1 日、3 日、5 日、10 日或者 15 日为 1 个纳税期的，自期满之日起 5 日内预缴税款，于次月 1 日起 15 日内申报纳税并结清上月应纳税款。

（4）扣缴义务人解缴税款的期限，按照前（2）、（3）项规定执行。

（5）纳税人进口货物，应当自海关填发税款缴纳书之日起 15 日内缴纳税款。

三、纳税地点

（一）一般纳税地点规定

（1）固定业户应当向其机构所在地主管税务机关申报纳税。总机构和分支机构不在同一县（市）的，应当分别向各自所在地的主管税务机关申报纳税；经财政部和国家税务总局或者其授权的财政和税务机关批准，可以由总机构汇总向总机构所在地的主管税务机关申报纳税。

固定业户到外县（市）销售货物或者劳务，应当向其机构所在地的主管税务机关报告外出经营事项，并向其机构所在地的主管税务机关申报纳税；未报告的，应当向销售地或者劳务发生地的主管税务机关申报纳税；未向销售地或者劳务发生地的主管税务机关申报纳税的，由其机构所在地的主管税务机关补征税款。

（2）非固定业户销售货物或者加工修理修配劳务应当向销售地主管税务机关申报纳税，未申报纳税的，由其机构所在地或者居住地主管税务机关补征税款。非固定业户销售服务、无形资产或不动产应税行为应当向应税行为发生地主管税务机关申报纳税，未申报纳税的，由其机构所在地或者居住地主管税务机关补征税款。

（3）其他个人提供建筑服务，销售或者租赁不动产，转让自然资源使用权，应向建筑服务发生地、不动产所在地、自然资源所在地主管税务机关申报纳税。

（4）进口货物，应当由进口人或其代理人向报关地海关申报纳税。

（5）扣缴义务人应当向其机构所在地或者居住地主管税务机关申报缴纳扣缴的税款。

（二）预缴地点规定

参看单元三第四部分——应纳税额的计算。

四、起征点与增值税减免

（一）起征点

（1）按期纳税的，为月销售额 5 000 元～20 000 元（含本数）。

（2）按次纳税的，为每次（日）销售额 300 元～500 元（含本数）。

个人发生应税行为的销售额未达到增值税起征点的，免征增值税；达到起征点的，全额计算缴纳增值税；增值税起征点不适用于登记为一般纳税人的个体工商户。

（二）免征增值税规定

具体参见财税〔2016〕36 号文件。

（三）增值税即征即退规定

（1）一般纳税人提供管道运输服务，对其增值税实际税负超过 3%的部分实行增值税即征即退政策。

（2）经人民银行、银监会或者商务部批准从事融资租赁业务的试点纳税人中的一般纳税人，提供有形动产融资租赁服务和有形动产融资性售后回租服务，对其增值税实际税负超过 3%的部分实行增值税即征即退政策。

（四）扣减增值税规定

（1）退役士兵创业就业。

（2）重点群体创业就业。

（五）小规模纳税人的规定

增值税小规模纳税人应分别核算销售货物，提供加工、修理修配劳务的销售额，和销售服务、无形资产的销售额。增值税小规模纳税人销售货物，提供加工、修理修配劳务月销售额不超过 3 万元（按季纳税 9 万元），销售服务、无形资产月销售额不超过 3 万元（按季纳税 9 万元）的，可分别享受小微企业暂免征收增值税优惠政策。

（六）个人的规定

个人将购买不足 2 年的住房对外销售的，按照 5%的征收率全额缴纳增值税；个人将购买 2 年以上（含 2 年）的住房对外销售的，免征增值税。上述政策适用于北京市、上海市、广州市和深圳市之外的地区。

个人将购买不足 2 年的住房对外销售的，按照 5%的征收率全额缴纳增值税；个人将购买 2 年以上（含 2 年）的非普通住房对外销售的，以销售收入减去购买住房价款后的差额按照 5%的征收率缴纳增值税；个人将购买 2 年以上（含 2 年）的普通住房对外销售的，免征增值税。上述政策仅适用于北京市、上海市、广州市和深圳市。

其他个人采取预收款形式出租不动产，取得的预收租金收入，可在预收款对应的租赁期内平均分摊，分摊后的月租金收入不超过 3 万元的，可享受小微企业免征增值税优惠政策。

其他个人采取一次性收取租金的形式出租不动产，取得的租金收入可在租金对应的租赁期内平均分摊，分摊后的月租金收入不超过 3 万元的，可享受小微企业免征增值税优惠政策。

五、增值税专用发票领购使用范围

增值税专用发票（以下简称专用发票）限于增值税一般纳税人以及财政部国家税务总局规定的增值税小规模纳税人领购使用。

一般纳税人有下列情形之一者，不得领购使用专用发票：

（1）会计核算不健全，即不能按会计制度和税务机关的要求准确核算增值税的销项税额、进项税额和应纳税额者。

（2）不能向税务机关准确提供增值税销项税额、进项税额、应纳税额及其他有关增值税税务资料者。

（3）有以下行为，经税务机关责令限期改正而仍未改正者：

1）私自印制专用发票。

2）向个人或税务机关以外的单位买取专用发票。

3）借用他人的专用发票。

4）向他人提供专用发票。

5）未按规定开具专用发票。

6）未按规定保管专用发票。

7）未按规定申报专用发票的购、用、存情况。

8）未按规定接受税务机关检查。

（4）销售的货物全部属于免税项目者。

六、专用发票开具范围

一般纳税人销售货物（包括视同销售货物在内）、应税劳务以及根据《增值税暂行条例实施细则》的规定应当征收增值税的非应税劳务（以下简称销售应税项目）时，必须向购买方开具专用发票。下列情形不得开具专用发票：

（1）应税销售行为购买方为销售者个人的。

（2）销售免税货物。

（3）销售报关出口的货物、在境外销售应税劳务。

（4）将货物用于非应税项目。

（5）将货物用于集体福利或个人消费。

（6）向消费者个人销售服务、无形资产或者不动产。

（7）适用免征增值税规定的应税行为。

拓展阅读

国家税务总局还规定，自1995年7月1日起对商业零售的烟、酒、食品、服装、鞋帽（不包括劳保专用的部分）、化妆品等消费品不得开具专用发票。

单元七 增值税的账务处理

一、增值税会计科目的设置

（一）一般纳税人会计科目设置

（1）在“应交税费”科目下设置“应交增值税”“未交增值税”“预交增值税”“待抵扣进项税额”“待认证进项税额”“待转销项税额”“增值税留抵税额”“简易计税”“转让金融商品应交增值税”“代扣代交增值税”二级明细科目。

（2）在“应交增值税”明细账内设置“进项税额”“销项税额抵减”“已交税金”“转出未交增值税”“减免税款”“出口抵减内销产品应纳税额”“销项税额”“出口退税”“进项税额转出”“转出多交增值税”等专栏。

（二）小规模纳税人会计科目设置

在“应交税费”科目下设置“应交增值税”“转让金融商品应交增值税”“代扣代交增值税”二级明细科目。

（三）会计科目及专栏核算内容

（1）“应交增值税”专栏：

1）“进项税额”专栏，记录一般纳税人购进货物、加工修理修配劳务、服务、无形资产或不动产而支付或负担的、准予从当期销项税额中抵扣的增值税额。

2）“销项税额抵减”专栏，记录一般纳税人按照现行增值税制度规定因扣减销售额而减少的销项税额。

3）“已交税金”专栏，记录一般纳税人当月已交纳的应交增值税额。

4）“转出未交增值税”和“转出多交增值税”专栏，分别记录一般纳税人月度终了转出当月应交未交或多交的增值税额。

5）“减免税款”专栏，记录一般纳税人按现行增值税制度规定准予减免的增值税额。

6）“出口抵减内销产品应纳税额”专栏，记录实行“免、抵、退”办法的一般纳税人按规定计算的出口货物的进项税抵减内销产品的应纳税额。

7）“销项税额”专栏，记录一般纳税人销售货物、加工修理修配劳务、服务、无形资产或不动产应收取的增值税额。

8）“出口退税”专栏，记录一般纳税人出口货物、加工修理修配劳务、服务、无形资产按规定退回的增值税额。

9）“进项税额转出”专栏，记录一般纳税人购进货物、加工修理修配劳务、服务、无形资产或不动产等发生非正常损失以及其他原因而不应从销项税额中抵扣、按规定转出的进项税额。

（2）“未交增值税”明细科目，核算一般纳税人月度终了从“应交增值税”或“预交增值税”明细科目转入当月应交未交、多交或预缴的增值税额，以及当月交纳以前期间未交的增值税额。

（3）“预交增值税”明细科目，核算一般纳税人转让不动产、提供不动产经营租赁服务、提供建筑服务、采用预收款方式销售自行开发的房地产项目等，以及其他按现行增值税制度规定应预缴的增值税额。

（4）“待抵扣进项税额”明细科目，核算一般纳税人已取得增值税扣税凭证并经税务机关认证，按照现行增值税制度规定准予以后期间从销项税额中抵扣的进项税额。包括：一般纳税人自 2016 年 5 月 1 日后取得并按固定资产核算的不动产或者 2016 年 5 月 1 日后取得的不动产在建工程，按现行增值税制度规定准予以后期间从销项税额中抵扣的进项税额；实行纳税辅导期管理的一般纳税人取得的尚未交叉稽核比对的增值税扣税凭证上注明或计算的进项税额。

（5）“待认证进项税额”明细科目，核算一般纳税人由于未经税务机关认证而不得从当期销项税额中抵扣的进项税额。包括：一般纳税人已取得增值税扣税凭证、按照现行增值税制度规定准予从销项税额中抵扣，但尚未经税务机关认证的进项税额；一般纳税人已申请稽核但尚未取得稽核相符结果的海关缴款书进项税额。

（6）“待转销项税额”明细科目，核算一般纳税人销售货物、加工修理修配劳务、服务、无形资产或不动产，已确认相关收入（或利得）但尚未发生增值税纳税义务而需于以后期间确认为销项税额的增值税额。

（7）“简易计税”明细科目，核算一般纳税人采用简易计税方法发生的增值税计提、扣减、预缴、缴纳等业务。

（8）“转让金融商品应交增值税”明细科目，核算增值税纳税人转让金融商品发生的增值税额。

（9）“代扣代交增值税”明细科目，核算纳税人购进在境内未设经营机构的境外单位或个人在境内的应税行为代扣代缴的增值税。

二、增值税的账务处理

（一）取得资产或接受劳务等业务的账务处理

1. 采购等业务进项税额允许抵扣的账务处理

一般纳税人购进货物、加工修理修配劳务、服务、无形资产或不动产，按应计入相关成本费用或资产的金额，借记“在途物资”或“原材料”“库存商品”“生产成本”“无形资产”“固定资产”“管理费用”等科目；按当月已认证的可抵扣增值税额，借记“应交税费——应交增值税（进项税额）”科目；按当月未认证的可抵扣增值税额，借记“应交税费——待认证进项税额”科目；按应付或实际支付的金额，贷记“应付账款”“应付票据”“银行存款”等科目。发生退货的，如原增值税专用发票已做认证，应根据税务机关开具的红字增值税专用发票做相反的会计分录；如原增值税专用发票未做认证，应将发票退回并做相反的会计分录。

2. 采购等业务进项税额不得抵扣的账务处理

一般纳税人购进货物、加工修理修配劳务、服务、无形资产或不动产，用于简易计税方法计税项目、免征增值税项目、集体福利或个人消费等，其进项税额按照现行增值税制度规定不得从销项税额中抵扣的，取得增值税专用发票时，应借记相关成本费用或资产科目，借记“应交税费——待认证进项税额”科目，贷记“银行存款”“应付账款”等科目；经税务机关认证后，根据有关“进项税额”“进项税额转出”专栏及“待认证进项税额”明细科目的核算内容，先转入“进项税额”专栏，借记“应交税费——应交增值税（进项税额）”科目，贷记“应交税费——待认证进项税额”科目；按现行增值税制度规定转出时，记入“进项税额转出”专栏，借记相关成本费用或资产科目，贷记“应交税费——应交增值税（进项税额转出）”科目。

3. 购进不动产或不动产在建工程按规定进项税额分年抵扣的账务处理

一般纳税人自2016年5月1日后取得并按固定资产核算的不动产或者2016年5月1日后取得的不动产在建工程，其进项税额按现行增值税制度规定自取得之日起分2年从销项税额中抵扣的，应当按取得成本，借记“固定资产”“在建工程”等科目；按当期可抵扣的增值税额，借记“应交税费——应交增值税（进项税额）”科目；按以后期间可抵扣的增值税额，借记“应交税费——待抵扣进项税额”科目；按应付或实际支付的金额，贷记“应付账款”“应付票据”“银行存款”等科目。尚未抵扣的进项税额待以后期间允许抵扣时，按允许抵扣的金额，借记“应交税费——应交增值税（进项税额）”科目，贷记“应交税费——待抵扣进项税额”科目。

4. 货物等已验收入库但尚未取得增值税扣税凭证的账务处理

一般纳税人购进的货物等已到达并验收入库，但尚未收到增值税扣税凭证并未付款的，应在月末按货物清单或相关合同协议上的价格暂估入账，不需要将增值税的进项税额暂估入账。下月初，用红字冲销原暂估入账金额，待取得相关增值税扣税凭证并经认证后，按应计入相关成本费用或资产的金额，借记“原材料”“库存商品”“固定资产”“无形资产”等科目；按可抵扣的增值税额，借记“应交税费——应交增值税（进项税额）”科目；按应付金额，贷记“应付账款”等科目。

【注释】在对已验收入库但尚未取得增值税扣税凭证的货物等暂估入账时，暂估入账的金额不包含增值税进项税额。一般纳税人购进劳务、服务等但尚未取得增值税扣税凭证的，比照处理。

5. 小规模纳税人采购等业务的账务处理

小规模纳税人购买物资、服务、无形资产或不动产，取得增值税专用发票上注明的增值税应计入相关成本费用或资产，不通过"应交税费——应交增值税"科目核算。

6. 购买方作为扣缴义务人的账务处理

按照现行增值税制度规定，境外单位或个人在境内发生应税行为，在境内未设有经营机构的，以购买方为增值税扣缴义务人。境内一般纳税人购进服务、无形资产或不动产，按应计入相关成本费用或资产的金额，借记"生产成本""无形资产""固定资产""管理费用"等科目；按可抵扣的增值税额，借记"应交税费——进项税额"科目（小规模纳税人应借记相关成本费用或资产科目）；按应付或实际支付的金额，贷记"应付账款"等科目；按应代扣代缴的增值税额，贷记"应交税费——代扣代交增值税"科目。实际缴纳代扣代缴增值税时，按代扣代缴的增值税额，借记"应交税费——代扣代交增值税"科目，贷记"银行存款"科目。

（二）销售等业务的账务处理

1. 销售业务的账务处理

企业销售货物、加工修理修配劳务、服务、无形资产或不动产，应当按应收或已收的金额，借记"应收账款""应收票据""银行存款"等科目；按取得的收入金额，贷记"主营业务收入""其他业务收入""固定资产清理""工程结算"等科目；按现行增值税制度规定计算的销项税额（或采用简易计税方法计算的应纳增值税额），贷记"应交税费——应交增值税（销项税额）"或"应交税费——简易计税"科目（小规模纳税人应贷记"应交税费——应交增值税"科目）。发生销售退回的，应根据按规定开具的红字增值税专用发票做相反的会计分录。

按照国家统一的会计制度确认收入或利得的时点早于按照增值税制度确认增值税纳税义务发生时点的，应将相关销项税额计入"应交税费——待转销项税额"科目，待实际发生纳税义务时再转入"应交税费——应交增值税（销项税额）"或"应交税费——简易计税"科目。

按照增值税制度确认增值税纳税义务发生时点早于按照国家统一的会计制度确认收入或利得的时点的，应将应纳增值税额，借记"应收账款"科目，贷记"应交税费——应交增值税（销项税额）"或"应交税费——简易计税"科目，按照国家统一的会计制度确认收入或利得时，应按扣除增值税销项税额后的金额确认收入。

【注释】企业提供建筑服务，在向业主办理工程价款结算时，借记"应收账款"等科目，贷记"工程结算"科目，贷记"应交税费——应交增值税（销项税额）"等科目；企业向业主办理工程价款结算的时点早于增值税纳税义务发生的时点的，应贷记"应交税费——待转销项税额"等科目，待增值税纳税义务发生时再转入"应交税费——应交增值税（销项税额）"等科目；增值税纳税义务发生的时点早于企业向业主办理工程价款结算的，应借记"银行存款"等科目，贷记"预收账款"和"应交税费——应交增值税（销项税额）"等科目。

2. 视同销售的账务处理

企业发生税法上视同销售的行为，应当按照企业会计准则制度相关规定进行相应的会计处理，并按照现行增值税制度规定计算的销项税额（或采用简易计税方法计算的应纳增值税额），借记“应付职工薪酬”“利润分配”等科目，贷记“应交税费——应交增值税（销项税额）”或“应交税费——简易计税”科目（小规模纳税人应记入“应交税费——应交增值税”科目）。

全面试行营业税改征增值税后，“营业税金及附加”科目名称调整为“税金及附加”科目，该科目核算企业经营活动发生的消费税、城市维护建设税、资源税、教育费附加、房产税、土地使用税、车船使用税、印花税等相关税费；利润表中的“营业税金及附加”项目调整为“税金及附加”项目。

（三）差额征税的账务处理

1. 企业发生相关成本费用允许扣减销售额的账务处理

按现行增值税制度的规定，企业发生相关成本费用允许扣减销售额的，发生成本费用时，按应付或实际支付的金额，借记“主营业务成本”“存货”“工程施工”等科目，贷记“应付账款”“应付票据”“银行存款”等科目。待取得合规增值税扣税凭证且纳税义务发生时，按照允许抵扣的税额，借记“应交税费——应交增值税（销项税额抵减）”或“应交税费——简易计税”科目（小规模纳税人应借记“应交税费——应交增值税”科目），贷记“主营业务成本”“存货”“工程施工”等科目。

【注释】“存货”类的科目具体包括“材料采购”“原材料”“库存商品”“开发成本”等科目，企业应根据本单位业务的实际情况予以确定。

2. 金融商品转让按规定以盈亏相抵后的余额作为销售额的账务处理

金融商品实际转让月末，如产生转让收益，则按应纳税额借记“投资收益”等科目，贷记“应交税费——转让金融商品应交增值税”科目；如产生转让损失，则按可结转下月抵扣税额，借记“应交税费——转让金融商品应交增值税”科目，贷记“投资收益”等科目。交纳增值税时，应借记“应交税费——转让金融商品应交增值税”科目，贷记“银行存款”科目。年末，本科目如有借方余额，则借记“投资收益”等科目，贷记“应交税费——转让金融商品应交增值税”科目。

（四）出口退税的账务处理

为核算纳税人出口货物应收取的出口退税款，设置“应收出口退税款”科目，该科目借方反映销售出口货物按规定向税务机关申报应退回的增值税、消费税等，贷方反映实际收到的出口货物应退回的增值税、消费税等。期末借方余额，反映尚未收到的应退税额。

（1）未实行“免、抵、退”办法的一般纳税人出口货物按规定退税的，按规定计算的应收出口退税额，借记“应收出口退税款”科目，贷记“应交税费——应交增值税（出口退税）”科目；收到出口退税时，借记“银行存款”科目，贷记“应收出口退税款”科目；退税额低于购进时取得的增值税专用发票上的增值税额的差额，借记“主营业务成本”科目，贷记“应交税费——应交增值税（进项税额转出）”科目。

（2）实行“免、抵、退”办法的一般纳税人出口货物，在货物出口销售后结转产品销售成本时，按规定计算的退税额低于购进时取得的增值税专用发票上的增值税额的差额，借记“主营业务成本”科目，贷记“应交税费——应交增值税（进项税额转出）”科目；按规定计算的当期出口货物的进项税抵减内销产品的应纳税额，借记“应交税费——应交增值税（出口抵减内销产品应纳税额）”科目，贷记“应交税费——应交增值税（出口退税）”科目。在规定期限内，内销产品的应纳税额不足以抵减出口货物的进项税额，不足部分按有关税法规定给予退税的，应在实际收到退税款时，借记“银行存款”科目，贷记“应交税费——应交增值税（出口退税）”科目。

（五）进项税额抵扣情况发生改变的账务处理

因发生非正常损失或改变用途等，原已计入进项税额、待抵扣进项税额或待认证进项税额，但按现行增值税制度规定不得从销项税额中抵扣的，借记“待处理财产损溢”“应付职工薪酬”“固定资产”“无形资产”等科目，贷记“应交税费——应交增值税（进项税额转出）”“应交税费——待抵扣进项税额”或“应交税费——待认证进项税额”科目；原不得抵扣且未抵扣进项税额的固定资产、无形资产等，因改变用途等用于允许抵扣进项税额的应税项目的，应按允许抵扣的进项税额，借记“应交税费——应交增值税（进项税额）”科目，贷记“固定资产”“无形资产”等科目。固定资产、无形资产等经上述调整后，应按调整后的账面价值在剩余尚可使用寿命内计提折旧或摊销。

一般纳税人购进时已全额计提进项税额的货物或服务等转用于不动产在建工程的，对于结转以后期间的进项税额，应借记“应交税费——待抵扣进项税额”科目，贷记“应交税费——应交增值税（进项税额转出）”科目。

（六）月末转出多交增值税和未交增值税的账务处理

月度终了，企业应当将当月应交未交或多交的增值税自“应交增值税”明细科目转入“未交增值税”明细科目。对于当月应交未交的增值税，借记“应交税费——应交增值税（转出未交增值税）”科目，贷记“应交税费——未交增值税”科目；对于当月多交的增值税，借记“应交税费——未交增值税”科目，贷记“应交税费——应交增值税（转出多交增值税）”科目。

（七）交纳增值税的账务处理

1. 交纳当月应交增值税的账务处理

企业交纳当月应交的增值税，借记“应交税费——应交增值税（已交税金）”科目（小规模纳税人应借记“应交税费——应交增值税”科目），贷记“银行存款”科目。

2. 交纳以前期间未交增值税的账务处理

企业交纳以前期间未交的增值税，借记“应交税费——未交增值税”科目，贷记“银行存款”科目。

3. 预缴增值税的账务处理

企业预缴增值税时，借记“应交税费——预交增值税”科目，贷记“银行存款”科目。月末，企业应将“预交增值税”明细科目余额转入“未交增值税”明细科目，借记“应交税费——未交增值税”科目，贷记“应交税费——预交增值税”科目。房地产开发企业等在预缴增值税后，应直至纳税义务发生时方可从“应交税费——预交增值税”科目结转至“应交税费——未交增值税”科目。

4. 减免增值税的账务处理

对于当期直接减免的增值税，借记“应交税金——应交增值税（减免税款）”科目，贷记损益类相关科目。

（八）增值税税控系统专用设备和技术维护费用抵减增值税额的账务处理

按现行增值税制度规定，企业初次购买增值税税控系统专用设备支付的费用以及缴纳的技术维护费允许在增值税应纳税额中全额抵减的，按规定抵减的增值税应纳税额，借记“应交税费——应交增值税（减免税款）”科目（小规模纳税人应借记“应交税费——应交增值税”科目），贷记“管理费用”等科目。

（九）关于小微企业免征增值税的会计处理规定

小微企业在取得销售收入时，应当按照税法的规定计算应交增值税，并确认为应交税费，在达到增值税制度规定的免征增值税条件时，将有关应交增值税转入当期损益。

（十）财务报表相关项目列示

“应交税费”科目下的“应交增值税”“未交增值税”“待抵扣进项税额”“待认证进项税额”等明细科目期末借方余额，应根据情况在资产负债表中的“其他流动资产”或“其他非流动资产”项目列示；“应交税费——待转销项税额”等科目期末贷方余额，应根据情况在资产负债表中的“其他流动负债”或“其他非流动负债”项目列示；“应交税费”科目下的“未交增值税”“简易计税”“转让金融商品应交增值税”“代扣代交增值税”等科目期末贷方余额应在资产负债表中的“应交税费”项目列示。

【例 2-10】 盛鑫编织袋厂为增值税小规模纳税人，经申请增值税按月申报纳税，20×9 年 5 月销售自产货物一批，取得价款 92 700 元，成本为 50 000 元。

要求：进行相应的会计处理。

解：

借：银行存款　　92 700

　贷：主营业务收入　　90 000

　　　应交税费——应交增值税　　2 700

借：主营业务成本　　50 000

　贷：库存商品　　50 000

次月初，上交本月应交增值税：

借：应交税费——应交增值税　　2 700

　贷：银行存款　　2 700

【例 2-11】 甲公司为小规模纳税企业，20×9 年第 3 季度销售自产货物总计取得价款 82 400 元，成本为 50 000 元。

要求：进行相应的会计处理。

解：

（1）借：银行存款　　82 400

　　　贷：主营业务收入　　80 000

　　　　　应交税费——应交增值税　　2 400

（2）借：主营业务成本　　50 000

贷：库存商品　50 000

(3) 借：应交税费——应交增值税　2 400

贷：营业外收入　2 400

【例 2-12】北京市五湖电器有限公司为增值税一般纳税人，20×9 年 4 月初次购买增值税税控系统专用设备，支付价款 490 元，同时支付当年增值税税控系统专用设备技术维护费 330 元。当月两项合计抵减当月增值税应纳税额 820 元。

要求：进行相应的会计处理。

解：

(1) 购入税控专用设备和支付技术维护费。

借：管理费用——办公费　820

贷：银行存款　820

(2) 抵减。

借：应交税费——应交增值税（减免税款）　820

贷：管理费用——办公费　820

【例 2-13】北京市朝阳人才服务公司是提供劳务派遣服务的一般纳税人，适用差额征税。本期取得派遣劳务不含税收入 100 万元，支付给劳务派遣员工工资、福利和为其办理社会保险及住房公积金的费用为 84 万元。

要求：进行相应的会计处理。

解：

(1) 确认收入。

借：银行存款　105

贷：主营业务收入　100

应交税费——简易计税　5（100×5%）

(2) 支付给劳务派遣员工工资、福利和为其办理社会保险及住房公积金。

借：应交税费——简易计税　4

主营业务成本　80

贷：银行存款　84

【例 2-14】北京市五湖电器有限公司为增值税一般纳税人，20×9 年 4 月外购原材料一批，4 月 10 日收到增值税专用发票一张，发票上注明价款 20 000 元，增值税 3 400 元，另外销货方代垫运费 1 000 元（转来承运部门开具给北京市五湖电器有限公司的普通发票一张），款项已付，原材料已验收入库，4 月 20 日增值税专用发票通过税务机关认证。

要求：进行相应的会计处理。

解：

(1) 4 月 10 日：

借：原材料　21 000

应交税费——待认证进项税额　3 400

贷：银行存款　24 400

(2) 4 月 20 日：

借：应交税费——应交增值税（进项税额）　3 400

贷：应交税费——待认证进项税额 3 400

【例 2-15】上海商贸批发公司为增值税一般纳税人，20×9 年 4 月购进空调 20 台。每台不含税买价为 3 500 元，4 月 10 日收到增值税专用发票，4 月 20 日通过税务机关认证，款项已支付。商品提回验收时，发现 2 台质量上有严重缺陷，经与供货单位协商，同意退货。4 月 25 日 2 台空调退回后，价款未收到，其余 18 台验收入库。

要求：进行相应的会计处理。

解：

（1）4 月 10 日：

借：物资采购 70 000
　　应交税费——待认证进项税额 11 900
　贷：银行存款 81 900

（2）4 月 20 日：

借：应交税费——应交增值税（进项税额） 11 900
　贷：应交税费——待认证进项税额 11 900

（3）4 月 25 日：

借：应收账款 8 190
　　应交税费——应交增值税（进项税额） （1 190）
　贷：物资采购 7 000

借：库存商品 63 000
　贷：物资采购 63 000

【例 2-16】上海商贸批发公司为增值税一般纳税人（农产品符合按收购凭证扣除政策），20×9 年 11 月从某果园购入苹果 100 吨用于生产销售 17%税率货物，每吨 6 000 元，开具的主管税务机关核准使用的收购凭证上收购款总计 600 000 元，取得承运部门开具增值税专用发票，金额 800 元，税额 88 元。

要求：进行相应的会计处理。

解：

借：原材料 522 800
　　应交税费——应交增值税（进项税额） 78 088
　贷：银行存款 600 888

【例 2-17】北京市五湖电器有限公司为增值税一般纳税人，20×9 年 3 月从外地购入 A 原材料一批，价款为 10 000 元，税金为 1 700 元。款项已付，取得一张专用发票，但只取得记账联。20×9 年 4 月，该公司外购 B 原材料一批，数量为 10 吨，4 月 10 日收到增值税专用发票，专用发票上注明的价款为 10 000 元，税金为 1 700 元，款项已付，4 月 20 日通过税务机关认证，4 月 25 日入库前发现非正常损失 1 吨。经查，损失是由于仓库管理员管理不善造成，4 月 28 日经相关领导批准，由仓库管理员赔偿 170 元。

要求：进行相应的会计处理。

解：

（1）外购 A 原材料。

借：原材料 11 700

　贷：银行存款　11 700

【解释】只取得记账联，不符合增值税专用发票管理规定，不允许抵扣。

(2) 外购B原材料。

1) 4月10日：

借：物资采购　10 000

　　应交税费——待认证进项税额　1 700

　贷：银行存款　11 700

2) 4月20日：

借：应交税费——应交增值税（进项税额）　1 700

　贷：应交税费——待认证进项税额　1 700

3) 4月25日：

借：待处理财产损溢——待处理流动资产损溢　1 170

　贷：物资采购　1 000

　　　应交税费——应交增值税（进项税额转出）　170

借：原材料　9 000

　贷：物资采购　9 000

4) 4月28日：

借：管理费用　1 000

　　其他应收款　170

　贷：待处理财产损益——待处理流动资产损益　1 170

【例2-18】北京市五湖电器有限公司20×9年4月初发出原材料1吨，委托外单位加工成某种锻件100件，委托材料实际成本为78 000元，4月10日收到加工单位开具的增值税专用发票注明加工费26 000元，进项税额4 420元，承运部门开具的增值税专用发票列明金额1 000元，税款110元，4月20日通过税务机关认证，锻件已加工完成并入库。

要求：进行相应的会计处理。

解：

(1) 委托加工发出原料时：

借：委托加工物资　78 000

　贷：原材料　78 000

(2) 支付加工费、税金及运费时：

1) 4月10日：

借：委托加工物资　27 000

　　应交税费——待认证进项税额　4 530

　贷：银行存款　31 530

2) 4月20日：

借：应交税费——应交增值税（进项税额）　4 530

　贷：应交税费——待认证进项税额　4 530

(3) 收回入库时：

借：原材料——××锻件　105 000

贷：委托加工物资 105 000

【例 2－19】 北京市五湖电器有限公司 20×9 年 4 月从美国进口电子元件一批，到岸价为 480 000 元，进口关税为 120 000 元，进口增值税为 102 000 元，4 月 2 日取得海关填写的增值税专用缴款书，4 月 25 日通过税务机关认证；4 月 8 日取得由海关运抵公司的增值税专用发票列明运费 10 000 元，税款 1 100 元，4 月 20 日通过税务机关认证。上述价款已支付。

要求：进行相应的会计处理。

解：

（1）4 月 2 日：

借：原材料 600 000

应交税费——待认证进项税额 102 000

贷：银行存款 702 000

（2）4 月 8 日：

借：原材料 10 000

应交税费——待认证进项税额 1 100

贷：银行存款 11 100

（3）4 月 20 日：

借：应交税费——应交增值税（进项税额） 1 100

贷：应交税费——待认证进项税额 1 100

（4）4 月 25 日：

借：应交税费——应交增值税（进项税额） 102 000

贷：应交税费——待认证进项税额 102 000

【例 2－20】 20×9 年 9 月，甲企业用原材料对北京市五湖电器有限公司进行投资，该批原材料的成本为 150 万元，双方以该批材料的成本加税金 184 万元作为投资价值。假如该原材料的增值税税率为 17%，该批材料按当时的市场价格计算为 200 万元，9 月 10 日取得甲企业开具的增值税专用发票。20×9 年 10 月，北京市五湖电器有限公司接受乙企业捐赠的生产用机器设备一台，收到的增值税专用发票上注明的设备价款为 20 万元，增值税税额为 34 000 元，10 月 10 日取得乙企业开具的增值税专用发票。10 月 25 日，两张专用发票通过税务机关认证。

要求：进行相应的会计处理。

解：

（1）9 月 10 日：

借：原材料 1 500 000

应交税费——待认证进项税额 340 000

贷：实收资本 1 840 000

（2）10 月 10 日：

借：固定资产 200 000

应交税费——待认证进项税额 34 000

贷：营业外收入 234 000

(3) 10 月 25 日：

借：应交税费——应交增值税（进项税额）　374 000

　贷：应交税费——待认证进项税额　374 000

【例 2－21】 北京市五湖电器有限公司于 20×9 年 5 月对外销售产品一批，应收取款项1 049 600元，其中，价款 880 000 元，税额 149 600 元，代垫运输费为 20 000 元。同月，该公司将一批售价为 150 000 元的家用电器向职工发放。

要求：进行相应的会计处理。

解：

(1) 销售产品。

借：应收账款　1 049 600

　贷：主营业务收入　880 000

　　应交税费——应交增值税（销项税额）　149 600

　　银行存款　20 000

(2) 向职工发放家用电器。

借：应付职工薪酬　175 500

　贷：主营业务收入　150 000

　　应交税费——应交增值税（销项税额）　25 500

【例 2－22】 北京市五湖电器有限公司本月销售产品一批，不含税售价为 60 000 元，随同产品出售但单独计价的包装物 5 个，专用发票上注明价款 5 000 元，款项尚未收到。本月清理出租出借包装物，将某单位逾期未退还包装物的押金 2 000 元予以没收。

要求：进行相应的会计处理。

解：

借：应收账款　76 050

　贷：主营业务收入　60 000

　　其他业务收入　5 000

　　应交税费——应交增值税（销项税额）　11 050

借：其他应付款　2 000

　贷：其他业务收入　1 709. 40

　　应交税费——应交增值税（销项税额）　290. 60

【例 2－23】 北京市五湖电器有限公司委托上海商贸批发公司销售商品 100 件，协议价为 200 元/件，成本为 120 元/件。代销协议约定，上海商贸批发公司在取得代销商品后，无论是否能够卖出、是否获利，均与北京市五湖电器有限公司无关。这批商品已经发出，货款尚未收到，北京市五湖电器有限公司开出的增值税专用发票上注明的增值税税额为 3 400 元。

要求：进行相应的会计处理。

解：

借：应收账款　23 400

　贷：主营业务收入　20 000

　　应交税费——应交增值税（销项税额）　3 400

借：主营业务成本　　12 000

　贷：库存商品　　12 000

【例 2-24】 20×9 年 5 月，北京市五湖电器有限公司委托上海商贸批发公司销售商品 200 件，商品已经发出，每件成本为 60 元。合同约定上海商贸批发公司应按每件 100 元对外销售，北京市五湖电器有限公司支付上海商贸批发公司代销费 1 060 元。上海商贸批发公司对外实际销售 100 件，开出的增值税专用发票上注明的销售价款为 10 000 元，增值税税额为 1 700 元，款项已经收到。20×9 年 10 月 10 日，北京市五湖电器有限公司收到开具的代销清单时，向上海商贸批发公司开具一张相同金额的增值税专用发票，20×9 年 10 月 25 日，上海商贸批发公司通过税务机关认证了该发票。假定北京市五湖电器有限公司发出商品时纳税义务尚未发生，不考虑其他因素。

要求：进行相应的会计处理。

解：

北京市五湖电器有限公司的账务处理为：

（1）发出商品时：

借：委托代销商品　　12 000

　贷：库存商品　　12 000

（2）收到代销清单时：

借：应收账款　　11 700

　贷：主营业务收入　　10 000

　　　应交税费——应交增值税（销项税额）　　1 700

借：主营业务成本　　6 000

　贷：委托代销商品　　6 000

借：销售费用　　1 000

　贷：应收账款　　1 000

（3）收到货款时：

借：银行存款　　10 700

　贷：应收账款　　10 700

上海商贸批发公司的账务处理为：

（1）收到商品时：

借：受托代销商品　　20 000

　贷：受托代销商品款　　20 000

（2）对外销售时：

借：银行存款　　11 700

　贷：应付账款　　10 000

　　　应交税费——应交增值税（销项税额）　　1 700

（3）20×9 年 10 月 10 日收到增值税专用发票时：

借：应交税费——待认证进项税额　　1 700

　贷：应付账款　　1 700

借：受托代销商品款　　10 000

贷：受托代销商品　10 000

(4) 20×9年10月25日：

借：应交税费——应交增值税（进项税额）　1 700

贷：应交税费——待认证进项税额　1 700

(5) 支付货款并计算代销手续费时：

借：应付账款　11 700

贷：银行存款　10 640

主营业务收入　1 000

应交税费——应交增值税（销项税额）　60

【例2-25】 北京市青年旅游公司为增值税一般纳税人，依据现行增值税政策适用差额计税方法。20×9年10月份，取得旅游含税收入212万元，支付宾馆、餐饮点、外单位旅游包车、景点门票等价税合计52.68万元，支付当地接团旅游费用价税合计30万元，取得符合规定的增值税扣税凭证。20×9年10月21日支付电费取得增值税专用发票，注明价款2万元，税额0.34万元，该发票同日通过认证。

要求：进行相应的会计处理。

解：

(1) 取得收入时：

借：银行存款　212

贷：主营业务收入　200

应交税费——应交增值税（销项税额）　12

(2) 发生成本费用时：

1) 借：主营业务成本　82.68

贷：银行存款　82.68

2) 借：应交税费——应交增值税（销项税额抵减）　4.68 [82.68/(1+6%)×6%]

贷：主营业务成本　4.68

(3) 20×9年10月21日：

1) 借：主营业务成本　2

应交税费——待认证进项税额　0.34

贷：银行存款　2.34

2) 借：应交税费——应交增值税（进项税额）　0.34

贷：应交税费——待认证进项税额　0.34

(4) 月末结转：

借：应交税费——应交增值税（转出未交增值税）　6.98 (12−4.68−0.34)

贷：应交税费——未交增值税　6.98

(5) 20×9年11月10日申报10月所属期税款：

借：应交税费——未交增值税　6.98

贷：银行存款　6.98

【例2-26】 北京市第一建筑公司是注册于北京市朝阳区的一般纳税人，其位于山东省济南市历下区的建筑项目适用于一般计税方法，20×9年8月5日收取工程进度款

3 330 万元，开具增值税专用发票，金额 3 000 万元，税额 330 万元，8 月 20 日向分包单位支付工程款 1 110 万元，并取得分包单位开具的增值税专用发票，金额 1 000 万元，税额 110 万元。

要求：进行相应的会计处理。

解：

该项目应向济南市历下区主管税务机关预缴增值税及其附加。

预交增值税 =（3 330 − 1 110）÷ 1.11 × 2% = 40（万元）

借：应交税费——预交增值税　40

　　　　——应交城建税　2（40×5%）

　　　　——应交教育费附加　1.2（40×3%）

　　　　——应交地方教育费附加　0.8（40×2%）

　贷：银行存款　44

【例 2-27】北京市五湖电器有限公司为增值税一般纳税人，20×6 年 6 月 5 日购进办公楼用于公司办公，6 月 20 日取得增值税专用发票并通过税务机关认证，发票列示金额 10 000 万元，进项税额 1 100 万元。由于生产经营需要，20×6 年 10 月，公司将办公楼改造为职工食堂。按照公司固定资产政策的规定，该办公楼采用平均年限法计提折旧，使用年限 10 年，无残值。

要求：进行相应的会计处理。

解：

（1）20×6 年 6 月购进办公楼时：

借：固定资产——办公楼　10 000

　　应交税费——应交增值税（进项税额）　660（1 100×60%）

　　应交税费——待抵扣进项税额　440（1 100×40%）

　贷：银行存款　11 100

【知识链接】20×7 年 6 月：

借：应交税费——应交增值税（进项税额）　440

　贷：应交税费——待抵扣进项税额　440

（2）20×6 年 7 月计提折旧时：

每月折旧金额＝10 000÷10÷12＝83.33（万元）

借：管理费用　83.33

　贷：累计折旧——办公楼　83.33

（3）20×6 年 10 月改造为职工食堂时：

不动产净值率＝［10 000－10 000÷（10×12）×4］÷10 000＝96.67%

不得抵扣的进项税额＝1 100×96.67%＝1 063.33（万元）

1 063.33 万元＞660 万元，因此 660 万元应于 20×6 年 11 月申报期申报 20×6 年 10 月所属期增值税时做进项税转出。

剩余不得抵扣的进项税额差额处理：差额＝不得抵扣的进项税额－已抵扣进项税额＝1 063.33－660＝403.33（万元），应于转变用途当期从待抵扣进项税额中扣减。

1）借：固定资产——办公楼（改造为职工食堂）　660

贷：应交税费——应交增值税（进项税额转出）　660

2）借：固定资产——办公楼（改造为职工食堂）　403.33

贷：应交税费——待抵扣进项税额　403.33

3）20×7 年 6 月：

借：应交税费——应交增值税（进项税额）　36.67（440－403.33）

贷：应交税费——待抵扣进项税额　36.67

【例 2－28】北京市第一建筑公司是注册于北京市朝阳区的一般纳税人，开发的海天花园项目于 20×6 年 3 月开工，该项目适用简易计税方法。11 月 30 日工程项目完工后与业主一次性办理工程价款结算，工程价款含税价 1 000 万元，增值税 30 万元，业主同时支付了 90%的工程价款，其余部分作为质保金于 20×7 年 8 月 30 日支付。

要求：进行相应的会计处理。

解：

（1）20×6 年 11 月 30 收到部分工程款时：

借：银行存款　927（1 030×90%）

应收账款　103

贷：工程结算　1 000

应交税费——简易计税　27

应交税费——待转销项税额　3

【解释】质保金于收到时产生纳税义务。

（2）20×6 年 12 月 10 日缴纳 11 月所属期间税款时：

1）借：税金及附加　2.7

贷：应交税费——应交城建税　1.89（27×7%）

——应交教育费附加　0.81（27×3%）

2）借：应交税费——简易计税　27

——应交城建税　1.89

——应交教育费附加　0.81

贷：银行存款　29.7

（3）20×7 年 8 月 30 日收到质保金时：

1）借：银行存款　103

贷：应收账款　103

2）借：应交税费——待转销项税额　3

贷：应交税费——简易计税　3

（4）20×7 年 9 月 10 日缴纳 8 月所属期间税款时：

1）借：税金及附加　0.3

贷：应交税费——应交城建税　0.21（3×7%）

——应交教育费附加　0.09（3×3%）

2）借：应交税费——简易计税　3

——应交城建税　0.21

——应交教育费附加　0.09

贷：银行存款　3.3

【例 2-29】北京市五湖电器有限公司为增值税一般纳税人，20×9 年 12 月 10 日采购一台不需安装设备专用于简易计税项目，当日取得增值税专用发票，价款 100 万元，税款 17 万元，款项已付清，12 月 20 日发票通过税务机关认证。假设该公司当年 1—11 月份无业务发生，12 月份的销项税额是 50 万元，无其他可抵扣凭证。

要求：进行相应的会计处理。

解：

(1) 12 月 10 日：

借：固定资产　100

应交税费——待认证进项税额　17

贷：银行存款　117

(2) 12 月 20 日：

借：应交税费——应交增值税（进项税额）　17

贷：应交税费——待认证进项税额　17

(3) 12 月 20 日：

借：固定资产　17

贷：应交税费——应交增值税（进项税额转出）　17

【解释】简易计税的项目不得抵扣进项，做进项税额转出。

(4) 月末计算当月应交的增值税：

$$\text{当月应交增值税}=\text{当期销项税额}-\text{当期进项税额}+\text{进项税额转出}=50-17+17=50\text{（万元）}$$

借：应交税费——应交增值税（转出未交增值税）　50

贷：应交税费——未交增值税　50

(5) 下月上交税款：

借：应交税费——未交增值税　50

贷：银行存款　50

(6) 年终转账：

借：应交税费——应交增值税（销项税额）　50

应交税费——应交增值税（进项税额转出）　17

贷：应交税费——应交增值税（进项税额）　17

应交税费——应交增值税（转出未交增值税）　50

【例 2-30】北京市五湖电器有限公司为增值税一般纳税人，20×9 年 11 月 5 日购入一批商品并已验收入库，但至 11 月末尚未取得增值税扣税凭证，12 月 10 日，该批商品已全部对外销售，收入 150 万元，销项税额 25.5 万元，已经开具增值税专用发票，款项已收。因购买该批商品时未付款也尚未取得购货发票，按照合同暂估成本为 98 万元结转商品销售成本。次年 3 月 12 日付款后取得增值税专用发票注明价款 100 万元，税额 17 万元，3 月 15 日通过认证。该公司 20×9 年年度汇算清缴于次年 4 月 20 日完成，企业所得税税率 25%，法定盈余公积按 10%计提。

要求：进行相应的会计处理。

解：

(1) 11 月 5 日：

验收入库时暂不做会计处理。

(2) 11 月 30 日月末，按照合同暂估价入账：

借：库存商品　98

　贷：应付账款——暂估应付账款　98

(3) 12 月 1 日，红字冲销时：

借：库存商品　−98

　贷：应付账款——暂估应付账款　−98

(4) 12 月 5 日：

1) 确认收入时：

借：银行存款　175.5

　贷：主营业务收入　150

　　应交税费——应交增值税（销项税额）　25.5

2) 按暂估入账价结转成本时：

借：主营业务成本　98

　贷：库存商品　98

(5) 12 月 31 日：

借：库存商品　98

　贷：应付账款——暂估应付账款　98

【解释】此笔分录是为了保持账实相符和资产负债表平衡。

(6) 次年 3 月 12 日：

借：库存商品　100

　　应交税费——待认证进项税额　17

　贷：银行存款　117

(7) 次年 3 月 15 日：

借：应交税费——应交增值税（进项税额）　17

　贷：应交税费——待认证进项税额　17

(8) 冲销库存商品暂估的成本时：

借：库存商品　−98

　贷：应付账款——暂估应付账款　−98

(9) 政策依据：国家税务总局公告 2011 年第 34 号。

1) 调整暂估销售成本：

借：以前年度损益调整——主营业务成本　2

　贷：库存商品　2

2) 调整应缴企业所得税：

借：应交税费——应交所得税　0.5（2×25%）

　贷：以前年度损益调整——所得税费用　0.5

3）调整利润分配：

借：利润分配——未分配利润　　1.5

　贷：以前年度损益调整　　1.5

4）调整盈余公积：

借：盈余公积　　0.15

　贷：利润分配——未分配利润　　0.15

【知识链接】若该公司20×9年年度汇算清缴于次年所得税汇算清缴结束前（次年5月31日前），尚未取得扣除凭证的，结转的成本费用做纳税调增处理。以后期间按国家税务总局公告2012年第15号的规定处理。

【例2-31】20×9年11月1日，北京市第一建筑公司与山东省甲公司签订建筑服务合同，合同工期4个月，合同不含税总收入600 000元，合同约定于20×9年12月31日按照工程进度，依工程结算单办理结算工程款项，其余建筑服务款项在完工后办理结算手续。20×9年11月5日，北京市第一建筑公司为该项目购入建筑材料，同日取得增值税专用发票，价款100 000元，进项税额17 000元，11月10发票通过认证。20×9年11月25日，按照合同规定，北京市第一建筑公司收到预收款444 000元（含税）。自12月1日开工至12月28日，实际发生建筑服务成本280 000元，估计还会发生成本120 000元；至次年3月完工，累计发生建筑服务成本400 000元。次年3月当期通过认证的进项税额为10 000元。北京市第一建筑公司该建筑项目适用一般计税方法，按实际发生的服务成本占预计总成本的比例确定劳务的完工进度。

要求：进行相应的会计处理。

解：

(1) 20×9年11月5日：

借：原材料等　　100 000

　　应交税费——待认证进项税额　　17 000

　贷：银行存款　　117 000

(2) 20×9年11月10日：

借：应交税费——应交增值税（进项税额）　　17 000

　贷：应交税费——待认证进项税额　　17 000

(3) 20×9年11月25日：

1）借：银行存款　　444 000

　　贷：预收账款　　444 000

2）纳税义务发生时：

借：预收账款　　44 000

　　贷：应交税费——应交增值税（销项税额）　　44 000

3）借：应交税费——预交增值税　　8 000

　　贷：银行存款　　8 000

【解释】建筑业跨县市提供劳务预缴税款＝444 000÷(1＋11%)×2%＝400 000×2%＝8 000（元）。

(4) 11月末：

1）借：应交税费——应交增值税（转出未交增值税）　　27 000

贷：应交税费——未交增值税　27 000

【解释】 应交增值税＝44 000－17 000＝27 000（元）。

2）借：应交税费——未交增值税　8 000

贷：应交税费——预交增值税　8 000

3）11月应补交增值税＝(44 000－17 000)－8 000＝19 000(元)。

(5) 12月10日申报缴纳11月税款：

借：应交税费——未交增值税　19 000

贷：银行存款　19 000

(6) 12月31日：

完工进度＝280 000÷(280 000＋120 000)＝70％

确认建筑合同收入＝600 000×70％－0＝420 000(元)

结转的建筑合同成本＝(280 000＋120 000)×70％－0＝280 000(元)

1）借：工程施工——工程项目　280 000

贷：应付职工薪酬等　280 000

2）借：应收账款　422 200

贷：工程结算　420 000

应交税费——待转销项税额　2 200

【解释】 尚未发生增值税纳税义务，待转销项税额＝420 000×11％－44 000＝2 200（元）。

3）借：主营业务成本　280 000

工程施工——毛利　140 000

贷：主营业务收入　420 000

(7) 次年3月完工：

1）借：应收账款　199 800

贷：工程结算　180 000

应交税费——待转销项税额　19 800

【解释】 尚未发生增值税纳税义务，待转销项税额＝180 000×11％＝19 800（元）。

2）借：工程施工——工程项目　120 000

贷：应付职工薪酬等　120 000

3）借：主营业务成本　120 000

工程施工——毛利　60 000

贷：主营业务收入　180 000

4）借：工程结算　600 000

贷：工程施工——合同毛利　200 000

工程施工——工程项目　400 000

(8) 次年3月完工时剩余劳务纳税：

1）借：应交税费——待转销项税额　22 000

贷：应交税费——应交增值税（销项税额）　22 000

2）借：应交税费——预交增值税　4 000

贷：银行存款　4 000

【解释】 建筑业跨县市提供劳务预缴税款＝600 000×2％－8 000＝4 000(元)。

(9) 次年 3 月末：

1）借：应交税费——未交增值税　　4 000

　　贷：应交税费——预交增值税　　4 000

2）借：应交税费——应交增值税（转出未交增值税）　　12 000

　　贷：应交税费——未交增值税　　12 000

【解释】应纳增值税＝22 000－10 000＝12 000（元）。

(10) 次年 4 月 12 日缴纳次年 3 月税款：

借：应交税费——未交增值税　　8 000

　贷：银行存款　　8 000

(11) 结清余款：

1）借：预收账款　　400 000

　　贷：应收账款　　400 000

2）借：银行存款　　222 000

　　贷：应收账款　　222 000

【例 2－32】甲公司为增值税一般纳税人。20×6 年 2 月买入 A 国债，买入价为 174.2 万元；20×6 年 5 月将其卖出，卖出价为 121.2 万元。20×6 年 11 月买入 B 国债，买入价为 106 万元；20×6 年 12 月将其卖出，卖出价为 127.20 万元。该公司将国债划分为可供出售金融资产核算。

要求：进行相应的会计处理。

解：

(1) 20×6 年 5 卖出 A 国债时：

借：银行存款　　1 212 000

　　应交税费——转让金融商品应交增值税　　30 000

　　投资收益　　500 000

　贷：可供出售金融资产——国债　　1 742 000

【解释】可结转下月抵扣税额＝(174.2－121.2)/(1＋6%)×6%＝3(万元)。

(2) 20×6 年 12 月卖出 B 国债时：

借：银行存款　　1 272 000

　贷：应交税费——转让金融商品应交增值税

　　12 000[(127.2 万－106 万)/(1＋6%)×6%]

　　可供出售金融资产——国债　　1 060 000

　　投资收益　　200 000

(3) 年末结转时：

借：投资收益　　18 000

　贷：应交税费——转让金融商品应交增值税　　18 000

【例 2－33】上海商贸批发公司拥有进出口经营权，购进存货价格为 100 万元，取得增值税专用发票并于同日通过税务机关认证，出口销售该产品的销售额为 123 万元，购销环节增值税税率为 17%，退税率为 13%。

要求：进行相应的会计处理。

解：

(1) 购入存货时：

借：库存商品　　1 000 000

　　应交税费——待认证进项税额　　170 000

　贷：银行存款　　1 170 000

借：应交税费——应交增值税（进项税额）　　170 000

　贷：应交税费——待认证进项税额　　17 000

(2) 出口销售时：

借：银行存款　　1 230 000

　贷：主营业务收入　　1 230 000

(3) 申报出口退税时：

应退增值税税额＝1 000 000×13%＝130 000（元）

出口货物不予退税的税额＝1 000 000×(17%－13%)＝40 000（元）

借：应收出口退税款——应退增值税　　130 000

　贷：应交税费——应交增值税（出口退税）　　130 000

借：主营业务成本　　40 000

　贷：应交税费——应交增值税（进项数额转出）　　40 000

(4) 收到退税款时：

借：银行存款　　130 000

　贷：应收出口退税款——应退增值税　　130 000

【例 2-34】北京市五湖电器有限公司是具有进出口经营权的生产企业，进行自产产品经营出口销售及国内销售。该公司于20×9年5月购进所需原材料等货物，允许抵扣的进项税额为50万元，内销产品取得销售额500万元，增值税税额为85万元，出口货物离岸价折合人民币2 400万元。假设上期留抵税款为1万元，增值税税率为17%，退税率为13%。

要求：进行相应的会计处理。

解：

(1) 计算当月出口货物不予抵扣和退税的税额：

借：主营业务成本　　960 000

　贷：应交税费——应交增值税（进项税额转出）　　960 000

(2) 计算应纳税额：

借：应交税费——应交增值税（转出未交增值税）　　1 300 000

　贷：应交税费——应交增值税　　1 300 000

(3) 申报出口免抵退税时：

借：应交税费——应交增值税（出口抵减内销产品应纳税额）　　3 120 000

　贷：应交税费——应交增值税（出口退税）　　3 120 000

【例 2-35】北京市五湖电器有限公司是具有进出口经营权的生产企业，进行自产产品经营出口销售及国内销售。该公司于20×9年5月购进所需原材料等货物，允许抵扣的进项税额为204万元，内销产品取得的销售额为500万元，增值税税额为85万元，出口货物离岸价折合人民币2 400万元。假设上期留抵税款为1万元，增值税税率为17%，退税率为13%。

要求：进行相应的会计处理。

解：

（1）计算当月出口货物不予抵扣和退税的税额：

借：主营业务成本　960 000

　贷：应交税费——应交增值税（进项税额转出）　960 000

（2）申报出口免抵退税时：

借：应收出口退税款——应退增值税　240 000

　　应交税费——应交增值税（出口抵减内销产品应纳税额）　2 880 000

　贷：应交税费——应交增值税（出口退税）　3 120 000

（3）收到退税款时：

借：银行存款　240 000

　贷：应收出口退税款——应退增值税　240 000

【例2-36】北京市五湖电器有限公司是具有进出口经营权的生产企业，进行自产产品经营出口销售及国内销售。该公司于20×9年5月购进所需原材料等货物，允许抵扣的进项税额为1 000万元，内销产品取得的销售额为500万元，增值税税额为85万元，出口货物离岸价折合人民币2 400万元。假设上期留抵税款为1万元，增值税税率为17%，退税率为13%。

要求：进行相应的会计处理。

解：

（1）计算当月出口货物不予抵扣和退税的税额：

借：主营业务成本　960 000

　贷：应交税费——应交增值税（进项税额转出）　960 000

（2）申报出口免抵退税时：

借：应收出口退税款——增值税　3 120 000

　贷：应交税费——应交增值税（出口退税）　3 120 000

（3）收到退税款时：

借：银行存款　3 120 000

　贷：应收出口退税款——应退增值税　3 120 000

单元八　增值税实训

一、一般纳税人（工业企业）增值税实训

（一）实训目的

掌握增值税的计算、增值税的会计处理；了解增值税概况；熟悉增值税的纳税申报程序；掌握增值税纳税申报表的填制方法；培养学生的理解能力、计算能力、账务处理

能力和纳税申报的实际应用能力。

（二）实训资料

1. 企业概况

（1）企业名称：北京市五湖电器有限公司。

（2）地址：北京市长安街 888 号。

（3）法定代表人：王平。

（4）注册资本：380 万元（北京市东明股份有限公司占 66%，汪华占 34%）。

（5）企业类型：有限责任公司。

（6）经营范围及产品：制造销售电热器、电风扇。

（7）开户银行及账号：工商银行北京长安里支行（基本户）。

（8）银行账号：81451058675081002。

（9）孙立：财务部长；刘浩：负责出纳核算；张晶：负责工资薪金核算；李涛：负责资产物资核算；吴静：负责往来核算；张琴：负责收入、期间费用和利润的核算；吴江：负责成本核算；赵莉：负责总账报表核算；宋文：负责资金业务核算；韩江：负责公司涉税业务核算。

（10）从业人员：260 人。

（11）经营期限：15 年。

（12）税务登记号：110199514160154。

2. 相关资料

“应交税费——未交增值税”贷方余额为 1 500 元，该公司执行现行《企业会计准则》，会计核算健全，被税务机关认定为增值税一般纳税人，增值税税率为 17%，按月缴纳增值税，以 1 个月为纳税期限。

3. 模拟业务

20×9 年 11 月—12 月，该公司发生下列经济业务（相关原始凭证略）：

（1）11 月 2 日，填报应缴税费缴款书，缴纳上月应缴未缴的增值税 1 500 元，已通过银行存款户划出。

（2）11 月 3 日，公司购入甲材料一批，收到的增值税专用发票所列价款为 120 000 元，增值税税额为 20 400 元；收到供应单位转交的运输部门开具的增值税专用发票，金额 2 000 元，税款 220 元，货款通过开户银行采用汇兑结算方式支付。

（3）11 月 5 日，公司遭受水灾，经盘点清查，发现库存甲材料毁损 1 000 千克，实际成本为 56 000 元，应负担增值税税额为 9 520 元。

（4）11 月 8 日，公司销售产品一批，货款为 600 000 元，增值税税额为 102 000 元，提货单、增值税专用发票等结算凭单已交给购货方，收到期限为 3 个月商业承兑汇票 1 张。

（5）11 月 10 日，工程建设领用生产用材料 20 000 元，应负担增值税 3 400 元，领料凭证等已办妥。

（6）结转逾期未退还的包装物押金 936 元，适用增值税税率为 17%。

（7）11 月 11 日，在建工程领用本公司产品一批，实际成本为 30 000 元，销售价格为 40 000 元，增值税税率为 17%。有关领用手续已办妥，凭证单据也已收到。

(8) 11月12日，接供电局开户行通知，公司应付本季度电费60 000元，增值税专用发票所列增值税税额为10 200元，价税款共计70 200元。款项从公司存款账户中划出，有关银行结算凭单均已收到。

(9) 11月12日，公司将一批产品用于对外股权投资，协议已签订，联营期限为5年，产品实际成本为600 000元，公允价格为700 000元，增值税税率为17%。通过验资手续，公司开出增值税专用发票，有关产品提交手续已办妥。

(10) 11月16日，收到代销商品的代销清单，销售产品5台，每台60 000元，增值税税率为17%，对方按价款的5%收取手续费，收到支票1张存入银行。

(11) 随同产品出售一批单独计价的包装物，应收取包装物价款为900元，开出普通发票，款项均未收到。

(12) 11月16日，将价值150 000元（税务机关认定的计税价格为200 000元）的5台产品，无偿捐赠给灾区。

(13) 12月24日，生产加工一批新产品450件，成本价为380元/件（无同类产品市场价格），全部售给本企业职工，取得销售额171 000元。

(14) 工厂因火灾烧毁一批自制产成品，其制造成本为60 000元，其中原材料成本为40 000元，该材料适用的增值税税率为17%。根据保险部门核批，该批发生自然灾害的产成品应取得保险赔款10 000元。

（三）实训任务

(1) 根据以上业务编制会计分录，并填制记账凭证。

(2) 计算本月应纳增值税。

(3) 登记“应交税费——应交增值税”“应交税费——未交增值税”明细账。

(4) 填制一般纳税人增值税纳税申报表。

（四）实训条件（自备）

(1) 记账凭证。

(2) 增值税专用账页、三栏式应交税费账页。

(3) 一般纳税人增值税纳税申报表。

二、一般纳税人（商品流通企业）增值税实训

（一）实训目的

掌握商品流通企业增值税的计算及会计处理；熟悉增值税的纳税申报程序；掌握增值税纳税申报表的填制方法；培养学生的理解能力、计算能力、账务处理能力及增值税纳税申报应用能力。

（二）实训资料

1. 企业概况

(1) 企业名称：A公司。

(2) 企业性质：国有企业。

(3) 企业法定代表：宋江。

（4）企业地址：北京市西城区西直门大街乙 20 号。

（5）开户银行：工商银行西直门支行。

（6）银行账号：814510586750081003。

（7）税务登记号：110100000000556。

2. 相关资料

该公司执行现行《企业会计准则》，会计核算健全，被主管税务机关认定为增值税一般纳税人，增值税税率为 17%，主管税务机关核定的纳税期限为 1 个月。库存商品采用购进金额核算法。

3. 模拟业务

20×9 年 11 月，该公司发生下列经济业务（相关原始凭证略）：

（1）11 月 1 日，购入化妆品一批，取得的专用发票上注明的价税款分别为 100 000 元、17 000 元，已支付 50%的货款。

（2）11 月 2 日，代销服装一批，从零售总额中按 10%提取的代销手续费为 36 000 元。

（3）11 月 3 日，购入文具一批，货款已付，但尚未验收入库，取得的专用发票上注明的价税款分别为 240 000 元、40 800 元。

（4）11 月 3 日，销售两台钢琴，零售价为 23 400 元/台，款项已收到，并存入银行。

（5）11 月 4 日，零售各种服装，取得的含税销售额为 380 000 元，同时将零售价为 17 800 元的服装作为礼品赠送给了顾客。

（6）11 月 5 日，采取以旧换新方式销售电视机 135 台，零售价为 2 400 元/台，对以旧换新者以每台 2 000 元的价格出售，不再支付旧电视的收购款。

（7）11 月 13 日，销售女装 500 套，不含税价为每套 400 元，增值税税率为 17%，付款条件为“2/10，1/20，N/30”，3 日后收到货款。

（8）11 月 21 日，由于意外事故，损失床上用品 20 套，购入价为 120 元/套。根据审批意见，意外事故造成的损失转入营业外支出。

（9）11 月 23 日，购进副食品取得增值税专用发票，注明金额为 650 000 元，增值税税额为 110 500 元；取得运输部门开具的增值税专用发票金额 22 500 元。至 11 月 28 日，公司将已验收入库的 80%的货物零售，取得含税销售额 81 900 元，另外 20%的货物用作本企业集体福利。

（10）11 月 29 日，采取分期付款方式购入百货类商品一批，已取得专用发票，注明价税款分别为 180 000 元、30 600 元，当月支付货款的 40%，余款再分 2 个月付清。

（三）实训任务

（1）根据以上业务编制会计分录，并填制记账凭证。

（2）计算本月应纳增值税。

（3）登记“应交税费——应交增值税（进项税额）”明细账、“应交税费——应交增值税（销项税额）”明细账、“应交税费——应交增值税（进项税额转出）”明细账。

（4）填制一般纳税人增值税纳税申报表。

（四）实训条件（自备）

（1）记账凭证。

（2）“应交增值税”明细账页 4 张。

（3）一般纳税人增值税纳税申报表。

深度阅读

《国家税务总局关于在部分行业试行农产品增值税进项税额核定扣除办法有关问题的公告》（国家税务总局公告 2012 年第 35 号）

《财政部　国家税务总局关于营业税改征增值税试点有关文化事业建设费政策及征收管理问题的补充通知》（财税〔2016〕60 号）

《财政部　国家税务总局关于进一步明确全面推开营改增试点有关再保险、不动产租赁和非学历教育等政策的通知》（财税〔2016〕68 号）

《国家税务总局关于个人保险代理人税收征管有关问题的公告》（国家税务总局公告 2016 年第 45 号）

《国家税务总局关于保险机构代收车船税开具增值税发票问题的公告》（国家税务总局公告 2016 年第 51 号）

《国家税务总局关于物业管理服务中收取的自来水水费增值税问题的公告》（国家税务总局公告 2016 年第 54 号）

《国家税务总局关于营改增试点若干征管问题的公告》（国家税务总局公告 2016 年第 53 号）

《国家税务总局关于在境外提供建筑服务等有关问题的公告》（国家税务总局公告 2016 年第 69 号）

《国家税务总局关于纳税人转让不动产缴纳增值税差额扣除有关问题的公告》（国家税务总局公告 2016 年第 73 号）

《国家税务总局关于启用全国增值税发票查验平台的公告》（国家税务总局公告 2016 年第 87 号）

《财政部　国家税务总局关于资管产品增值税政策有关问题的补充通知》（财税〔2017〕2 号）

课后练习

一、单项选择题

1. 根据《增值税暂行条例》的规定，如果采取预收货款的方式销售货物，则增值税纳税义务的发生时间是（　　）。

A. 销售方收到第一笔货款的当天　　B. 销售方收到剩余货款的当天

C. 销售方发出货物的当天　　D. 购买方收到货物的当天

2. 根据《增值税专用发票使用规定》，一般纳税人的下列销售行为中，应开具增值税专用发票的是（　　）。

A. 向消费者个人销售应税货物　　B. 向小规模纳税人转让专利权

C. 向一般纳税人销售房地产　　D. 向一般纳税人销售应税货物

3. 下列混合销售，属于征收增值税的有（　　）。

A. 企业生产铝合金门窗并负责安装

B. 房地产开发企业销售精装修房屋

C. 宾馆提供餐饮服务同时销售烟酒饮料

D. KTV 提供唱歌以及自助餐服务

4. 下列哪些情况不属于免征增值税的情形的是（　　）。

A. 工程、矿产资源在境外的工程勘察勘探服务

B. 会议展览地点在境外的会议展览服务

C. 存储地点在境外的仓储服务

D. 标的物在境外使用的不动产租赁服务

二、多项选择题

1. 下列各项中，属于增值税征收范围的是（　　）。

A. 提供通信服务　　B. 提供金融服务

C. 提供加工劳务　　D. 提供旅游服务

2. 下列各项中，视同销售行为，需要计算增值税的有（　　）。

A. 销售代销货物　　B. 将货物交付他人代销

C. 将自产货物分配给股东　　D. 将自产货物用于集体福利

3. 下列各项中，应缴纳增值税的有（　　）。

A. 将自产的货物用于投资　　B. 将自产的货物分配给股东

C. 将自产的货物用于集体福利　　D. 将自建的厂房对外投资

4. 下列外购的各项货物中，不属于视同销售的有（　　）。

A. 用于个人消费　　B. 用于投资

C. 用于集体福利　　D. 用于建造厂房

5. 下列各项中，属于增值税征收范围的有（　　）。

A. 邮政部门销售集邮商品　　B. 邮票厂印制邮票

C. 银行销售金银　　D. 商场销售金银饰品

6. 根据增值税法律制度的规定，下列业务中，属于增值税征税范围的有（　　）。

A. 银行销售金银业务　　B. 邮政部门发行报刊

C. 商店销售集邮商品　　D. 纳税人从事金融期货业务

7. 提供应税服务，是指有偿提供应税服务，但不包括非营业活动中提供的应税服务。非营业活动，是指（　　）。

A. 非企业性单位按照法律和行政法规的规定，为履行国家行政管理和公共服务职能收取政府性基金或者行政事业性收费的活动

B. 单位或者个体工商户为行政机关提供应税服务

C. 单位或者个体工商户聘用的员工为本单位或者雇主提供应税服务

D. 单位或者个体工商户为员工提供应税服务

8. “销售不动产”税目征收范围包括（　　）。

A. 销售建筑物　　B. 销售构筑物

C. 销售其他土地附着物　　　　　　　　　D. 销售电梯

9. 下列项目中，进项税额不得从纳税人应纳税额中抵扣的有（　　）。

A. 用于生产不超过行业损失率的不合格产品的购进货物

B. 发生管理不善造成的半成品所被偷盗的购进货物

C. 用于对外捐赠产品所耗用的购进货物

D. 用于集体福利的购进货物

三、判断题

1. 增值税一般纳税人将自产的货物无偿赠送给他人，不征收增值税。（　　）

2. 增值税纳税人兼营应税劳务与非应税劳务，如果不分别核算各自的销售额，那么应税劳务和非应税劳务一并征收增值税。（　　）

3. 汽车制造厂既销售自产汽车，又提供汽车修理修配服务，这属于增值税的混合销售业务。（　　）

4. 纳税人委托其他纳税人代销货物的，其增值税纳税义务的发生时间为发出代销货物的当天。（　　）

四、业务题

1. 某商场为增值税一般纳税人，20×6 年 7 月，该商场采取以旧换新方式销售冰箱 10 台，同时回收 10 台旧冰箱，每台收购金额为 100 元，取得现金净收入 22 400 元。已知每台冰箱市场零售价为 2 340 元。

要求：计算此项业务的增值税销售额。

2. 某企业为增值税一般纳税人，既生产应税货物，又生产免税货物。20×6 年 9 月，该企业购进动力燃料一批，支付增值税进项税额 30 万元，外购的动力燃料一部分用于应税项目，另一部分用于免税项目，因应税项目和免税项目使用的动力燃料数量无法准确划分，故未分开核算。9 月，该企业销售应税货物取得不含增值税销售额 400 万元，销售免税货物取得销售额 200 万元。

要求：计算该企业 9 月可以抵扣的进项税额。

3. 华山汽车公司为增值税一般纳税人。20×6 年 7 月初，该公司的增值税进项税额余额为零。7 月，该公司发生以下经济业务：

（1）7 月 2 日，外购用于生产 W 牌小汽车的钢材一批，全部价款已付并验收入库，从供货方取得增值税专用发票（注明的增值税税额为 18.7 万元）。

（2）7 月 10 日，外购一台机械设备，全部价款已付并验收入库，从供货方取得增值税专用发票（注明的增值税税额为 3.4 万元）。

（3）7 月 15 日，外购用于生产 W 牌小汽车的配件一批，价款已付并验收入库，从供货方取得增值税专用发票（注明的增值税税额为 51 万元）。

（4）7 月 9 日，采取直接收款方式向 H 汽车销售公司销售 W 牌小汽车一批，已收到全部价款（含增值税）760.5 万元，给购车方开具了增值税专用发票，并于当日将提车单交给购车方自行提货。7 月 31 日，购车方尚未将该批小汽车提走。

（5）7 月 23 日，采取托收承付方式向 M 汽车销售公司销售 W 牌小汽车一批，价款为 300 万元。华山汽车公司已将该批小汽车发出并向银行办妥托收手续。7 月 31 日，华山汽车公司尚未收到该批车款。

华山汽车公司财会部门依据上述资料，计算出7月应纳增值税税额为：

$$\text{应纳增值税税额} = [760.5 \div (1+17\%)] \times 17\% - (18.7+3.4+51) = 37.4(\text{万元})$$

要求：分析华山汽车公司财会部门计算的7月应纳增值税税额的错误之处，并计算正确的应纳增值税税额。

4. 东方家具公司为增值税一般纳税人。2月初，该公司的增值税进项税余额为零。增值税税率为17%。20×6年2月，该公司发生以下经济业务：

(1) 外购用于生产家具的木材一批，全部价款已付并验收入库。对方开具的增值税专用发票注明的货款（不含增值税）为40万元，运输单位开具的增值税专用发票注明的金额为1万元。

(2) 外购建筑涂料用于装饰公司办公楼，取得对方开具的增值税专用发票（注明的增值税税额为9万元），已办理验收入库手续。

(3) 进口生产家具用的辅助材料一批，关税完税价格为8万元，已纳关税为1万元。

(4) 销售家具一批，取得销售额（含增值税）93.6万元。

要求：

(1) 计算该公司进口辅助材料应纳增值税税额，并列出计算过程。

(2) 计算该公司2月增值税销项税额，并列出计算过程。

(3) 计算该公司2月增值额进项税额，并列出计算过程。

(4) 计算该公司2月应纳增值税税额，并列出计算过程。

5. 北京市华星公司专门从事认证服务，营改增后被认定为一般纳税人，20×8年8月发生下列业务：

(1) 8月6日，取得认证服务价税收入106万元，开具增值税专用发票。

(2) 8月10日，购进一台经营用设备，取得增值税专用发票，注明价款20万元，税额3.4万元。

(3) 8月12日，接受本市其他单位设计服务，取得增值税专用发票注明价款5万元，税额0.3万元。

(4) 8月13日，接受本市某运输企业提供的交通运输服务，取得货物运输业增值税专用发票，注明金额0.5万元，税额0.055万元。

要求：计算公司当月应纳增值税税额。

6. 大华机械公司为增值税一般纳税人，主要生产各种电动工具，适用的增值税税率为17%。增值税以1个月为一个纳税期，自期满之日起10日内申报纳税，增值税专用发票通过防伪税控系统开具。20×7年7月5日，该公司申报缴纳6月增值税税款100万元。7月底，税务机关对该公司6月增值税计算缴纳情况进行专项检查，有关检查情况如下：

(1) 6月6日，一批外购钢材因管理不善被盗，增值税专用发票确认的成本为40万元，增值税税额为6.8万元（已抵扣）。在查明原因之前，该公司将40万元作为待处理财产损溢入账。

(2) 6月10日，处理一批下脚料，将取得的含增值税销售额3.51万元全部确认为其他业务收入。

（3）6月15日，购进低值易耗品一批，取得承运公司开具的增值税专用发票，金额为1万元。该公司计算抵扣的进项税额为0.1万元。

（4）6月25日，销售电动工具一批，另外向购货方收取包装物租金2.34万元。该公司将该项价外费用全部计入了营业外收入。

（5）6月底计算应纳增值税时，将20×7年2月取得的一张防伪税控系统开具的增值税专用发票，作为6月可抵扣的进项税额处理。该增值税专用发票注明的增值税税额为1.87万元，开票时间为20×7年1月25日。

要求：不考虑其他税收因素，根据增值税法律制度的有关规定，回答下列问题：

（1）该公司上述（1）～（5）项业务的增值税处理是否正确？并说明理由。

（2）计算该公司应补缴的增值税税款，列出计算过程。

7. 某商店为小规模纳税人。20×6年6月，该商店发生如下业务：

（1）销售服装取得含增值税销售额2 392元，开具了普通发票。

（2）购进办公用品一批，支付货款13 500元，取得增值税普通发票。

（3）当月销售办公用品取得的含税销售额为8 528元，开具了普通发票；销售给一般纳税人某公司仪器2台，取得的不含增值税销售额为38 500元，增值税税款为1 155元，增值税专用发票已由税务所代开。

要求：计算该商店6月的增值税应纳税额。

8. 某食品加工企业为小规模纳税人。2月，该企业取得销售收入16 960元。该企业直接从农户购入价值6 400元的农产品，支付运输费600元，并于当月支付人员工资3 460元。

要求：计算该企业当月应缴纳的增值税税额。

9. 某小型工业企业为增值税小规模纳税人。3月，该企业取得销售收入8.48万元；购进原材料一批，支付货款2.12万元。

要求：计算该企业当月应缴纳的增值税税额。

10. 某自营出口的生产企业为增值税一般纳税人。20×6年3月，该企业的有关经营业务如下：

（1）购进原材料一批，取得的增值税专用发票注明的价款为200万元，外购货物准予抵扣的进项税额34万元通过认证。

（2）内销货物的不含税销售额为100万元，收款117万元存入银行。

（3）出口货物的销售额折合人民币200万元。

已知，2月末该企业的留抵税款为3万元，出口货物的征税率为17%，退税率为13%。

要求：计算该企业3月应“免、抵、退”的税额。

11. 20×6年6月，某进出口公司购进牛仔布，并委托某厂加工成服装出口，该公司取得增值税专用发票一张，注明价款为10 000元，服装的加工费计税金额为2 000元。已知服装退税率为17%。

要求：计算该公司6月的应退税额。

12. 20×6年5月，某公司支付水费22 600元，取得防伪税控系统开具的增值税专用发票（注明的价款为20 000元，增值税税额为2 600元）；支付电费58 500元，防伪税控系统开具的增值税专用发票上注明的价款为50 000元，增值税税额为8 500元。增值税专用发票均已取得认证。该公司的水电费 80%用于生产车间，20%被厂部使用。

要求：做出相应的会计分录。

13. 20×6 年 5 月，某公司购入一批原材料，取得防伪税控系统开具的增值税专用发票，尚未到税务机关认证通过，增值税专用发票上注明的原料价款为 400 万元，增值税税额为 68 万元。该公司开出一张 3 个月到期的商业汇票支付货款，材料已达并验收入库。6 月，增值税专用发票认证通过。

要求：做出相应的会计分录。

14. 上海市捷迅公司专门从事商业资讯服务，营改增后被认定为小规模纳税人，20×8年 7 月发生下列业务：

（1）7 月 15 日，向一般纳税人提供资讯信息服务，取得含税销售额 3.09 万元。

（2）7 月 18 日，向小规模纳税人提供资讯信息服务，取得含税销售额 1.03 万元。

（3）7 月 27 日，购进办公用品，支付价款 2.06 万元，取得增值税普通发票。

要求：做出相应的会计分录。

15. 20×6 年 5 月，永明公司购进甲材料一批，6 月，因上述材料存在质量问题，公司退回部分材料，取得当地主管税务机关开具的“进货退出及索取折让证明单”，送交销货方，退回价款 20 000 元、增值税 3 400 元，已收到对方开具的红字增值税专用发票。

要求：做出相应的会计分录。

16. 上海鸿飞有限责任公司接受大华公司投资转入的原材料一批，取得防伪税控系统开具的增值税专用发票，注明双方确认的价值为 120 000 元，增值税为 20 400 元。增值税专用发票已通过认证。该项投资占上海鸿飞有限责任公司 20%的股份，上海鸿飞有限责任公司的注册资本为 500 000 元。

要求：做出相应的会计分录。

17. 20×5 年 5 月 1 日，大华公司销售一批材料给红星公司，含税价为 117 000 元。20×6 年 5 月 1 日，红星公司发生财务困难，无法按合同规定偿还债务，经双方协议，大华公司同意红星公司用产品抵偿该项应收账款。该产品市价为 80 000 元，增值税税率为 17%，产品成本为 70 000 元。大华公司为该项债权计提了坏账准备 5 000 元，假定不考虑其他税费。

要求：做出相应的会计分录。

18. 大明公司外购原材料一批，数量为 20 吨，取得的专用发票上注明的价款为 100 000 元，增值税税额为 17 000 元，款项已付，因自然因素入库前造成非正常损失 2 吨。

要求：做出相应的会计分录。

19. 大华食品公司于 20×6 年 5 月购进 10 吨白糖，取得防伪税控系统开具的增值税专用发票（注明的材料价款为 80 000 元），增值税税额为 13 600 元。增值税专用发票已通过认证。6 月，该公司将其中的 2 吨白糖作为福利发给职工。

要求：做出相应的会计分录。

20. 20×6 年 5 月，大明公司由于仓库倒塌毁损产品一批，损失产品账面价值为 80 000 元。当期总的生产成本为 420 000 元，其中耗用的外购材料、低值易耗品等的价值为 252 000 元，外购货物均适用 17%的增值税税率。

要求：做出相应的会计分录。

21. 某公司于20×6年1月1日采用分期收款方式销售大型设备，合同价格为1 000万元，分5年于每年年末平均收取。假定该大型设备不采用分期收款方式时的销售价格为800万元，该设备的成本为600万元。

要求：做出相应的会计分录。

22. 光华公司于20×6年5月销售给大明公司一批产品，增值税专用发票上注明的销售额为60 000元，增值税税额为10 200元，货款已支付，双方均已做账务处理。由于质量原因，双方协商折让30%。6月，光明公司收到大明公司转来的当地主管税务机关开具的索取折让证明单。

要求：做出相应的会计分录。

23. 北京市五湖电器有限公司于1月1日售出5 000件商品，单位价格为500元，单位成本为400元，增值税发票已开出。协议约定，购货方应于2月1日前付款，6月30日前有权退货。北京市五湖电器有限公司根据经验，估计退货率为20%。退回的增值税均取得扣税凭证。

要求：做出相应的会计分录。

24. 华夏公司采用以旧换新方式销售彩电一批，不含增值税售价为380 000元，收回旧彩电的冲减售价为20 000元，增值税税率为17%。

要求：做出相应的会计分录。

25. A公司决定以账面价值为9 000元、公允价值为10 000元的甲材料，换入B公司账面价值为11 000元、公允价值为13 000元的乙材料，另支付给B公司补价3 510元，A公司支付运费300元，B公司支付运费500元（A、B两公司的运费均取得普通发票）。A、B两公司均未对存货计提跌价准备。增值税税率均为17%。

要求：做出相应的会计分录。

26. 北京市五湖电器有限公司委托上海商贸批发公司销售甲商品100件，协议价为100元/件，该商品成本为60元/件，增值税税率为17%。北京市五湖电器有限公司在收到上海商贸批发公司开来的代销清单时开具增值税发票，发票上注明的售价为10 000元，增值税税额为1 700元。上海商贸批发公司实际销售时开具的增值税发票上注明：售价为12 000元，增值税税额为2 040元。

要求：做出相应的会计分录。

27. 沿用26题资料，假定代销合同规定，上海商贸批发公司应按每件100元的价格售给顾客，北京市五湖电器有限公司按售价的10%支付上海商贸批发公司手续费。上海商贸批发公司在实际销售时，即向买方开具一张增值税专用发票，发票上注明甲商品售价为10 000元，增值税税额为1 700元。北京市五湖电器有限公司在收到上海商贸批发公司交来的代销清单时，向上海商贸批发公司开具一张相同金额的增值税发票。

要求：做出相应的会计分录。

28. 20×6年5月，永明公司将一批A产品作为礼物赠送给自己的客户，该批产品无同类产品的销售价格，已知该批产品的实际成本为12 000元，成本利润率为10%。

要求：做出相应的会计分录。

29. 华为公司于20×6年5月将自产的一批A产品作为利润分配给投资者，该批产品的实际成本为250 000元，不含税售价为300 000元；华为公司将一批B产品作为投资投入大华公司，该批产品的成本为 200 000 元，公允价为 250 000 元，占大华公司股份的 10%。

要求：做出相应的会计分录。

30. 20×5 年 5 月 1 日，大华公司销售一批材料给红星公司，含税价为 117 000 元。2006 年 5 月 1 日，红星公司发生财务困难，无法按合同规定偿还债务，经双方协议，大华公司同意红星公司用产品抵偿该应收账款。该产品市价为 80 000 元，增值税税率为 17%，产品成本为 70 000 元，已计提存货跌价准备 10 000 元。假定不考虑其他税费。

要求：做出相应的会计分录。

31. 20×6 年 5 月，大华公司外购货物，发生允许抵扣的进项税额合计 200 000 元，本月初“应交税费——应交增值税”明细账借方余额 30 000 元，本月对外销售货物，取得销项税额合计 310 000 元。

要求：做出相应的会计分录。

32. 20×6 年 5 月初，光明公司“应交税费——应交增值税”明细账无余额，本月发生允许抵扣的进项税额合计 100 000 元，取得销项税额合计 70 000 元，本月已预缴增值税 9 000 元。

要求：做出相应的会计分录。

33. 20×7 年 6 月，增值税一般纳税人甲公司购进办公楼办公用，金额 10 000 万元，进项税额 1 100 万元，分 10 年计提折旧，无残值。20×7 年 10 月，将办公楼改造成员工食堂。

要求：做出相应的会计分录。

34. 增值税一般纳税人甲公司 20×7 年 12 月购进一批水泥 11 700 元，取得增值税专票，价款 10 000 元，税款 1 700 元。该水泥已经于 12 月全部用于房屋的维修，维修的房屋属于 2016 年 4 月 30 日前取得的，对外经营租赁，简易征收，该发票于 20×8 年 1 月通过认证。

要求：做出相应的会计分录。

35. 增值税一般纳税人甲公司 20×7 年 12 月采购一台不需安装设备专用于简易计税项目，取得增值税专用发票，不含税价 50 万元，增值税 8.5 万元，款项已付清。假设当月的销项税额是 20 万元，无其他增值税专用发票进行认证抵扣。

36. 增值税一般纳税人 A 建筑公司所属甲乙两工程项目与机构所在地在同一县，甲项目适用一般计税方法，乙项目适用简易计税方法。20×7 年 9 月 15 日业主计量甲项目已完工程量 4 440 万元，10 月 20 日，按照合同付款比例向业主收取工程款 3 330 万元，并向其开具专用发票，金额 3 000 万元，税额 330 万元；乙项目工程于 20×7 年 12 月 10 日完工后办理结算并收取业主全部工程款 100 万元，自建部分成本为 16 万元，支付 C 建筑公司分包款 80 万元。A 建筑公司向业主开具了增值税专用发票。

要求：做出相应的会计分录。

五、实训题

（一）企业概况

（1）企业名称：A 实业有限责任公司。

（2）企业性质：国有企业。

（3）企业法定代表：林冲。

（4）企业地址：北京市开发区1号。

（5）开户银行：工商银行永达分理处。

（6）银行账号：01012345678。

（7）税务登记号：110000000000123。

（二）经济业务

该公司执行《企业会计制度》与现行税收政策，会计核算健全，被税务机关认定为增值税一般纳税人，增值税税率为17%，按月缴纳增值税，包装物单独核算。20×9年12月，该公司发生下列经济业务：

（1）12月2日，缴纳上月的增值税16 540元。

（2）12月3日，从光明工厂购入甲材料150吨，每吨2 100元，收到增值税专用发票，价款为315 000元，税款为53 550元，价税合计368 550元，材料已验收入库，货款由银行支付。

（3）12月4日，从光大批发市场购入乙材料180吨，每吨3 500元，收到增值税专用发票，价款为630 000元，税款为107 100元，价税合计737 100元，已验收入库，货款用支票支付，另由银行支付运费（取得普通发票）25 500元。

（4）12月4日，用支票直接向农场收购用于生产加工的农产品一批，已验收入库，经税务机关批准的收购凭证上注明的价款为120 000元。

（5）12月8日，从西单百货公司收到委托代销的代销清单，销售A产品5台，每台60 000元，增值税税率为17%，对方按价款的5%收取手续费，收到支票一张存入银行。

（6）12月12日，销售B产品6台，每台42 000元，货款为252 000元，税款为42 840元；同时，随同产品一起售出包装箱3个，不含税价为每个1 500元，货款为4 500元，税款为765元。款项300 105元已存入银行。

（7）12月14日，向小规模纳税人天阳公司售出10吨甲材料，开出29 250元的普通发票，取得支票存入银行。

（8）12月18日，将B产品2台转为本企业生产用，实际成本共计60 000元，税务机关认定的计税价格为80 000元。

（9）12月18日，将价值84 000元的本月外购的甲材料20吨及库存的同价甲材料20吨移送本企业，供修建产品仓库使用。

（10）12月20日，将价值150 000元（税务机关认定的计税价格为200 000元）的5台B产品无偿捐赠给新疆化工厂，用以支援西部开发。

（11）12月21日，委托河北加工厂加工配件，材料上月已发出，本月支付加工费3 000元和增值税税额510元，取得增值税专用发票。取得承运部门开具的增值税普通发票，金额860元，用支票支付。

（12）12月22日，购入汽车一辆，取得增值税专用发票，价款为150 000元，税款为25 500元，价税合计175 500元，用支票付款。

（13）12月24日，生产加工一批新产品C产品450件，成本价为380元/件（无同类产品市场价格），全部售给本公司职工，取得不含税销售额171 000元。

（14）12月25日，销售使用过的摩托车4辆，原值25 000元，取得含税销售额25 440

元；销售使用过的机床2台，原值200 000元，取得含税销售额55 000元。

（15）12月27日，机修车间对外提供加工服务，收取劳务费11 000元（含税）。

（16）12月30日，企业上月销售的5台B产品发生销售退回，价款为198 000元，应退增值税33 660元。企业开出红字增值税专用发票，并以银行存款支付退货款项。

（17）月末盘存发现上月购进的15吨甲材料被盗，金额为31 500元（其中含分摊的运输费用4 650元）。

（三）实训任务

（1）根据以上业务编制会计分录，并填制记账凭证。

（2）计算本月应纳增值税。

（3）登记“应交税金——应交增值税（进项税额）”明细账、“应交税金——应交增值税（销项税额）”明细账、“应交税金——应交增值税（进项税额转出）”明细账及“应交税金——未交增值税”明细账。

（4）填制一般纳税人增值税纳税申报表。

（四）实训条件（自备）

（1）记账凭证。

（2）应交增值税专用账页。

（3）一般纳税人增值税纳税申报表。

学习情境三 消费税及账务处理

教学目标

1. 熟悉消费税的含义与特点；
2. 掌握消费税应纳税额的计算；
3. 掌握消费税的账务处理。

单元一 消费税概述

一、消费税的含义与特点

消费税是对在我国境内生产、委托加工和进口应税消费品的单位和个人，就其应税消费品的销售额或销售量所课征的一种流转税。我国现行消费税的基本规范是 1993 年 12 月 13 日国务院颁布的、2008 年 11 月进行调整的《中华人民共和国消费税暂行条例》（以下简称《消费税暂行条例》）以及财政部、国家税务总局颁布的第 51 号令《中华人民共和国消费税暂行条例实施细则》。

拓展阅读

消费税具有如下特点：第一，征收范围具有选择性；第二，征税环节具有单一性；第三，税收调节具有特殊性；第四，税收负担具有转嫁性。

二、纳税义务人

在中华人民共和国境内生产、委托加工和进口应税消费品的单位和个人，为消费税纳税义务人。

其中，单位是指国有企业、集体企业、私有企业、股份制企业、外商投资企业和外国企业、行政单位、事业单位、军事单位、社会团体及其他单位。个人是指个体经营者及其他个人。在中华人民共和国境内是指生产、委托加工和进口属于应当征收消费税的消费品的起运地或所在地在境内。

三、征税范围

（一）生产应税消费品

生产应税消费品是消费税征收的主要环节，生产应税消费品除了直接对外销售应征收消费税外，纳税人将生产的应税消费品换取生产资料、消费资料、投资入股、偿还债务，以及用于继续生产应税消费品以外的其他方面都应缴纳消费税。

（二）委托加工应税消费品

委托加工应税消费品是指委托方提供原料和主要材料，受托方只收取加工费和代垫部分辅助材料加工的应税消费品。由受托方提供原材料或其他情形的，一律不能视同加工应税消费品。委托方将收回的应税消费品以不高于受托方的计税价格出售的，为直接出售，不再缴纳消费税；委托方以高于受托方的计税价格出售的，不属于直接出售，需按照规定申报缴纳消费税，在计税时准予扣除受托方已代收代缴的消费税。

（三）进口应税消费品

单位和个人进口货物属于消费税征税范围的，在进口环节要缴纳消费税，进口环节缴纳的消费税由海关代征。

（四）零售应税消费品

自 1995 年 1 月 1 日起，对金基、银基合金首饰以及金、银和金基、银基合金的镶嵌首饰改为零售环节征收消费税，适用税率为 5%，自 2003 年 5 月 1 日起，铂金首饰改为零售环节征收消费税。零售业务是指将金银首饰销售给中国人民银行批准的金银首饰加工、批发、零售单位以外的单位和个人，金银首饰的馈赠、赞助、集资、广告、样品、职工福利、奖励等方面视同零售业务。

自 2015 年 5 月 10 日起，将卷烟批发环节从价税税率调整为 11%，并按 0.005 元/支加征从量税。烟草批发企业将卷烟销售给其他烟草批发企业的，不缴纳消费税。批发企业在计算应纳税额时不得扣除已含的生产环节的消费税税款。

单元二　税目与税率

一、税目

根据 2008 年 11 月修订后的《消费税暂行条例》及相关财税文件规定，目前征收消费税的有烟、酒、高档化妆品等。

（一）烟

凡是以烟叶为原料加工生产的产品，不论使用何种辅料，均属于本税目的征收范围，包括卷烟（进口卷烟、白包卷烟、手工卷烟和未经国务院批准纳入计划的企业及个人生产的卷烟)、雪茄烟和烟丝。

（二）酒

酒是指酒精度在1度以上的各种酒类饮料，包括粮食白酒、薯类白酒、黄酒、啤酒、果啤和其他酒。

(1) 以外购白酒加浆降度或外购散酒装瓶出售，以及外购白酒以曲香、香精进行调香、调味生产的白酒，按照外购白酒所用原料确定适用税率。凡白酒所用原料无法确定的，一律按照粮食白酒的税率征税。

(2) 以外购的不同品种白酒勾兑的白酒，一律按照粮食白酒的税率征税。

(3) 对用粮食和薯类、糠麸等多种原料混合生产的白酒，以粮食白酒为酒基的配置酒、泡制酒，以白酒或酒精为酒基，凡酒基所用原料无法确定的配置酒、泡制酒，一律按照粮食白酒的税率征税。

(4) 对用薯类和粮食以外的其他原料混合生产的白酒，一律按照薯类白酒的税率征税。

拓展阅读

对饮食业、商业、娱乐业举办的啤酒屋（啤酒坊）利用啤酒生产设备生产的啤酒，应当征收消费税。

（三）高档化妆品

高档化妆品是指生产（进口）环节销售（完税）价格（不含增值税）在10元/毫升（克）或15元/片（张）及以上的美容、修饰类化妆品和护肤类化妆品，包括高档美容、修饰类化妆品、高档护肤类化妆品和成套化妆品。税率为15%。

舞台、戏剧、影视演员化妆用的上妆油、卸装油、油彩，不属于本税目的征收范围。

（四）贵重首饰及珠宝玉石

凡以金、银、白金、宝石、珍珠、钻石、翡翠、珊瑚、玛瑙等高贵稀有物质以及其他金属、人造宝石等制作的各种纯金银首饰及镶嵌首饰和经采掘、打磨、加工的各种珠宝玉石，均属于本税目的征收范围。对出国人员免税商店销售的金银首饰征收消费税。

（五）鞭炮、焰火

体育上用的发令纸、鞭炮药引线，不按本税目征收。

（六）成品油

本税目的征收范围包括汽油、柴油、石脑油、溶剂油、航空煤油、润滑油、燃料油7个子目。

(1) 石脑油的征收范围包括除汽油、柴油、煤油、溶剂油以外的各种轻质油。

(2) 润滑油分为矿物性润滑油、植物性润滑油、动物性润滑油和化工原料合成润滑油。单位和个人外购大包装润滑油后，经简单加工改成小包装或者外购润滑油不经加工只贴商标的行为，视同应税消费税品的生产行为。

(3) 航空煤油暂缓征收消费税。

(4) 从2009年1月1日起，对同时符合下列条件的纯生物柴油免征消费税：

1）生产原料中废弃的动物油和植物油用量所占比重不低于70%。

2）生产的纯生物柴油符合国家《柴油机燃料调合用生物柴油（BD100）》标准。

（七）小汽车

汽车是指由动力驱动，具有4个或4个以上车轮的非轨道承载的车辆。

电动汽车不属于本税目的征收范围。车身长度大于7米（含7米），并且座位在10座以下的商用客车，不属于中轻型商用客车征税范围，不征收消费税。沙滩车、雪地车、卡丁车、高尔夫车不属于消费税征收范围，不征收消费税。

自2016年12月1日起，对每辆零售价格130万元（不含增值税）及以上的乘用车和中轻型商用客车（超豪华小汽车），在生产（进口）环节按现行税率征收消费税基础上，在零售环节加征10%的消费税。

将超豪华小汽车销售给消费者的单位和个人为超豪华小汽车零售环节纳税人。超豪华小汽车零售环节消费税应纳税额计算公式为：

应纳税额＝零售环节销售额(不含增值税)×零售环节税率

国内汽车生产企业直接销售给消费者的超豪华小汽车，消费税税率按照生产环节税率和零售环节税率加总计算。消费税应纳税额计算公式为：

应纳税额＝销售额×(生产环节税率＋零售环节税率)

对我国驻外使领馆工作人员、外国驻华机构及人员、非居民常住人员、政府间协议规定等应税（消费税）进口自用，且完税价格130万元及以上的超豪华小汽车消费税，按照生产（进口）环节税率和零售环节税率（10%）加总计算，由海关代征。

拓展阅读

将企业购进的货车或厢式货车改装为商务车、卫星通信车等专用汽车不属于消费税征收范围，不征收消费税。对于购进乘用车或中轻型商用客车改装的汽车，应按规定征收消费税。

（八）摩托车

对最大设计车速不超过50km/h，发动机气缸总工作容量不超过50ml的三轮摩托车不征收消费税。

（九）高尔夫球及球具

本税目的征收范围包括高尔夫球，高尔夫球杆，高尔夫球包（袋），高尔夫球杆的杆头、杆身和握把。

（十）高档手表

高档手表是指销售价格（不含增值税）每只在10 000元以上（含10 000元）的各类手表。

（十一）游艇

游艇分为无动力艇、帆艇和机动艇。

（十二）木制一次性筷子

本税目的征收范围包括各种规格的木制一次性筷子，未经打磨、倒角的木制一次性筷子。

（十三）实木地板

本税目的征收范围包括各类规格的实木地板，实木指接地板，实木复合地板及用于装饰墙壁、天棚的侧端面为榫、槽的实木装饰板，未经涂饰的素板。

（十四）电池

电池，是一种将化学能、光能等直接转换为电能的装置，一般由电极、电解质、容器、极端，通常还有隔离层组成的基本功能单元，以及用一个或多个基本功能单元装配成的电池组。范围包括：原电池、蓄电池、燃料电池、太阳能电池和其他电池。

对无汞原电池、金属氢化物镍蓄电池（又称氢镍蓄电池或镍氢蓄电池）、锂原电池、锂离子蓄电池、太阳能电池、燃料电池和全钒液流电池免征消费税。

（十五）涂料

涂料是指涂于物体表面能形成具有保护、装饰或特殊性能的固态涂膜的一类液体或固体材料之总称。对施工状态下挥发性有机物（Volatile Organic Compounds，VOC）含量低于420克/升（含）的涂料免征消费税。

拓展阅读

（1）电池、涂料全国平均成本利润率为：电池4%，涂料7%。

（2）外购电池、涂料大包装改成小包装或者外购电池、涂料不经加工只贴商标的行为，视同应税消费税品的生产行为。

二、税率

消费税采用比例税率和定额税率两种形式，以适应不同应税消费品的实际情况。

消费税根据不同的税目或子目确定相应的税率或单位税额。消费税税目、税率（税额）如表3-1所示。

表3-1　消费税税目、税率（税额）表

税目	税率（税额）
一、烟	
1. 卷烟	
(1) 甲类卷烟［调拨价70元（不含增值税）/条以上（含70元）］	56%加0.003元/支
(2) 乙类卷烟	36%加0.003元/支
(3) 批发环节	11%加0.005元/支
2. 雪茄烟	36%
3. 烟丝	30%
二、酒	
1. 白酒	20%加0.5元/500克（或者500毫升）
2. 黄酒	240元/吨

续前表

税目	税率（税额）	
3. 啤酒		
（1）甲类啤酒（每吨出厂价不含增值税价格3000以上，计算时包含包装物及包装物押金，但不包括供重复使用的塑料周转箱押金）	250元/吨	
（2）乙类啤酒	220元/吨	
4. 其他酒	10%	
三、高档化妆品	15%	
四、贵重首饰及珠宝玉石		
1. 金银首饰、铂金首饰和钻石及钻石饰品	5%	
2. 其他贵重首饰和珠宝玉石	10%	
五、鞭炮、焰火	15%	
六、成品油		
1. 汽油	1.52元/升	
2. 柴油	1.2元/升	
3. 航空煤油	1.2元/升（暂缓征收）	
4. 石脑油	1.52元/升	
5. 溶剂油	1.52元/升	
6. 润滑油	1.52元/升	
7. 燃料油	1.2元/升	
七、摩托车 1. 气缸容量为250毫升	3%	
2. 气缸容量在250毫升以上的	10%	
八、小汽车	生产（进口）环节	零售环节
1. 乘用车		
（1）气缸容量在1.0升以下的（含1.0升）	1%	
（2）气缸容量在1.0升以上至1.5升（含1.5升）的	3%	
（3）气缸容量在1.5升以上至2.0升（含2.0升）的	5%	
（4）气缸容量在2.0升以上至2.5升（含2.5升）的	9%	
（5）气缸容量在2.5升以上至3.0升（含3.0升）的	12%	
（6）气缸容量在3.0升以上至4.0升（含4.0升）的	25%	
（7）气缸容量在4.0升以上的	40%	
2. 中轻型商用客车	5%	
3. 超豪华小汽车	按子税目1和子税目2的规定征收	10%
九、高尔夫球及球具	10%	
十、高档手表	20%	
十一、游艇	10%	
十二、木制一次性筷子	5%	

续前表

税目	税率（税额）
十三、实木地板	5%
十四、电池	4%
十五、涂料	4%

单元三 计税依据

一、消费税应纳税额的计算方法

按照现行消费税法的基本规定，消费税应纳税额的计算分为从价定率计算、从量定额计算、从价定率和从量定额复合计算三种方法。

（一）从价定率计算

在从价定率计算方法下，应纳消费税税额的公式为：

应纳消费税税额＝应税消费品销售额×适用税率

1. 销售额的确定

销售额是指纳税人销售应税消费品向购买方收取的全部价款和价外费用。价外费用是指价外收取的基金、集资费、返还利润、补贴、违约金（延期付款利息）和手续费、包装费、储备费、优质费、运输装卸费、代收款项、代垫款项以及其他各种性质的价外收费，但下列款项不包括在内：

（1）承运部门的运费发票开具给购货方的。

（2）纳税人将该项发票转交给购货方的。

（3）同时符合以下条件代为收取的政府性基金或者行政事业性收费：

1）由国务院或者财政部批准设立的政府性基金、由国务院或者省级人民政府及财政、价格主管部门批准设立的行政事业性收费。

2）收取时开具省级以上财政部门印制的财政票据。

3）所收款项全部上缴财政。

其他价外费用，无论是否属于纳税人的收入，均应并入销售额计算征税。

实行从价定率计算方法计算应纳税额的应税消费品连同包装销售的，无论包装是否单独计价，也不论在会计上如何核算，均应并入应税消费品的销售额中征收消费税。如果包装物不作价随同产品销售，而是收取押金（收取酒类产品的包装物押金除外），且单独核算，又未过期的，此项押金则不应并入应税消费品的销售额中征税。但对因逾期未收回的包装物不再退还的和已收取一年以上的押金，应并入应税消费品的销售额，按照应税消费品的适用税率征收消费税。

对既作价随同应税消费品销售，又另外收取包装物押金的，凡纳税人在规定的期限内不予退还的，均应并入应税消费品的销售额，按照应税消费品的适用税率征收消费税。

对酒类产品生产企业销售酒类产品（黄酒、啤酒除外）而收取的包装物押金，无论押金是否返还与会计上如何核算，均需并入酒类产品销售额中，依酒类产品的适用税率征收消费税。

拓展阅读

纳税人销售应税消费品，以外汇结算销售额的，其销售额的人民币折合率可以选择结算当天的或者当月1日的国家外汇牌价（原则上为中间价）。纳税人应事先确定采取何种折合率，确定后一年内不得变更。

2. 含增值税销售额的换算

应税消费品的销售额不包括应向购货方收取的增值税税款，故应将含增值税的销售额换算为不含增值税的销售额，其换算公式为：

应税消费品的销售额＝含增值税的销售额÷(1＋增值税税率或征收率)

（二）从量定额计算

在从量定额计算方法下，应纳消费税税额的公式为：

应纳消费税税额＝应税消费品销售数量×单位税额

1. 销售数量的确定

销售数量是指纳税人生产、加工和进口应税消费品的数量，具体规定为：

(1) 销售应税消费品的，为应税消费品的销售数量。

(2) 自产自用应税消费品的，为应税消费品的移送使用数量。

(3) 委托加工应税消费品的，为纳税人收回的应税消费品数量。

(4) 进口应税消费品的，为海关核定的应税消费品进口征税数量。

2. 计量单位的换算标准

《消费税暂行条例》规定，黄酒、啤酒是以吨为税额单位的；汽油、柴油是以升为税额单位的。但是，考虑到在实际销售过程中，一些纳税人会把吨或升这两个计量单位混用，为了规范不同产品的计量单位，以准确计算应纳税额，吨与升两个计量单位的换算标准如表3-2所示。

表3-2　　吨、升换算表

品名	换算标准	品名	换算标准
啤酒	1吨＝988升	汽油	1吨＝1 388升
黄酒	1吨＝962升	柴油	1吨＝1 176升
石脑油	1吨＝1 385升	溶剂油	1吨＝1 282升
润滑油	1吨＝1 126升	燃料油	1吨＝1 015升
航空煤油	1吨＝1 246升		

（三）从价定率和从量定额复合计算

现行消费税的征税范围中，只有卷烟、粮食白酒、薯类白酒采用从价定率和从量定额复合计算方法，其计算公式为：

$$\text{应纳消费税税额}=\text{应税消费品销售额}\times\text{比例税率}+\text{应税消费品销售数量}\times\text{定额税率}$$

生产销售卷烟、粮食白酒、薯类白酒的，从量定额计税依据为实际销售数量。进口、委托加工、自产自用卷烟、粮食白酒、薯类白酒的，从量定额计税依据分别为海关核定的进口征税数量、委托方收回数量、移送使用数量。

二、计税依据的特殊规定

（1）纳税人通过自设非独立核算门市部销售的自产应税消费品，应当按照门市部对外销售额或者销售数量征收消费税。

（2）纳税人用于换取生产资料和消费资料、投资入股和抵偿债务等方面的应税消费品，应当以纳税人同类应税消费品的最高销售价格作为计税依据计算消费税。

（3）酒类关联企业间关联交易消费税问题的处理。根据规定，纳税人与关联企业之间的购销业务，不按照独立企业之间的业务往来作价的，税务机关可以按照下列方法调整其计税收入额或者所得额，核定其应纳税额：

1）按照独立企业之间进行相同或者类似业务活动的价格。

2）按照再销售给无关联关系的第三者的价格所取得的收入和利润水平。

3）按照成本加合理的费用和利润。

4）按照其他合理的方法。

拓展阅读

白酒生产企业向商业销售单位收取的“品牌使用费”是随着应税白酒的销售而向购货方收取的，属于应税白酒销售价款的组成部分。因此，不论企业采取何种方式或以何种名义收取价款，均应并入白酒的销售额中缴纳消费税。

（4）兼营不同税率应税消费品的处理。纳税人生产销售应税消费品，如果不是单一经营某一税率的产品，而是经营多种不同税率的产品，这就是兼营行为。税法规定，纳税人兼营不同税率的应税消费品，应当分别核算不同税率应税消费品的销售额、销售数量；未分别核算销售额、销售数量，或者将不同税率的应税消费品组成成套消费品销售的，从高适用税率。

单元四 应纳税额的计算

一、生产销售环节应纳消费税的计算

（一）直接对外销售应纳消费税的计算

1. 从价定率计算

在从价定率计算方法下，应纳税额的基本计算公式为：

应纳税额＝应税消费品的销售额×适用税率

【例 3－1】鑫鑫化妆品公司为增值税一般纳税人。9 月，该公司向人民商场销售高档化妆品一批，开具增值税专用发票，取得不含增值税销售额 100 万元；10 月，该公司向某单位销售高档化妆品一批，开具普通发票，取得含增值税销售额 117 万元。高档化妆品适用的消费税税率为 15%。

要求：计算该化妆品公司应缴纳的消费税税额。

解：

应缴纳的消费税税额＝[100＋117÷(1＋17%)]×15%＝30（万元）

2. 从量定额计算

在从量定额计算方法下，应纳税额的基本计算公式为：

应纳税额＝应税消费品的销售数量×单位税额

【例 3－2】10 月，云门啤酒厂销售啤酒 4 000 吨，每吨出厂价格为 2 950 元。

要求：计算该啤酒厂应缴纳的消费税税额。

解：

应缴纳的消费税税额＝4 000×220＝880 000（元）

3. 从价定率和从量定额复合计算

现行消费税的征税范围中，只有卷烟、粮食白酒、薯类白酒采用复合计算方法，应纳税额的基本计算公式为：

应纳税额＝应税消费品的销售数量×定额税率＋应税消费品的销售额×比例税率

【例 3－3】达达白酒酿造公司为增值税一般纳税人。9 月，该公司销售粮食白酒 100 吨，取得不含增值税的销售额 300 万元。

要求：计算该公司应缴纳的消费税税额。

解：

应缴纳的消费税税额＝100×2 000×0.000 05＋300×20%＝70（万元）

（二）自产自用应纳消费税的计算

自产自用是指纳税人生产应税消费品后，不用于直接对外销售，而用于自己连续生产应税消费品或用于其他方面。

1. 用于连续生产的应税消费品

纳税人将自产的应税消费品用于连续生产应税消费品的，不纳税。所谓纳税人将自产的应税、用于连续生产应税消费品，是指生产最终应税消费品的直接材料并构成最终产品实体的应税消费品。

2. 用于其他方面的应税消费品

纳税人将自产的应税消费品，除用于连续生产应税消费品外，凡用于其他方面的，于移送使用时纳税。

拓展阅读

所谓用于其他方面的应税消费品，是指纳税人用于生产非应税消费品和在建工程，向管理部门或非生产机构提供劳务，以及用于馈赠、赞助、集资、广告、样品、职工福利、奖励等方面的应税消费品。所谓用于生产非应税消费品，是指把自产的应税消费品用于生产《消费税暂行条例》税目税率表所列产品以外的产品。

3. 组成计税价格及应纳税额的计算

纳税人自产的应税消费品，凡用于其他方面且应当纳税的，按照纳税人生产的同类消费品的销售价格计算纳税。同类消费品的销售价格是指纳税人当月销售的同类消费品的销售价格，如果当月同类消费品各批销售价格高低不同，应按销售数量加权平均计算。但销售的应税消费品有下列情况之一的，不得列入加权平均计算：第一，销售价格明显偏低又无正当理由的；第二，无销售价格的。如果当月无销售或者当月未完结，应按照同类消费品上月或最近月份的销售价格计算纳税。

没有同类消费品销售价格的，按照组成计税价格计算纳税。组成计税价格的计算公式为：

（1）实行从价定率：

组成计税价格＝(成本＋利润)÷(1－消费税税率)

应纳税额＝组成计税价格×适用税率

（2）实行复合计税：

组成计税价格＝(成本＋利润＋自产自用数量×定额税率)÷(1－消费税税率)

应纳税额＝组成计税价格×适用税率＋自产自用数量×定额税率

拓展阅读

公式中的成本，是指应税消费品的生产成本。公式中的利润，是指根据应税消费品的全国平均成本利润率计算的利润，应税消费品的全国平均成本利润率由国家税务总局确定。

【例 3-4】七仙女化妆品公司将一批自产的高档化妆品用作职工福利，该批高档化妆品的成本为70 000元，该批高档化妆品无同类产品市场销售价格，但已知其成本利润率为10%，消费税税率为15%。

要求：计算该批高档化妆品应缴纳的消费税税额。

解：

应缴纳的消费税税额＝70 000×(1＋10%)÷(1－15%)×15%＝13 588.24（元）

二、委托加工环节应纳消费税的计算

按照规定，委托加工的应税消费品，由受托方向委托方交货时代收代缴税款。

（一）委托加工应税消费品的确定

委托加工的应税消费品是指由委托方提供原料和主要材料，受托方只收取加工费和代垫部分辅助材料加工的应税消费品。

拓展阅读

对于由受托方提供原材料生产的应税消费品，或者受托方先将原材料卖给委托方，然后再接受加工的应税消费品，以及由受托方以委托方名义购进原材料生产的应税消费品，不论纳税人在财务上是否做销售处理，都不得作为委托加工的应税消费品，而应当按照销售自制应税消费品缴纳消费税。

（二）代收代缴税款的规定

对于确实属于委托方提供原料和主要材料，受托方只收取加工费和代垫部分辅助材料加工的应税消费品，税法规定，由受托方向委托方交货时代收代缴消费税。纳税人委托个体经营者加工应税消费品，一律于委托方收回后在委托方所在地缴纳消费税。

（三）组成计税价格及应纳税额的计算

委托加工的应税消费品，按照受托方的同类消费品的销售价格计算纳税。同类消费品的销售价格是指受托方（即代收代缴义务人）当月销售的同类消费品的销售价格，如果当月同类消费品各期销售价格高低不同，应按销售数量加权平均计算。但销售的应税消费品有下列情况之一的，不得列入加权平均计算：第一，销售价格明显偏低又无正当理由的；第二，无销售价格的。如果当月无销售或者当月未完结，应按照同类消费品上月或最近月份的销售价格计算纳税。没有同类消费品销售价格的，按照组成计税价格计算纳税。组成计税价格的计算公式为：

（1）实行从价定率：

组成计税价格＝(材料成本＋加工费)÷(1－消费税税率)

应纳税额＝组成计税价格×适用税率

（2）实行复合计税：

组成计税价格＝(材料成本＋加工费＋委托加工数量×定额税率)÷(1－消费税税率)

应纳税额＝组成计税价格×适用税率＋委托加工数量×定额税率

其中，材料成本是指委托方所提供加工材料的实际成本。委托加工应税消费品的纳税人，必须在委托加工合同上如实注明（或以其他方式提供）材料成本，凡未提供材料成本的，受托方所在地主管税务机关有权核定其材料成本。加工费是指受托方加工应税消费品向委托方所收取的全部费用（包括代垫辅助材料的实际成本，不包括增值税税额）。

【例3-5】10月，轰轰响鞭炮公司受托为发达商店加工一批鞭炮，委托单位提供的原材料金额为60万元，收到委托单位不含增值税的加工费8万元。当地无加工鞭炮的同类产品市场价格，鞭炮的适用税率为15%。

要求：计算鞭炮公司应代收代缴的消费税。

解：

应代收代缴的消费税＝(60＋8)÷(1－15%)×15%＝12（万元）

三、进口环节应纳消费税的计算

进口的应税消费品，于报关进口时缴纳消费税；进口的应税消费品的消费税由海关代征；进口的应税消费品，由进口人或者其代理人向报关地海关申报纳税；纳税人进口应税消费品，按照关税征收管理的相关规定，应当自海关填发税款缴款书之日起15日内缴纳消费税税款。

纳税人进口应税消费品，按照组成计税价格和规定的税率计算应纳税额。

（一）进口一般货物应纳消费税的计算

1. 实行从价定率计征应纳税额的计算

应纳税额的计算公式为：

组成计税价格=(关税完税价格+关税)÷(1－消费税税率)

应纳税额=组成计税价格×消费税税率

公式中所称的关税完税价格，是指海关核定的关税计税价格。

【例3-6】 10月，上海商贸批发公司从美国进口一批应税消费品，已知该批应税消费品的关税完税价格为180万元，按规定应缴纳关税36万元，消费税税率为10%。

要求：计算该批消费品进口环节应缴纳的消费税税额。

解：

应缴纳的消费税税额=(180+36)÷(1－10%)×10%=24（万元）

2. 实行从量定额计征应纳税额的计算

应纳税额的计算公式为：

应纳税额=应税消费品数量×消费税单位税额

3. 实行从价定率和从量定额计征应纳税额的计算

应纳税额的计算公式为：

组成计税价格=(关税完税价格+关税+进口数量×消费税单位税率)
÷(1－消费税税率)

应纳税额=组成计税价格×消费税税率+应税消费品进口数量×消费税单位税额

（二）进口卷烟应纳消费税的计算内容

关于进口卷烟应纳消费税的计算内容，这里不进行介绍。

四、已纳消费税扣除的计算

（一）外购应税消费品已纳税款的扣除

税法规定，应按当期生产领用数量计算准予扣除外购的应税消费品已纳的消费税税款。扣除范围包括：

(1) 外购已税烟丝生产的卷烟。

(2) 外购已税化妆品生产的化妆品。

(3) 外购已税珠宝玉石生产的贵重首饰及珠宝玉石。

(4) 外购已税鞭炮焰火生产的鞭炮焰火。

(5) 外购已税杆头、杆身和握把为原料生产的高尔夫球杆。

(6) 外购已税木制一次性筷子为原料生产的木制一次性筷子。

(7) 外购已税实木地板为原料生产的实木地板。

(8) 外购已税石脑油、润滑油、燃料油为原料生产的应税消费品成品油。

(9) 外的已税汽油、柴油为原料连续生产甲醇汽油、生物柴油。

(10) 自2016年10月1日起，以外购、进口的高档化妆品为原料继续生产高档化妆品。

上述当期准予扣除外购应税消费品已纳消费税税款的计算公式为：

$$\text{当期准予扣除的外购应税消费品已纳税款}=\text{当期准予扣除的外购应税消费品买价}\times\text{外购应税消费品适用税率}$$

$$\text{当期准予扣除的外购应税消费品买价}=\text{期初库存的外购应税消费品的买价}+\text{当期购进的应税消费品的买价}-\text{期末库存的外购应税消费品的买价}$$

【例 3-7】 某月初，云南卷烟厂库存外购应税烟丝支付为 40 万元，当月又外购应税烟丝支付 100 万元（不含增值税），月末库存烟丝金额为 20 万元，其余被当月生产卷烟领用，烟丝适用的消费税税率为 30%。

要求：计算该卷烟厂当月准许扣除的外购烟丝已缴纳的消费税税额。

解：

当月准许扣除的外购烟丝已缴纳的消费税税额=(40+100-20)×30%=36（万元）

拓展阅读

应当注意的是：第一，纳税人用外购的已税珠宝玉石生产的在零售环节征收消费税的金银首饰（镶嵌首饰），在计税时一律不得扣除外购珠宝玉石的已纳税款。第二，允许扣除已纳税款的应税消费品只限于从工业企业购进的应税消费品和进口环节已缴纳消费税的应税消费品，从境内商业企业购进应税消费品的已纳税款一律不得扣除。第三，外购已税消费品的买价是指购货发票上注明的销售额（不包括增值税款）。

（二）委托加工收回的应税消费品已纳税款的扣除

按照规定，下列连续生产的应税消费品准予从应纳消费税税额中按当期生产领用数量计算扣除委托加工收回的应税消费品已纳消费税税款：

（1）以委托加工收回的已税烟丝为原料生产的卷烟。

（2）以委托加工收回的已税化妆品为原料生产的化妆品。

（3）以委托加工收回的已税珠宝玉石为原料生产的贵重首饰及珠宝玉石。

（4）以委托加工收回的已税鞭炮、焰火为原料生产的鞭炮、焰火。

（5）以委托加工收回的已税杆头、杆身和握把为原料生产的高尔夫球杆。

（6）以委托加工收回的已税木制一次性筷子为原料生产的木制一次性筷子。

（7）以委托加工收回的已税实木地板为原料生产的实木地板。

（8）以委托加工收回的已税石脑油、润滑油、燃料油为原料生产的成品油。

（9）以委托加工收回的已税汽油、柴油为原料连续生产甲醇汽油、生物柴油。

（10）自 2016 年 10 月 1 日起，以委托加工收回的高档化妆品为原料继续生产高档化妆品。

上述当期准予扣除委托加工收回的应税消费品已纳消费税税款的计算公式为：

$$\text{当期准予扣除的委托加工收回的应税消费品已纳税款}=\text{期初库存的委托加工应税消费品已纳税款}+\text{当期收回的委托加工应税消费品已纳税款}-\text{期末库存的委托加工应税消费品已纳税款}$$

拓展阅读

应当注意的是，纳税人用委托加工收回的已税珠宝玉石生产的在零售环节征收消费税的金银首饰，在计税时一律不得扣除委托加工收回的珠宝玉石的已纳消费税税款。

五、出口应税消费品退（免）税

（一）适用范围

（1）出口企业出口或视同出口适用增值税退（免）税的货物，免征消费税，如果属于购进出口的货物，退还前一环节对其已征的消费税。

（2）出口企业出口或视同出口适用增值税免税政策的货物，免征消费税，但不退还其以前环节已征的消费税，且不允许在内销应税消费品应纳消费税款中抵扣。

（3）出口企业出口或视同出口适用增值税征税政策的货物，应按规定缴纳消费税，不退还其以前环节已征的消费税，且不允许在内销应税消费品应纳消费税款中抵扣。

（二）计税依据

出口货物的消费税应退税额的计税依据，按购进出口货物的消费税专用缴款书和海关进口消费税专用缴款书确定。

属于从价定率计征消费税的，为已征且未在内销应税消费品应纳税额中抵扣的购进出口货物金额；属于从量定额计征消费税的，为已征且未在内销应税消费品应纳税额中抵扣的购进出口货物数量；属于复合计征消费税的，按从价定率和从量定额的计税依据分别确定，其计算公式为：

$$\text{消费税应退税额}=\text{从价定率计征消费税的退税计税依据}\times\text{比例税率}+\text{从量定额计征消费税的退税计税依据}\times\text{定额税率}$$

单元五 征收管理

一、纳税义务发生时间

纳税人生产的应税消费品于销售时纳税，进口消费品应当于应税消费品报关进口环节纳税，金银首饰、钻石及钻石饰品在零售环节纳税。消费税纳税义务发生的时间，根据货款结算方式或行为发生时间分别确定。

（1）纳税人销售应税消费品，其纳税义务的发生时间为：

1）纳税人采取赊销和分期收款结算方式的，其纳税义务的发生时间为销售合同规定的收款日期的当天。

2）纳税人采取预收货款结算方式的，其纳税义务的发生时间为发出应税消费品的当天。

3）纳税人采取托收承付和委托银行收款方式销售应税消费品的，其纳税义务的发生时间为发出应税消费品并办妥托收手续的当天。

4）纳税人采取其他结算方式的，其纳税义务的发生时间为收讫销售款或者取得索取销售款的凭据的当天。

（2）纳税人自产自用应税消费品的，其纳税义务的发生时间为移送使用的当天。

（3）纳税人委托加工应税消费品的，其纳税义务的发生时间为纳税人提货的当天。

（4）纳税人进口应税消费品的，其纳税义务的发生时间为报关进口的当天。

二、纳税期限

消费税的纳税期限分别为1日、3日、5日、10日、15日、1个月或1个季度。纳税人的具体纳税期限，由主管税务机关根据纳税人应纳税额的大小分别核定；不能按照固定期限纳税的，可以按次纳税。

纳税人以1个月或1个季度为1期纳税的，自期满之日起15日内申报纳税；以1日、3日、5日、10日或者15日为1期纳税的，自期满之日起5日内预缴税款，于次月1日起至15日内申报纳税并结清上月应纳税款。

纳税人进口应税消费品，应当自海关填发税款缴纳证的次日起15日内缴纳税款。

三、纳税地点

（1）纳税人销售应税消费品，以及自产自用应税消费品，除国家另有规定外，应当向纳税人核算地主管税务机关申报纳税。

（2）委托加工应税消费品，除受托方为个体经营者外，由受托方向所在地主管税务机关代收代缴消费税税款。

（3）进口应税消费品，由进口人或者其代理人向报关地海关申报纳税。

（4）纳税人到外县（市）销售或委托外县（市）代销自产应税消费品的，于应税消费品销售后，回纳税人核算地或所在地缴纳消费税。

（5）纳税人的总机构与分支机构不在同一县（市）的，应在生产应税消费品的分支机构所在地缴纳消费税。

（6）纳税人销售的应税消费品，如因质量等原因由购买者退回时，经所在地主管税务机关审核批准后，可退还已征收的消费税税款，但不能自行直接抵减应纳税款。

四、纳税申报

消费税纳税人应按有关规定及时办理纳税申报，并应如实填写《消费税纳税申报表》。关于《消费税纳税申报表》，此处不做详述。

单元六 消费税的账务处理

一、消费税会计科目的设置

为了反映应缴、已缴及欠缴、多缴消费税的情况，按规定，需要缴纳消费税的企业应在“应交税费”科目下增设“应交消费税”明细科目进行会计核算。该科目的借方发生额反映企业实际缴纳的消费税和待扣的消费税；贷方发生额反映按规定应缴纳的消费税，期末贷方余额表示尚未缴纳的消费税，期末借方余额表示多缴的消费税。

二、应税消费品的会计处理

（1）纳税人销售应税消费品，在销售确认时，计提消费税，借记“税金及附加”科目，贷记“应交税费——应交消费税”科目；按规定期限上缴税金时，借记“应交税费——应交消费税”科目，贷记“银行存款”科目；月末结转销售税金时，借记“本年利润”科目，贷记“税金及附加”科目。发生销货退回或退税时，做相反的会计分录。

【例 3-8】 七仙女化妆品公司于 20×9 年 5 月销售一批高档化妆品，增值税专用发票上注明的价款为 6 000 元。该批高档化妆品的成本为 4 000 元，款项已收到并存入银行。

要求：进行相应的会计处理。

解：

公司当月应纳消费税税额＝6 000×15%＝900（元）

1）销售实现确认收入时：

借：银行存款　7 020
　贷：主营业务收入　6 000
　　应交税费——应交增值税（销项税额）　1 020

2）计提消费税时：

借：税金及附加　900
　贷：应交税费——应交消费税　900

3）结转成本时：

借：主营业务成本　4 000
　贷：库存商品　4 000

4）缴纳税款时：

借：应交税费——应交消费税　900
　贷：银行存款　900

（2）如果委托方将委托加工的应税消费品收回后以不高于受托方计税价格直接用于销售，应将受托方代收代缴的消费税和支付的加工费一并计入委托加工应税消费品的成本，借记“委托加工物资”“自制半成品——委托外部加工自制半成品”“生产成本——委托加工产品”等科目，贷记“应付账款”“银行存款”等科目。如果委托方将委托加工的应税消费品收回后以高于受托方计税价格直接用于销售，则应按受托方代收代缴的消费税，借记“应交税费——应交消费税”科目；出售时，按应税消费品应缴纳的消费税，借记“税金及附加”科目，贷记“应交税费——应交消费税”科目；缴纳时，借贷方发生额的差额为实际应缴的消费税，借记“应交税费——应交消费税”科目，贷记“银行存款”科目。

如果委托方将委托加工的应税消费品收回后用于连续生产应税消费品，则应按受托方代收代缴的消费税借记“应交税费——应交消费税”科目，按应支付的加工费等借记“委托加工物资”等科目，按支付加工费相应的增值税税额借记“应交税费——应交增值税（进项税额）”科目，贷记“银行存款”等科目；待加工成最终应税消费品销售时，按最终应税消费品应缴纳的消费税，借记“税金及附加”科目，贷记“应交税费——应交消费税”科目；缴纳时，借贷方发生额的差额为实际应缴的消费税，借记“应交税费——应交消费税”科目，贷记“银行存款”科目。

【例3-9】甲公司委托乙公司加工应税消费品A一批，甲公司提供主要材料，发出材料的成本为62 450元，支付加工费20 000元，该批应税消费品A收回后直接用于对外销售（不高于受托方计税价格），应税消费品A适用的消费税税率为3%。

要求：进行相应的会计处理。

解：

1）发出材料时：

借：委托加工物资　　62 450

　贷：原材料　　62 450

2）支付加工费、消费税和增值税时：

组成计税价格＝(62 450＋20 000)÷(1－3%)＝85 000（元）

应纳消费税＝85 000×3%＝2 550（元）

应纳增值税＝20 000×17%＝3 400（元）

借：委托加工物资　　22 550

　　应交税费——应交增值税（进项税额）　　3 400

　贷：银行存款　　25 950

3）收回加工物资时：

借：库存商品　　85 000

　贷：委托加工物资　　85 000

【例3-10】甲公司委托乙公司加工应税消费品A一批，甲公司提供主要材料，发出材料的成本为62 450元，支付加工费20 000元，应税消费品A适用的消费税税率为3%，应税消费品收回后将用于连续生产应税消费品B，并全部实现对外销售，甲公司取得的不含税销售收入为120 000元，应税消费品B适用的消费税税率为20%，假定符合委托加工收回的应税消费品已纳税款扣除的规定。

要求：进行相应的会计处理。

解：

1）发出材料时：

借：委托加工物资　　62 450

　贷：原材料　　62 450

2）支付加工费、消费税和增值税时：

借：委托加工物资　　20 000

　　应交税费——应交增值税（进项税额）　　3 400

　　　　　　——应交消费税　　2 550

　贷：银行存款　　25 950

3）收回加工物资时：

借：库存商品　　82 450

　贷：委托加工物资　　82 450

4）对外销售时：

应纳消费税＝120 000×20％＝24 000（元）

应纳增值税＝120 000×17％＝20 400（元）

借：银行存款　　140 400

　贷：主营业务收入　　120 000

　　　应交税费——应交增值税（销项税额）　　20 400

借：税金及附加　　24 000

　贷：应交税费——应交消费税　　24 000

5）缴纳当期消费税时：

当期应纳消费税＝24 000－2 550＝21 450（元）

借：应交税费——应交消费税　　21 450

　贷：银行存款　　21 450

【例 3－11】云南卷烟厂委托宁夏卷烟厂加工烟丝，两厂均为增值税一般纳税人，云南卷烟厂提供的原材料价格为55 000元，宁夏卷烟厂收取加工费20 000元、增值税3 400元。

要求：进行相应的会计处理。

解：

1）收到委托加工材料时，做备查记录。

2）收取加工费时：

借：银行存款　　23 400

　贷：主营业务收入　　20 000

　　　应交税费——应交增值税（销项税额）　　3 400

3）收取代收代缴消费税时：

借：银行存款　　32 142.86

　贷：应交税费——应交消费税　　32 142.86

4）缴纳消费税时：

借：应交税费——应交消费税　　32 142.86

　贷：银行存款　　32 142.86

（3）纳税人将自产的应税消费品用于连续生产应税消费品的，不纳消费税，只进行实际成本的核算。纳税人将自产的应税消费品用于连续生产非应税消费品的，应在移送使用环节纳税。在领用时，借记“生产成本”等科目，贷记“自制半成品”“应交税费——应交消费税”等科目。

【例 3－12】云南卷烟厂领用库存自产烟丝，用于连续生产卷烟，烟丝的实际成本为598 000元。

要求：进行相应的会计处理。

解：

借：生产成本　　598 000

　贷：自制半成品　　598 000

【例3-13】F公司领用库存自产应税消费品C若干，用于连续生产应税消费品D。应税消费品C的成本为80 000元，售价为90 000元，应税消费品C适用的消费税税率为3%，假定符合应税消费品负担税款扣除的规定。

要求：进行相应的会计处理。

解：

应纳消费税税额=90 000×3%=2 700（元）

借：生产成本　92 700

　贷：自制半成品　90 000

　　应交税费——应交消费税　2 700

（4）纳税人将自产的应税消费品用于在建工程、向管理部门和非生产机构提供劳务及用于馈赠、赞助、集资、广告、样品、集体福利、奖励等，于自产的应税消费品移送时，借记“固定资产”“在建工程”“销售费用”“应付职工薪酬”“营业外支出”等科目，贷记“库存商品”“应交税费——应交增值税（销项税额）”“应交税费——应交消费税”科目。

纳税人将生产的应税消费品用于换取生产资料和消费资料、抵偿债务、作为投资的，应按纳税人同类应税消费品的最高销售价格和适用税率计算应纳消费税，贷记“应交税费——应交消费税”科目；按非货币性资产交换准则或债务重组准则，确认主营业务收入。

【例3-14】云南卷烟厂为了开拓市场，特制5箱烟丝对外捐赠。该批烟丝无同类产品销售价格，已知该批烟丝的实际成本为7 000元。

要求：进行相应的会计处理。

解：

组成计税价格=7 000×(1+10%)÷(1-30%)=11 000（元）

应纳增值税=11 000×17%=1 870（元）

应纳消费税=11 000×30%=3 300（元）

借：营业外支出　12 170

　贷：库存商品　7 000

　　应交税费——应交增值税（销项税额）　1 870

　　　　　——应交消费税　3 300

【例3-15】新星汽车公司以自产的汽车抵偿所欠宏大商贸公司的债务100 000元，该汽车的当月最低售价为50 000元，最高售价为60 000元，增值税税率为17%，产品成本为40 000元，消费税税率为12%。

要求：进行相应的会计处理。

解：

应纳消费税=60 000×12%=7 200（元）

应纳增值税=(50 000+60 000)÷2×17%=9 350（元）

借：应付账款　100 000

　贷：主营业务收入　55 000

应交税费——应交增值税（销项税额） 9 350

营业外收入——债务重组收益 35 650

借：主营业务成本 40 000

贷：库存商品 40 000

借：税金及附加 7 200

贷：应交税费——应交消费税 7 200

【例 3-16】 某企业将应纳消费税的产品（消费税从价定率计征，税率为10%）10 000件用于对联营企业投资入股。该项产品的销售价格（含消费税，不含增值税）为75～80元，投资当月，该产品的平均售价为78元/件，最高售价为80元/件。经投资方和受资方双方商定，按75元/件计价，合计价款75万元。

要求：进行相应的会计处理。

解：

应纳增值税＝780 000×17%＝132 600（元）

借：长期股权投资 912 600

贷：主营业务收入 780 000

应交税费——应交增值税（销项税额） 132 600

借：税金及附加 80 000

贷：应交税费——应交消费税 80 000

（5）随同产品销售且不单独计价的包装物，其收入随同所销售的产品一起计入产品销售收入，包装物销售应纳的消费税应一同记入“税金及附加”科目。随同产品销售但单独计价的包装物，其收入记入“其他业务收入”科目，应缴纳的消费税应记入“税金及附加”科目。

包装物逾期收不回来而将押金没收时，这部分押金收入应缴纳的消费税应记入“税金及附加”科目。包装物已作价随同产品销售，但为促使购货人将包装物退回而另外收取的押金，借记“银行存款”科目，贷记“其他应付款”科目。包装物逾期未收回，押金没收，没收的押金应缴纳的消费税，首先自“其他应付款”科目中冲抵，即借记“其他应付款”科目，贷记“应交税费——应交消费税”科目。冲抵后，将“其他应付款”科目的余额转入“营业外收入”科目。

【例 3-17】 云南卷烟厂将自产的烟丝对外销售，取得不含税收入10 000元，取得随同烟丝出售单独计价的包装物含税收入5 850元，货款已收。

要求：进行相应的会计处理。

解：

应纳消费税＝5 850÷(1＋17%)×30%＝1 500（元）

应纳增值税＝5 850÷(1＋17%)×17%＝850（元）

借：银行存款 5 850

贷：其他业务收入 5 000

应交税费——应交增值税（销项税额） 850

借：税金及附加 1 500

贷：应交税费——应交消费税　　1 500

【例 3-18】云南卷烟厂销售烟丝时出借包装物一批，20×9 年 6 月 1 日收取押金 234 000 元，合同约定于 20×9 年 10 月 1 日归还包装物，但逾期未归还，云南卷烟厂将押金没收。

要求：进行相应的会计处理。

解：

包装物押金应纳增值税＝234 000÷(1＋17％)×17％＝34 000（元）

包装物押金应纳消费税＝234 000÷(1＋17％)×30％＝60 000（元）

借：其他应付款　　234 000

　贷：其他业务收入　　200 000

　　　应交税费——应交增值税（销项税额）　　34 000

借：税金及附加　　60 000

　贷：应交税费——应交消费税　　60 000

(6) 进口应税消费品，应按应税消费品的进口成本连同消费税及不允许抵扣的增值税，借记“固定资产”“库存商品”“在途物资”等科目，按支付的允许抵扣的增值税，借记“应交税费——应交增值税（进项税额）”科目，按采购成本、缴纳的增值税、消费税的合计数，贷记“银行存款”等科目。

【例 3-19】上海商贸批发公司进口化妆品一批，到岸价格折合人民币 400 000 元，关税税率为 40％，消费税税率为 30％。

要求：进行相应的会计处理。

解：

组成计税价格＝(400 000＋400 000×40％)÷(1－30％)＝800 000（元）

应纳消费税＝800 000×30％＝240 000（元）

应纳增值税＝800 000×17％＝136 000（元）

借：库存商品　　800 000

　　应交税费——应交增值税（进项税额）　　136 000

　贷：银行存款　　936 000

(7) 生产企业直接出口应税消费品，可以在出口时，直接予以免税。外贸企业自营出口，应在从生产企业购入应税消费品时，按商品价款，借记“库存商品”等科目，贷记“应付账款”“银行存款”等科目；外贸企业在办妥出口报关手续后，作为销售的实现，除进行有关销售的会计处理外，还要将应退回的消费税冲减销售成本，借记“其他应收款”科目，贷记“主营业务成本”科目；实际收到税务机关的退税款时，借记“银行存款”科目，贷记“其他应收款”科目；出口商品在发生退货时，做相反的会计分录。

【例 3-20】宏达外贸公司组织商品自营出口，20×9 年 11 月，该公司从七仙女化妆品公司购进一批化妆品，不含税价格为 20 000 元，适用的消费税税率为 30％，款项以银行存款支付；当月，该公司将该批化妆品出口 A 国，离岸价格为 4 000 美元（当日外汇牌价为 1USD＝8.2RMB），款项已收。

要求：进行相应的会计处理。

解：

1）购进化妆品时：

借：库存商品　20 000

　　应交税费——应交增值税（进项税额）　3 400

　贷：银行存款　23 400

2）出口时：

借：银行存款　32 800

　贷：主营业务收入　32 800

借：主营业务成本　20 000

　贷：库存商品　20 000

3）申请退税时（只做消费税退税的会计处理）：

借：其他应收款　6 000

　贷：主营业务成本　6 000

4）收到退税款时：

借：银行存款　6 000

　贷：其他应收款　6 000

单元七 消费税实训

一、实训目的

掌握消费税的计算及会计处理；了解消费税概况；熟悉消费税的纳税申报程序；掌握消费税纳税申报表的填制方法；培养学生的理解能力、计算能力、账务处理能力和纳税申报的实际应用能力。

二、实训资料

（一）企业概况

（1）企业名称：北京市五湖电器有限公司。

（2）地址：北京市长安街888号。

（3）法定代表人：王平。

（4）注册资本：380万元（北京市东明股份有限公司占66%，汪华占34%）。

（5）企业类型：有限责任公司。

（6）开户银行：工商银行北京长安里支行（基本户）。

（7）银行账号：81451058675081002。

（二）模拟业务

该公司主要生产经营酒类、卷烟和化妆品。20×9年5月，该公司发生如下经济业务

（假定销售产品不结转成本，相关原始凭证略）：

（1）5月4日，将自己生产的啤酒20吨销售给知青商店，收取押金300元/吨，价税款及押金均已收到；另外，让顾客免费品尝10吨。该啤酒出厂价为2 800元/吨，成本为2 000元/吨。

（2）5月10日，带包装销售粮食白酒20吨，单价为7 050元，价款为141 000元，含包装物价款25 000元；同时，从购货方取得价外补贴24 000元。5月20日，用自产粮食白酒10吨抵偿永生农场大米款70 000元，不足或多余部分不再结算。本月，该粮食白酒每吨售价在5 500～6 500元浮动，平均售价为6 000元。粮食白酒的比例税率为25%，定额税率为1元/千克。

（3）5月12日，向大方超市销售用上月外购烟丝生产的甲类卷烟20个标准箱，共计300 000元（购入烟丝支付含增值税价款81 900元，烟丝的消费税税率为30%），采取托收承付结算方式，货已发出并办妥托收手续。

（4）5月16日，将一批自产的高档化妆品用作职工福利，这批高档化妆品的成本为10 000元。假设该类化妆品不存在同类消费品销售价格，其消费税税率为15%，应税化妆品全国平均利润率为5%。

（5）5月24日，从国外购进成套高档化妆品，关税完税价格为60 000美元，关税税率为50%。假定当日美元对人民币的汇率为1∶8.20，货款全部以银行存款付清。

（6）20×9年5月26日，提供一批80 000元的生产高档化妆品的材料给万柳化妆品生产公司，委托其加工一批高档化妆品。受托方已代垫辅助材料4 000元（款已付），本月应支付的加工费为15 000元（不含税），受托方同类消费品的销售价格为135 000元。27日，以银行存款付清全部款项。28日，收回已加工完成的高档化妆品，取得货物运输业增值税专用发票一张，金额为8 000元，税款为880元。30日，该批高档化妆品全部销售，其售价为145 000元，款已收到。

三、实训任务

（1）编制有关会计分录，并填制记账凭证。

（2）根据上述资料，计算该公司20×9年5月应缴纳的增值税和消费税。

（3）登记“应交税费——应交消费税”明细账、“应交税费——应交增值税”明细账及“应交税费——未交增值税”明细账。

（4）填制消费税纳税申报表。

四、实训条件（自备）

（1）记账凭证。

（2）“应交税费——应交增值税”明细账页及“应交税费——未交增值税”明细账页。

（3）一般纳税人消费税申报表及附列资料。

深度阅读

《财政部　国家税务总局关于对超豪华小汽车加征消费税有关事项的通知》（财税

〔2016〕129号）

《财政部　国家税务总局关于调整小汽车进口环节消费税的通知》（财关税〔2016〕63号）

《国家税务总局关于超豪华小汽车消费税征收管理有关事项的公告》（国家税务总局公告2016年第74号）

《财政部　国家税务总局关于调整化妆品消费税政策的通知》（财税〔2016〕103号）

《财政部　国家税务总局关于调整化妆品进口环节消费税的通知》（财关税〔2016〕48号）

《财政部　国家税务总局关于调整卷烟消费税的通知》（财税〔2015〕60号）

《国家税务总局关于明确电池、涂料消费税征收管理有关事项的公告》（国家税务总局公告2015年第95号）

《财政部　国家税务总局关于对电池、涂料征收消费税的通知》（财税〔2015〕16号）

《财政部　国家税务总局关于提高成品油消费税的通知》（财税〔2014〕94号）

《财政部　国家税务总局关于调整消费税政策的通知》（财税〔2014〕93号）

《卷烟消费税计税价格信息采集和核定管理办法》（国家税务总局令第26号）

课后练习

一、单项选择题

1. 下列应税消费品中，属于在零售环节缴纳消费税的是（　　）。

A. 化妆品　　B. 柴油　　C. 小汽车　　D. 金银首饰

2. 某酒厂为增值税一般纳税人。4月，该酒厂销售粮食白酒2 000千克，取得销售收入14 040元（含增值税）。已知粮食白酒消费税定额税率为1元/千克，比例税率为20%。该酒厂4月应缴纳的消费税税额为（　　）元。

A. 6 229.92　　B. 5 510　　C. 4 400　　D. 4 000

3. 某企业向摩托车制造厂（增值税一般纳税人）订购摩托车10辆，支付货款（含税）共计250 800元，另支付设计、改装费30 000元。摩托车制造厂计算缴纳消费税的销售额是（　　）元。

A. 214 359　　B. 240 000　　C. 250 800　　D. 280 800

4. 根据《消费税暂行条例》的规定，纳税人销售应税消费品向购买方收取的下列税金、价外费用中，不应并入应税消费品销售额的是（　　）。

A. 向购买方收取的手续费　　B. 向购买方收取的价外基金

C. 向购买方收取的增值税税款　　D. 向购买方收取的消费税税款

5. 根据《消费税暂行条例》的规定，下列各项中，纳税人不缴纳消费税的是（　　）。

A. 将自产的应税消费品用于职工福利

B. 随同应税消费品销售而取得的包装物作价收入

C. 将自产的应税消费品用于连续生产应税消费品

D. 销售应税消费品而收取的超过一年以上的包装物押金

6. 甲公司提供烟叶委托乙公司加工一批烟丝。甲公司将已收回烟丝中的一部分用于生产卷烟，另一部分烟丝卖给丙公司。在这项委托加工烟丝业务中，消费税的纳税义务人是（　　）。

A. 甲公司　　B. 乙公司　　C. 丙公司　　D. 甲公司和丙公司

7. 3 月，A 厂委托 B 厂生产应税消费品甲，一次性支付加工费 9 500 元。已知 A 厂提供原料的成本为 57 000 元，B 厂无同类产品销售价格，应税消费品甲适用的消费税税率为 5%，则该批应税消费品甲的消费税组成计税价格是（　　）元。

A. 50 000　　B. 60 000　　C. 70 000　　D. 63 333. 33

8. 某外贸进出口公司于 3 月进口 100 辆小轿车，每辆车的关税完税价格为 14.3 万元，缴纳关税 4.1 万元。已知小轿车适用的消费税税率为 5%。该批进口小轿车应缴纳的消费税税额为（　　）万元。

A. 76　　B. 87　　C. 123　　D. 96. 84

9. 某烟草公司于 11 月销售自产甲类卷烟 200 箱，取得不含增值税的价款 2 000 万元（适用税率为 56%，适用税额为每箱 150 元），销售自产雪茄烟 200 箱，取得不含增值税的价款 300 万元（适用税率为 36%）。该公司当月应缴纳的消费税为（　　）万元。

A. 945　　B. 975　　C. 1 231　　D. 1 023

10. 纳税人将自产的应税消费品用于换取生产资料的，计算缴纳消费税的计税依据为（　　）。

A. 纳税人同类应税消费品的最高销售价格

B. 纳税人同类应税消费品的最低销售价格

C. 纳税人同类应税消费品的平均销售价格

D. 纳税人同类应税消费品的加权平均销售价格

11. 根据消费税法律制度的规定，纳税人销售应税消费品，采取赊销和分期收款结算方式的，其纳税义务发生时间为（　　）。

A. 发出应税消费品的当天　　B. 取得全部价款的当天

C. 销售合同规定的收款日期的当天　　D. 每一期纳税人销售应税货物的当天

12. 根据消费税法律制度的规定，下列各项中，符合消费税纳税义务发生时间规定的是（　　）。

A. 进口的应税消费品，为取得进口货物的当天

B. 自产自用的应税消费品，为移送使用的当天

C. 委托加工的应税消费品，为支付加工费的当天

D. 采取预收货款结算方式的应税消费品，为收到预收款的当天

二、多项选择题

1. 下列各项中，属于消费税征收范围的是（　　）。

A. 汽车销售公司销售小轿车　　B. 木材公司销售自产的实木地板

C. 百货公司销售高档化妆品　　D. 烟草公司销售自产的烟丝

2. 根据消费税法律制度的规定，下列各项中，属于消费税征税范围的消费品

有（　　）。

A. 高档手表　　B. 木制一次性筷子

C. 实木地板　　D. 高档西服

3. 我国消费税对不同应税消费品采用了不同的税率形式。下列应税消费品中，适用复合计税方法计征消费税的是（　　）。

A. 粮食白酒　　B. 卷烟　　C. 成品油　　D. 摩托车

4. 根据《消费税暂行条例》的规定，纳税人自产的用于下列用途的应税消费品中，需要缴纳消费税的是（　　）。

A. 用于赞助的消费品　　B. 用于自用的消费品

C. 用于广告的消费品　　D. 用于连续生产应税消费品的消费品

5. 根据消费税法律制度的规定，下列各项中，应当缴纳消费税的有（　　）。

A. 销售白酒取得的包装物作价收入　　B. 销售白酒取得的包装物押金收入

C. 将自产白酒作为福利发给本厂职工　D. 使用自产烟丝生产卷烟

6. 根据消费税法律制度的规定，纳税人将外购和委托加工的应税消费品用于连续生产应税消费品的，已缴纳的消费税税款准予从应纳消费税税额中抵扣。下列各项中，可以抵扣已缴纳的消费税的有（　　）。

A. 将委托加工收回的已税高档化妆品用于高档生产化妆品

B. 将委托加工收回的已税玉石用于生产首饰

C. 将委托加工收回的已税汽车轮胎用于生产小汽车

D. 将委托加工收回的已税烟丝用于生产卷烟

三、业务题

1. 某汽车厂为增值税一般纳税人。20×6 年 7 月，该厂生产应税消费品 A，将其中的一部分对外销售，取得含增值税销售额 58.5 万元，将另一部分用于本厂生产应税消费品 B，自用部分的数量与对外销售部分的数量相等，质量相同。已知应税消费品 A 适用 3% 的消费税税率。

要求：计算该厂 7 月生产应税消费品 A 应缴纳的消费税税额。

2. A 汽车制造公司（以下简称 A 公司）为增值税一般纳税人，其生产的小汽车适用的消费税税率为 5%。20×6 年 8 月，A 公司发生以下经济业务：

(1) 8 月 19 日，采取直接收款方式向 H 汽车销售公司销售一批小汽车，已收到全部价款（含增值税）760.5 万元，给购车方开具了增值税专用发票，并于当日将提车单交给购车方自行提货。8 月 31 日，购车方尚未将该批车提走。

(2) 8 月 23 日，采取托收承付方式向 M 汽车销售公司销售一批小汽车，价款（不含增值税）为 300 万元。A 公司已将该批汽车发出并向银行办妥托收手续。8 月 31 日，A 公司尚未收到该批车款。

要求：计算 A 公司 8 月应缴纳的消费税税额。

3. 某化工公司为增值税一般纳税人，主要从事化妆品生产业务。20×4 年 4 月 6 日，该公司向当地税务机关申报纳税，结清 3 月应缴纳的税款。4 月 20 日，税务机关在对该公司 3 月纳税情况实施税务稽核时，发现以下情况：

(1) 连同高档化妆品一同销售的特制包装盒收入（含增值税）为 9 360 元，未纳入增值税、消费税的应税销售额中。生产特制包装盒发生的进项税额已在3月的销项税额中抵扣。

(2) 外购一批用于生产高档化妆品的原料并验收入库，支付货款（含增值税）35 100元，取得的对方开具的增值税专用发票上注明的增值税税额为5 100元。经核查，该批原料因管理不善已被盗窃，但其进项税额已从3月的销项税额中抵扣。

(3) 将新开发的40箱高档化妆品作为样品用于新产品发布会，会后全部赠送与会人员，该批样品未计入销售收入。生产该批样品发生的进项税额已在3月的销项税额中抵扣。每箱高档化妆品的市场销售价格（含增值税）为315.9元。高档化妆品适用的增值税税率为17%，适用的消费税税率为15%。

要求：(1) 计算该公司3月应补缴的增值税税额。

(2) 计算该公司3月应补缴的消费税税额。

4. 甲化妆品公司为增值税一般纳税人，主要从事化妆品的生产、进口和销售业务。20×7年11月，该公司发生以下经济业务：

(1) 从国外进口一批高档化妆品，海关核定的关税完税价格为112万元，公司按规定向海关缴纳了关税、消费税和进口环节增值税，并取得了相关完税凭证。

(2) 向公司员工发放一批新研发的高档化妆品作为职工福利，该批化妆品不含增值税的销售价格为75万元。

(3) 委托乙公司加工一批高档化妆品，提供的材料成本为86万元，支付乙公司加工费5万元，当月收回该批委托加工的高档化妆品，乙公司没有同类消费品的销售价格。

高档化妆品适用的消费税税率为15%，关税税率为25%。

要求：(1) 计算该公司当月进口环节应缴纳的消费税税额。

(2) 计算该公司当月作为职工福利发放的高档化妆品应缴纳的消费税税额。

(3) 计算乙公司受托加工的高档化妆品在交货时应代收代缴的消费税税额。

5. 某卷烟厂于20×8年7月销售甲类卷烟10箱，取得销售收入400 000元（不含税），另收取包装物押金52 650元，包装物的回收期限为1个月；同时，该卷烟厂销售乙类卷烟20箱，取得收入300 000元（不含税），其中包括随同卷烟销售的价值50 000元的包装物，款项均以银行存款收讫。假定该卷烟厂对卷烟和包装物分别核算，且销售甲类卷烟的包装物逾期未收回。

要求：进行相应的会计处理。

6. A企业委托B企业（均为增值税一般纳税人）加工烟丝，发出材料的实际成本为4 000元，支付的加工费为800元（不含税），B企业同类、同量烟丝的销售收入为8 000元。A企业将烟丝提回后直接销售，已取得销售收入7 900元，烟丝的加工费及B企业代缴的消费税均未结算。

要求：进行相应的会计处理。

7. 甲厂委托乙厂加工应税消费品A，甲厂提供原材料的成本为60 000元。乙厂收取加工费1 000元，代垫辅料5 000元。甲厂收回后以不高于受托方组成计税价格销售。应税消费品A适用的消费税税率为3%。

要求：进行相应的会计处理。

8. 某珠宝店（为增值税一般纳税人）某月将自产的金项链150克奖励给优秀职工，

成本为 15 000 元，当月同样的金项链的零售价格为 130 元/克。

要求：进行相应的会计处理。

四、实训题

（一）实训资料

北京市区的某大型百货商场为增值税一般纳税人，20×9 年 5 月发生如下几项业务（题中的收入均为零售收入）：

（1）食品商场销售奶粉取得销售收入 73.71 万元，销售食用植物油取得销售收入12.43 万元。

（2）珠宝首饰商场实现销售收入共计 353.69 万元，具体收入情况如下：销售纯金银首饰取得收入 165.6 万元，其中包括金银首饰与其他饰品组成的套装礼品盒收入 26.5 万元；销售铂金首饰取得收入 116.53 万元；销售珍珠首饰取得收入 71.56 万元。另外，商场将从生产企业购进的成本为 4 万元的金银镶嵌首饰（无同类金银镶嵌首饰的市场售价）发给先进工作者作为奖励（已抵扣进项税额）。

（3）家电商场以分期收款方式批发销售一批进口家电，合同规定不含税销售额为 300 万元，约定于本月 15 日收回货款的 70%，剩余款项将于 6 月 15 日收回。本月 15 日，商场收到约定款项后，按全额开具了防伪税控系统增值税专用发票。销售微波炉 350 台，每台零售价为 585 元。销售其他电器取得销售收入 58.5 万元。

（4）销售其他商品取得零售收入 468 万元。

（5）商场品牌区受托代销（符合税法规定的条件）小家电，按本月代销零售收入的 3%向委托方收取手续费 1.8 万元。

（6）因质量问题，上月销售的两台空调被顾客退货，商场按原零售价 2 457 元/台给予退款后向厂家退货（退货手续符合规定），该空调不含税的购进价格为 1 800 元/台。

（7）本月分期付款购进家电，合同规定：不含税价款为 360 万元，货款分 3 个月等额支付，每月 20 日付款，每次按付款金额取得防伪税控系统增值税专用发票，若不按期足额付款，按未付货款的 5%支付违约金。由于本月商场资金紧张，20 日仅支付部分款项，并按合同规定取得了防伪税控系统增值税专用发票，发票注明的销售额为 80 万元，另支付违约金 2 万元。

（8）从国外进口一批高档化妆品，到岸价格为 65 万美元，其中境外运费为 3 万美元，保险费为 0.13 万美元，缴纳进口环节各项税金后海关放行，取得货物运输业增值税专用发票一张，金额为 3 000 元，税款为 330 元。

（9）购进日用品取得防伪税控系统增值税专用发票，注明的销售额为 60 万元，增值税税额为 10.2 万元。

（10）月末盘点时发现，上月购进已抵扣进项税额的免税玉米因管理不善，被水浸泡发生霉烂，无法销售，按账面成本 25 万元计入营业外支出。

（11）本月取得的抵扣凭证均在当月申请并通过认证（1USD=8.2RMB，化妆品的关税税率为 20%，金银首饰的成本利润率为 6%）。

（二）实训任务

（1）编制有关会计分录，并填制记账凭证。

（2）根据上述资料计算该百货商场 20×9 年 5 月应缴纳的增值税和消费税。

（3）登记“应交税费——应交消费税”明细账、“应交税费——应交增值税”明细账及“应交税费——未交增值税”明细账。

（4）填制消费税纳税申报表。

（三）实训条件（自备）

（1）记账凭证。

（2）“应交税费——应交增值税”明细账、“应交税费——未交增值税”明细账及“应交税费——应交消费税”明细账。

（3）一般纳税人消费税申报表及附列资料。

学习情境四
关税及账务处理

教学目标

1. 熟悉关税的概念；
2. 掌握关税应纳税额的计算；
3. 掌握关税的账务处理。

我国现行关税法律规范主要包括2016年第四次修正的《中华人民共和国海关法》、2016年第三次修订《中华人民共和国进出口关税条例》、2016年第二次修订的《中华人民共和国海关稽查条例》以及《国务院关税税则委员会关于2017年关税调整方案的通知》。

单元一 关税概述

一、关税的概念

关税是海关代表国家按照国家制定的关税政策和公布实施的进出口税则，对进出口关境的货物和物品所征收的一种流转税。

二、征税对象

关税的征税对象是准许进出境的货物和物品。货物是指贸易性商品，物品是指入境旅客随身携带的行李物品、个人邮递物品、各种运输工具上的服务人员携带进口的自用物品、馈赠物品以及其他方式进境的个人物品。

三、纳税义务人

进口货物的收货人、出口货物的发货人、进出境物品的所有人是关税的纳税义务人。一般情况下，对携带进境的物品，推定其携带人为所有人；对分离运输的行李，推定相应的进出境旅客为所有人；对以邮递方式进境的物品，推定其收件人为所有人；对以邮递或其他运输方式出境的物品，推定其寄件人或托运人为所有人。

单元二　进出口税则

一、进出口税则概况

进出口税则是一国政府根据国家关税政策和经济政策，通过一定的立法程序制定并公布实施的应税进出口货物和物品的关税税率表。进出口税则以税率表为主体，通常还包括实施税则的法令、使用税则的有关说明和附录等。

拓展阅读

《中华人民共和国海关进出口税则》（以下简称《海关进出口税则》）是我国海关凭以征收关税的法律依据，也是我国关税政策的具体体现。我国现行税则包括《中华人民共和国进出口关税条例》《中华人民共和国海关进口税则》《中华人民共和国海关出口税则》《进口商品从量税、复合税、滑准税税目税率表》《进口商品关税配额税目税率表》《进口商品税则暂定税率表》《出口商品税则暂定税率表》及《非全税目信息技术产品进口税率表》等附录。税率表作为税则主体，包括税则商品分类目录和税率栏两大部分。税则商品分类目录把种类繁多的商品加以综合，按照不同特点分门别类简化成数量有限的商品类目，分别编号排列，称为税则号列，并逐号列出该号中应列入的商品名称。商品分类的原则，即归类规则，包括归类总规则和各类、章、目的具体注释。税率栏是按商品分类目录逐项制定的税率栏目。我国现行进口税则为四栏税率，出口税则为一栏税率。

二、税则商品分类目录

我国于 1951 年 5 月公布实施的《海关进出口税则》是我国第一部真正独立自主制定的税则。该税则将进出口商品按自然属性、用途、加工程度分成 17 类、89 章、939 个税号，其商品目录主要参考了旧中国税则、苏联税则和前万国联盟编制的《日内瓦统一税则目录》等，结构比较简单，归类较为容易。

1985 年 3 月，我国实施了以《海关合作理事会税则商品分类目录》为基础的进出口税则，将进出口商品划分为 21 类、99 章、1 011 个税号。《海关合作理事会税则商品分类目录》是在《日内瓦统一税则目录》的基础上，由欧洲海关同盟研究组编制的，到 1986 年有 52 个签约国、150 多个国家和地区采用了这个目录。

从 1992 年 1 月至今，我国实施了以《商品名称及编码协调制度》为基础的进出口税则，以符合我国改革开放和对外经济贸易发展的需要。

三、税则归类

税则归类就是按照税则的规定，将每项具体进出口商品按其特性在税则中找出最适合的某一个税号，即“对号入座”，以便确定其适用的税率，计算关税税负。税则归类错误会导致关税的多征或少征，影响关税作用的发挥。因此，税则归类关系关税政策的正确贯彻。

拓展阅读

税则归类一般按以下步骤进行：

(1) 了解需要归类的具体进出口商品的构成、材料属性、成分组成、特性、用途和功能。

(2) 查找有关商品在税则中拟归的类、章及税号。对于原材料性质的货品，应首先考虑按其属性归类；对于制成品，应首先考虑按其用途归类。

(3) 将考虑采用的有关类、章及税号进行比较，筛选出最为适合的税号。在比较、筛选时，首先看类、章的注释有无具体描述归类对象或其类似品，已具体描述的，按类、章的规定办理；然后查阅《HS注释》，确切地了解有关类、章及税号范围。

(4) 通过上述方法难以确定的税则归类商品，可运用税则总归类的有关条款来确定其税号。进口地海关无法解决的归类问题，应报海关总署明确。

四、税率及其运用

（一）进口关税税率

1. 税率设置与使用

自2002年1月1日起，我国进口税则设有最惠国税率、协定税率、特惠税率、普通税率、暂定税率、关税配额税率等税率，并对进口货物在一定期限内可以实行暂定税率。

2. 税率计征办法

按征收关税的标准，可以分成从价税、从量税、复合税、选择税和滑准税。

(1) 从价税。从价税是最常用的关税计税标准，是以货物价格作为征收标准的关税表现，为货物价格的百分值，商品质高价高，税额也高。

(2) 从量税。是以进口货物的重量、数量、长度、容量和面积等计量单位为标准计征的关税。从量税的特点是每种货物的单位税额固定，不受价格变动影响。

(3) 复合税。复合税是指征税时同时使用从量、从价两种税率计征，以两种税额之和作为该种商品的关税税额。

(4) 选择税。选择税是指对某种商品同时规定有从量和从价两种税率，征税时由海关选择其中一种征税，作为该种商品的应征关税额。

(5) 滑准税。亦称滑动税，是对进口税则中的同一种商品按其市场价格标准分别制定不同价格档次的税率而征收的一种进口关税。其高档价格的税率低或不征税，低档价格的税率高。

（二）出口关税税率

我国出口税则为一栏税率，即出口税率。我国仅对少数资源性产品及易于竞相杀价、盲目进口、需要规范出口秩序的半制成品征收出口关税。

（三）特别关税

特别关税包括报复性关税、反倾销税与反补贴税、保障性关税。征收特别关税的货物、适用国别、税率、期限和征收办法，由国务院关税税则委员会决定，海关总署负责实施。

（四）税率的运用

《中华人民共和国进出口关税条例》（以下简称《进出口关税条例》）规定，进出口货物应当依照税则规定的归类原则归入合适的税号，并按照适用的税率征税。

（1）进出口货物应当按照纳税义务人申报进口或者出口之日实施的税率征税。

（2）进口货物到达前，经海关核准先行申报的，应当按照装载此货物的运输工具申报进境之日实施的税率征税。

（3）进出口货物的补税和退税适用该进出口货物原申报进口或者出口之日所实施的税率，但下列情况除外：

1）按照特定减免税办法批准予以减免税的进口货物，后因情况改变经海关批准转让或出售或移作他用需予补税的，适用海关接受纳税人再次填写报关单申报办理纳税及有关手续之日实施的税率征税。

2）加工贸易进口料、件等属于保税性质的进口货物，如经批准转为内销，应按向海关申报转为内销之日实施的税率征税；如未经批准擅自转为内销的，则按海关查获日期所施行的税率征税。

3）暂时进口货物转为正式进口需予以补税时，应按其申报正式进口之日实施的税率征税。

4）分期支付租金的租赁进口货物，分期付税时适用海关接受纳税人再次填写报关单申报办理纳税及有关手续之日实施的税率征税。

5）溢卸、误卸货物事后确定需征税时，应按其原运输工具申报进口日期所实施的税率征税。如原进口日期无法查明，可按确定补税当天实施的税率征税。

6）对由于税则归类的改变、完税价格的审定或其他工作差错而需补税的，应按原征税日期实施的税率征税。

7）对经批准缓税进口的货物以后交税时，不论是分期还是一次缴清税款，都应按货物原进口之日实施的税率征税。

8）查获的走私进口货物需补税时，应按查获日期实施的税率征税。

五、原产地规定

我国原产地规定基本上采用了全部产地生产标准、实质性加工标准两种国际上通用的原产地标准。

（一）全部产地生产标准

全部产地生产标准是指进口货物完全在一个国家内生产或制造，生产或制造国即该货物的原产国。完全在一国生产或制造的进口货物包括：

（1）在该国领土或领海内开采的矿产品。

（2）在该国领土上收获或采集的植物产品。

（3）在该国领土上出生或由该国饲养的活动物及从其身上所得的产品。

（4）在该国领土上狩猎或捕捞所得的产品。

(5) 在该国的船只上卸下的海洋捕捞物，以及由该国船只在海上取得的其他产品。

(6) 在该国加工船上加工上述第（5）项所列物品所得的产品。

(7) 在该国收集的只适用于再加工制造的废碎料和废旧物品。

(8) 在该国完全使用上述（1）～（7）项所列产品加工成的制成品。

（二）实质性加工标准

实质性加工标准是适用于确定有两个或两个以上国家参与生产的产品的原产国的标准，其基本含义是：经过几个国家加工、制造的进口货物，以最后一个对货物进行经济上可以视为实质性加工的国家作为有关货物的原产国。实质性加工是指产品加工后，在进出口税则中四位数税号一级的税则归类已经有了改变，或者加工增值部分所占新产品总值的比例已超过30％及以上的加工。

（三）其他

对机器、仪器、器材或车辆所用零件、部件、配件、备件及工具，如与主件同时进口且数量合理的，其原产地按主件的原产地确定，分别进口的则按各自的原产地确定。

单元三 关税完税价格

《中华人民共和国海关法》（以下简称《海关法》）规定，进出口货物的完税价格由海关以该货物的成交价格为基础审查确定。成交价格不能确定时，完税价格由海关依法估定。

一、一般进口货物的完税价格

（一）以成交价格为基础的完税价格

根据规定，进口货物的完税价格包括货物的货价、货物运抵我国境内输入地点起卸前的运输及相关费用、保险费。我国境内输入地为入境海关地，包括内陆河、江口岸，一般为第一口岸。货物的货价以成交价格为基础。进口货物的成交价格是指买方为购买该货物，按《中华人民共和国海关审定进出口货物完税价格办法》（以下简称《完税价格办法》）的有关规定调整后的实付或应付价格。

1. 对实付或应付价格进行调整的有关规定

实付或应付价格是指买方为购买进口货物直接或间接支付的总额，即作为卖方销售进口货物的条件，由买方向卖方或为履行卖方义务向第三方已经支付或将要支付的全部款项。

如果下列费用或价值未包括在进口货物的实付或应付价格中，则应当计入完税价格：

(1) 由买方负担的除购货佣金以外的佣金和经纪费。购货佣金是指买方为购买进口货物向自己的采购代理人支付的劳务费用。经纪费是指买方为购买进口货物向代表买卖双方利益的经纪人支付的劳务费用。

(2) 由买方负担的与该货物视为一体的容器费用。

（3）由买方负担的包装材料和包装劳务费用。

（4）与该货物的生产和向我国境内销售有关的，由买方以免费或者以低于成本的方式提供并可以按适当比例分摊的料件、工具、模具、消耗材料及类似货物的价款，以及在境外开发、设计等相关服务的费用。

（5）与该货物有关并作为卖方向我国销售该货物的一项条件，应当由买方直接或间接支付的特许权使用费。特许权使用费是指买方为获得与进口货物相关的、受著作权保护的作品、专利、商标、专有技术和其他权利的使用许可而支付的费用。但是在估定完税价格时，进口货物在境内的复制权费不得计入该货物的实付或应付价格之中。

（6）卖方直接或间接从买方对该货物进口后转售、处置或使用所得中获得的收益。

下列费用，如果能与该货物实付或应付价格区分，不得计入完税价格：

（1）厂房、机械、设备等货物进口后的基建、安装、装配、维修和技术服务的费用。

（2）货物运抵境内输入地点之后的运输费用、保险费和其他相关费用。

（3）进口关税及其他国内税收。

2. 对买卖双方之间有特殊关系的规定

买卖双方之间有特殊关系的，经海关审定，其特殊关系未对成交价格产生影响，或进口货物的收货人能证明其成交价格与同时或大约同时发生的下列任何一个价格相近，该成交价格海关应当接受：

（1）向境内无特殊关系的买方出售的相同或类似货物的成交价格。

（2）按照使用倒扣价格有关规定所确定的相同或类似货物的完税价格。

（3）按照使用计算价格有关规定所确定的相同或类似货物的完税价格。

（二）进口货物海关估价方法

进口货物的价格不符合成交价格条件或者成交价格不能确定的，海关应当依次以相同货物成交价格方法、类似货物成交价格方法、倒扣价格方法、计算价格方法及其他合理方法确定的价格为基础，估定完税价格。如果进口货物的收货人提出要求，并提供相关资料，经海关同意，可以选择倒扣价格方法和计算价格方法的使用次序。

1. 相同或类似货物成交价格方法

相同或类似货物成交价格方法，即以与被估的进口货物同时或大约同时（在海关接受申报进口之日的前后各 45 天以内）进口的相同或类似货物的成交价格为基础，估定完税价格。

相同货物是指与进口货物在同一国家或地区生产的，在物理性质、质量和信誉等所有方面都相同的货物，但表面的微小差异允许存在。类似货物是指与进口货物在同一国家或地区生产的，虽然不是在所有方面都相同，但具有相似的特征、相似的组成材料、同样的功能，并且在商业中可以互换的货物。

2. 倒扣价格方法

倒扣价格方法，即以被估的进口货物、相同或类似进口货物在境内销售的价格为基础估定完税价格。按该价格销售的货物应当同时符合五个条件：在被估货物进口时或大约同时销售；按照进口时的状态销售；在境内第一环节销售；合计的货物销售总量最大；向境内无特殊关系方销售。

以倒扣价格方法估定完税价格时，下列各项应当扣除：

（1）该货物的同等级或同种类货物在境内销售时的利润和一般费用及通常支付的佣金。

（2）货物运抵境内输入地点之后的运费、保险费、装卸费及其他相关费用。

（3）进口关税、进口环节税和其他与进口或销售上述货物有关的国内税。

3. 计算价格方法

计算价格方法，即按下列各项的总和计算出的价格估定完税价格。其有关项为：

（1）生产该货物所使用的原材料价值和进行装配或其他加工的费用。

（2）与向境内出口销售同等级或同种类货物的利润、一般费用相符的利润和一般费用。

（3）货物运抵境内输入地点起卸前的运输及相关费用、保险费。

4. 其他合理方法

使用其他合理方法时，应当根据《完税价格办法》规定的估价原则，以在境内获得的数据资料为基础估定完税价格，但不得使用以下价格：

（1）境内生产的货物在境内的销售价格。

（2）可供选择的价格中较高的价格。

（3）货物在出口地市场的销售价格。

（4）以计算价格方法规定的有关各项之外的价值或费用计算的价格。

（5）出口到第三国或地区的货物的销售价格。

（6）最低限价或武断虚构的价格。

二、特殊进口货物的完税价格

（一）加工贸易进口料件及制成品

加工贸易进口料件及制成品需征税或内销补税的，海关按照一般进口货物的完税价格规定审定完税价格。其中：

（1）进口时需征税的进料加工进口料件，以该料件申报进口时的价格估定。

（2）内销的进料加工进口料件或制成品（包括残次品、副产品），以料件原进口时的价格估定。

（3）内销的来料加工进口料件或制成品（包括残次品、副产品），以料件申报内销时的价格估定。

（4）出口加工区内的加工企业内销的制成品（包括残次品、副产品），以制成品申报内销时的价格估定。

（5）保税区内的加工企业内销的进口料件或制成品（包括残次品、副产品），分别以料件或制成品申报内销时的价格估定。如果内销的制成品中含有从境内采购的料件，则以所含从境外购入的料件原进口时的价格估定。

（6）加工贸易加工过程中产生的边角料，以申报内销时的价格估定。

（二）保税区、出口加工区货物

从保税区或出口加工区销往区外、从保税仓库出库内销的进口货物（加工贸易进口料件及制成品除外），以海关审定的价格估定完税价格。对经审核销售价格不能确定的，海关应当按照一般进口货物估价办法的规定估定完税价格。如销售价格中未包括在保税区、出口加工区或保税仓库中发生的仓储、运输及其他相关费用的，应当按照客观量化的数据资料予以计入。

（三）运往境外修理的货物

运往境外修理的机械器具、运输工具或其他货物，出境时已向海关报明，并在海关规定期限内复运进境的，应当以海关审定的境外修理费和料件费为完税价格。

（四）运往境外加工的货物

运往境外加工的货物，出境时已向海关报明，并在海关规定期限内复运进境的，应当以海关审定的境外加工费和料件费，以及该货物复运进境的运输及相关费用、保险费估定完税价格。

（五）暂时进境货物

对于经海关批准的暂时进境的货物，应当按照一般进口货物估价办法的规定，估定完税价格。

（六）租赁方式进口货物

在租赁方式进口的货物中，以租金方式对外支付的租赁货物，在租赁期间以海关审定的租金作为完税价格；留购的租赁货物，以海关审定的留购价格作为完税价格；承租人申请一次性缴纳税款的，经海关同意，按照一般进口货物估价办法的规定估定完税价格。

（七）留购的进口货样等

对于境内留购的进口货样、展览品和广告陈列品，以海关审定的留购价格作为完税价格。

（八）予以补税的减免税货物

减税或免税进口的货物需予以补税时，应当以海关审定的该货物原进口时的价格扣除折旧部分价值作为完税价格。其计算公式为：

$$\text{完税价格}=\text{海关审定的该货物原进口时的价格}\times\left[1-\text{申请补税时间实际已使用的时间（月）}\div(\text{监管年限}\times 12)\right]$$

（九）以其他方式进口的货物

以易货贸易、寄售、捐赠、赠送等其他方式进口的货物，应当按照一般进口货物估价办法的规定，估定完税价格。

三、出口货物的完税价格

（一）以成交价格为基础的完税价格

出口货物的完税价格，由海关以该货物向境外销售的成交价格为基础审查确定，并应包括货物运至我国境内输出地点装载前的运输及相关费用、保险费，但其中包含的出口关税税额，应当扣除。

出口货物的成交价格是指该货物出口销售到我国境外时，买方向卖方实付或应付的价格。出口货物的成交价格中含有支付给境外的佣金的，如果单独列明，应当扣除。

（二）出口货物海关估价方法

出口货物的成交价格不能确定时，完税价格由海关依次使用下列方法估定：

（1）同时或大约同时向同一国家或地区出口的相同货物的成交价格。

（2）同时或大约同时向同一国家或地区出口的类似货物的成交价格。

（3）根据境内生产相同或类似货物的成本、利润和一般费用、境内发生的运输及相关费用、保险费计算所得的价格。

（4）按照合理方法估定的价格。

四、进出口货物完税价格中的运输及相关费用、保险费的计算

（一）以一般陆运、空运、海运方式进口的货物

在进口货物的运输及相关费用、保险费计算中，海运进口货物，计算至该货物运抵境内的卸货口岸；如果该货物的卸货口岸是内河（江）口岸，则应当计算至内河（江）口岸。陆运进口货物，计算至该货物运抵境内的第一口岸；如果运输及相关费用、保险费支付至目的地口岸，则计算至目的地口岸。空运进口货物，计算至该货物运抵境内的第一口岸；如果该货物的目的地为境内的第一口岸外的其他口岸，则计算至目的地口岸。

陆运、空运和海运进口货物的运费和保险费，应当按照实际支付的费用计算。如果进口货物的运费无法确定或未实际发生，海关应当按照该货物进口同期运输行业公布的运费率（额）计算运费，按照“货价加运费”两者总额的3‰计算保险费。

（二）以其他方式进口的货物

邮运的进口货物，应当以邮费作为运输及相关费用、保险费；以境外边境口岸价格条件成交的铁路或公路运输进口货物，海关应当按照货价的1%计算运输及相关费用、保险费；作为进口货物的自驾进口的运输工具，海关在审定完税价格时，可以不另行计入运费。

（三）出口货物

出口货物的销售价格如果包括离境口岸至境外口岸之间的运费、保险费，该运费、保险费应当扣除。

单元四　应纳税额的计算

一、从价税应纳关税税额的计算

从价税应纳关税税额的计算公式为：

应纳关税税额＝应税进（出）口货物数量×单位完税价格×税率

二、从量税应纳关税税额的计算

从量税应纳关税税额的计算公式为：

应纳关税税额＝应税进（出）口货物数量×单位货物税额

三、复合税应纳关税税额的计算

复合税应纳关税税额的计算公式为：

应纳关税税额＝应税进（出）口货物数量×单位货物税额
＋应税进（出）口货物数量×单位完税价格×税率

【例 4-1】 利群商城于 20×8 年 5 月进口一批高档化妆品，该批高档化妆品的国外买价为 120 万元，货物运抵我国境内输入地点起卸前发生的运输费、保险费及其他费用为 10 万元、6 万元、4 万元。货物入关后，利群商城缴纳了进口环节的增值税和消费税，并取得了海关开具的缴款书，从海关将高档化妆品运往商城，取得承运方开具的货物运输业增值税专用发票一张，发票注明运费 5 万元。该批高档化妆品当月在国内全部销售，取得不含税销售额 520 万元。高档化妆品适用的进口关税税率为 20%、消费税税率为 15%、增值税税率为 17%。

要求：计算该批高档化妆品进口环节应缴纳的关税、增值税、消费税及国内销售环节应缴纳的增值税。

解：

关税的组成计税价格＝120＋10＋6＋4＝140（万元）

应缴纳进口关税＝140×20%＝28（万元）

进口环节应纳增值税＝(140＋28)÷(1－15%)×17%＝33.60（万元）

进口环节应纳消费税＝(140＋28)÷(1－15%)×15%＝29.65（万元）

国内销售环节应纳增值税＝520×17%－5×11%－33.60＝54.25（万元）

单元五　税收优惠

一、法定减免税

法定减免税是指税法中明确列出的减税或免税。符合税法规定可予以减免税的进出口货物，纳税义务人无须提出申请，海关可按规定直接予以减免税。海关对法定减免税货物一般不进行后续管理。

《海关法》和《进出口关税条例》明确规定，下列货物、物品予以减免关税：

(1) 关税税额在人民币 50 元以下的一票货物，可免征关税。

(2) 无商业价值的广告品和货样，可免征关税。

(3) 外国政府、国际组织无偿赠送的物资，可免征关税。

(4) 进出境运输工具装载的途中必需的燃料、物料和饮食用品，可予以免税。

(5) 经海关核准暂时进境或者暂时出境，并在 6 个月内复运出境或者复运进境的货样、展览品、施工机械、工程车辆、工程船舶、供安装设备时使用的仪器和工具、电视或者电影摄制器械、盛装货物的容器以及剧团服装道具，在货物收发货人向海关缴纳相当于税款的保证金或者提供担保后，可予以暂时免税。

(6) 法律规定减征、免征的其他货物。

二、特定减免税

特定减免税也称为政策性减免税。在法定减免税之外，国家按照国际通行规则和我国实际情况制定发布的有关进出口货物减免关税的政策，即特定减免税或政策性减免税。特定减免税货物一般有地区、企业和用途的限制，海关需要进行后续管理，也需要进行减免税统计。特定减免税货物主要包括如下几部分：

（1）科教用品。

（2）残疾人专用品。

（3）扶贫、慈善性捐赠物资。

（4）加工贸易产品。加工贸易产品具体分为加工装配和补偿贸易、进料加工。

（5）边境贸易进口物资。

（6）保税区进出口货物。

（7）出口加工区进出口货物。

（8）进口设备。

（9）特定行业或用途的适用减免税政策的货物。

三、临时减免税

临时减免税是指以上法定和特定减免税以外的其他减免税，即由国务院根据《海关法》对某个单位、某类商品、某个项目或某批进出口货物的特殊情况，给予特别照顾，一案一批，专文下达的减免税。临时减免税一般有单位、品种、期限、金额或数量等限制，不能比照执行。

单元六 征收管理

一、关税缴纳

进口货物自运输工具申报进境之日起 14 日内，出口货物在货物运抵海关监管区后装货的 24 小时以前，应由进出口货物的纳税义务人向货物进（出）境地海关申报，海关根据税则归类和完税价格计算应缴纳的关税和进口环节代征税，并填发税款缴款书。纳税义务人应当自海关填发税款缴款书之日起 15 日内，向指定银行缴纳税款。如关税缴纳期限的最后 1 日是周末或法定节假日，则关税缴纳期限顺延至周末或法定节假日过后的第 1 个工作日。为方便纳税义务人，经申请且海关同意，进出口货物的纳税义务人可以在设有海关的指运地（启运地）办理海关申报、纳税手续。

拓展阅读

关税纳税义务人因不可抗力或者在国家税收政策调整的情形下，不能按期缴纳税款的，经海关总署批准，可以延期缴纳税款，但最长不得超过 6 个月。

二、关税的强制执行

纳税义务人未在关税缴纳期限内缴纳税款，即构成关税滞纳。为保证海关征收关税决定的有效执行和国家财政收入的及时入库，《海关法》赋予海关对滞纳关税的纳税义务人强制执行的权力。强制措施主要有如下两类：

（1）征收关税滞纳金。滞纳金自关税缴纳期限届满滞纳之日起，至纳税义务人缴纳关税之日止，按滞纳税款的0.5‰按日征收，周末或法定节假日不予扣除。关税滞纳金金额的计算公式为：

关税滞纳金金额=滞纳关税税额×滞纳金征收比率×滞纳天数

（2）强制征收。如纳税义务人自海关填发缴款书之日起3个月仍未缴纳税款，经海关关长批准，海关可以采取强制扣缴、变价抵缴等强制措施。强制扣缴，即海关从纳税义务人在开户银行或者其他金融机构的存款中直接扣缴税款。变价抵缴，即海关将应税货物依法变卖，以变卖所得抵缴税款。

三、关税退还

关税退还是关税纳税义务人按海关核定的税额缴纳关税后，因某种原因的出现，海关将实际征收多于应当征收的税额（称为溢征关税）退还给原纳税义务人的一种行政行为。根据《海关法》的规定，海关多征的税款，海关发现后应当立即退还。

按规定，有下列情形之一的，进出口货物的纳税义务人可以自缴纳税款之日起1年内，书面声明理由，连同原纳税收据向海关申请退税并加算银行同期活期存款利息，逾期不予受理：

（1）因海关误征，多纳税款的。

（2）海关核准免验进口的货物，在完税后，发现有短卸情形，经海关审查认可的。

（3）已征出口关税的货物，因故未将其出口，申报退关，经海关查验属实的。

拓展阅读

对已征出口关税的出口货物和已征进口关税的进口货物，因货物品种或规格原因（非其他原因），原状复运进境或出境的，经海关查验属实的，应退还已征关税。海关应当自受理退税申请之日起30日内，做出书面答复并通知退税申请人。

四、关税补征和追征

关税补征和追征是海关在关税纳税义务人按海关核定的税额缴纳关税后，发现实际征收税额少于应当征收的税额（称为短征关税）时，责令纳税义务人补缴所差税款的一种行政行为。根据短征关税的原因，《海关法》将海关征收原短征关税的行为分为补征和追征两种。由于纳税人违反海关规定造成短征关税的，称为追征；非因纳税人违反海关规定造成短征关税的，称为补征。区分关税追征和补征的目的是区别不同情况适用的不同征收时效，超过时效规定的期限，海关就丧失了追补关税的权利。根据《海关法》的规定，进出境货物和物品放行后，海关发现少征或者漏征税款，应当自缴纳税款或者货物、物品放行之日起1年内，向纳税义务人补征；因纳税义务人违反规定而造成的少征或者漏征的税款，自纳税义务人应缴纳税款之日起3年以内可以追征，并从缴纳税款之日起按日加收少征或者漏征税款0.5‰的滞纳金。

五、关税纳税争议

为保护纳税人的合法权益，《海关法》和《进出口关税条例》都规定了当纳税义务人对海关确定的进出口货物的征税、减税、补税或者退税等有异议时，有提出申诉的权力。纳税义务人同海关发生纳税争议时，可以向海关申请复议，但同时应当在规定期限内按海关核定的税额缴纳关税，逾期则构成滞纳，海关有权按规定采取强制执行措施。

纳税争议的内容一般为原产地认定、税则归类、税率或汇率适用、完税价格确定以及关税减征、免征、追征、补征和退还等。

纳税争议的申诉程序为：纳税义务人自海关填发税款缴款书之日起30日内，向原征税海关的上一级海关书面申请复议。逾期申请复议的，海关不予受理。海关应当自收到复议申请之日起60日内做出复议决定，并以复议决定书的形式正式答复纳税义务人；纳税义务人对海关复议决定不服的，可以自收到复议决定书之日起15日内，向人民法院提起诉讼。

单元七 关税的账务处理

一、关税会计科目的设置

为了全面反映企业关税的缴纳、结余情况及进出口关税的计算，应在“应交税费”科目下分别设置“应交进口关税”“应交出口关税”明细科目。

“应交税费——应交进口关税”的贷方发生额反映计算出的应缴的进口关税，借方发生额反映实际上缴的进口关税，贷方余额表示多缴的进口关税。

“应交税费——应交出口关税”的贷方发生额反映应缴的出口关税，借方发生额反映实际上缴的出口关税，贷方余额表示欠缴的出口关税，借方余额表示多缴的出口关税。

二、关税的会计处理

（1）工业企业通过外贸企业代理或直接从国外进口原材料，其应支付的进口关税不通过“应交税费”科目核算，而是将其与进口原材料的价款、国外运费和保险费同国内费用一并计入进口原材料成本，借记“材料采购”等科目，贷记“银行存款”“应付账款”等科目。

商品流通企业自营进口业务所计缴的关税，在会计核算上是通过“应交税费——进口关税”和“在途物资”科目加以反映的。按应缴纳的进口关税，借记“在途物资”科目，贷记“应交税费——进口关税”科目；实际缴纳时，借记“应交税费——进口关税”科目，贷记“银行存款”科目。也可不通过“应交税费——进口关税”科目，而直接借记“在途物资”科目，贷记“银行存款”“应付账款”等科目。

【例 4－2】北京市五湖电器有限公司为增值税一般纳税人，适用的增值税税率为 17%。本月，该公司进口电子元件需 100 000 美元，当日的外汇牌价为 1USD＝8.2RMB。货款用美元支付，余款用转账支票支付。电子元件已验收入库。进口关税税率为 6%。

要求：进行相应的会计处理。

解：

1）购入现汇时：

借：银行存款——美元户　　820 000

　贷：银行存款——人民币户　　820 000

2）对外付汇，支付进口关税、增值税，计算进口电子元件的采购成本：

采购成本＝820 000＋820 000×6%＝869 200（元）

应纳增值税＝869 200×17%＝147 764（元）

借：原材料　　869 200

　　应交税费——应交增值税　　147 764

贷：银行存款——美元户　　820 000

　　　　　　——人民币户　　196 964

【例 4－3】上海商贸批发公司为增值税一般纳税人。该公司从国外自营进口商品一批，CIF 价格折合人民币为 1 000 000 元，价款暂欠。进口关税税率为 20%，代征增值税税率为 17%。该公司根据海关开出的专用缴款书，以银行转账支票付讫税款。

要求：进行相应的会计处理。

解：

应纳关税＝1 000 000×20%＝200 000（元）

在途物资成本＝1 000 000＋200 000＝1 200 000（元）

代征增值税＝1 200 000×17%＝204 000（元）

1）进口报关缴纳关税和增值税时：

借：在途物资　　1 200 000

　　应交税费——应交增值税　　204 000

　贷：银行存款　　404 000

　　　应付账款　　1 000 000

2）商品验收入库时：

借：库存商品　　1 200 000

　贷：在途物资　　1 200 000

（2）工业企业出口产品应缴纳的出口关税，支付时可直接借记“税金及附加”科目，贷记“银行存款”“应付账款”等科目。商品流通企业自营出口业务所计缴的关税，在会计核算上是通过“应交税费——出口关税”和“税金及附加”科目加以反映的。按应缴纳的出口关税，借记“税金及附加”科目，贷记“应交税费——出口关税”科目；实际缴纳时，借记“应交税费——出口关税”科目，贷记“银行存款”科目。

【例 4－4】北京市五湖电器有限公司向美国出口一批铬铁，国内港口 FOB 价格折合人民币为 1 400 000 元，铬铁出口关税税率为 40%，关税以支票付讫。

要求：进行相应的会计处理。

解：

出口关税税额＝1 400 000÷(1＋40％)×40％＝400 000（元）

借：应收账款　　1 400 000

　贷：主营业务收入　　1 400 000

借：税金及附加　　400 000

　贷：银行存款　　400 000

【例 4－5】上海商贸批发公司自营出口商品一批，我国口岸 FOB 价格折合人民币为 360 000元，价款未收。出口关税税率为 20％。该公司根据海关开出的专用缴款书，以银行转账支票付讫税款。

要求：进行相应的会计处理。

解：

出口关税＝360 000÷(1＋20％)×20％＝60 000（元）

1）确认收入时：

借：应收账款　　360 000

　贷：主营业务收入　　360 000

借：营业税金及附加　　60 000

　贷：应交税费——出口关税　　60 000

2）实际缴纳时：

借：应交税费——出口关税　　60 000

　贷：银行存款　　60 000

(3) 代理进出口业务所计缴的关税，可以通过设置“应交税费——应交出口关税”科目核算，其对应科目是“应付账款”“应收账款”“银行存款”等；也可以不通过“应交税费——应交出口关税”科目核算，直接通过“应付账款”“应收账款”“银行存款”科目核算。

【例 4－6】某进出口公司接受一个单位的委托进口商品一批，进口商品货款 5 000 000 元已汇入进出口公司存款户。该进口商品的我国口岸 CIF 价格为 500 000 美元，进口关税税率为 20％，当日的外汇牌价为 1USD＝8RMB。代理手续费按货价的 2％收取，现该批商品已运达，向委托单位办理结算。

要求：进行相应的会计处理。

解：

进口关税＝500 000×8.00×20％＝800 000（元）

代理手续费＝500 000×8.00×2％＝80 000（元）

1）收到委托单位划来的进口货款时：

借：银行存款　　5 000 000

　贷：应付账款——××单位　　5 000 000

2）对外付汇进口商品时：

借：应收账款——××外商　　4 000 000

　贷：银行存款　　4 000 000

3）支付进口关税时：

借：应付账款——××单位　　800 000

贷：银行存款　800 000

4）将进口商品交付委托单位并收取手续费时：

借：应付账款——××单位　4 080 000

贷：主营业务收入——手续费　80 000

应收账款——××外商　4 000 000

5）将委托单位剩余的进口货款退回时：

借：应付账款——××单位　120 000

贷：银行存款　120 000

【例 4-7】上海商贸批发公司具有进出口经营权，代理华宇冶炼公司出口一批商品。我国口岸 FOB 价折合人民币为 2 400 000 元，出口关税税率为 20%，手续费为 50 000 元。

要求：进行相应的会计处理。

解：

出口关税＝2 400 000÷(1＋20%)×20%＝400 000（元）

1）计缴出口关税时：

借：应收账款——华宇冶炼　400 000

贷：银行存款　400 000

2）计算应收手续费时：

借：应收账款——华宇冶炼　50 000

贷：主营业务收入——手续费　50 000

3）收到委托单位付来的税款及手续费时：

借：银行存款　450 000

贷：应收账款——华宇冶炼　450 000

(4) 对于企业迟缴关税加收的滞纳金和违反税法规定被处以罚款的支出，不通过“应交税费——应交进口关税”或“应交税费——应交出口关税”等科目核算，应在税后利润中列支。具体会计分录为：借记“利润分配——未分配利润”科目，贷记“银行存款”科目。如果企业的滞纳金或罚款发生在会计年度终了，也可以通过调整“以前年度损益调整”科目核算，借记“以前年度损益调整”科目，贷记“银行存款”科目。

单元八　关税实训

一、实训目的

掌握生产企业或外贸公司自营或委托代理进出口货物关税的计算及会计处理；熟悉进出口货物报关程序；掌握进出口货物报关单、海关专用税收缴款书等相关资料的填写方法；培养学生的理解能力、计算能力、账务处理能力和办理出口申报的应用能力。

二、实训资料

（一）企业概况

（1）企业名称：北京市五湖电器有限公司。

（2）地址：北京市长安街888号。

（3）法定代表人：王平。

（4）注册资本：380万元（其中，北京市东明股份有限公司占66%，汪华占34%）。

（5）企业类型：有限责任公司。

（6）经营范围：制造并销售电热器、电风扇。

（7）开户银行：工商银行北京长安里支行（基本户）。

（8）银行账号：81451058675081002。

（二）期初有关账户余额

“应交税费——应交增值税”的借方余额为210 000元（上月未抵扣完的进项税额）。

（三）模拟业务

该公司为增值税一般纳税人，增值税税率为17%，企业所得税税率为25%。

20×9年4月，该公司发生如下业务（相关原始凭证略）：

（1）4月1日，从美国进口一批原材料，进口申报价格为到岸价格100 000美元，当日外汇牌价为1USD=7.64RMB。关税税率为10%，代征增值税税率为17%。原材料已验收入库，款项尚未支付。14日，该公司向海关支付关税，取得关税完税凭证。

（2）4月2日，将上月进口的价值40万元的原材料，经海关核准委托日本境内公司加工成品60万件。4月25日，在海关核定期限内复运进境销售，支付加工费2.5万美元、料件费3万美元，进境前支付运费0.3万美元、保险费0.05万美元。当日外汇牌价为1USD=7.27RMB，关税税率为20%。14日，该公司向海关支付关税，取得关税完税凭证。

（3）4月3日，进口货物一批，离岸价格为370 000美元，支付国外运费22 500美元、保险费7 500美元。当日外汇牌价为1USD=8RMB，关税税率为20%。14日，该公司向海关支付关税，取得关税完税凭证。

（4）4月4日，从香港购入原产地为韩国的设备2台，成交价（CIF天津港）为120 000港元。保险费率为0.3%，关税税率为10%，代征增值税税率为17%，当日外汇牌价为1HKD=1.07RMB。货物运抵我国内地口岸后，在未经批准缓税的情况下，于海关填发税款缴纳证次日起25天才缴纳税款。

（5）4月5日，委托某外贸进出口公司进口材料一批，离岸价格为480 000美元，支付国外运费、保险费共计20 000美元。当日外汇牌价为1USD=7.3RMB，关税税率为20%，代征增值税税率为17%。17日，该公司向海关支付关税，取得关税完税凭证。

（6）4月10日，向德国出口产品700件，国内运费、保险费分别为3 000元和800元，成交价折合人民币440万元。该公司支付国外承运方运费32万元，支付国外承保方保费4万元。货款尚未收到，该货物出口关税税率为10%。

（7）从国外进口一批散装化妆品，支付给国外的货价为120万元，运抵我国海关前的运杂费和保险费为30万元，已验收入库。化妆品的进口关税税率为40%，消费税税率为30%。

三、实训任务

（1）计算本月进口关税、出口关税及海关代征代缴的增值税和消费税。

（2）逐笔编制会计分录，并填制记账凭证。

（3）登记“应交税费——应交进口关税”“应交税费——应交出口关税”“应交税费——应交增值税”“应交税费——应交消费税”等明细账。

（4）填制关税及增值税、消费税的海关专用税收缴款书，并编制缴纳税款的记账凭证。

四、实训条件（自备）

（1）记账凭证。

（2）三栏式明细账页4张。

（3）海关进（出）口关税及海关代征增值税（消费税）专用税收缴款书2张。

深度阅读

《财政部　海关总署　国家税务总局关于扩大启运港退税政策试点范围的通知》（财税〔2014〕53号）

《国家税务总局关于外贸综合服务企业出口货物退（免）税有关问题的公告》（国家税务总局公告2014年第13号）

《财政部　国家发展和改革委员会　工业和信息化部　海关总署　国家税务总局　国家能源局关于调整重大技术装备进口税收政策的通知》（财关税〔2014〕2号）

《财政部　国家发展和改革委员会　海关总署　国家税务总局关于调整〈国内投资项目不予免税的进口商品目录〉的公告》（财政部　国家发展和改革委员会　海关总署　国家税务总局公告2012年第83号）

课后练习

一、单项选择题

1. 进口货物税率采用的主要形式是（　　）。

A. 幅度比例税率　　B. 差别比例税率　　C. 累进税率　　D. 定额税率

2. 根据关税法律制度的规定，下列各项中，不应计入进口货物关税完税价格的有（　　）。

A. 由买方负担的购货佣金

B. 由买方负担的经纪费

C. 由买方负担的包装材料和包装劳务费用

D. 由买方负担的与该货物视为一体的容器费用

3. 下列各项中，符合关税对特殊进口货物完税价格规定的有（　　）。

A. 运往境外加工的货物，应以加工后进境时的到岸价格为完税价格

B. 以货易货贸易按同类货物的到岸价格为完税价格

C. 转让进口的免税旧货物，以原入境的到岸价格为完税价格

D. 留购的进口货样，以留购价格作为完税价格

4. 某公司进口一批货物，海关于20×8年3月1日填发税款缴款书，但公司迟至3月27日才缴纳500万元的关税。海关应征收的关税滞纳金为（　　）万元。

A. 2.75　　B. 3　　C. 6.5　　D. 6.75

二、多项选择题

1. 下列各项中，属于关税法定纳税义务人的有（　　）。

A. 进口货物的收货人　　B. 进口货物的代理人

C. 出口货物的发货人　　D. 出口货物的代理人

2. 我国特别关税的种类包括（　　）。

A. 报复性关税　　B. 保障性关税

C. 进口附加税　　D. 反倾销税与反补贴税

三、业务题

1. 某进出口公司进口摩托车1 000辆，经海关审定的货价为180万美元。另外，运抵我国境内输入地点起卸包装费为10万美元，运输费为8万美元，保险费为2万美元。假设汇价为1USD=7.81RMB，该批摩托车进口关税税率为23%，消费税税率为10%。

要求：计算进口该批摩托车应缴纳的关税税额。

2. 某服装公司为增值税一般纳税人。20×6年10月，该公司从国外进口一批服装面料，海关审定的完税价格为50万元。该公司向海关缴纳了关税和进口环节增值税，并取得了相关完税凭证。该批服装面料当月加工成服装后全部在国内销售，取得销售收入100万元（不含增值税），取得货物运输业增值税专用发票一张，金额为3万元。该公司适用的增值税税率为17%，进口关税税率为5%。

要求：(1) 计算该公司当月进口服装面料应缴纳的增值税。

(2) 计算该公司当月允许抵扣的增值税进项税额。

(3) 计算该公司当月销售服装应缴纳的增值税。

3. 某中外合资化妆品生产企业为增值税一般纳税人，20×9年1月发生以下业务：

(1) 从国外进口一批散装高档化妆品，支付给国外的货价为120万元，运抵我国海关前的运杂费和保险费为30万元，已验收入库。

(2) 进口机器设备一套，支付给国外的货价为35万元，运抵我国海关前的运杂费和保险费为5万元，已验收入库。

(3) 企业将进口的散装高档化妆品全部生产加工为成套化妆品7 800件，对外批发销售7 000件，取得不含税销售额290万元；向消费者零售800件，取得含税销售额51.48万元。

已知：高档化妆品的进口关税税率为40%，消费税税率为15%，机器设备的进口关税税率为20%。

要求：(1) 计算进口散装高档化妆品应缴纳的消费税。

(2) 计算进口散装高档化妆品应缴纳的增值税。

(3) 计算进口机器设备应缴纳的增值税。

(4) 计算该企业国内生产销售环节应缴纳的增值税。

(5) 计算该企业国内生产销售环节应缴纳的消费税。

4. 某外贸企业从国外自营进口商品一批，我国口岸 CIF 价格折合人民币为 400 000 元，进口关税税率为 40%，代征增值税税率为 17%。该企业根据海关开出的专用缴款书，以银行转账支票付讫税款。

要求：进行相应的会计处理。

5. 某进出口公司自营出口商品一批，我国口岸 FOB 价格折合人民币 720 000 元，出口关税税率为 20%。该公司根据海关开出的专用缴款书，以银行转账支票付讫税款。

要求：进行相应的会计处理。

6. 某单位委托某进出口公司进口商品一批，进口货款 2 550 000 元已汇入进出口公司存款户。该进口商品的我国口岸 CIF 价格为 240 000 美元，进口关税税率为 20%，当日的外汇牌价为 1USD=8.64RMB，代理手续费按货价的 2%收取。现该批商品已运达，向委托单位办理结算。

要求：进行相应的会计处理。

7. 某进出口公司代理某工厂出口一批商品，我国口岸 FOB 价折合人民币 360 000 元。已知，出口关税税率为 20%，手续费为 10 800 元。

要求：进行相应的会计处理。

8. 某工业企业进口 A 材料需 100 000 美元，当日的外汇牌价为 1USD=8.64RMB。该企业对外付汇进口 A 材料，应付进口关税为 40 000 元，材料已验收入库。已知代征增值税税率为 17%。

要求：进行相应的会计处理。

四、实训题

(一) 实训资料

某商贸公司为增值税一般纳税人，并具有进出口经营权。20×9 年 3 月，该公司发生的相关经营业务如下：

(1) 从国外进口 1 辆小轿车，支付货价 400 000 元、相关费用 30 000 元，支付到达我国海关前的运输费用 40 000 元、保险费用 20 000 元。

(2) 将生产中使用的价值 500 000 元的设备运往国外修理，出境时已向海关报明，支付境外修理费 50 000 元、料件费 100 000 元，并在海关规定的期限内收回了设备。

(3) 从国外进口卷烟 80 000 条（每条 200 支），支付货价 2 000 000 元，支付到达我国海关前的运输费用 120 000 元、保险费用 80 000 元。

已知：进口关税税率为 20%，小轿车消费税税率为 9%。

(二) 实训任务

(1) 计算本月进口关税及海关代征代缴的增值税和消费税。

(2) 逐笔编制会计分录，并填制记账凭证。

(3) 登记“应交税费——应交进口关税”“应交税费——应交增值税”“应交税费——

应交消费税”明细账。

(4) 填制关税及增值税、消费税的海关专用税收缴款书，并编制缴纳税款的记账凭证。

(三) 实训条件（自备）

(1) 记账凭证。

(2) 三栏式明细账页 3 张。

(3) 海关进（出）口关税及海关代征增值税（消费税）专用税收缴款书 2 张。

学习情境五 企业所得税及账务处理

教学目标

1. 熟悉企业所得税的纳税义务人和征税对象；
2. 掌握企业所得税应纳税额的计算；
3. 掌握企业所得税的账务处理。

单元一 企业所得税概述

一、纳税义务人

企业所得税法产生于18世纪末的英国，是国家对境内企业生产、经营所得和其他所得依法征收的一种税，是国家参与企业利润分配的重要手段。我国现行企业所得税法的基本规范是2007年3月16日第十届全国人民代表大会第五次全体会议通过的《中华人民共和国企业所得税法》（以下简称《企业所得税法》）、2007年11月28日国务院第197次常务会议通过的《中华人民共和国企业所得税法实施条例》（以下简称《企业所得税法实施条例》），以及2017年2月24日第十二届全国人民代表大会常务委员会第二十六次会议通过的全国人民代表大会常务委员会关于《中华人民共和国企业所得税法》的修改。

《企业所得税法》规定，在中华人民共和国境内，企业和其他取得收入的组织（以下统称企业）为企业所得税的纳税人，依照本法规定缴纳企业所得税。个人独资企业、合伙企业不适用本法。

拓展阅读

我国选择了地域管辖权和居民管辖权的双重管辖权标准，将企业所得税的纳税人分为居民企业和非居民企业。

（一）居民企业

居民企业是指依法在中国境内成立，或者依照外国（地区）法律成立但实际管理机构在中国境内的企业。其中，实际管理机构是指对企业的生产经营、人员、账务、财产等实施实质性全面管理和控制的机构。

（二）非居民企业

非居民企业是指依照外国（地区）法律成立且实际管理机构不在中国境内，但在中国境内设立机构、场所的，或者在中国境内未设立机构、场所，但有来源于中国境内所得的企业。

拓展阅读

机构、场所是指在中国境内从事生产经营活动的机构、场所，包括管理机构、营业机构、办事机构，工厂、农场、开采自然资源的场所，提供劳务的场所，从事建筑、安装、装配、修理、勘探等工程作业的场所，其他从事生产经营活动的机构、场所。

非居民企业委托营业代理人在中国境内从事生产经营活动的（包括委托单位或者个人经常代其签订合同，或者储存、交付货物等），该营业代理人视为非居民企业在中国境内设立的机构、场所。

二、征税对象

企业所得税的征税对象是指企业的生产经营所得、其他所得和清算所得。

（一）居民企业的征税对象

居民企业应将来源于中国境内、境外的所得作为征税对象。所得包括销售货物所得、提供劳务所得、转让财产所得、股息红利等权益性投资所得，以及利息所得、租金所得、特许权使用费所得、接受捐赠所得和其他所得。

（二）非居民企业的征税对象

非居民企业在中国境内设立机构、场所的，应当就其所设机构、场所取得的来源于中国境内的所得，以及发生在中国境外但与其所设机构、场所有实际联系的所得，缴纳企业所得税。非居民企业在中国境内未设立机构、场所的，或者虽设立机构、场所但取得的所得与其所设机构、场所没有实际联系的，应当就其来源于中国境内的所得缴纳企业所得税。

拓展阅读

实际联系是指非居民企业在中国境内设立的机构、场所拥有的据以取得所得的股权、债权以及拥有、管理、控制据以取得所得的财产。

（三）所得来源的确定

所得来源的确定主要包括如下几个方面：

（1）销售货物所得，按照交易活动发生地确定。

（2）提供劳务所得，按照劳务发生地确定。

（3）转让财产所得。不动产转让所得，按照不动产所在地确定；动产转让所得，按照转让动产的企业或者机构、场所所在地确定；权益性投资资产转让所得，按照被投资企业所在地确定。

（4）股息、红利等权益性投资所得，按照分配所得的企业所在地确定。

（5）利息所得、租金所得、特许权使用费所得，按照负担、支付所得的企业或者机构、场所所在地确定，或者按照负担、支付所得的个人的住所地确定。

（6）其他所得，由国务院财政、税务主管部门确定。

三、税率

我国现行企业所得税税率的规定如下：

（1）基本税率为25%，适用于居民企业和在中国境内设有机构、场所且所得与机构、场所有关联的非居民企业。

（2）低税率为20%，适用于在中国境内未设立机构、场所的，或者虽设立机构、场所但取得的所得与其所设机构、场所没有实际联系的非居民企业。但实际征税时适用10%的税率。

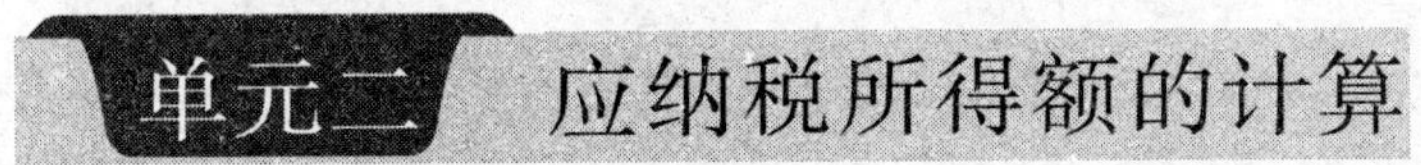

单元二　应纳税所得额的计算

应纳税所得额是企业所得税的计税依据。按照《企业所得税法》的规定，应纳税所得额为企业每一个纳税年度的收入总额减去不征税收入、免税收入、各项扣除和允许弥补的以前年度亏损后的余额。应纳税所得额的计算公式为：

应纳税所得额＝收入总额－不征税收入－免税收入－各项扣除－以前年度亏损

拓展阅读

企业应纳税所得额的计算以权责发生制为原则。属于当期的收入和费用，不论款项是否收付，也作为当期的收入和费用；不属于当期的收入和费用，即使款项已经在当期收付，也不作为当期的收入和费用。

一、收入总额

企业的收入总额包括以货币形式和非货币形式从各种来源取得的收入，具体有销售货物收入、提供劳务收入、转让财产收入和股息、红利等权益性投资收益，以及利息收入、租金收入、特许权使用费收入、接受捐赠收入、其他收入。

拓展阅读

企业取得收入的货币形式包括现金、存款、应收账款、应收票据、准备持有至到期的债券投资以及债务的豁免等。纳税人以非货币形式取得的收入包括固定资产、生物资产、无形资产、股权投资、存货、不准备持有至到期的债券投资、劳务以及有关权益等。这些非货币性资产应当按照公允价值确认，公允价值是指按照市场价格确定的价值。

（一）一般收入的确认

（1）销售货物收入。销售货物收入是指企业销售商品、原材料、包装物、低值易耗品以及其他存货取得的收入。

（2）提供劳务收入。提供劳务收入是指企业从事建筑安装、修理修配、交通运输、仓储租赁、金融保险、邮电通信、咨询经纪、文化体育、科学研究、技术服务、教育培训、餐饮住宿、中介代理、卫生保健、社区服务、旅游、娱乐、加工以及其他劳务服务活动取得的收入。

（3）转让财产收入。转让财产收入是指企业转让固定资产、生物资产、无形资产、股权、债权等财产取得的收入。

（4）股息、红利等权益性投资收益。股息、红利等权益性投资收益是指企业因权益性投资从被投资方取得的收入。除国务院财政、税务主管部门另有规定外，股息、红利等权益性投资收益按照被投资方做出利润分配决定的日期确认收入的实现。

（5）利息收入。利息收入是指企业将资金提供给他人使用但不构成权益性投资，或者因他人占用企业资金取得的收入，包括存款利息、贷款利息、债券利息、欠款利息等收入。利息收入按照合同约定的债务人应付利息的日期确认收入的实现。

（6）租金收入。租金收入是指企业提供固定资产、包装物以及其他有形资产的使用权取得的收入。租金收入按照合同约定的承租人应付租金的日期确认收入的实现。

（7）特许权使用费收入。特许权使用费收入是指企业提供专利权、非专利技术、商标权、著作权以及其他特许权的使用权而取得的收入。特许权使用费收入按照合同约定的特许权使用人应付特许权使用费的日期确认收入的实现。

（8）接受捐赠收入。接受捐赠收入是指企业接受的来自其他企业、组织或者个人无偿给予的货币性资产、非货币性资产。接受捐赠收入按照实际收到的捐赠资产的日期确认收入的实现。

（9）其他收入。其他收入是指企业取得的除以上收入之外的其他收入，包括企业资产溢余收入、逾期未退包装物押金收入、确实无法偿付的应付款项、已做坏账损失处理后又收回的应收款项、债务重组收入、补贴收入、违约金收入、汇兑收益等。

（二）特殊收入的确认

（1）以分期收款方式销售货物的，按照合同约定的收款日期确认收入的实现。

（2）企业受托加工制造大型机械设备、船舶、飞机，以及从事建筑、安装、装配工程业务或者提供其他劳务等，持续时间超过 12 个月的，按照纳税年度内完工进度或者完成的工作量确认收入的实现。

（3）采取产品分成方式取得收入的，按照企业分得产品的日期确认收入的实现，其收入额按照产品的公允价值确定。

（4）企业发生非货币性资产交换，以及将货物、财产、劳务用于捐赠、偿债、赞助、集资、广告、样品、职工福利或者利润分配等用途的，应当视同销售货物、转让财产或者提供劳务，但国务院财政、税务主管部门另有规定的除外。

（三）处置资产的收入确认

（1）企业采用下列方式处置资产，除将资产转移至境外，作为内部处置资产，不视同销售确认收入之外，相关资产的计税基础延续计算：

1）将资产用于生产、制造、加工另一种产品。

2）改变资产形状、结构和性能。

3）改变资产用途（如自建商品房转为自用或经营）。

4）将资产在总机构及其分支机构之间转移。

5）上述两种或两种以上情形的混合。

6）其他不改变资产所有权属的用途。

（2）企业采用下列方式处置资产，视同销售确认收入：

1）用于市场推广或销售。

2）用于交际应酬。

3）用于职工奖励或福利。

4）用于股息分配。

5）用于对外捐赠。

6）其他改变资产所有权属的用途。

对上述视同销售行为除另有规定外，应按照被移送资产的公允价值确定销售收入。

二、不征税收入和免税收入

国家为了扶持和鼓励某些特殊的纳税人与特定的项目，或者避免因征税影响企业的正常经营，对企业取得的某些收入予以不征税或免税（或准予抵扣应纳税所得额，或将专项用途资金作为非税收入处理），以减轻企业的负担，促进经济的协调发展。

（一）不征税收入

（1）财政拨款。财政拨款是指各级人民政府对纳入预算管理的事业单位、社会团体等组织拨付的财政资金，但国务院和国务院财政、税务主管部门另有规定的除外。

（2）依法收取并纳入财政管理的行政事业性收费、政府性基金。

拓展阅读

行政事业性收费是指依照法律、法规等有关规定，按照国务院规定的程序，在实施社会公共管理，以及在向公民、法人或者其他组织提供特定公共服务的过程中，向特定对象收取并纳入财政管理的费用。政府性基金是指企业依照法律、行政法规等有关规定，代政府收取的具有专项用途的财政资金。具体规定包括如下几个方面：

1）企业按规定缴纳的、由国务院或财政部批准设立政府性基金以及由国务院和省、直辖市、自治区人民政府及财政、价格主管部门批准设立的行政事业性收费，准予在计算应纳税所得额时扣除。

2）企业收取的各种基金、收费应计入企业当年收入总额。

3）企业依照法律法规及国务院有关规定收取并上缴财政的政府性基金和行政事业性收费，准予作为不征税收入，于上缴财政的当年在计算应纳税所得额时从收入总额中减除；未上缴财政的部分，不得从收入总额中减除。

4）国务院规定的其他不征税收入。是指企业取得的，由国务院财政、税务主管部门规定专项用途并经国务院批准的财政性资金。

拓展阅读

财政性资金是指企业取得的来源于政府及有关部门财政补助、补贴、贷款贴息以及其他各类财政专项资金，包括直接减免的增值税和即征即退、先征后退、先征后返的各种税收，但不包括企业按规定取得的出口退税款。目前，专项用途财政性资金的企业所得税处理按财税〔2011〕70号文件执行。

（二）免税收入

（1）国债利息收入。为鼓励企业积极购买国债，支援国家建设项目，税法规定，企业因购买国债所得的利息收入，免征企业所得税。

拓展阅读

国债利息收入的具体处理请参见国家税务总局公告2011年第36号规定。

（2）符合条件的居民企业之间的股息、红利等权益性投资收益。是指居民企业直接投资于其他居民企业取得的投资收益。

（3）在中国境内设立机构、场所的非居民企业从居民企业取得的与该机构、场所有实际联系的股息、红利等权益性投资收益。该收益不包括连续持有居民企业公开发行并上市流通的股票不足12个月取得的投资收益。

（4）符合条件的非营利组织的收入。

三、扣除项目的原则、范围和标准

（一）扣除项目的原则

企业申报的扣除项目和金额要真实、合法。真实是指能够证明有关支出确实已经实际发生；合法是指符合国家税法的规定，若其他法规规定与税收法规规定不一致，应以税收法规的规定为标准。除税收法规另有规定外，税前扣除一般应遵循以下原则：

（1）权责发生制原则。权责发生制原则是指企业费用应在发生的所属期扣除，而不是在实际支付时确认扣除。

（2）配比原则。配比原则是指企业发生的费用应当与收入配比扣除。除特殊规定外，企业发生的费用不得提前或滞后申报扣除。

（3）相关性原则。相关性原则是指企业可扣除的费用从性质和根源上必须与取得应税收入直接相关。

（4）确定性原则。确定性原则是指企业可扣除的费用不论何时支付，其金额必须是确定的。

（5）合理性原则。合理性原则是指符合生产经营活动常规，应当计入当期损益或者有关资产成本的必要和正常的支出。

（二）扣除项目的范围

《企业所得税法》规定，企业实际发生的与取得收入有关的合理支出（包括成本、费用、税金、损失及其他支出），准予在计算应纳税所得额时扣除。

拓展阅读

在实际中，计算应纳税所得额时应注意三方面的内容：第一，企业发生的支出应当区分收益性支出和资本性支出。收益性支出在发生当期直接扣除；资本性支出应当分期扣除或者计入有关资产成本，不得在发生当期直接扣除。第二，企业的不征税收入用于支出所形成的费用或者财产，不得扣除或者计算对应的折旧、摊销额扣除。第三，除《企业所得税法》和《企业所得税法实施条例》另有规定外，企业实际发生的成本、费用、税金、损失和其他支出，不得重复扣除。

1. 成本

成本是指企业在生产经营活动中发生的销售成本、销货成本、业务支出，以及其他耗费，即企业销售商品（产品、材料、下脚料、废料、废旧物资等），提供劳务，转让固定资产、无形资产（包括技术转让）的成本。

企业必须将经营活动中发生的成本合理地划分为直接成本和间接成本。直接成本是指可直接计入有关成本计算对象或劳务的经营成本中的直接材料、直接人工等。间接成本是指多个部门为同一成本对象提供服务的共同成本，或者同一种投入可以制造、提供两种或两种以上的产品或劳务的联合成本。

直接成本可根据有关会计凭证、记录直接计入有关成本计算对象或劳务的经营成本中。间接成本必须根据与成本计算对象之间的因果关系、成本计算对象的产量等，以合理的方法分配计入有关成本计算对象中。

2. 费用

费用是指企业每一个纳税年度为生产、经营商品和提供劳务等所发生的销售（经营）费用、管理费用和财务费用，已计入成本的有关费用除外。

销售费用是指应由企业负担的为销售商品而发生的费用，包括广告费、运输费、装卸费、包装费、展览费、保险费、销售佣金（能直接认定的进口佣金调整商品进价成本）、代销手续费、经营性租赁费及销售部门发生的差旅费、工资、福利费等。

管理费用是指企业的行政管理部门为管理组织经营活动提供各项支援性服务而发生的费用。

财务费用是指企业筹集经营性资金而发生的费用，包括利息净支出、汇兑净损失、金融机构手续费以及其他非资本化支出。

3. 税金

税金是指企业发生的除企业所得税和允许抵扣的增值税以外的企业缴纳的各项税金及附加，即企业按规定缴纳的消费税、城市维护建设税、关税、资源税、土地增值税、房产税、车船税、土地使用税、印花税、教育费附加等产品销售税金及附加。这些已纳税金准予税前扣除。

4. 损失

损失是指企业在生产经营活动中发生的固定资产和存货的盘亏、毁损、报废损失，转让财产损失，呆账损失，坏账损失，自然灾害等不可抗力因素造成的损失以及其他损失。

企业发生的损失减除责任人赔偿和保险赔款后的余额，依照国务院财政、税务主管部门的规定扣除。

企业已经作为损失处理的资产，在以后纳税年度又全部收回或者部分收回时，应当计入当期收入。

5. 扣除的其他支出

扣除的其他支出是指除成本、费用、税金、损失外，企业在生产经营活动中发生的与生产经营活动有关的、合理的支出。

（三）扣除项目的标准

在计算应纳税所得额时，下列项目可按照实际发生额或规定的标准扣除。

1. 工资、薪金支出

企业发生的合理的工资、薪金支出，准予据实扣除。工资、薪金支出是企业每一个纳税年度支付给在本企业任职或与企业有雇佣关系的员工的所有现金或非现金形式的劳动报酬，包括基本工资、奖金、津贴、补贴、年终加薪、加班工资，以及与任职或者受雇有关的其他支出。合理的工资、薪金是指企业按照股东大会、董事会、薪酬委员会或相关管理机构制定的工资、薪金制度规定实际发放给员工的工资、薪金。

2. 职工福利费、工会经费、职工教育经费

企业发生的职工福利费、工会经费、职工教育经费，未超过标准的，按实际数扣除；超过标准的，按标准扣除。相关的标准为：

（1）企业发生的职工福利费支出，不超过工资、薪金总额14%的部分准予扣除。

（2）企业拨缴的工会经费，不超过工资、薪金总额2%的部分准予扣除。

（3）除国务院财政、税务主管部门另有规定外，企业发生的职工教育经费支出，不超过工资、薪金总额2.5%的部分准予扣除，超过部分准予结转以后纳税年度扣除。

3. 社会保险费

社会保险费的扣除标准为：

（1）企业依照国务院有关主管部门或者省级人民政府规定的范围和标准为职工缴纳的五险一金，即基本养老保险费、基本医疗保险费、失业保险费、工伤保险费、生育保险费等基本社会保险费和住房公积金，准予扣除。

（2）企业为投资者或者职工支付的补充养老保险费、补充医疗保险费，在国务院财政、税务主管部门规定的范围和标准内，准予扣除。企业依照国家有关规定为特殊工种职工支付的人身安全保险费和符合国务院财政、税务主管部门规定可以扣除的商业保险费，准予扣除。

（3）企业参加财产保险，按照规定缴纳的保险费，准予扣除。企业为投资者或者职工支付的商业保险费，不得扣除。

拓展阅读

基本养老保险费：企业负担的部分一般不超过工资的20%，具体比例由省、自治区、直辖市人民政府确定；个人负担的部分为工资的8%，记入个人账户。缴费基数：最低为当地职工月平均工资的60%，最高为当地职工月平均工资的300%。

基本医疗保险费：企业负担的部分为工资的6%左右（记入个人账户的一般为30%）；个人负担的部分为工资的2%。

失业保险费：城镇企事业单位负担的部分为工资的2%；城镇企事业单位职工负担的部分为工资的1%。

工伤保险费：企业根据劳动行政部门确定的保险费，率按照工资的一定比例缴纳，个人不缴纳。

住房公积金：不低于工资的5%，职工和单位各负担50%，全部记入职工个人住房公积金账户。

4. 利息费用

企业在生产、经营活动中发生的利息费用，按下列规定扣除：

（1）非金融企业向金融机构借款的利息支出、金融企业的各项存款利息支出和同业拆借利息支出、企业经批准发生的债券利息支出，可据实扣除。

（2）非金融企业向非金融机构借款的利息支出，不超过按照金融企业同期同类贷款利率计算的数额的部分可据实扣除，超过部分不许扣除。

5. 借款费用

借款费用的扣除标准为：

（1）企业在生产经营活动中发生的合理的、不需要资本化的借款费用，准予扣除。

（2）企业为购置、建造固定资产、无形资产和经过12个月以上的建造才能达到预定可销售状态的存货而发生借款的，在有关资产购置、建造期间发生的合理的借款费用，应予以资本化，作为资本性支出计入有关资产的成本；有关资产交付使用后发生的借款利息，可在发生当期扣除。

6. 汇兑损失

企业在货币交易中以及纳税年度终了时，将人民币以外的货币性资产、负债按照期末即期人民币汇率中间价折算为人民币时产生的汇兑损失，除已经计入有关资产成本的部分以及与向所有者进行利润分配相关的部分外，准予扣除。

7. 业务招待费

企业发生的与其生产、经营业务有关的业务招待费支出，按照发生额的60%扣除，但最高不得超过当年销售（营业）收入的5‰。

8. 广告费和业务宣传费

企业发生的符合条件的广告费和业务宣传费支出，除国务院财政、税务主管部门另有规定外，不超过当年销售（营业）收入15%的部分，准予扣除；超过部分，准予结转以后纳税年度扣除。

企业申报扣除的广告费支出应与赞助支出严格区分。企业申报扣除的广告费支出，必须符合下列条件：广告是通过工商部门批准的专门机构制作的；已实际支付费用，并已取得相应发票；通过一定的媒体传播。

9. 环境保护专项资金

企业依照法律、行政法规有关规定提取的用于环境保护、生态恢复等方面的专项资金，准予扣除。上述专项资金提取后改变用途的，不得扣除。

10. 保险费

企业参加财产保险，按照规定缴纳的保险费，准予扣除。

11. 租赁费

企业根据生产经营需要租入固定资产支付的租赁费，按照以下方法扣除：

（1）以经营租赁方式租入固定资产发生的租赁费支出，按照租赁期限均匀扣除。经营性租赁是指所有权不转移的租赁。

（2）以融资租赁方式租入固定资产发生的租赁费支出，按照规定构成融资租入固定资产价值的部分提取折旧费用，分期扣除。融资租赁是指在实质上转移与一项资产所有权有关的全部风险和报酬的一种租赁。

12. 劳动保护费

企业发生的合理的劳动保护费，准予扣除。

13. 公益性捐赠支出

公益性捐赠是指企业通过公益性社会团体或者县级以上人民政府及部门，用于《中华人民共和国公益事业捐赠法》（以下简称《公益事业捐赠法》）中规定的公益事业的捐赠。

企业发生的公益性捐赠支出，在年度利润总额12%以内的部分，准予在计算应纳税所得额时扣除；超过年度利润总额12%的部分，准予结转以后三年内在计算应纳税所得额时扣除。

拓展阅读

年度利润总额是指企业依照国家统一会计制度的规定计算的年度会计利润。我国《公益事业捐赠法》规定，救助灾害、救济贫困、扶助残疾人等困难的社会群体和个人活动，教育、科学、文化、卫生、体育事业，环境保护、社会公共设施建设，促进社会发展和进步的其他社会公共和福利事业，企事业单位、社会团体和其他组织捐赠住房作为廉租住房的，视同公益性捐赠。

14. 有关资产的费用

企业转让各类固定资产发生的费用，允许扣除。企业按规定计算的固定资产折旧费、无形资产和递延资产的摊销费，准予扣除。

15. 总机构分摊的费用

非居民企业在中国境内设立的机构、场所就其中国境外总机构发生的与该机构、场所生产经营有关的费用，能够提供总机构出具的费用汇集范围、定额、分配依据和方法等证明文件，并合理分摊的，准予扣除。

16. 资产损失

企业当期发生的固定资产和流动资产盘亏、毁损净损失，由其提供清查盘存资料，经主管税务机关审核后，准予扣除；企业因存货盘亏、毁损、报废等原因不得从销项税金中抵扣的进项税金，应视同企业财产损失，准予与存货损失一起在所得税前按规定扣除。

17. 其他项目

其他项目主要是指依照有关法律、行政法规和国家有关税法规定准予扣除的其他项目，如会员费、合理的会议费、差旅费、违约金、诉讼费等。

四、不得扣除的项目

在计算应纳税所得额时，下列支出不得扣除：

（1）向投资者支付的股息、红利等权益性投资收益款项。

（2）企业所得税税款。

（3）税收滞纳金，即纳税人违反税收法规，被税务机关处以的滞纳金。

（4）罚金、罚款和被没收财物的损失，即纳税人违反国家有关法律法规的规定，被有关部门处以的罚款，以及被司法机关处以的罚金和被没收的财物。

（5）超过规定标准的捐赠支出。

（6）赞助支出，即企业发生的与生产经营活动无关的各种非广告性质的支出。

（7）未经核定的准备金支出，即不符合国务院财政、税务主管部门规定的各项资产减值准备、风险准备等准备金支出。

（8）企业之间支付的管理费、企业内营业机构之间支付的租金和特许权使用费，以及非银行企业内营业机构之间支付的利息，不得扣除。

（9）与取得收入无关的其他支出。

五、亏损弥补

亏损是指企业依照《企业所得税法》和《企业所得税法暂行条例》的规定，将每一个纳税年度的收入总额减除不征税收入、免税收入和各项扣除后小于零的数额。税法规定，企业某一纳税年度发生的亏损可以用下一年度的所得弥补，下一年度的所得不足以弥补的，可以逐年延续弥补，但最长不得超过5年。企业在汇总计算缴纳企业所得税时，其境外营业机构的亏损不得抵减境内营业机构的盈利。

六、税前扣除的其他规定

（1）企业实际发生的维简费支出，属于收益性支出的，可作为当期费用在税前扣除；属于资本性支出的，应计入有关资产成本，并按《企业所得税法》的规定，将计提的折旧或摊销费用在税前扣除。

（2）企业因雇用季节工、临时工、实习生、返聘离退休人员以及接受外部劳务派遣用工所实际发生的费用，应区分为工资、薪金支出和职工福利费支出，并按规定在企业所得税前扣除。其中，属于工资、薪金支出的，准予计入企业工资、薪金总额，作为计算其他各项相关费用扣除的依据。

（3）企业在筹建期间，发生的与筹办活动有关的业务招待费支出，可按实际发生额的60%计入企业筹办费，并按有关规定在税前扣除；发生的广告费和业务宣传费，可按实际发生额计入企业筹办费，并按有关规定在税前扣除。

（4）根据《中华人民共和国税收征收管理法》的有关规定，对企业以前年度实际发生的、按照税法规定应在企业所得税前扣除而未扣除或者少扣除的支出，企业做出专项申报及说明后，准予追补至该项目发生年度计算扣除，但追补确认期限不得超过5年。

（5）企业取得的不征税收入，应按照《财政部　国家税务总局关于专项用途财政性资金企业所得税处理问题的通知》的规定进行处理；凡未按照规定进行管理的，应作为企业应税收入计入应纳税所得额，依法缴纳企业所得税。

（6）银行业金融机构依据《存款保险条例》的有关规定、按照不超过万分之一点六的存款保险费率，计算交纳的存款保险保费，准予在企业所得税税前扣除。准予在企业所得税税前扣除的存款保险保费＝保费基数×存款保险费率。

（7）保险公司按照规定缴纳的保险保障基金，准予据实税前扣除。

（8）企业职工因公出差乘坐交通工具发生的人身意外保险费支出，准予企业在计算应纳税所得额时扣除。

单元三 资产的税务处理

税法规定，纳入税务处理范围的资产形式主要有固定资产、生产性生物资产、无形资产、长期待摊费用、存货、投资资产等，均以历史成本为计税基础。企业持有各项资产期间发生资产增值或者减值，除国务院财政、税务主管部门规定可以确认损益外，不得调整该资产的计税基础。

一、固定资产的税务处理

固定资产是指企业为生产产品、提供劳务、出租或者经营管理而持有的，使用期限超过12个月的非货币性资产。固定资产包括房屋、建筑物、机器、机械、运输工具，以及其他与生产经营活动有关的设备、器具、工具等。

（一）固定资产的计税基础

固定资产按照以下方法确定计税基础：

（1）外购的固定资产，以购买价款和支付的相关税费以及直接归属于使该资产达到预定用途发生的其他支出为计税基础。

（2）自行建造的固定资产，以竣工结算前发生的支出为计税基础。

（3）融资租入的固定资产，以租赁合同约定的付款总额和承租人在签订租赁合同过程中发生的相关费用为计税基础；租赁合同未约定付款总额的，以该资产的公允价值和承租人在签订租赁合同过程中发生的相关费用为计税基础。

（4）盘盈的固定资产，以同类固定资产的重置完全价值为计税基础。

（5）通过捐赠、投资、非货币性资产交换、债务重组等方式取得的固定资产，以该资产的公允价值和支付的相关费用为计税基础。

（6）改建的固定资产，除已足额提取折旧的固定资产和租入的固定资产以外的其他固定资产，以改建过程中发生的改建支出增加额为计税基础。

（二）固定资产折旧的范围

在计算应纳税所得额时，企业按照规定计算的固定资产折旧，准予扣除。下列固定资产不得计算折旧扣除：

（1）房屋、建筑物以外未投入使用的固定资产。

（2）以经营租赁方式租入的固定资产。

（3）以融资租赁方式租出的固定资产。

（4）已提足折旧继续使用的固定资产。

（5）与经营活动无关的固定资产。

（6）单独估价作为固定资产入账的土地。

（7）其他不得计算折旧扣除的固定资产。

（三）固定资产折旧的计提方法

（1）企业应当自固定资产投入使用月份的次月起计提折旧；停止使用的固定资产，应当从停止使用月份的次月起停止计提折旧。

（2）企业应当根据固定资产的性质和使用情况，合理确定固定资产的预计净残值。固定资产的预计净残值一经确定，不得变更。

（3）固定资产按照直线法计算的折旧，准予扣除。

（四）固定资产折旧的计提年限

除国务院财政、税务主管部门另有规定外，固定资产计算折旧的最低年限如下：

（1）房屋、建筑物，为 20 年。

（2）飞机、火车、轮船、机器、机械和其他生产设备，为 10 年。

（3）与生产经营活动有关的器具、工具、家具等，为 5 年。

（4）飞机、火车、轮船以外的运输工具，为 4 年。

（5）电子设备，为 3 年。

二、生产性生物资产的税务处理

生物资产是指有生命的动物和植物。生物资产分为消耗性生物资产、生产性生物资产和公益性生物资产。消耗性生物资产是指为出售而持有的，在将来收获为农产品的生物资产，包括生长中的农田作物、蔬菜、用材林以及存栏待售的牲畜等。生产性生物资产是指为产出农产品、提供劳务或出租等目的而持有的生物资产，包括经济林、薪炭林、产畜和役畜等。公益性生物资产是指以防护、环境保护为主要目的的生物资产，包括防风固沙林、水土保持林和水源涵养林等。

（一）生产性生物资产的计税基础

生产性生物资产按照以下方法确定计税基础：

（1）外购的生产性生物资产，以购买价款和支付的相关税费为计税基础。

（2）通过捐赠、投资、非货币性资产交换、债务重组等方式取得的生产性生物资产，以该资产的公允价值和支付的相关税费为计税基础。

（二）生产性生物资产的折旧方法和折旧年限

生产性生物资产按照直线法计算的折旧，准予扣除。企业应当自生产性生物资产投入使用月份的次月起计提折旧；停止使用的生产性生物资产，应当自停止使用月份的次月起停止计提折旧。

企业应当根据生产性生物资产的性质和使用情况，合理确定生产性生物资产的预计净残值。生产性生物资产的预计净残值一经确定，不得变更。

生产性生物资产计算折旧的最低年限如下：

（1）林木类生产性生物资产，为10年。

（2）畜类生产性生物资产，为3年。

三、无形资产的税务处理

无形资产是指企业长期使用，但没有实物形态的资产，包括专利权、商标权、著作权、土地使用权、非专利技术、商誉等。

（一）无形资产的计税基础

无形资产按照以下方法确定计税基础：

（1）外购的无形资产，以购买价款和支付的相关税费，以及直接归属于使该资产达到预定用途发生的其他支出为计税基础。

（2）自行开发的无形资产，以开发过程中该资产符合资本化条件后至达到预定用途前发生的支出为计税基础。

（3）通过捐赠、投资、非货币性资产交换、债务重组等方式取得的无形资产，以该资产的公允价值和支付的相关税费为计税基础。

（二）无形资产摊销的范围

在计算应纳税所得额时，企业按照规定计算的无形资产摊销费用，准予扣除。

下列无形资产不得计算摊销费用扣除：

（1）自行开发的支出已在计算应纳税所得额时扣除的无形资产。

（2）自创商誉。

（3）与经营活动无关的无形资产。

（4）其他不得计算摊销费用扣除的无形资产。

（三）无形资产的摊销方法及年限

无形资产的摊销采取直线法。无形资产的摊销年限不得低于10年。作为投资或者受让的无形资产，有关法律规定或者合同约定了使用年限的，可以按照规定或者约定的使用年限分期摊销。外购商誉的支出，在企业整体转让或者清算时，准予扣除。

四、长期待摊费用的税务处理

长期待摊费用是指企业发生的应在一个年度以上或几个年度内进行摊销的费用。在计算应纳税所得额时，企业发生的下列支出作为长期待摊费用，按照规定摊销的，准予扣除：

（1）已足额提取折旧的固定资产的改建支出。

（2）租入固定资产的改建支出。

（3）固定资产的大修理支出。

（4）其他应当作为长期待摊费用的支出。

企业的固定资产修理支出可在发生当期直接扣除。企业的固定资产改良支出，如果有关的固定资产尚未提足折旧，可增加固定资产价值；如果有关的固定资产已提足折旧，可作为长期待摊费用，在规定的期间内平均摊销。

固定资产的改建支出是指因改变房屋或者建筑物结构、延长使用年限等发生的支出。已足额提取折旧的固定资产的改建支出，按照固定资产预计尚可使用年限分期摊销；租入固定资产的改建支出，按照合同约定的剩余租赁期限分期摊销；改建的固定资产延长使用年限的，除已足额提取折旧的固定资产、租入固定资产的改建支出外，其他的固定资产发生改建支出时，应当适当延长折旧年限。

大修理支出，按照固定资产尚可使用的年限分期摊销。

拓展阅读

《企业所得税法》中所指的固定资产的大修理支出，是指同时符合下列条件的支出：

(1) 修理支出达到取得固定资产时计税基础的50%以上。

(2) 修理后固定资产的使用年限延长2年以上。

其他应当作为长期待摊费用的支出，自支出发生月份的次月起，分期摊销，摊销年限不得低于3年。

五、存货的税务处理

存货是指企业持有以备出售的产品或者商品、处在生产过程中的在产品、在生产或者提供劳务过程中耗用的材料和物料等。

(一) 存货的计税基础

存货按照以下方法确定成本：

(1) 通过支付现金方式取得的存货，以购买价款和支付的相关税费为成本。

(2) 通过支付现金以外的方式取得的存货，以该存货的公允价值和支付的相关税费为成本。

(3) 生产性生物资产收获的农产品，以产出或者采收过程中发生的材料费、人工费和分摊的间接费用等必要支出为成本。

(二) 存货的成本计算方法

企业使用或者销售的存货的成本计算方法，可以在先进先出法、加权平均法、个别计价法中选用一种。计算方法一经选用，不得随意变更。

企业转让以上资产，在计算企业应纳税所得额时，资产的净值允许扣除。其中，资产的净值是指有关资产、财产的计税基础减除已经按照规定扣除的折旧、折耗、摊销、准备金等后的余额。

六、投资资产的税务处理

投资资产是指企业对外进行权益性投资和债权性投资而形成的资产。

(一) 投资资产的成本

投资资产按以下方法确定投资成本：

（1）通过支付现金方式取得的投资资产，以购买价款为成本。

（2）通过支付现金以外的方式取得的投资资产，以该资产的公允价值和支付的相关税费为成本。

（二）投资资产成本的扣除方法

企业对外投资期间，投资资产的成本在计算应纳税所得额时不得扣除，企业在转让或者处置投资资产时，投资资产的成本准予扣除。

七、税法规定与会计规定差异的处理

税法规定与会计规定差异的处理是指企业在财务会计核算中与税法规定不一致的，应当依照税法规定予以调整。企业在平时进行会计核算时，可以按会计制度的有关规定进行账务处理，但在申报纳税时，对税法规定和会计规定有差异的，要按税法规定进行纳税调整。

单元四 应纳税额的计算

一、居民企业应纳税额的计算

居民企业应纳税额的计算公式为：

居民企业应纳税额＝应纳税所得额×适用税率－减免税额－抵免税额

在实际过程中，居民企业应纳税所得额的计算一般有如下两种方法。

（一）直接计算法

在直接计算法下，居民企业每一个纳税年度的收入总额减除不征税收入、免税收入、各项扣除以及允许弥补的以前年度亏损后的余额为应纳税所得额。在直接计算法下，应纳税所得额的计算公式为：

应纳税所得额＝收入总额－不征税收入－免税收入－各项扣除金额－弥补亏损

（二）间接计算法

在间接计算法下，会计利润总额加（或减）按照税法规定调整的项目金额，即应纳税所得额。在间接计算法下，应纳税所得额的计算公式为：

应纳税所得额＝会计利润总额±纳税调整项目金额

拓展阅读

纳税调整项目金额包括两方面的内容：一是企业的财务会计处理和税法规定不一致的应予以调整的金额；二是企业按税法规定准予扣除的税收金额。

【例 5-1】北京市五湖电器有限公司为居民企业，适用的企业所得税税率为 25%。20×9 年，该公司的销售收入为 3 000 万元，销售成本为 1 000 万元，销售费用为 600 万元（其中，广告费为 460 万元），管理费用为 500 万元（其中，业务招待费为 15 万元），财务费用为60万元，销售税金为160万元（含增值税110万元），营业外收入为70万元，营业外支出为50万元（含通过公益性社会团体向贫困山区的捐款30万元，支付的税收滞纳金6万元），计入成本、费用中的实发工资总额为150万元，职工工会经费为3万元，职工福利费和职工教育经费为29万元。

要求：计算该公司20×9年度实际应缴纳的企业所得税。

解：

会计利润总额＝3 000＋70－1 000－600－500－60－(160－110)－50＝810（万元）

广告费和业务宣传费调增所得额＝460－3 000×15%＝10（万元）

业务招待费调增所得额＝15－15×60%＝15－9＝6（万元）

捐赠扣除标准＝810×12%＝97.2（万元）＞30（万元）

捐赠支出应调增所得额＝0

“三费”应调增所得额＝3＋29－150×18.5%＝4.25（万元）

应纳税所得额＝810＋10＋6＋4.25＋6＝836.25（万元）

应缴纳企业所得税＝836.25×25%＝209.062 5（万元）

【例5-2】上海纺织有限公司为居民企业，适用的企业所得税税率为25%。20×9年，该公司的产品销售收入为560万元，产品销售成本为400万元，其他业务收入为80万元，其他业务成本为66万元，固定资产出租收入为6万元，非增值税销售税金及附加为32.4万元，当期发生的管理费用为86万元（其中，新技术的研究开发费用为30万元），财务费用为20万元，权益性投资收益为34万元（已在境外投资方所在地按15%的税率缴纳了所得税），营业外收入为10万元，营业外支出为25万元（其中，公益性捐赠为18万元）。

要求：计算该公司20×9年应缴纳的企业所得税。

解：

会计利润总额＝560＋80＋6＋34＋10－400－32.4－66－86－20－25＝60.6（万元）

权益性投资调增所得额＝34÷(1－15%)－34＝6（万元）

技术开发费调减所得额＝30×50%＝15（万元）

捐赠扣除标准＝60.6×12%＝7.272（万元）

实际捐赠额18万元高于标准7.272万元，故按标准额扣除。

捐赠支出应调增所得额＝18－7.272＝10.728（万元）

应缴纳企业所得税＝(60.6＋6－15＋10.728)×25%－34÷(1－15%)×15%
＝9.582（万元）

二、境外所得抵扣税额的计算

企业取得的下列所得已在境外缴纳的所得税税额，可以从其当期应纳税额中抵免，抵免限额为该项所得依照《企业所得税法》规定计算的应纳税额；超过抵免限额的部分，可以在以后5个年度内，用每年度抵免限额抵免当年应抵税额后的余额进行抵补。

（1）居民企业来源于中国境外的应税所得。

（2）非居民企业在中国境内设立机构、场所，取得的发生在中国境外但与该机构、场所有实际联系的应税所得。

居民企业从其直接或者间接控制的外国企业分得的来源于中国境外的股息、红利等权益性投资收益，外国企业在境外实际缴纳的所得税税额中属于该项所得负担的部分，可以作为该居民企业的可抵免境外所得税税额，在《企业所得税法》规定的抵免限额内抵免。

除国务院财政、税务主管部门另有规定外，抵免限额应当分国（地区）不分项计算。抵免限额的计算公式为：

抵免限额＝应纳税总额×来源于某国（地区）的应纳税所得额
÷中国境内、境外应纳税所得总额

【例 5－3】 20×9 年，北京市五湖电器有限公司的境内应纳税所得额为 100 万元，该公司适用 25％的企业所得税税率。另外，该公司分别在甲、乙两国设有分支机构（我国与甲、乙两国已经缔结避免双重征税的协定），甲国分支机构的应纳税所得额为 60 万元，甲国的企业所得税税率为 20％；乙国分支机构的应纳税所得额为 40 万元，乙国的企业所得税税率为 30％。假设该公司在甲、乙两国的所得按我国税法计算的应纳税所得额和按甲、乙两国税法计算的应纳税所得额一致，两个分支机构在甲、乙两国各自缴纳了 12 万元的企业所得税。

要求：计算该公司汇总时在我国应缴纳的企业所得税税额。

解：

境内、境外所得的应纳税额＝(100＋60＋40)×25％＝50（万元）

甲国扣除限额＝50×[60÷(100＋60＋40)]＝15（万元）

乙国扣除限额＝50×[40÷(100＋60＋40)]＝10（万元）

在甲国缴纳的所得税为 12 万元，低于扣除限额 15 万元，可全额扣除。

在乙国缴纳的所得税为 12 万元，高于扣除限额 10 万元，其超过扣除限额的部分当年不能扣除。

在我国应缴纳的所得税＝50－12－10＝28（万元）

三、非居民企业应纳税额的计算

对于在中国境内未设立机构、场所的，或者虽设立机构、场所但取得的所得与其所设机构、场所没有实际联系的非居民企业的所得，按照下列方法计算应纳税所得额：

（1）股息、红利等权益性投资收益和利息、租金、特许权使用费所得，以收入全额为应纳税所得额。

（2）转让财产所得，以收入全额减除财产净值后的余额为应纳税所得额。

（3）其他所得，参照前两项规定的方法计算应纳税所得额。

其中，财产净值是指财产的计税基础减除已经按照规定扣除的折旧、折耗、摊销、准备金等后的余额。

单元五 税收优惠

税收优惠是指国家运用税收政策在税收法律、行政法规中规定对某一部分特定企业和课税对象给予减轻或免除税收负担的一种措施。税法规定的企业所得税的税收优惠方式包括免征、减征、加计扣除、加速折旧、减计收入、税额抵免等。

一、免征与减征优惠

企业的下列所得，可以免征、减征企业所得税。企业如果从事国家限制和禁止发展的项目，不得享受企业所得税优惠。

（一）从事农、林、牧、渔业项目的所得

1. 免征企业所得税项目

企业从事下列项目的所得，免征企业所得税：

（1）蔬菜、谷物、薯类、油料、豆类、棉花、麻类、糖料、水果、坚果的种植。

（2）农作物新品种的选育。

（3）中药材的种植。

（4）林木的培育和种植。

（5）牲畜、家禽的饲养。

（6）林产品的采集。

（7）灌溉、农产品初加工、兽医、农技推广、农机作业和维修等农、林、牧、渔服务业项目。

（8）远洋捕捞。

2. 减半征收企业所得税项目

企业从事下列项目的所得，减半征收企业所得税：

（1）花卉、茶以及其他饮料作物和香料作物的种植。

（2）海水养殖、内陆养殖。

（二）从事国家重点扶持的公共基础设施项目的投资经营所得

企业从事国家重点扶持的公共基础设施项目的投资经营的所得，自项目取得第一笔生产经营收入所属纳税年度起，第一年至第三年免征企业所得税，第四年至第六年减半征收企业所得税，但企业承包经营、承包建设和内部自建自用除外。

（三）从事符合条件的环境保护、节能节水项目的所得

从事符合条件的环境保护、节能节水项目的所得，自项目取得第一笔生产经营收入所属纳税年度起，第一年至第三年免征企业所得税，第四年至第六年减半征收企业所得税。

符合条件的环境保护、节能节水项目包括公共污水处理、公共垃圾处理、沼气综合开发利用、节能减排技术改造、海水淡化等。项目的具体条件和范围由国务院财政、税务主管部门同国务院有关部门制定，报国务院批准后公布施行。

拓展阅读

以上享受减免税优惠的项目，在减免税期限内转让的，受让方自受让之日起，可以在剩余期限内享受规定的减免税优惠；减免税期限届满后转让的，受让方不得就该项目重复享受减免税优惠。

（四）符合条件的技术转让所得

《企业所得税法》所称的符合条件的技术转让所得免征、减征企业所得税，是指一个纳税年度内，居民企业转让技术所有权所得不超过500万元的部分，免征企业所得税；超过500万元的部分，减半征收企业所得税。

2015年10月1日起，全国范围内的居民企业转让5年以上非独占许可使用权取得的技术转让所得，纳入享受企业所得税优惠的技术转让所得范围。居民企业的年度技术转让所得不超过500万元的部分，免征企业所得税；超过500万元的部分，减半征收企业所得税。

二、高新技术企业优惠

国家需要重点扶持的高新技术企业减按15%的税率征收企业所得税。

三、小型微利企业优惠

小型微利企业减按20%的税率征收企业所得税。自2015年10月1日至2017年12月31日，对年应纳税所得额低于20万元到30万元（含30万元）之间的小型微利企业，其所得减按50%计入应纳税所得额。

四、加计扣除优惠

加计扣除优惠包括以下两项内容：

（1）研究开发费。研究开发费是指企业为开发新技术、新产品、新工艺而发生的研究开发费用。研究开发费未形成无形资产计入当期损益的，在按照规定据实扣除的基础上，按照研究开发费用的50%加计扣除；形成无形资产的，按照无形资产成本的150%摊销。

科技型中小企业开展研发活动中实际发生的研发费用，未形成无形资产计入当期损益的，在按规定据实扣除的基础上，在2017年1月1日至2019年12月31日期间，再按照实际发生额的75%在税前加计扣除；形成无形资产的，在上述期间按照无形资产成本的175%在税前摊销。

（2）企业安置残疾人员所支付的工资。企业安置残疾人员所支付的工资在据实扣除的基础上，按照支付给残疾人员工资的100%加计扣除。残疾人员的范围适用《中华人民共和国残疾人保障法》的有关规定。企业安置国家鼓励安置的其他就业人员所支付的工资的加计扣除办法，由国务院另行规定。

五、创投企业优惠

创投企业从事国家需要重点扶持和鼓励的创业投资，可以按投资额的一定比例抵扣应纳税所得额。

创投企业优惠是指创业投资企业采取股权投资方式投资于未上市的中小高新技术企业2年以上的，可以按照其投资额的70%在股权持有满2年的当年抵扣该创业投资企业的应纳税所得额；当年不足抵扣的，可以在以后纳税年度结转抵扣。

六、加速折旧优惠

企业的固定资产由于技术进步等原因，确实需要加速折旧的，可以缩短折旧年限或者采取加速折旧的方法。可采用以上折旧方法的固定资产包括：

（1）由于技术进步，产品更新换代较快的固定资产。

（2）常年处于强震动、高腐蚀状态的固定资产。

采取缩短折旧年限方法的固定资产，最低折旧年限不得低于规定折旧年限的60%；采取加速折旧方法的固定资产，可以采取双倍余额递减法或年数总和法。

七、减计收入优惠

减计收入优惠是指企业综合利用资源，生产符合国家产业政策规定的产品所取得的收入，可以在计算应纳税所得额时减计。

综合利用资源是指企业以《资源综合利用企业所得税优惠目录》规定的资源作为主要原材料（原材料占生产产品材料的比例不得低于《资源综合利用企业所得税优惠目录》规定的标准），生产国家非限制和禁止并符合国家和行业相关标准的产品。综合利用资源所取得的收入，减按90%计入收入总额。

八、税额抵免优惠

税额抵免是指企业购置并实际使用《环境保护专用设备企业所得税优惠目录》《节能节水专用设备企业所得税优惠目录》和《安全生产专用设备企业所得税优惠目录》规定的环境保护、节能节水、安全生产等专用设备的，该专用设备的投资额的10%可以从企业当年的应纳税额中抵免；当年不足抵免的，可以在以后5个纳税年度结转抵免。

享受上述规定的企业所得税优惠的企业，应当实际购置并自身实际投入使用上述规定的专用设备；企业购置上述专用设备在5年内转让、出租的，应当停止享受企业所得税优惠，并补缴已经抵免的企业所得税税款。

九、民族自治地方的优惠

民族自治地方的自治机关对本民族自治地方的企业应缴纳的企业所得税中属于地方分享的部分，可以决定减征或者免征。自治州、自治县决定减征或者免征的，须报省、自治区、直辖市人民政府批准。

《企业所得税法》所称的民族自治地方，是指依照《中华人民共和国民族区域自治法》的规定，实行民族区域自治的自治区、自治州、自治县。

对民族自治地方内国家限制和禁止行业的企业，不得减征或者免征企业所得税。

十、非居民企业优惠

非居民企业减按10%的税率征收企业所得税。非居民企业取得下列所得免征企业所得税：

（1）外国政府向中国政府提供贷款取得的利息所得。

（2）国际金融组织向中国政府和居民企业提供优惠贷款取得的利息所得。

（3）经国务院批准的其他所得。

单元六 源泉扣缴

一、扣缴义务人

源泉扣缴的扣缴义务人分为两种情况：

（1）对非居民企业在中国境内未设立机构、场所的，或者虽设立机构、场所但取得的所得与其所设机构、场所没有实际联系的所得应缴纳的所得税实行源泉扣缴，以支付人为扣缴义务人。税款由扣缴义务人在每次支付或者到期应支付时，从支付或者到期应支付的款项中扣缴。

其中，支付人是指依照有关法律规定或者合同约定对非居民企业直接负有支付相关款项义务的单位或者个人。支付包括现金支付、汇拨支付、转账支付和权益兑价支付等货币支付和非货币支付。到期应支付的款项是指支付人按照权责发生制原则应当计入相关成本、费用的应付款项。

（2）对非居民企业在中国境内取得的工程作业和劳务所得应缴纳的所得税，税务机关可以指定工程价款或者劳务费的支付人为扣缴义务人。

二、扣缴方法

源泉扣缴的扣缴方法包括以下几个方面：

（1）扣缴义务人扣缴税款时，按非居民企业应纳税额的计算方法计算税款。

（2）应当扣缴的所得税，扣缴义务人未依法扣缴或者无法履行扣缴义务的，由企业在所得发生地缴纳。企业未依法缴纳的，税务机关可以从该企业在中国境内的其他收入项目的支付人应付的款项中，追缴该企业的应纳税款。

其中，所得发生地是指依照《中华人民共和国企业所得税法实施条例》第7条规定的原则确定的所得发生地。在中国境内存在多处所得发生地的，由企业选择其中之一申报缴纳企业所得税。该企业在中国境内的其他收入是指该企业在中国境内取得的其他各种来源的收入。

（3）税务机关在追缴企业应纳税款时，应当将追缴理由、追缴数额、缴纳期限和缴纳方式等告知该企业。

（4）扣缴义务人每次代扣的税款，应当自代扣之日起7日内缴入国库，并向所在地的税务机关报送扣缴企业所得税报告表。

单元七　征收管理

一、纳税地点

《企业所得税法》对纳税地点的规定如下：

（1）除税收法律、行政法规另有规定外，居民企业以企业登记注册地为纳税地点；但登记注册地在境外的，以实际管理机构所在地为纳税地点。企业登记注册地是指企业依照国家有关规定登记注册的住所地。

（2）居民企业在中国境内设立不具有法人资格的营业机构的，应当汇总计算并缴纳企业所得税。企业汇总计算并缴纳企业所得税时，应当统一核算应纳税所得额，具体办法由国务院财政、税务主管部门另行制定。

（3）非居民企业在中国境内设立机构、场所的，应当就其所设机构、场所取得的来源于中国境内的所得，以及发生在中国境外但与其所设机构、场所有实际联系的所得纳税，以机构、场所所在地为纳税地点。非居民企业在中国境内设立两个或者两个以上机构、场所的，经税务机关审核批准，可以选择由其主要机构、场所汇总缴纳企业所得税。非居民企业经批准汇总缴纳企业所得税后，需要增设、合并、迁移、关闭机构和场所或者停止机构和场所业务的，应当事先由负责汇总申报缴纳企业所得税的主要机构、场所向其所在地税务机关报告；需要变更汇总缴纳企业所得税的主要机构、场所的，依照上述规定办理。

（4）非居民企业在中国境内未设立机构、场所的，或者虽设立机构、场所但取得的所得与其所设机构、场所没有实际联系的所得，以扣缴义务人所在地为纳税地点。

（5）除国务院另有规定外，企业之间不得合并缴纳企业所得税。

二、纳税期限

企业所得税按年计征，分月或者分季预缴，年终汇算清缴，多退少补。

企业所得税的纳税年度，自公历1月1日起至12月31日止。企业在一个纳税年度的中间开业，或者由于合并、关闭等原因终止经营活动，使该纳税年度的实际经营期不足12个月的，应当以其实际经营期为一个纳税年度。企业清算时，应当以清算期间作为一个纳税年度。

自年度终了之日起5个月内，企业应向税务机关报送年度企业所得税纳税申报表，并进行汇算清缴，结清应缴应退税款。

企业在年度中间终止经营活动的，应当自实际经营终止之日起60日内，向税务机关办理当期企业所得税汇算清缴。

三、纳税申报

按月或按季预缴企业所得税的企业，应当自月份或者季度终了之日起15日内，向税务机关报送预缴企业所得税纳税申报表，预缴税款。

单元八 企业所得税的账务处理

一、暂时性差异

暂时性差异是指资产或负债的账面价值与其计税基础之间的差额。按照暂时性差异对未来期间应税金额的影响，暂时性差异分为应纳税暂时性差异和可抵扣暂时性差异。

（1）应纳税暂时性差异是指在确定未来收回资产或清偿负债期间的应纳税所得额时，将导致产生应税金额的暂时性差异，并产生递延所得税负债。具体情形可分为：资产的账面价值大于其计税基础，负债的账面价值小于其计税基础。

（2）可抵扣暂时性差异是指在确定未来收回资产或清偿负债期间的应纳税所得额时，将导致产生可抵扣金额的暂时性差异，并产生递延所得税资产。具体情形可分为：资产的账面价值小于其计税基础，负债的账面价值大于其计税基础。

二、资产的计税基础

资产的计税基础是指企业在收回资产账面价值的过程中，计算应纳税所得额时按照税法可以自应税经济利益中抵扣的金额，即该项资产在未来使用或最终处置时，允许作为成本或费用于税前列支的金额。其计算公式为：

资产的计税基础＝未来可税前列支的金额

某一资产负债表日资产的计税基础＝成本－以前期间已税前列支的金额

（一）固定资产

固定资产差异产生的原因包括折旧方法不同、折旧年限不同、预计净残值不同、固定资产减值准备不同。会计账面价值与税法计税基础的计算公式为：

会计账面价值＝固定资产原价－累计折旧－固定资产减值准备

税法计税基础＝固定资产原价－税法规定的累计折旧

【例 5－4】北京市五湖电器有限公司于 20×6 年 12 月 20 日取得某项生产用固定资产，该项固定资产的原价为 300 万元，使用年限为 10 年，会计上采用双倍余额递减法计提折旧，净残值为零。假定税法规定该类固定资产采用直线法计提折旧，净残值为零。20×8 年 12 月 31 日，该公司估计该项固定资产的可收回金额为 240 万元。

要求：计算该项固定资产的计税基础，并进行相应的解释。

解：

该项固定资产的账面价值＝300－300×20%－240×20%＝192（万元）

该项固定资产的计税基础＝300－30×2＝240（万元）

账面价值与计税基础之间产生的差额 48 万元，意味着该公司将于未来期间减少应纳税所得额和应纳所得税额，属于可抵扣暂时性差异，在符合其他条件的情况下，应确认为相应的递延所得税资产。

【例 5－5】北京市五湖电器有限公司于 20×5 年年末以 300 万元购入一项生产用固定

资产，按照该项固定资产的预计使用情况，该公司在会计核算时估计其使用寿命为20年。按照适用税法的规定，该项固定资产的折旧年限为10年。假定会计与税法均按直线法计提折旧，净残值为零。20×6年，该项固定资产按照12个月计提折旧。

要求：计算该项固定资产的计税基础，并进行相应的解释。

解：

固定资产的账面价值＝300－300÷20＝285（万元）

固定资产的计税基础＝300－300÷10＝270（万元）

20×6年12月31日，固定资产的账面价值与计税基础之间产生的差额15万元，因其在未来期间会增加企业的应纳税所得额和应纳所得税额，故为应纳税暂时性差异，应确认为相应的递延所得税负债。

（二）无形资产

对于内部研究开发形成的无形资产，会计上将符合条件的开发支出计入无形资产，税法规定，企业发生的研究开发支出形成无形资产的，按照无形资产成本的150%摊销。因此内部研究开发形成的无形资产，其计税基础为无形资产成本的150%。

外购的无形资产，其会计与税法的差异主要产生于无形资产的摊销及无形资产减值准备的提取。

会计账面价值的计算公式为：

会计账面价值＝无形资产原价－累计摊销－无形资产减值准备

使用寿命不确定的无形资产，其会计账面价值的计算公式为：

会计账面价值＝无形资产原价－无形资产减值准备

外购无形资产计税基础的计算公式为：

外购无形资产计税基础＝实际成本－税法规定的累计摊销

【例5-6】 20×9年，北京市五湖电器有限公司发生研究开发支出1 000万元，其中，研究阶段支出200万元，开发阶段符合资本化条件前发生的支出为200万元，符合资本化条件后发生的支出为600万元。

要求：试判断该无形资产的暂时性差异类型。

解：

该项无形资产的账面价值600万元与其计税基础900万元之间的差额300万元属于可抵扣暂时性差异，应确认为递延所得税资产。

【例5-7】 北京市五湖电器有限公司于20×9年1月1日取得某项无形资产，取得成本为600万元。20×9年12月31日，该公司对该项无形资产进行减值测试，测试表明该项无形资产发生减值100万元。该公司在计税时，对该项无形资产按照10年的期间摊销，有关金额允许税前扣除。

要求：试判断该项无形资产的暂时性差异的类型。

解：

该项无形资产的账面价值500万元与其计税基础540万元之间的差额40万元属于可抵扣暂时性差异，应确认为递延所得税资产。

（三）以公允价值计量的金融资产

企业以公允价值计量的金融资产、金融负债以及投资性房地产、可供出售金融资产等，其会计账面价值和税法计税基础的计算公式为：

会计账面价值＝期末公允价值

税法计税基础＝资产历史成本

税法规定，企业以公允价值计量的金融资产、金融负债以及投资性房地产等，持有期间其公允价值的变动不计入应纳税所得额，在实际处置或结算时，将取得的价款扣除其历史成本后的差额计入处置或结算期间的应纳税所得额。

【例 5－8】 20×9 年 10 月 20 日，北京市五湖电器有限公司自公开市场取得一项权益性投资，支付价款 800 万元，并将其作为交易性金融资产核算。20×9 年 12 月 31 日，该项权益性投资的市价为 880 万元。

要求：试判断该交易性金融资产的暂时性差异的类型。

解：

该交易性金融资产的账面价值 880 万元与其计税基础 800 万元之间的差额 80 万元属于应纳税暂时性差异，应确认为相应的递延所得税负债。

【例 5－9】 20×9 年 11 月 8 日，北京市五湖电器有限公司自公开市场上取得一项基金投资，按照管理层的持有意图，将其作为可供出售的金融资产核算。该项基金投资的成本为 600 万元。20×9 年 12 月 31 日，其市价为 630 万元。

要求：试判断该交易性金融资产的暂时性差异的类型。

解：

该可供出售金融资产的账面价值 630 万元与其计税基础 600 万元之间产生的差额 30 万元属于应纳税暂时性差异，应确认为相应的递延所得税负债。

三、负债的计税基础

负债的计税基础是指负债的账面价值减去未来期间计算应纳税所得额时按照税法规定可予以抵扣的金额。

负债的计税基础的计算公式为：

负债的计税基础＝账面价值－未来可税前列支的金额

【例 5－10】 北京市五湖电器有限公司于 20×9 年销售产品时承诺提供 3 年的保修服务，在当年年度利润表中确认了 200 万元的销售费用，同时确认为预计负债，当年未发生任何保修支出。税法规定，与产品售后服务相关的费用在实际发生时允许税前扣除。

要求：试判断该项预计负债暂时性差异的类型。

解：

20×9 年 12 月 31 日，该项预计负债的账面价值 200 万元与其计税基础零之间形成的暂时性差异 200 万元，为可抵扣暂时性差异，应确认为相应的递延所得税资产。

四、特殊项目产生的暂时性差异

（1）某些交易或事项发生以后，因不符合资产、负债的确认条件而未体现为资产负债表中的资产或负债，但按税法规定，能够确定其计税基础的，其账面价值零与计税基础之间的差异构成暂时性差异。

（2）按照税法规定可以结转至以后年度的未弥补亏损及税款抵减，虽不是因资产、负债的账面价值与计税基础不同而产生的，但与可抵扣暂时性差异具有同样的作用，均能够减少未来期间的应纳税所得额，进而减少未来期间的应纳所得税额，会计处理上视同可抵扣暂时性差异，在符合条件的情况下，应确认为相应的递延所得税资产。

（3）企业合并中取得有关资产、负债产生的暂时性差异。

五、递延所得税资产的确认和计量

（一）一般原则

资产、负债的账面价值与其计税基础不同，产生可抵扣暂时性差异的，在估计未来期间能够取得足够的应纳税所得额用以利用该可抵扣暂时性差异时，应当以很可能取得用来抵扣可抵扣暂时性差异的应纳税所得额为限，确认相应的递延所得税资产。

（1）递延所得税资产的确认应以未来期间可能取得的应纳税所得额为限。

（2）按照税法规定，可以结转至以后年度的未弥补亏损和税款抵减，应视同可抵扣暂时性差异处理。

（3）在企业合并中，按照会计规定确定的合并中取得的各项可辨认资产、负债的入账价值与其计税基础之间形成可抵扣暂时性差异的，应确认相应的递延所得税资产，并调整合并中应予以确认的商誉等。

（4）与直接计入所有者权益的交易或事项相关的可抵扣暂时性差异，相应的递延所得税资产应计入所有者权益。

（二）不确认递延所得税资产的特殊情况

某项交易不属于企业合并，且交易发生时既不影响会计利润也不影响应纳税所得额，则该项交易中产生的资产、负债的初始确认金额与计税基础存在可抵扣暂时性差异的，不确认相关的递延所得税资产。

（三）递延所得税资产的计量

确认递延所得税资产时，应估计相关可抵扣暂时性差异的转回期间，采用转回期间适用的所得税税率为基础计算确定。无论相关的可抵扣暂时性差异转回期间如何，递延所得税资产均不予折现。资产负债表日，企业应当对递延所得税资产的账面价值进行复核。如果未来期间很可能无法取得足够的应纳税所得额用以利用递延所得税资产的利益，应当减计递延所得税资产的账面价值。递延所得税资产的账面价值减计以后，以后期间根据新的环境和情况判断能够产生足够的应纳税所得额利用可抵扣暂时性差异，使得递延所得税资产包含的经济利益能够实现的，应相应恢复递延所得税资产的账面价值。

六、递延所得税负债的确认和计量

（一）一般原则

除《企业会计准则》中明确规定可不确认递延所得税负债的情况以外，企业对于所有的应纳税暂时性差异均应确认相应的递延所得税负债。除直接计入所有者权益的交易或事项以及企业合并外，在确认递延所得税负债的同时，应增加利润表中的所得税费用。

（二）不确认递延所得税负债的特殊情况

与联营企业、合营企业投资等相关的应纳税暂时性差异，一般应确认相应的递延所得税负债，但同时满足以下两个条件的除外：一是投资企业能够控制暂时性差异转回的期间；二是该暂时性差异在可预见的未来很可能不会转回。满足上述条件时，投资企业可以运用自身的影响力决定暂时性差异的转回，如果不希望其转回，则在可预见的未来该项暂时性差异就不会转回，从而无须确认相应的递延所得税负债。

（三）递延所得税负债的计量

递延所得税负债应以相关应纳税暂时性差异转回期间适用的所得税税率计量。递延所得税负债的确认不要求折现。

七、所得税费用的确认与计量

（一）当期所得税

当期所得税是指企业按照税法规定计算确定的针对当期发生的交易和事项，应缴纳给税务部门的所得税金额，即当期应纳所得税。

在确定当期应纳所得税时，对于当期发生的会计处理与税法处理不同的交易或事项，企业应在会计利润的基础上，按照适用的税法规定进行调整，计算出当期应纳税所得额，按照应纳税所得额与适用所得税税率计算当期应纳所得税。应纳税所得额的计算公式为：

应纳税所得额＝会计利润＋按照会计准则规定计入利润表但计税时不允许税前扣除的费用

±计入利润表的费用与按照税法规定可予以税前抵扣的金额之间的差额

±计入利润表的收入与按照税法规定应计入应纳税所得的收入之间的差额

－税法规定的不征税收入±其他需要调整的因素

（二）递延所得税

递延所得税是指按照所得税准则的规定当期应予以确认的递延所得税资产和递延所得税负债金额，即递延所得税资产及递延所得税负债当期发生额的综合结果，但不包括计入所有者权益的交易或事项的所得税影响。递延所得税的计算公式为：

递延所得税＝(递延所得税负债的期末余额－递延所得税负债的期初余额)

－(递延所得税资产的期末余额－递延所得税资产的期初余额)

应该说明的是，企业因确认递延所得税资产和递延所得税负债产生的递延所得税，一般应当计入所得税费用，但以下两种情况除外：

（1）某项交易或事项按照会计准则的规定应计入所有者权益的，由该交易或事项产生的递延所得税资产或递延所得税负债及其变化应计入所有者权益，不构成利润表中的递延所得税费用。

【例 5－11】甲企业持有的某项可供出售金融资产，成本为 500 万元，会计期末，其公允价值为 600 万元，该企业适用的所得税税率为 25%。除该事项外，该企业不存在其他会计与税法之间的差异，且递延所得税资产和递延所得税负债不存在期初余额。

要求：进行相应的会计处理。

解：

1）确认 100 万元的公允价值变动时：

借：可供出售金融资产　　1 000 000
　贷：资本公积——其他资本公积　　1 000 000

2）确认应纳税暂时性差异的所得税影响时：

借：资本公积——其他资本公积　　250 000
　贷：递延所得税负债　　250 000

（2）在企业合并中取得的资产、负债，其账面价值与计税基础不同，应确认为相应的递延所得税的，该递延所得税的确认影响合并中产生的商誉或是计入当期损益的金额，不影响所得税费用。

（三）所得税费用

计算并确定了当期所得税及递延所得税以后，利润表中应予以确认的所得税费用为两者之和。其计算公式为：

所得税费用＝当期所得税＋递延所得税

【例 5-12】 A 公司 20×7 年利润表中的利润总额为 3 000 万元，该公司适用的所得税税率为 25%。递延所得税资产及递延所得税负债不存在期初余额。

20×7 年，A 公司发生的有关交易和事项中，会计处理与税收处理存在差别的有：

（1）20×7 年 1 月，开始计提折旧的一项固定资产的成本为 1 500 万元，使用年限为 10 年，净残值为零。会计处理按双倍余额递减法计提折旧，税收处理按直线法计提折旧。假定税法规定的使用年限及净残值与会计规定相同。

（2）向关联企业捐赠现金 500 万元。假定税法规定，企业向关联方的捐赠不允许税前扣除。

（3）当期取得作为交易性金融资产核算的股票投资成本为 800 万元，20×7 年 12 月 31 日的公允价值为 1 200 万元。税法规定，以公允价值计量的金融资产持有期间的市价变动不计入应纳税所得额。

（4）因违反环保法的规定，缴纳罚款 250 万元。

（5）期末对持有的存货计提了 75 万元的存货跌价准备。

要求：进行相应的会计处理。

解：

应纳税所得额＝3 000＋150＋500－400＋250＋75＝3 575（万元）

应纳所得税＝3 575×25%＝893.75（万元）

递延所得税资产＝225×25%＝56.25（万元）

递延所得税负债＝400×25%＝100（万元）

递延所得税＝100－56.25＝43.75（万元）

所得税费用＝893.75＋43.75＝937.50（万元）

借：所得税费用　　9 375 000
　　递延所得税资产　　562 500
　贷：应交税费——应交所得税　　8 937 500
　　　递延所得税负债　　1 000 000

另外，A 公司 20×7 年资产负债表相关项目金额及计税基础如表 5-1 所示。

表 5-1　　A公司 20×7 年资产负债表相关金额及计税基础　　单位：万元

项目	账面价值	计税基础	差异	
			应纳税暂时性差异	可抵扣暂时性差异
存货	2 000	2 075		75
固定资产				
固定资产原价	1 500	1 500		
减：累计折旧	300	150		
减：固定资产减值准备	0	0		
固定资产账面价值	1 200	1 350		150
交易性金融资产	1 200	800	400	
其他应付款	250	250		
总计			400	225

【例 5-13】 沿用【例 5-12】中的有关资料，假定A公司 20×8 年当期应纳所得税为 1 155 万元。资产负债表中有关资产、负债的账面价值与计税基础如表 5-2 所示。除所列项目外，其他资产、负债项目不存在会计和税收的差异。

要求：进行相应的会计处理。

解：

期末递延所得税负债＝675×25%＝168.75（万元）

递延所得税负债减少＝168.75－100＝68.75（万元）

期末递延所得税资产＝740×25%＝185（万元）

递延所得税资产增加＝185－56.25＝128.75（万元）

递延所得税＝68.75－128.75＝－60（万元）

所得税费用＝1 155－60＝1 095（万元）

借：所得税费用　　10 950 000

　　递延所得税资产　　1 287 500

　贷：应交税费——应交所得税　　11 550 000

　　　递延所得税负债　　687 500

表 5-2　　A公司 20×8 年有关资产、负债的账面价值及计税基础　　单位：万元

项目	账面价值	计税基础	差异	
			应纳税暂时性差异	可抵扣暂时性差异
存货	4 000	4 200		200
固定资产				
固定资产原价	1 500	1 500		
减：累计折旧	540	300		
减：固定资产减值准备	50	0		
固定资产账面价值	910	1 200		290
交易性金融资产	1 675	1 000	675	
预计负债	250	0		250
总计			675	740

【例 5-14】 某公司于 2×05 年 12 月 1 日购入设备一台，原价为 150 万元，净残值为

零。税法规定采用年限平均法计提折旧，折旧年限为5年；会计规定采用年数总和法计提折旧，折旧年限为5年。税前会计利润各年均为1 000万元，2×06年、2×07年的所得税税率为33%，2×07年年末预计2×08年以后适用的所得税税率为25%。

要求：进行相应的会计处理（自2×06年至2×10年）。

解：

该设备的账面价值与其计税基础如表5-3所示。

表5-3　设备的账面价值与计税基础　单位：万元

年份	账面价值（年数总和法）	计税基础（年限平均法）	可抵扣暂时性差异	税率	递延所得税资产期末余额	递延所得税资产发生额
2×06	100(150－150×5÷15)	120(150－150÷5)	20(120－100)	33%	6.6(20×33%)	6.6
2×07	60(100－150×4÷15)	90(120－150÷5)	30(90－60)	33%	7.5(30×25%)	0.9(7.5－6.6)
2×08	30(60－150×3÷15)	60(90－150÷5)	30(60－30)	25%	7.5(30×25%)	0
2×09	10(30－150×2÷15)	30(60－150÷5)	20(30－10)	25%	5(20×25%)	－2.5(5－7.5)
2×10	0(10－150×1÷15)	0(30－150÷5)	0	25%	0	－5(0－5)

（1）2×06年（所得税税率为33%）：

递延所得税资产＝20×33%－0＝6.6（万元）

应纳所得税＝(1 000＋20)×33%＝336.6（万元）

所得税费用＝336.6－6.6＝330（万元）

借：所得税费用　3 300 000

　递延所得税资产　66 000

　贷：应交税费——应交所得税　3 366 000

（2）2×07年（所得税税率为33%）：

递延所得税资产＝30×25%－6.6＝0.9（万元）

应纳所得税＝[1 000＋(30－20)]×33%＝333.3（万元）

所得税费用＝333.3－0.9＝332.4（万元）

借：所得税费用　3 324 000

　递延所得税资产　9 000

　贷：应交税费——应交所得税　3 333 000

（3）2×08年（所得税税率为25%）：

递延所得税资产＝30×25%－7.5＝0（万元）

应纳所得税＝[1 000＋(30－30)]×25%＝250（万元）

所得税费用＝250（万元）

借：所得税费用　2 500 000

　贷：应交税费——应交所得税　2 500 000

（4）2×09年（所得税税率为25%）：

递延所得税资产＝20×25%－7.5＝－2.5（万元）

应纳所得税＝[1 000＋(20－30)]×25%＝247.5（万元）

所得税费用＝247.5＋2.5＝250（万元）

借：所得税费用　2 500 000
　贷：应交税费——应交所得税　2 475 000
　　递延所得税资产　25 000

（5）2×10 年（所得税税率为 25%）：

递延所得税资产＝0－5＝－5（万元）

应纳所得税＝[1 000＋(0－20)]×25%＝245（万元）

所得税费用＝245＋5＝250（万元）

借：所得税费用　2 500 000
　贷：应交税费——应交所得税　2 450 000
　　递延所得税资产　50 000

单元九 企业所得税实训

一、实训目的

掌握企业所得税的计算及会计处理；熟悉企业所得税申报程序；掌握企业所得税纳税申报表等相关资料的填写方法；了解企业所得税的税制要素；培养学生的理解能力、计算能力、账务处理能力和纳税申报的应用能力。

二、实训资料

（一）企业概况

（1）企业名称：北京市五湖电器有限公司。

（2）地址：北京市长安街 888 号。

（3）法定代表人：王平。

（4）注册资本：380 万元（其中，北京市东明股份有限公司占 66%，汪华占 34%）。

（5）企业类型：有限责任公司。

（6）开户银行：工商银行北京长安里支行（基本户）。

（7）银行账号：81451058675081002。

（二）相关资料

该公司为增值税一般纳税人，适用的增值税税率为 17%，企业所得税税率为 25%。该公司的所得税采用按季预缴方式，于每季度终了 15 日内预缴税款，截止到第三季度已预缴所得税 54 万元，年终汇算清缴。

（三）模拟业务

20×9 年，该公司发生业务如下（相关原始凭证略）：

（1）销售产品取得不含税收入 8 000 万元，取得送货运输收入 58.5 万元。购进原材料取得的增值税专用发票上注明的价款为 5 800 万元，增值税为 986 万元，支付运费 40

万元，保险费和装卸费 20 万元，并取得运输单位开具的普通发票。该公司将自产空调作为福利发放给职工，市场价为 81.9 万元，全年扣除的生产销售成本为 6 650 万元。

(2) 2 月 1 日，支付价款 100 万元购进专利权；6 月 1 日，以 200 万元出售。

(3) 1 月 1 日，购进甲公司（所得税税率为 25%）20 万股股票作为投资，每股市价为 3.5 元，支付相关费用 3 500 元。6 月 25 日，取得甲公司派发的股利 12 万元。10 月 1 日，以每股市价 7.8 元全部售出，支付相关税费 7 500 元。

(4) 取得国债利息收入 36 万元、债券利息收入 14 万元。

(5) 全年发生财务费用 200 万元，其中包括银行贷款利息 60 万元，支付关联企业借款 2 000 万元的年利息 120 万元，逾期归还贷款支付银行罚息 20 万元（银行同期贷款年利率为 5%）。

(6) 全年发生管理费用 400 万元，其中包括业务招待费 45 万元，技术开发费 260 万元。

(7) 发生销售费用 800 万元，其中包括广告费 740 万元，业务招待费 60 万元。

(8) 全年实际支付工资 720 万元，其中计入生产成本、费用的合理部分为 720 万元，提取职工福利费、教育经费和工会经费共 133.2 万元。

(9) 按实际支付工资的 12%支付住房公积金（公司和职工各负担 6%）。

(10) 直接向某足球队捐款 15 万元，已列入当期费用。支付违反交通法规罚款 0.8 万元，已列入当期费用。

(11) 从境外取得税后利润 20 万元（境外缴纳所得税时适用的税率为 20%），未补缴企业所得税。

(12) 经税务机关核准结转到本年度的待弥补亏损为 25.3 万元。

三、实训任务

(1) 根据以上业务编制会计分录，并填制记账凭证。
(2) 进行所得税按季申报及缴纳。
(3) 计算企业全年应缴纳的增值税。
(4) 计算企业当年的投资收益。
(5) 计算企业全年扣除项目金额。
(6) 计算企业全年应纳所得税额。
(7) 计算企业应补缴的所得税额。
(8) 登记“本年利润”明细账、“应交税费——应交所得税”明细账。
(9) 年末进行汇算清缴，填写年末所得税纳税申报表及其附表，并进行账务处理。

四、实训条件（自备）

(1) 记账凭证。
(2) 三栏式明细账页 1 张。
(3) 企业所得税年度纳税申报表 1 套。

深度阅读

《财政部　国家税务总局关于完善固定资产加速折旧企业所得税政策的通知》（财税

〔2014〕75号）

《国家税务总局关于企业所得税应纳税所得额若干问题的公告》（国家税务总局公告2014年第29号）

《国家税务总局关于扩大小型微利企业减半征收企业所得税范围有关问题的公告》（国家税务总局公告2014年第23号）

《国家税务总局关于商业零售企业存货损失税前扣除问题的公告》（国家税务总局公告2014年第3号）

《国家税务总局关于企业维简费支出企业所得税税前扣除问题的公告》（国家税务总局公告2013年第67号）

《财政部　国家税务总局关于中国（上海）自由贸易试验区内企业以非货币性资产对外投资等资产重组行为有关企业所得税政策问题的通知》（财税〔2013〕91号）

《全国人民代表大会常务委员会关于修改〈中华人民共和国企业所得税法〉的决定》（中华人民共和国主席令第六十四号）

《中华人民共和国慈善法》（2016年3月16日第十二届全国人民代表大会第四次会议通过）

《国家税务总局关于有限合伙制创业投资企业法人合伙人企业所得税有关问题的公告》（国家税务总局公告2015年第81号）

《国家税务总局关于企业所得税有关问题的公告》（国家税务总局公告2016年第80号）

《财政部　国家税务总局　科技部关于完善研究开发费用税前加计扣除政策的通知》（财税〔2015〕119号）

《国家税务总局关于房地产开发企业土地增值税清算涉及企业所得税退税有关问题的公告》（国家税务总局公告2016年第81号）

课后练习

一、单项选择题

1. 根据企业所得税法律制度的规定，下列各项中，不属于企业所得税纳税人的是（　　）。

A. 股份有限公司　　B. 合伙企业　　C. 联营企业　　D. 出版社

2. 根据《企业所得税法》的规定，对国家需要重点扶持的高新技术企业，给予企业所得税税率优惠，优惠税率为（　　）。

A. 10%　　B. 15%　　C. 20%　　D. 25%

3. 某小型微利企业经主管税务机关核定，20×7年度亏损20万元，20×8年度盈利35万元。该企业20×8年度应缴纳的企业所得税为（　　）万元。

A. 1.5　　B. 2.25　　C. 3　　D. 3.75

4. 根据企业所得税法律制度的规定，下列各项中，不应计入应纳税所得额的有（　　）。

A. 股权转让收入

B. 因债权人缘故确实无法支付的应付款项

C. 依法收取并纳入财政管理的行政事业性收费

D. 接受捐赠收入

5. 根据《企业所得税法》的规定，企业发生的公益性捐赠支出，计算企业所得税应纳税所得额时的扣除标准是（　　）。

A. 全额扣除

B. 在年度应纳税所得额 12%以内的部分扣除

C. 在年度利润总额 12%以内的部分扣除

D. 在年度应纳税所得额 3%以内的部分扣除

6. 根据企业所得税法律制度的规定，下列各项中，不得提取折旧的固定资产是（　　）。

A. 房屋、建筑物　　B. 以经营租赁方式出租的固定资产

C. 已提足折旧继续使用的固定资产　　D. 季节性停用的机器设备

7. 20×5 年，建荣公司实现的利润总额为 320 万元，无其他纳税调整事项。经税务机关核实的 20×4 年度亏损额为 300 万元。该公司 20×5 年度应缴纳的企业所得税税额为（　　）万元。

A. 80　　B. 6.6　　C. 5　　D. 75

8. 下列各项中，符合企业所得税弥补亏损规定的是（　　）。

A. 被投资企业发生的经营亏损，可用投资方所得弥补

B. 企业境外分支机构的亏损，可用境内总机构的所得弥补

C. 境内总机构发生的亏损，可用境外分支机构的所得弥补

D. 投资方发生的亏损，可用被投资企业分回的所得弥补

9.《企业所得税法》规定，居民企业境外所得在我国汇总纳税时的抵免限额为（　　）。

A. 可以抵免的最低限额　　B. 可以抵免的最高限额

C. 境外实际缴纳税额　　D. 境外应当缴纳税额

10. 某企业 20×8 年会计利润总额是 200 万元，企业当年开发新产品的研发费用实际支出为 20 万元，假定税法规定研发费用可实行 150%加计扣除政策，则该企业 20×8 年计算应纳税所得额时可以扣除的研发费用为（　　）万元。

A. 10　　B. 20　　C. 30　　D. 40

二、多项选择题

1. 下列各项中，属于企业所得税征税范围的有（　　）。

A. 居民企业来源于中国境外的所得　　B. 非居民企业来源于中国境内的所得

C. 非居民企业来源于中国境外的所得　　D. 居民企业来源于中国境内的所得

2. 根据《企业所得税法》的规定，下列项目中，属于不征税收入的有（　　）。

A. 财政拨款

B. 国债利息收入

C. 企业债权利息收入

D. 依法收取并纳入财政管理的行政事业性收费、政府性基金

3. 下列各项中，属于《企业所得税法》规定的计税收入中“其他收入”的有（　　）。

A. 固定资产盘盈收入　　B. 固定资产出租收入
C. 罚款收入　　D. 现金的溢余收入

4. 根据企业所得税法律制度的规定，下列各项中，纳税人在计算企业所得税应纳税所得额时准予扣除的项目有（　　）。

A. 关税　　B. 土地增值税
C. 城镇土地使用税　　D. 城市维护建设税

5. 根据企业所得税法律制度的有关规定，下列各项中，属于计算企业应纳税所得额时准予扣除的项目有（　　）。

A. 缴纳的消费税　　B. 缴纳的税收滞纳金
C. 缴纳的行政性罚款　　D. 缴纳的财产保险费

6. 下列各项中，准予在应纳税所得额中扣除的项目有（　　）。

A. 工资、薪金支出　　B. 各种捐赠支出
C. 增值税税金　　D. 无形资产摊销费用

7. 下列项目中，允许在应纳税所得额中据实扣除的有（　　）。

A. 向金融机构的借款利息支出　　B. 企业赞助支出
C. 企业的公益性捐赠支出　　D. 固定资产转让费

8. 根据企业所得税法律制度的规定，在计算企业所得税应纳税所得额时，准予从收入总额中扣除的项目有（　　）。

A. 啤酒企业的广告费
B. 商品零售企业为职工向保险公司购买的人寿保险
C. 房地产企业支付的银行罚息
D. 商业企业发生的资产盘亏扣除赔偿部分后的净损失

9. 根据《企业所得税法》的规定，下列支出项目中，在计算企业所得税应纳税所得额时，不得扣除的有（　　）。

A. 税收滞纳金　　B. 银行按规定加收的罚息
C. 被没收财物的损失　　D. 未经核定的准备金支出

10. 某企业所得税纳税人发生的下列支出中，在计算应纳税所得额时不得扣除的有（　　）。

A. 缴纳罚金 10 万元　　B. 直接赞助某学校 8 万元
C. 缴纳税收滞纳金 4 万元　　D. 支付法院诉讼费 1 万元

11. 下列资产摊销的支出，不得在应纳税所得额中扣除的有（　　）。

A. 经营租赁方式租出固定资产的折旧费
B. 融资租赁方式租出固定资产的折旧费
C. 自创商誉
D. 自行开发的、支出已在计算应纳税所得额时扣除的无形资产

12. 现行《企业所得税法》规定的企业所得税的税收优惠方式包括（　　）。

A. 加计扣除　　B. 加速折旧　　C. 减计收入　　D. 税额抵免

13. 下列关于居民纳税人缴纳企业所得税纳税地点的表述中，正确的有（　　）。

A. 企业一般在实际经营管理地纳税

B. 企业一般在登记注册地纳税

C. 登记注册地在境外的，在登记注册地纳税

D. 登记注册地在境外的，在实际管理机构所在地纳税

三、业务题

1. 某企业 20×1—20×7 年的盈亏情况如表 5-4 所示。

要求：分析该企业亏损弥补的正确方法。

表 5-4　　某企业 20×1—20×7 年的盈亏情况

年度	20×1	20×2	20×3	20×4	20×5	20×6	20×7
盈亏（万元）	−120	−50	10	30	30	40	70

2. 某国有机电设备制造企业在汇算清缴企业所得税时向税务机关申报：20×6 年度应纳税所得额为 950.4 万元，已累计预缴企业所得税 270 万元，应退缴企业所得税 32.4 万元。

在对该企业的纳税申报表进行审核时，税务机关发现如下问题，要求该企业纠正后重新办理纳税申报：

（1）工资、薪金多扣除 43 万元。

（2）缴纳的房产税、城镇土地使用税、车船税、印花税等税金 62 万元已在管理费用中列支，但在计算应纳税所得额时又重复扣除。

（3）将违法经营罚款 20 万元、税收滞纳金 0.2 万元计入营业外支出中，在计算应纳税所得额时予以扣除。

（4）9 月 1 日，以经营租赁方式租入一台机器设备，合同约定的租赁期为 10 个月，租赁费为 10 万元，该企业未分期摊销这笔租赁费，而是一次性计入 20×6 年度管理费用中扣除。

（5）从境外取得税后利润 20 万元（在境外缴纳所得税时适用的税率为 20%），未补缴企业所得税。

已知，该企业适用的企业所得税税率为 25%。

要求：（1）计算该企业 20×6 年度境内所得应缴纳的所得税税额。

（2）按分国不分项抵扣法计算该企业 20×6 年度境外所得应补缴的所得税税额。

（3）计算该企业 20×6 年度境内、境外所得应补缴的所得税总额。

3. 20×8 年度，某企业会计报表上的利润总额为 100 万元，已累计预缴企业所得税 25 万元。该企业 20×8 年度的其他情况如下：

（1）发生的公益性捐赠支出为 18 万元。

（2）开发新技术的研究开发费用为 20 万元（已计入管理费用），假定税法规定研发费用可实行 150%加计扣除政策。

（3）支付在建办公楼工程款 20 万元，已计入当期费用。

（4）直接向某足球队捐款 15 万元，已计入当期费用。

（5）支付诉讼费 2.3 万元，已计入当期费用。

（6）支付违反交通法规的罚款 0.8 万元，已计入当期费用。

已知，该企业适用的所得税税率为 25%。

要求：(1) 计算该企业公益性捐赠支出所得税前纳税调整额。

(2) 计算该企业研究开发费用所得税前扣除数额。

(3) 计算该企业 20×8 年度应纳税所得额。

(4) 计算该企业 20×8 年度应纳所得税税额。

(5) 计算该企业 20×8 年度应汇算清缴的所得税税额。

4. 20×4 年 12 月 31 日，某企业购入价值为 10 000 元的管理用设备，预计使用期为 5 年，无残值。该企业采用直线法计提折旧，税法允许采用双倍余额递减法计提折旧。假设该企业历年的利润总额均为 50 000 元，适用所得税税率为 15%。

要求：计算递延所得税并进行相应的会计处理。

5. 沿用第 6 题的资料，从第 3 年起适用的所得税税率调整为 20%。

要求：计算递延所得税并进行相应的会计处理。

6. 某企业于 20×2 年 12 月 31 日购入一台设备，原价为 122 000 元，假设根据会计和税法预计的净残值均为 2 000 元。按税法的规定，该项设备可按直线法计提折旧，折旧年限为 5 年；会计上采用直线法计提折旧，折旧年限为 3 年。在其他因素不变的情况下，假设该企业每年实现的税前会计利润为 600 000 元（无其他纳税调整事项），适用的所得税税率为 25%。

要求：计算该企业 20×3—20×7 年的递延所得税资产并进行相应的会计处理。

7. 某企业于 20×8 年 12 月 31 日将产品保修费用 100 万元确认为一项负债。假设该企业当年的应税利润为 1 000 万元，适用的所得税税率为 25%，无其他纳税调整事项。

要求：计算递延所得税并进行相应的会计处理。

8. 20×7 年 3 月 2 日，甲公司以银行存款 2 000 万元从证券市场购入 A 公司 5%的普通股股票，划分为可供出售的金融资产。20×7 年末，甲公司持有的 A 公司股票的公允价值变为 2 400 万元；20×8 年末，甲公司持有的 A 公司股票的公允价值变为 2 100 万元。甲公司适用的所得税税率为 25%。

要求：(1) 计算甲公司 20×7 年和 20×8 年对该项可供出售金融资产应确认的递延所得税负债金额。

(2) 编制甲公司 20×7 年和 20×8 年有关可供出售金融资产和所得税的会计分录。

9. A 公司 20×8 年、20×9 年实现的利润总额均为 8 000 万元，适用的所得税税率为 25%。A 公司 20×8 年、20×9 年与所得税有关的经济业务如下：

(1) 20×8 年，A 公司发生广告费支出 1 000 万元，发生时已作为销售费用计入当期损益。20×8 年，A 公司实现销售收入 5 000 万元。20×9 年，A 公司发生广告费支出 400 万元，发生时已作为销售费用计入当期损益。20×9 年，A 公司实现销售收入 5 000 万元。税法规定，该类支出不超过当年销售收入 15%的部分，准予扣除；超过部分，准予在以后纳税年度结转扣除。

(2) A 公司对其所销售的产品均承诺提供 3 年的保修服务。A 公司因产品保修承诺在 20×8 年利润表中确认了 200 万元的销售费用，同时将其确认为预计负债。20×8 年，A 公司没有发生产品保修费用支出。20×9 年，A 公司实际发生产品保修费用支出 100 万元。A 公司因产品保修承诺在 20×9 年利润表中确认了 250 万元的销售费用，同时将其确认为预计负债。税法规定，产品保修费用在实际发生时才允许税前扣除。

（3）A公司于20×7年12月12日购入一项管理用设备，取得成本为400万元。会计上采用年限平均法计提折旧，使用年限为10年，预计净残值为零；税法规定的使用年限为5年，折旧方法及预计净残值与会计相同。20×9年末，因该项设备出现减值迹象，故A公司对该项设备进行减值测试，发现该项设备的可收回金额为300万元，使用年限与预计净残值没有变更。

（4）20×8年，A公司购入一项交易性金融资产，取得成本为500万元。20×8年末，该项交易性金融资产的公允价值为650万元；20×9年末，该项交易性金融资产的公允价值为570万元。

要求：（1）计算20×8年A公司的应纳所得税、递延所得税以及利润表中确认的所得税费用，并编制与所得税相关的会计分录。

（2）计算20×9年A公司的应纳所得税、递延所得税以及利润表中确认的所得税费用，并编制与所得税相关的会计分录。

10. 甲公司为上市公司，20×7年1月1日，甲公司的递延所得税资产（全部为存货项目计提的跌价准备）为33万元，递延所得税负债（全部为交易性金融资产项目的公允价值变动）为16.5万元，适用的所得税税率为33%。自20×8年1月1日起，该公司适用的所得税税率变更为25%。

该公司20×7年的利润总额为5 000万元，涉及所得税会计的交易或事项如下：

（1）20×7年1月1日，以1 043.27万元自证券市场购入当日发行的一项3年期到期还本、每年付息国债。该国债票面金额为1 000万元，票面年利率为6%，年实际利率为5%。甲公司将该国债作为持有至到期投资核算。税法规定，国债利息收入免缴所得税。

（2）20×7年1月1日，以2 000万元自证券市场购入当日发行的一项5年期到期还本、每年付息公司债券。该债券票面金额为2 000万元，票面年利率为5%，年实际利率为5%。甲公司将其作为持有至到期投资核算。税法规定，公司债券利息收入需要缴纳所得税。

（3）20×6年11月23日，甲公司购入一项管理用设备，支付购买价款等共计1 500万元。12月30日，该设备经安装达到预定可使用状态。甲公司预计该设备的使用年限为5年，预计净残值为零，采用年数总和法计提折旧。税法规定，采用年限平均法计提折旧，该类固定资产的折旧年限为5年。假定甲公司该设备的预计净残值符合税法规定。

（4）20×7年6月20日，甲公司因违反税法的规定被税务部门处以10万元罚款，罚款未支付。税法规定，企业违反国家法规所支付的罚款不允许在税前扣除。

（5）20×7年10月5日，甲公司自证券市场购入某股票，支付价款200万元（假定不考虑交易费用）。甲公司将该股票作为可供出售金融资产核算。12月31日，该股票的公允价值为150万元。假定税法规定，可供出售金融资产持有期间的公允价值变动金额及减值损失不计入应纳税所得额，待出售时一并计入应纳税所得额。

（6）20×7年12月10日，甲公司被乙公司提起诉讼，要求其赔偿因未履行合同造成的经济损失。12月31日，该诉讼尚未审结。甲公司预计很可能支出的金额为100万元。税法规定，该诉讼损失在实际发生时允许在税前扣除。

（7）20×7年，计提产品质量保证金160万元，实际发生保修费用80万元。

（8）20×7年，未发生存货跌价准备的变动。

(9) 20×7 年，未发生交易性金融资产项目的公允价值变动。

甲公司预计在未来期间有足够的应纳税所得额用于抵扣可抵扣暂时性差异。

要求：计算递延所得税并进行相应的会计处理。

四、实训题

(一) 实训资料

某市化妆品生产企业属于增值税一般纳税人。20×9 年，该企业发生下列经济业务。

1. 购货业务

(1) 购入原材料取得增值税专用发票，其上注明的价款为 500 万元。

(2) 购入低值易耗品取得增值税专用发票，其上注明的价款为 4 万元。

(3) 购入办公用品取得普通发票，价款为 2 万元。

(4) 购入电力 28 万元并取得专用发票，其中 6 万元用于福利方面，其余部分均用于生产应税产品。

2. 销售及其他业务

(1) 销售化妆品实现不含增值税的销售收入 1 000 万元，销售时用自己的车队负责运输，向购买方收取运费 25.74 万元。

(2) 提供非应税消费品的加工业务，共开具普通发票 56 张，合计金额为 35.1 万元。

(3) 取得国债利息收入 5 万元、金融债券利息收入 4 万元。

(4) 本年取得出租房屋收入 10 万元。

3. 本年有关成本、费用资料

(1) 销售成本共 400 万元，其他业务支出为 22 万元（不含税金）。

(2) 销售费用为 15 万元，管理费用为 10 万元，财务费用中的利息支出为 8 万元。

(3) 支付滞纳金和行政性罚款 5 万元，支付购货合同违约金 3 万元。

取得的增值税专用发票已通过认证。

(二) 实训任务

(1) 根据以上业务编制会计分录，并填制记账凭证。

(2) 计算企业全年应缴纳的增值税。

(3) 计算企业全年应缴纳的城市建设维护税与教育费附加。

(4) 计算企业全年应纳所得税税额。

(5) 计算企业应补缴的所得税税额。

(6) 登记“本年利润”明细账、“应交税费——应交所得税”明细账。

(7) 年末进行汇算清缴，填写年末所得税纳税申报表及其附表，进行账务处理并缴纳所得税。

(三) 实训条件（自备）

(1) 记账凭证。

(2) 三栏式明细账页 1 张。

(3) 企业所得税年度纳税申报表 1 套。

学习情境六
个人所得税及账务处理

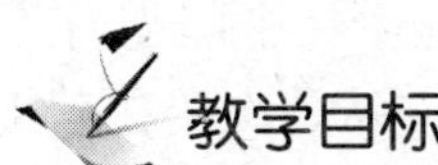

教学目标

1. 熟悉个人所得税的纳税义务人；
2. 掌握个人所得税应纳税额的计算；
3. 掌握个人所得税的账务处理。

单元一 个人所得税的纳税义务人

个人所得税是对个人（自然人）取得的各项应税所得征收的一种税，最早于1799年在英国创立。我国现行的个人所得税的基本规范是2011年6月30日再次修正的《中华人民共和国个人所得税法》（以下简称《个人所得税法》）。

一、居民纳税义务人

居民纳税义务人负有无限纳税义务，其所取得的应纳税所得，无论是来源于中国境内还是中国境外任何地方，都要在中国缴纳个人所得税。根据《个人所得税法》的规定，居民纳税义务人是指在中国境内有住所，或者无住所而在中国境内居住满1年的个人。

所谓在中国境内有住所的个人，是指因户籍、家庭、经济利益关系，而在中国境内习惯性居住的个人。所谓在中国境内居住满1年，是指在一个纳税年度（即公历1月1日—12月31日）内，在中国境内居住满365日。在计算居住天数时，对临时离境（是指一次不超过30日或多次累计不超过90日的离境）应视同在华居住。

二、非居民纳税义务人

非居民纳税义务人是指不符合居民纳税义务人判定标准（条件）的纳税义务人。非居民纳税义务人承担有限纳税义务，即仅就其来源于中国境内的所得，向中国缴纳个人所得税。

（1）对在中国境内无住所的个人，均应以该个人实际在华逗留天数计算。个人入境、离境、往返或多次往返境内外的当日，均按1天计算其在华实际逗留天数。

（2）对在中国境内、境外机构同时担任职务或仅在境外机构任职的境内无住所个人，在按规定计算其境内工作期间时，对其入境、离境、往返或多次往返境内外的当日，均按半天计算其在华实际工作天数。

（3）在中国境内无住所，居住满5年的个人，从第6年起，应当就其来源于中国境内外的全部所得缴纳个人所得税。所谓个人在中国境内居住满5年，是指个人在中国境内连续居住满5年，即在连续5年中的每一个纳税年度内均居住满1年。

（4）个人在中国境内居住满5年后，从第6年起的以后年度中，凡在境内居住满1年的，应当就其来源于境内、境外的所得申报纳税；凡在境内居住不满1年的，则仅就该年内来源于境内的所得申报纳税。如个人在第6年起以后的某一个纳税年度内在境内居住不足90天，可按“来源于中国境内的所得，由境外雇主支付并且不由该雇主在中国境内的机构、场所负担的部分，免予缴纳个人所得税”的规定确定纳税义务，并从再次居住满1年的年度起重新计算5年期限。

单元二　所得来源的确定

我国个人所得税的征收，依据所得来源地的判断，要遵循方便税务机关实行有效征管的原则，具体规定如下：

（1）工资、薪金所得，以纳税人任职、受雇的公司、企业、事业单位、机关、团体、部队、学校等单位的所在地为所得来源地。

（2）生产、经营所得，以生产、经营活动实现地为所得来源地。

（3）劳务报酬所得，以纳税人实际提供劳务的地点为所得来源地。

（4）不动产转让所得，以不动产坐落地为所得来源地；动产转让所得，以实现转让的地点为所得来源地。

（5）财产租赁所得，以被租赁财产的使用地为所得来源地。

（6）利息、股息、红利所得，以支付利息、股息、红利的企业、机构、组织的所在地为所得来源地。

（7）特许权使用费所得，以特许权的使用地为所得来源地。

所得的来源地与所得的支付地并不是同一概念，有时两者是一致的，有时是不相同的。根据上述原则和方法，来源于中国境内的所得包括如下几个方面：

（1）在中国境内的公司、企业、事业单位、机关、社会团体、部队、学校等单位或经济组织中任职、受雇而取得的工资、薪金所得。

（2）在中国境内提供各种劳务而取得的劳务报酬所得。

（3）在中国境内从事生产、经营活动而取得的所得。

（4）个人出租的财产，被承租人在中国境内使用而取得的财产租赁所得。

（5）转让中国境内的房屋、建筑物、土地使用权，以及在中国境内转让其他财产而取得的财产转让所得。

(6) 提供在中国境内使用的专利权、专有技术、商标权、著作权，以及其他各种特许权利而取得的特许权使用费所得。

(7) 因持有中国的各种债券、股票、股权而从中国境内的公司、企业或其他经济组织以及个人取得的利息、股息、红利所得。

(8) 在中国境内参加各种竞赛活动取得名次的奖金所得，参加中国境内有关部门和单位组织的有奖活动而取得的中奖所得，购买中国境内有关部门和单位发行的彩票取得的中彩所得。

(9) 在中国境内以图书、报刊方式出版、发表作品取得的稿酬所得。

单元三　应税所得项目

一、工资、薪金所得

工资、薪金所得是指个人因任职或者受雇而取得的工资、薪金、奖金、年终加薪、劳动分红、津贴、补贴以及与任职或者受雇有关的其他所得。

不属于工资、薪金性质的补贴、津贴或者不属于纳税人本人工资、薪金所得项目的收入，不予征税。这些项目包括如下几个方面：

(1) 独生子女补贴。

(2) 执行公务员工资制度未纳入基本工资总额的补贴、津贴差额和家属成员的副食品补贴。

(3) 托儿补助费。

(4) 差旅费津贴、误餐补助。其中，误餐补助是指按照财政部的规定，个人因公在城区、郊区工作，不能在工作单位或返回就餐的，根据实际误餐顿数，按规定的标准领取的误餐费。单位以误餐补助名义发给职工的补助、津贴不能包括在内。

拓展阅读

应当注意的是：第一，实行内部退养的个人在其办理内部退养手续后至法定离退休年龄之间从原任职单位取得的工资、薪金，不属于离退休工资，应按工资、薪金所得项目计征个人所得税。第二，个人在办理内部退养手续后从原任职单位取得的一次性收入，应按办理内部退养手续后至法定离退休年龄之间的所属月份进行平均，并与领取当月的工资、薪金所得合并后减除当月费用扣除标准，以余额为基数确定适用税率，再将当月工资、薪金加上取得的一次性收入，减去费用扣除标准，按适用税率计征个人所得税。第三，个人在办理内部退养手续后至法定离退休年龄之间重新就业取得的工资、薪金所得，应与其从原任职单位取得的同一月份的工资、薪金所得合并，并依法自行向主管税务机关申报缴纳个人所得税。第四，公司职工取得的用于购买企业国有股权的劳动分红，按工资、薪金所得项目计征个人所得税。第五，出租汽车经营单位对出租车驾驶员采取单车承包或承租方式运营，出租车驾驶员从事客货营运取得的收入，按工资、薪金所得征税。

二、个体工商户的生产、经营所得

个体工商户的生产、经营所得包括如下几个方面：

（1）个体工商户从事工业、手工业、建筑业、交通运输业、商业、饮食业、服务业、修理业及其他行业取得的所得。

（2）个人经政府有关部门批准，取得执照，从事办学、医疗、咨询以及其他有偿服务活动取得的所得。

（3）上述个体工商户和个人取得的与生产、经营有关的各项应税所得。

（4）个人因从事彩票代销业务而取得的所得。

（5）其他个人从事个体工商业生产、经营取得的所得。

拓展阅读

应当注意的是：第一，从事个体出租车运营的出租车驾驶员取得的收入，按个体工商户的生产、经营所得项目缴纳个人所得税。第二，出租车为个人所有，但挂靠出租汽车经营单位或企事业单位，驾驶员向挂靠单位缴纳管理费的，或出租汽车经营单位将出租车所有权转移给驾驶员的，出租车驾驶员从事客货运营取得的收入，比照个体工商户的生产、经营所得项目征税。第三，个体工商户和从事生产、经营的个人，取得与生产、经营活动无关的其他各项应税所得，应分别按照其他应税项目的有关规定，计算征收个人所得税。如对外投资取得的股息所得，应按利息、股息、红利所得税目的规定单独计征个人所得税。第四，个人独资企业、合伙企业的个人投资者以企业资金为本人、家庭成员及相关人员支付与企业生产经营无关的消费性支出及购买汽车、住房等财产性支出，视为企业对个人投资者的利润分配，并入投资者个人的生产经营所得，依照个体工商户的生产经营所得项目计征个人所得税。

三、对企事业单位的承包经营、承租经营所得

对企事业单位的承包经营、承租经营所得是指个人承包经营或承租经营以及转包、转租取得的所得。承包项目可分为多种，如生产经营、采购、销售、建筑安装等各种承包。转包包括全部转包和部分转包。

四、劳务报酬所得

劳务报酬所得是指个人独立从事各种非雇佣的劳务所取得的所得。劳务主要包括如下内容：

（1）设计。设计是指按照客户的要求，代为设计工程、工艺等各类业务。

（2）装潢。装潢是指接受委托，对物体进行装饰、修饰，使之美观或具有特定用途的作业。

（3）安装。安装是指按照客户的要求，对各种机器、设备的装配、安置，以及与机器、设备相连的附属设施的装配、安置和被安装机器设备的绝缘、防腐、保温、油漆等工程作业。

（4）制图。制图是指受托按实物或设想物体的形象，依体积、面积、距离等，用一定比例绘制成平面图、立体图、透视图等的业务。

（5）化验。化验是指受托用物理或化学的方法，检验物质的成分和性质等业务。

（6）测试。测试是指利用仪器、仪表或其他手段代客对物品的性能和质量进行检测试验的业务。

（7）医疗。医疗是指从事各种病情的诊断、治疗等医护业务。

（8）法律。法律是指受托担任辩护律师、法律顾问，撰写辩护词、起诉书等法律文书的业务。

（9）会计。会计是指受托从事会计核算的业务。

（10）咨询。咨询是指对客户提出的政治、经济、科技、法律、会计、文化等方面的问题进行解答、说明的业务。

（11）讲学。讲学是指应邀（聘）进行讲课、做报告、介绍情况等业务。

（12）新闻。新闻是指提供新闻信息、编写新闻消息的业务。

（13）广播。广播是指从事播音等劳务。

（14）翻译。翻译是指受托从事中、外语言或文字的翻译（包括笔译和口译）的业务。

（15）审稿。审稿是指对文字作品或图形作品进行审查、核对的业务。

（16）书画。书画是指按客户要求，或自行从事书法、绘画、题词等业务。

（17）雕刻。雕刻是指代客镌刻图章、牌匾、碑、玉器、雕塑等业务。

（18）影视。影视是指应邀或应聘在电影、电视节目中出任演员，或担任导演、音响、化妆、道具、制作、摄影等与拍摄影视节目有关的业务。

（19）录音。录音是指用录音器械代客录制各种音响带的业务，或者应邀演讲、演唱、采访而被录音的服务。

（20）录像。录像是指用录像器械代客录制各种图像、节目的业务，或者应邀表演、采访被录像的业务。

（21）演出。演出是指参加戏剧、音乐、舞蹈、曲艺等文艺演出活动的业务。

（22）表演。表演是指从事杂技、体育、武术、健美、时装、气功以及其他技巧性表演活动的业务。

（23）广告。广告是指利用图书、报纸、杂志、广播、电视、电影、招贴、路牌、橱窗、霓虹灯、灯箱、墙面及其他载体，为介绍商品、经营服务项目、文体节目或通告、声明等事项，所做的宣传和提供相关服务的业务。

（24）展览。展览是指举办或参加书画展、影展、盆景展、邮展、个人收藏品展、花鸟虫鱼展等各种展示活动的业务。

（25）技术服务。技术服务是指利用一技之长而进行技术指导、提供技术帮助的业务。

（26）介绍服务。介绍服务是指介绍供求双方商谈，或者介绍产品、经营服务项目等服务的业务。

（27）经纪服务。经纪服务是指经纪人通过居间介绍，促成各种交易和提供劳务等服务的业务。

（28）代办服务。代办服务是指代委托人办理受托范围内的各项事宜的业务。

（29）其他劳务。其他劳务是指上述列举 28 项劳务项目之外的各种劳务。

拓展阅读

自 2004 年 1 月 20 日起，对商品营销活动中，企业和单位对营销业绩突出的非雇员以培训班、研讨会、工作考察等名义组织旅游活动，通过免收差旅费、旅游费对个人实行的营销业绩奖励（包括实物、有价证券等），应将所发生费用的全额作为该营销人员当期的劳务收入，按照劳务报酬所得项目征收个人所得税，并由提供上述费用的企业和单位代扣代缴。

证券经纪人从证券公司取得的佣金收入，应按照劳务报酬所得项目缴纳个人所得税。佣金收入由展业成本和劳务报酬构成，对展业成本部分不征收个人所得税。一个月内取得的佣金收入为一次收入。

五、稿酬所得

稿酬所得是指个人因其作品以图书、报刊形式出版、发表而取得的所得。

六、特许权使用费所得

特许权使用费所得是指个人提供专利权、商标权、著作权、非专利技术以及其他特许权的使用权取得的所得，不包括稿酬所得。

七、利息、股息、红利所得

利息、股息、红利所得是指个人因拥有债权、股权而取得的利息、股息、红利所得。利息是指个人拥有债权而取得的利息，包括存款利息、贷款利息和各种债券的利息。按税法的规定，个人取得的利息所得，除国债和国家发行的金融债券利息外，应当依法缴纳个人所得税。股息、红利是指个人拥有股权取得的股息、红利。按照一定的比率对每股发放的利息叫股息；公司、企业应分配的利润按股份分配的叫红利。股息、红利所得，除另有规定外，都应当缴纳个人所得税。

拓展阅读

应当注意的是：第一，除个人独资企业、合伙企业以外的其他企业的个人投资者，以企业资金为本人、家庭成员及相关人员支付与企业生产经营无关的消费性支出及购买汽车、住房等财产性支出，视为企业对个人投资者的红利分配，依照利息、股息、红利所得项目计征个人所得税。企业的上述支出不允许在所得税前扣除。第二，纳税年度内个人投资者从其投资企业（个人独资企业、合伙企业除外）借款，在该纳税年度终了后既不归还又未用于企业生产经营的，其未归还的借款可视为企业对个人投资者的红利分配，依照利息、股息、红利所得项目计征个人所得税。

八、财产租赁所得

财产租赁所得是指个人出租建筑物、土地使用权、机器设备、车船以及其他财产取得的所得。

个人取得的财产转租收入属于财产租赁所得的征税范围，由财产转租人缴纳个人所得税。在确认纳税义务人时，应以产权凭证为依据；对无产权凭证的，由主管税务机关根据实际情况确定。产权所有人死亡，在未办理产权继承手续期间，该财产出租而有租金收入的，以领取租金的个人为纳税义务人。

九、财产转让所得

财产转让所得是指个人转让有价证券、股权、建筑物、土地使用权、机器设备、车船以及其他财产取得的所得。

（一）股票转让所得

目前，对股票转让所得暂不征收个人所得税。

（二）量化资产股份转让

集体所有制企业在改制为股份合作制企业时，对职工个人以股份形式取得的拥有所有权的企业量化资产，暂缓征收个人所得税；待个人将股份转让时，就其转让收入额减除个人取得该股份时实际支付的费用支出和合理转让费用后的余额，按财产转让所得项目计征个人所得税。

（三）个人出售自有住房

(1) 根据《个人所得税法》的规定，个人出售自有住房取得的所得应按照财产转让所得项目征收个人所得税。

(2) 对个人转让自用5年以上并且是家庭唯一生活用房取得的所得，免征个人所得税。

十、偶然所得

偶然所得是指个人取得的得奖、中奖、中彩以及其他偶然性质的所得。得奖是指参加各种有奖竞赛活动，取得名次得到的奖金。中奖、中彩是指参加各种有奖活动，如有奖销售、有奖储蓄，或者购买彩票，经过规定程序，抽中、摇中号码而取得的奖金。偶然所得应缴纳的个人所得税税款，一律由发奖单位或机构代扣代缴。

十一、经国务院财政部门确定征税的其他所得

除上述列举的各项个人应税所得外，其他确有必要征税的个人所得，由国务院财政部门确定。个人取得的所得，难以界定应纳税所得项目的，由主管税务机关确定。

单元四　税率

一、工资、薪金所得

工资、薪金所得，适用七级超额累进税率，税率为3%～45%（如表6-1所示）。

表 6-1　　工资、薪金所得个人所得税税率表

级数	全月应纳税所得额		税率（%）
	含税级距	不含税级距	
1	不超过 1 500 元的	不超过 1 455 元的	3
2	超过 1 500 元至 4 500 元的部分	超过 1 455 元至 4 155 元的部分	10
3	超过 4 500 元至 9 000 元的部分	超过 4 155 元至 7 755 元的部分	20
4	超过 9 000 元至 35 000 元的部分	超过 7 755 元至 27 255 元的部分	25
5	超过 35 000 元至 55 000 元的部分	超过 27 255 元至 41 255 元的部分	30
6	超过 55 000 元至 80 000 元的部分	超过 41 255 元至 57 505 元的部分	35
7	超过 80 000 元的部分	超过 57 505 元的部分	45

注：1. 本表所列含税级距与不含税级距，均为按照税法规定减除有关费用后的所得额；2. 含税级距适用于由纳税人负担税款的工资、薪金所得，不含税级距适用于由他人（单位）代付税款的工资、薪金所得。

二、个体工商户的生产、经营所得和对企事业单位的承包经营、承租经营所得

个体工商户的生产、经营所得和对企事业单位的承包经营、承租经营所得，适用 5%～35%的超额累进税率（如表 6-2 所示）。

表 6-2　　个体工商户的生产、经营所得和对企事业单位的承包经营、承租经营所得个人所得税税率表

级数	全年应纳税所得额		税率（%）
	含税级距	不含税级距	
1	不超过 15 000 元的部分	不超过 14 250 元的部分	5
2	超过 15 000 元至 30 000 元的部分	超过 14 250 元至 27 750 元的部分	10
3	超过 30 000 元至 60 000 元的部分	超过 27 750 元至 51 750 元的部分	20
4	超过 60 000 元至 100 000 元的部分	超过 51 750 元至 79 750 元的部分	30
5	超过 100 000 元的部分	超过 79 750 元的部分	35

注：1. 本表所列含税级距与不含税级距，均为按照税法规定以每个纳税年度的收入减除成本、费用以及损失后的所得额；2. 含税级距适用于个体工商户的生产、经营所得和由纳税人负担税款的对企事业单位的承包经营、承租经营所得，不含税级距适用于由他人（单位）代付税款的对企事业单位的承包经营、承租经营所得。

个人独资企业和合伙企业的生产经营所得，也适用 5%～35%的五级超额累进税率。

三、稿酬所得

稿酬所得适用比例税率，税率为 20%，并按应纳税额减征 30%，故其实际税率为 14%。

四、劳务报酬所得

劳务报酬所得适用比例税率，税率为 20%。对劳务报酬所得一次收入畸高的，可以

实行加成征收，目前，劳务报酬所得实际上适用 20%、30%、40%的三级超额累进税率（如表 6-3 所示）。

表 6-3　　劳务报酬所得个人所得税税率表

级数	每次应纳税所得额	税率（%）
1	不超过 20 000 元的部分	20
2	超过 20 000 元至 50 000 元的部分	30
3	超过 50 000 元的部分	40

注：本表所称每次应纳税所得额是指每次收入额减除费用 800 元（每次收入额不超过 4 000 元时）或者减除 20%的费用（每次收入额超过 4 000 元时）后的余额。

五、特许权使用费所得，利息、股息、红利所得，财产租赁所得，财产转让所得，偶然所得和其他所得

特许权使用费所得，利息、股息、红利所得，财产租赁所得，财产转让所得，偶然所得和其他所得适用比例税率，税率为 20%。出租居民住用房，适用 10%的税率。从 2007 年 8 月 15 日起，居民储蓄利息税率调为 5%。自 2008 年 10 月 9 日起，暂免征收储蓄存款利息所得的个人所得税。

拓展阅读

应当注意的是：第一，承包、承租人对企业经营成果不拥有所有权，仅是按合同（协议）的规定取得一定所得的，其所得按工资、薪金所得项目征税，适用 3%～45%的七级超额累进税率。第二，承包、承租人按合同（协议）的规定向发包、出租方缴纳一定费用后，企业经营成果归其所有的，承包、承租人取得的所得，按对企事业单位的承包经营、承租经营所得项目征税，适用 5%～35%的五级超额累进税率。

单元五　应纳税所得额的规定

计算个人应纳税所得额时，需按不同应税项目分项计算。以某项应税项目的收入额减去税法规定的该项费用减除标准后的余额，为应纳税所得额。

一、费用减除标准

（一）工资、薪金所得

工资、薪金所得，自 2011 年 9 月 1 日起以每月收入额减除费用 3 500 元后的余额为应纳税所得额。

（二）个体工商户的生产、经营所得

个体工商户的生产、经营所得，以每个纳税年度的收入总额减除成本、费用以及损

失后的余额为应纳税所得额。成本、费用是指纳税义务人从事生产、经营所发生的各项直接支出和分配计入成本的间接费用以及销售费用、管理费用、财务费用。损失是指纳税义务人在生产、经营过程中发生的各项营业外支出。

个人独资企业的投资者以全部生产经营所得为应纳税所得额。合伙企业的投资者按照合伙企业的全部生产经营所得和合伙协议约定的分配比例，确定应纳税所得额；合伙协议没有约定分配比例的，以全部生产经营所得和合伙人数量平均计算每个投资者的应纳税所得额。

拓展阅读

上述所称生产经营所得，包括企业分配给投资者个人的所得和企业当年留存的所得（利润）。

（三）对企事业单位的承包经营、承租经营所得

对企事业单位的承包经营、承租经营所得，以每个纳税年度的收入总额减除必要费用后的余额为应纳税所得额。每个纳税年度的收入总额是指纳税义务人按照承包经营、承租经营合同规定分得的经营利润和工资、薪金性质的所得。减除必要费用是指按月减除 3 500 元。

（四）劳务报酬所得、稿酬所得、特许权使用费所得、财产租赁所得

劳务报酬所得、稿酬所得、特许权使用费所得、财产租赁所得，每次收入不超过 4 000元的，减除费用 800 元；4 000 元以上的，减除 20%的费用，其余额为应纳税所得额。

（五）财产转让所得

财产转让所得，以转让财产的收入额减除财产原值和合理费用后的余额为应纳税所得额。

财产原值主要包括如下几方面的内容：

（1）有价证券，为买入价以及买入时按照规定缴纳的有关费用。

（2）建筑物，为建造费或者购进价格以及其他有关费用。

（3）土地使用权，为取得土地使用权所支付的金额、开发土地的费用以及其他有关费用。

（4）机器设备、车船，为购进价格、运输费、安装费以及其他有关费用。

（5）其他财产，参照以上方法确定。

纳税义务人未提供完整、准确的财产原值凭证，不能正确计算财产原值的，由主管税务机关核定其财产原值。

合理费用是指卖出财产时按照规定支付的有关费用。

（六）利息、股息、红利所得，偶然所得和其他所得

利息、股息、红利所得，偶然所得和其他所得，以每次收入额为应纳税所得额。

（1）个人从公开发行和转让市场取得的上市公司股票，持股期限在 1 个月以内（含 1 个月）的，其股息、红利所得全额计入应纳税所得额；持股期限在 1 个月以上至 1 年（含

1年）的，暂减按50%计入应纳税所得额；持股期限超过1年的，暂减按25%计入应纳税所得额。上述所得统一适用20%的税率计征个人所得税。

（2）上市公司派发股息、红利时，对截至股权登记日个人已持股超过1年的，其股息、红利所得，按25%计入应纳税所得额。

（3）个人转让股票时，按照先进先出的原则计算持股期限，即证券账户中先取得的股票视为先转让。

二、附加减除费用适用的范围和标准

国务院发布的《个人所得税法实施条例》中，对附加减除费用适用的范围和标准做了具体规定。

（一）附加减除费用适用的范围

附加减除费用适用的范围包括如下几个方面：

（1）在中国境内的外商投资企业和外国企业中工作取得工资、薪金所得的外籍人员。

（2）应聘在中国境内的企业、事业单位、社会团体、国家机关中工作取得工资、薪金所得的外籍专家。

（3）在中国境内有住所而在中国境外任职或者受雇取得工资、薪金所得的个人。

（4）财政部确定的取得工资、薪金所得的其他人员。

（二）附加减除费用的标准

上述适用范围内的人员每月工资、薪金所得在减除2 000元费用的基础上，再减除2 800元。

华侨和香港、澳门、台湾同胞参照上述附加减除费用标准执行。

三、每次收入的确定

（一）劳务报酬所得的确定

劳务报酬所得，根据不同劳务项目的特点，分别规定为：

（1）只有一次性收入的，以取得该项收入为一次。例如，从事设计、安装、装潢、制图、化验、测试等劳务，往往是接受客户的委托，按照客户的要求，完成一次劳务后取得收入。这属于只有一次性的收入，应以每次提供劳务取得的收入为一次。

（2）属于同一事项连续取得收入的，以1个月内取得的收入为一次。例如，某歌手与一家卡拉OK厅签约，在20×7年1年内每天到卡拉OK厅演唱一次，每次演出后取得报酬50元。在计算其劳务报酬所得时，应视为同一事项的连续性收入，以其1个月内取得的收入为一次计征个人所得税，而不能以每天取得的收入为一次。

（二）稿酬所得的确定

稿酬所得以每次出版、发表取得的收入为一次，具体可细分为：

（1）同一作品再版取得的所得，应视作另一次稿酬所得，计征个人所得税。

（2）同一作品先在报刊上连载，然后再出版，或先出版，再在报刊上连载的，应视为两次稿酬所得征税，即连载作为一次，出版作为另一次。

（3）同一作品在报刊上连载取得收入的，以连载完成后取得的所有收入合并为一次，计征个人所得税。

（4）同一作品在出版和发表时，以预付稿酬或分次支付稿酬等形式取得的稿酬收入，应合并计算为一次，计征个人所得税。

（5）同一作品出版、发表后，因添加印数而追加稿酬的，应与以前出版、发表时取得的稿酬合并计算为一次，计征个人所得税。

（三）特许权使用费所得的确定

特许权使用费所得，以某项使用权的一次转让所取得的收入为一次。一个纳税义务人可能不仅拥有一项特许权利，每项特许权的使用权也可能不止一次地向他人提供。因此，对特许权使用费所得的“次”的界定，以每一项使用权的每次转让所取得的收入为一次。如果该次转让取得的收入是分笔支付的，则应将各笔收入相加作为一次的收入计征个人所得税。

（四）财产租赁所得的确定

财产租赁所得，以1个月内取得的收入为一次。

（五）利息、股息、红利所得的确定

利息、股息、红利所得，以支付利息、股息、红利时取得的收入为一次。

（六）偶然所得的确定

偶然所得，以每次收入为一次。

（七）其他所得的确定

其他所得，以每次收入为一次。

四、应纳税所得额的其他规定

应纳税所得额的其他规定包括如下几个方面：

（1）个人将其所得通过中国境内的社会团体、国家机关向教育和其他社会公益事业以及遭受严重自然灾害地区、贫困地区捐赠，捐赠额未超过纳税义务人申报的应纳税所得额30%的部分，可以从其应纳税所得额中扣除。

纳税人通过中国人口福利基金会、光华科技基金会的公益、救济性捐赠，可在应纳税所得额的30%内扣除。

为支持社会公益事业发展，个人通过中国金融教育发展基金会、中国国际民间组织合作促进会、中国社会工作协会孤残儿童救助基金管理委员会、中国发展研究基金会、陈嘉庚科学奖基金会、中国友好和平发展基金会、中华文学基金会、中华农业科教基金会、中国少年儿童文化艺术基金会和中国公安英烈基金会用于公益、救济性的捐赠，企业在年度应纳税所得额12%以内的部分，个人在申报应纳税所得额30%以内的部分，准予在计算缴纳企业所得税和个人所得税前扣除。

个人通过非营利的社会团体和国家机关向农村义务教育的捐赠，准予在缴纳个人所得税前的所得额中全额扣除。农村义务教育的范围是以政府和社会力量举办的农村乡镇（不含县和县级市政府所在地的镇）、村的小学和初中以及属于这一阶段的特殊教育学校。

纳税人对农村义务教育与高中在一起的学校的捐赠，也享受此项所得税前扣除。

（2）个人的所得（不含偶然所得和经国务院财政部门确定征税的其他所得）用于资助非关联的科研机构和高等学校研究开发新产品、新技术、新工艺所发生的研究开发经费，经主管税务机关确定，可以全额在下月（工资、薪金所得）或下次（按次计征的所得）或当年（按年计征的所得）计征个人所得税时，从应纳税所得额中扣除，不足抵扣的，不得结转抵扣。

（3）个人取得的应纳税所得包括现金、实物和有价证券。所得为实物的，应当按照取得的凭证上所注明的价格计算应纳税所得额；无凭证的实物或者凭证上所注明的价格明显偏低的，由主管税务机关参照实物在当地的市场价格核定应纳税所得额。所得为有价证券的，由主管税务机关根据票面价值和市场价格核定应纳税所得额。

单元六　应纳税额的计算

一、工资、薪金所得应纳税额的计算

工资、薪金所得应纳税额的计算公式为：

应纳税额＝应纳税所得额×适用税率－速算扣除数

＝(每月收入额－3 500 或 4 800)×适用税率－速算扣除数

工资、薪金所得适用的速算扣除数如表 6－4 所示。

表 6－4　　工资、薪金所得适用的速算扣除数表

级数	全月应纳税所得额		税率（%）	速算扣除数（元）
	含税级距	不含税级距		
1	不超过 1 500 元的部分	不超过 1 455 元的部分	3	0
2	超过 1 500 元至 4 500 元的部分	超过 1 455 元至 4 155 元的部分	10	105
3	超过 4 500 元至 9 000 元的部分	超过 4 155 元至 7 755 元的部分	20	555
4	超过 9 000 元至 35 000 元的部分	超过 7 755 元至 27 255 元的部分	25	1 005
5	超过 35 000 元至 55 000 元的部分	超过 27 255 元至 41 255 元的部分	30	2 755
6	超过 55 000 元至 80 000 元的部分	超过 41 255 元至 57 505 元的部分	35	5 505
7	超过 80 000 元的部分	超过 57 505 元的部分	45	13 505

注：1. 本表所列含税级距与不含税级距，均为按照税法规定减除有关费用后的所得额；2. 含税级距适用于由纳税人负担税款的工资、薪金所得，不含税级距适用于由他人（单位）代付税款的工资、薪金所得。

【例 6－1】 20×9 年 6 月，张三丰的工资为 5 200 元，该纳税人不适用附加减除费用的规定。

要求：计算张三丰当月应纳个人所得税税额。

解：

应纳税额＝(5 200－3 500)×10%－105＝65（元）

【例 6－2】 在中德美玉外商投资企业工作的美国专家詹姆斯（假设为非居民纳税人）

于 20×9 年 5 月取得由该企业发放的工资收入 14 000 元。

要求：计算詹姆斯应纳个人所得税税额。

解：

应纳税额=[14 000−(2 000+2 800)]×25%−1 005=1 295（元）

二、个体工商户的生产、经营所得应纳税额的计算

个体工商户的生产、经营所得应纳税额的计算公式为：

应纳税额=应纳税所得额×适用税率−速算扣除数

=(全年收入总额−成本、费用以及损失)×适用税率−速算扣除数

（一）对个体工商户个人所得税计算征收的有关规定

对个体工商户个人所得税计算征收的有关规定包括如下几个方面：

（1）个体工商户业主的费用扣除标准统一确定为 42 000 元/年，即 3 500 元/月。

（2）个体工商户生产经营过程中从业人员的工资扣除标准，由各省、自治区、直辖市地方税务机关根据当地实际情况确定，并报国家税务总局备案。

（3）个体工商户在生产、经营期间的借款利息支出，凡有合法证明的，不高于按金融机构同类、同期贷款利率计算的数额的部分，准予扣除。

（4）个体工商户或个人专营种植业、养殖业、饲养业、捕捞业（以下简称四业），应对其所得计征个人所得税。兼营上述“四业”并且“四业”的所得单独核算的，对属于征收个人所得税的部分，应与其他行业的生产、经营所得合并计征个人所得税；对“四业”的所得不能单独核算的，应就其全部所得计征个人所得税。

（5）个体工商户和从事生产、经营的个人，取得的与生产、经营活动无关的各项应税所得，应分别按照各应税项目的规定计算征收个人所得税。

（二）个体工商户、承包户的生产、经营所得适用的速算扣除数

个体工商户、承包户的生产、经营所得适用的速算扣除数如表 6-5 所示。

表 6-5　个体工商户、承包户的生产、经营所得适用的速算扣除数表

级数	全年应纳税所得额		税率（%）	速算扣除数（元）
	含税级距	不含税级距		
1	不超过 15 000 元的部分	不超过 14 250 元的部分	5	0
2	超过 15 000 元至 30 000 元的部分	超过 14 250 元至 27 750 元的部分	10	750
3	超过 30 000 元至 60 000 元的部分	超过 27 750 元至 51 750 元的部分	20	3 750
4	超过 60 000 元至 100 000 元的部分	超过 51 750 元至 79 750 元的部分	30	9 750
5	超过 100 000 元的部分	超过 79 750 元的部分	35	14 750

注：1. 本表所列含税级距与不含税级距，均为按照税法规定以每个纳税年度的收入减除成本、费用以及损失后的所得额；2. 含税级距适用于个体工商户的生产、经营所得和由纳税人负担税款的对企事业单位的承包经营、承租经营所得，不含税级距适用于由他人（单位）代付税款的对企事业单位的承包经营、承租经营所得。

（三）个人独资企业和合伙企业应纳个人所得税的计算

对个人独资企业和合伙企业生产经营所得，其个人所得税应纳税额的计算有以下两

种办法。

1. 查账征税

(1) 对个人独资企业和合伙企业投资者的生产经营所得依法计征个人所得税时，个人独资企业和合伙企业投资者本人的费用扣除标准统一确定为42 000元/年，即3 500元/月。投资者的工资不得在税前扣除。

(2) 企业从业人员的工资支出按标准在税前扣除，具体标准由各省、自治区、直辖市地方税务局参照企业所得税计税工资标准确定。

(3) 投资者及其家庭发生的生活费用不允许在税前扣除。投资者及其家庭发生的生活费用与企业生产经营费用混合在一起，并且难以划分的，全部视为投资者个人及其家庭发生的生活费用，不允许在税前扣除。

(4) 企业生产经营和投资者及其家庭生活共用的固定资产，难以划分的，由主管税务机关根据企业的生产经营类型、规模等具体情况，核定准予在税前扣除的折旧费用的数额或比例。

(5) 企业实际发生的工会经费、职工福利费、职工教育经费分别在其计税工资总额的2%、14%、15%的标准内据实扣除。

(6) 企业每个纳税年度发生的广告和业务宣传费用不超过当年销售（营业）收入2%的部分，可据实扣除；超过部分可无限期向以后的纳税年度结转。

(7) 企业每个纳税年度发生的与其生产经营业务直接相关的业务招待费，在以下规定的比例范围内，可据实扣除：全年销售（营业）收入净额在1 500万元及以下的，不超过全年销售（营业）收入净额的5‰；全年销售（营业）收入净额超过1 500万元的，不超过全年销售（营业）收入净额的3‰。

(8) 企业计提的各种准备金不得扣除。

(9) 投资者兴办两个或两个以上企业，并且企业性质全部是独资的，年度终了后，汇算清缴时，应纳税款的计算按以下方法进行：将汇总的投资者投资兴办的所有企业的经营所得作为应纳税所得额，并以此确定适用税率，计算出全年经营所得的应纳税额，再根据每个企业的经营所得占所有企业经营所得的比例，分别计算出每个企业的应纳税额和应补缴税额。计算公式为：

$$\text{应纳税所得额} = \sum \text{各个企业的经营所得}$$

$$\text{应纳税额} = \text{应纳税所得额} \times \text{税率} - \text{速算扣除数}$$

$$\text{本企业应纳税额} = \text{应纳税额} \times \text{本企业的经营所得} \div \sum \text{各个企业的经营所得}$$

$$\text{本企业应补缴的税额} = \text{本企业应纳税额} - \text{本企业预缴的税额}$$

2. 核定征税

核定征税方式包括定额征收、核定应税所得率征收以及其他合理的征收方式。

实行核定应税所得率征收方式的，应纳所得税税额和应纳税所得额的计算公式为：

$$\text{应纳所得税税额} = \text{应纳税所得额} \times \text{适用税率}$$

$$\begin{aligned}\text{应纳税所得额} &= \text{收入总额} \times \text{应税所得率} \\ &= \text{成本费用支出额} \div (1 - \text{应税所得率}) \times \text{应税所得率}\end{aligned}$$

应税所得率应按表6-6规定的标准执行。

表 6-6　　个人所得税应税所得率表

行业	应税所得率（%）
工业、交通运输业、商业	5～20
建筑业、房地产开发业	7～20
饮食服务业	7～25
娱乐业	20～40
其他行业	10～30

企业经营涉及多个行业的，无论其经营项目是否单独核算，均应根据其主营项目确定其适用的应税所得率。

实行核定征税的投资者，不能享受个人所得税的优惠政策。

实行查账征税的个人独资企业和合伙企业改为核定征税后，在查账征税方式下认定的年度经营亏损未弥补完的部分，不得再继续弥补。

三、对企事业单位的承包经营、承租经营所得应纳税额的计算

对企事业单位的承包经营、承租经营所得，其个人所得税应纳税额的计算公式为：

应纳税额＝应纳税所得额×适用税率－速算扣除数

＝(纳税年度收入总额－必要费用)×适用税率－速算扣除数

拓展阅读

这里需要说明的是：

(1) 对企事业单位的承包经营、承租经营所得，以每个纳税年度的收入总额减除必要费用后的余额为应纳税所得额。在一个纳税年度中，承包经营或者承租经营期限不足1年的，以其实际经营期为纳税年度。

(2) 对企事业单位的承包经营、承租经营所得适用的速算扣除数，同个体工商户的生产、经营所得适用的速算扣除数。

【例 6-3】宋江于 20×8 年 3 月 1 日与梁山泊股份公司签订承包合同，开始经营招待所，承包期为 19 年。20×8 年，招待所实现承包经营利润 150 000 元，按合同规定，宋江每年应上缴承包费 50 000 元。

要求：计算宋江 20×8 年应纳个人所得税税额。

解：

应纳税额＝[150 000－50 000－(3 500×10)]×30%－9 750＝9 750（元）

四、劳务报酬所得应纳税额的计算

(一) 劳务报酬所得应纳税额的计算公式

对劳务报酬所得，其个人所得税应纳税额的计算公式分为以下三种情况：

(1) 每次收入不足 4 000 元的，应纳税额的计算公式为：

应纳税额＝应纳税所得额×适用税率＝(每次收入额－800)×20%

（2）每次收入在 4 000 元以上的，应纳税额的计算公式为：

应纳税额＝应纳税所得额×适用税率＝每次收入额×(1－20％)×20％

（3）每次收入超过 20 000 元的，应纳税额的计算公式为：

应纳税额＝应纳税所得额×适用税率－速算扣除数

＝每次收入额×(1－20％)×适用税率－速算扣除数

劳务报酬所得适用的速算扣除数如表 6－7 所示。

表 6－7　劳务报酬所得适用的速算扣除数表

级数	每次应纳税所得额	税率（％）	速算扣除数（元）
1	不超过 20 000 元的部分	20	0
2	超过 20 000 元至 50 000 元的部分	30	2 000
3	超过 50 000 元的部分	40	7 000

【例 6－4】 歌星甄美丽一次取得表演收入 50 000 元。

要求：计算该歌星应纳个人所得税税额。

解：

应纳税额＝50 000×(1－20％)×30％－2 000＝10 000（元）

（二）为纳税人代付税款的计算方法

如果单位或个人为纳税人代付税款，应当将单位或个人支付给纳税人的不含税支付额（或称纳税人取得的不含税收入额）换算为应纳税所得额，然后按规定计算应代付的个人所得税税款。计算公式分为以下两种情况：

（1）不含税收入额不超过 3 360 元的，应纳税所得额和应纳税额的计算公式为：

应纳税所得额＝(不含税收入额－800)÷(1－税率)

应纳税额＝应纳税所得额×适用税率

（2）不含税收入额超过 3 360 元的，应纳税所得额和应纳税额的计算公式为：

应纳税所得额＝[(不含税收入额－速算扣除数)×(1－20％)]

÷[1－税率×(1－20％)]

＝[（不含税收入额－速算扣除数)×(1－20％)]

÷当级换算系数

应纳税额＝应纳税所得额×适用税率－速算扣除数

拓展阅读

应当注意的是，应纳税所得额计算公式中的税率是指不含税劳务报酬收入所对应的税率（如表 6－8 所示）；应纳税额计算公式中的税率是指应纳税所得额按含税级距所对应的税率。

表 6－8　不含税劳务报酬收入适用税率表

级数	不含税劳务报酬收入额	税率（％）	速算扣除数（元）	换算系数（％）
1	未超过 3 360 元的部分	20	0	无
2	超过 3 360 元至 21 000 元的部分	20	0	84
3	超过 21 000 元至 49 500 元的部分	30	2 000	76
4	超过 49 500 元的部分	40	7 000	68

【例 6-5】 高级工程师鲁班为赵州桥公司设计一项工程，按照合同规定，公司应支付鲁班劳务报酬 57 000 元，与其报酬相关的个人所得税由公司代付。

要求：计算公司应代付的个人所得税税额。

解：

代付个人所得税＝[(57 000－7 000)×(1－20%)÷68%]×40%－7 000
＝16 529.41（元）

五、稿酬所得应纳税额的计算

稿酬所得应纳税额的计算公式分为以下两种情况：

（1）每次收入不足 4 000 元的，应纳税额的计算公式为：

应纳税额＝应纳税所得额×适用税率×(1－30%)
＝(每次收入额－800)×20%×(1－30%)

（2）每次收入在 4 000 元以上的，应纳税额的计算公式为：

应纳税额＝应纳税所得额×适用税率×(1－30%)
＝每次收入额×(1－20%)× 20%×(1－30%)

【例 6-6】 作家西门吹雪取得一次未扣除个人所得税的稿酬收入 50 000 元。

要求：计算西门吹雪应缴纳的个人所得税税额。

解：

应纳税额＝50 000×(1－20%)×20%×(1－30%)＝5 600（元）

六、特许权使用费所得应纳税额的计算

特许权使用费所得应纳税额的计算公式分为以下两种情况：

（1）每次收入不足 4 000 元的，应纳税额的计算公式为：

应纳税额＝应纳税所得额×适用税率＝(每次收入额－800)×20%

（2）每次收入在 4 000 元以上的，应纳税额的计算公式为：

应纳税额＝应纳税所得额×适用税率＝每次收入额×(1－20%)×20%

七、利息、股息、红利所得应纳税额的计算

利息、股息、红利所得应纳税额的计算公式为：

应纳税额＝应纳税所得额×适用税率＝每次收入额×20%

居民储蓄利息税率自 2007 年 8 月 15 日起调整为 5%，自 2008 年 10 月 9 日起暂免征收储蓄存款利息的个人所得税。

八、财产租赁所得应纳税额的计算

（一）应纳税所得额的计算

财产租赁所得一般以个人每次取得的收入，定额或定率减除规定费用后的余额为应纳税所得额。每次收入不超过 4 000 元的，定额减除费用 800 元；每次收入在 4 000 元以

上的，定率减除20%的费用。财产租赁所得以1个月内取得的收入为一次。

拓展阅读

在确定财产租赁的应纳税所得额时，纳税人在出租财产过程中缴纳的税金和教育费附加，可持完税（缴款）凭证，从其财产租赁收入中扣除。准予扣除的项目除了规定的费用和有关税费外，还准予扣除能够提供有效、准确凭证，证明由纳税人负担的该出租财产实际开支的修缮费用。允许扣除的修缮费用以每次800元为限。一次扣除不完的，准予在下一次继续扣除，直到扣完为止。

个人出租财产取得的财产租赁收入，在计算缴纳个人所得税时，应依次扣除以下费用：财产租赁过程中缴纳的税费；由纳税人负担的该出租财产实际开支的修缮费用；税法规定的费用扣除标准。

财产租赁所得应纳税所得额的计算公式分为以下两种情况：

（1）每次（月）收入不超过4 000元的，应纳税所得额的计算公式为：

$$\text{应纳税所得额}=\text{每次（月）收入额}-\text{准予扣除项目}-\text{修缮费用（800元为限）}-800$$

（2）每次（月）收入超过4 000元的，应纳税所得额的计算公式为：

$$\text{应纳税所得额}=\left[\text{每次（月）收入额}-\text{准予扣除项目}-\text{修缮费用（800元为限）}\right]\times(1-20\%)$$

（二）应纳税额的计算

财产租赁所得适用20%的比例税率。但对个人按市场价格出租的居民住房取得的所得，自2001年1月1日起暂减按10%的税率征收个人所得税。其应纳税额的计算公式为：

应纳税额=应纳税所得额×适用税率

【例6-7】施恩于20×9年1月将其自有的3间面积为200平方米的房屋出租给蒋门神卖酒，租期为1年。施恩每月取得的租金收入为4 500元。

要求：计算施恩全年租金收入应缴纳的个人所得税。

解：

全年应纳税额=4 500×(1-20%)×20%×12=8 640（元）

【例6-8】施恩于20×9年1月将其自有的3间面积为200平方米的房屋出租给蒋门神卖酒，租期为1年。施恩每月取得的租金收入为4 500元。2月，因下水道堵塞找人修理，发生修理费用500元，取得维修部门的正式收据。

要求：计算施恩全年租金收入应缴纳的个人所得税。

解：

全年应纳税额=(4 500-500)×(1-20%)×20%+4 500×(1-20%)×20%×11

=8 560（元）

九、财产转让所得应纳税额的计算

（一）一般情况下财产转让所得应纳税额的计算

财产转让所得应纳税额的计算公式为：

应纳税额＝应纳税所得额×适用税率

＝(收入总额－财产原值－合理税费)×20%

【例 6－9】 张青与孙二娘在大树十字坡建房一幢，造价为 300 000 元，支付费用 90 000 元。二人将此房屋转让，价格为 650 000 元，在卖房过程中按规定支付交易费等有关费用8 000元。

要求：计算张青和孙二娘应纳个人所得税税额。

解：

应纳税额＝[650 000－(300 000＋90 000)－8 000]×20%＝50 400（元）

（二）个人住房转让所得应纳税额的计算

自 2006 年 8 月 1 日起，个人转让住房所得应纳个人所得税的计算规定如下：

(1) 以实际成交价格为转让收入。纳税人申报的住房成交价格明显低于市场价格且无正当理由的，征收机关依法有权根据有关信息核定其转让收入，但必须保证各税种计税价格一致。

(2) 纳税人可凭原购房合同、发票等有效凭证，经税务机关审核后，允许从其转让收入中减除房屋原值、转让住房过程中缴纳的税金及有关合理费用。

十、偶然所得应纳税额的计算

偶然所得应纳税额的计算公式为：

应纳税额＝应纳税所得额×适用税率＝每次收入额×20%

【例 6－10】 张三参加人民商场的有奖销售活动，并中奖 40 000 元。张三愿从中奖收入中拿出 4 000 元通过教育部门捐赠给某希望小学。

要求：计算张三实得中奖金额。

解：

实得中奖金额＝40 000－4 000－(40 000－4 000)×20%＝28 800（元）

十一、其他所得应纳税额的计算

其他所得应纳税额的计算公式为：

应纳税额＝应纳税所得额×适用税率＝每次收入额×20%

十二、应纳税额计算中的特殊问题

（一）对个人取得全年一次性奖金等计算征收个人所得税的方法

全年一次性奖金是指行政机关、企事业单位等扣缴义务人根据其全年经济效益和对雇员全年工作业绩的综合考核情况，向雇员发放的一次性奖金。一次性奖金包括年终加薪、实行年薪制和绩效工资办法的单位根据考核情况兑现的年薪和绩效工资。

纳税人取得全年一次性奖金，单独作为 1 个月工资、薪金所得计算纳税，自 2005 年 1 月 1 日起按以下计税办法，由扣缴义务人发放时代扣代缴：

(1) 先将雇员当月内取得的全年一次性奖金，除以 12 个月，按其商数确定适用税率和速算扣除数。如果在发放年终一次性奖金的当月，雇员当月工资、薪金所得低于税法规定的费用扣除额，应将全年一次性奖金减除雇员当月工资、薪金所得与费用扣除额的差额后的余额，按上述办法确定全年一次性奖金的适用税率和速算扣除数。

(2) 将雇员个人当月内取得的全年一次性奖金，按上述第（1）条确定的适用税率和速算扣除数计算征税。计算时分为以下两种情况：

1）如果雇员当月工资、薪金所得高于（或等于）税法规定的费用扣除额，应纳税额的计算公式为：

应纳税额＝雇员当月取得的全年一次性奖金×适用税率－速算扣除数

2）如果雇员当月工资、薪金所得低于税法规定的费用扣除额，应纳税额的计算公式为：

$$应纳税额=\left(\begin{matrix}雇员当月取得的\\全年一次性奖金\end{matrix}-\begin{matrix}雇员当月工资、薪金所得\\与费用扣除额的差额\end{matrix}\right)\times\begin{matrix}适用\\税率\end{matrix}-\begin{matrix}速算\\扣除数\end{matrix}$$

例如，中国公民 A 在境内每月工资 4 000 元，12 月 31 日领取税前年终奖金 60 000 元。由 60 000÷12＝5 000 元，得到适用税率和速算扣除数为 20%、555 元，年终奖应纳个税＝60 000×20%－555＝11 445（元）。如果 A 在境内每月工资 3 000 元，由［60 000－(3 500－3 000)］÷12＝4 958.33 元，得到适用税率和速算扣除数为 20%、555 元，年终奖应纳个税＝［60 000－(3 500－3 000)］×20%－555＝11 345 元。

（二）取得不含税全年一次性奖金收入个人所得税的计算方法

取得不含税全年一次性奖金收入个人所得税的计算方法为：

(1) 按照不含税的全年一次性奖金收入除以 12 的商数，查找相应适用税率 A 和速算扣除数 A。

(2) 含税的全年一次性奖金收入的计算公式为：

含税的全年一次性奖金收入＝(不含税的全年一次性奖金收入－速算扣除数 A)
÷(1－适用税率 A)

(3) 按含税的全年一次性奖金收入除以 12 的商数，重新查找适用税率 B 和速算扣除数 B。

(4) 应纳税额的计算公式为：

应纳税额＝含税的全年一次性奖金收入×适用税率 B－速算扣除数 B

如果纳税人取得不含税全年一次性奖金收入的当月工资、薪金所得低于税法规定的费用扣除额，应先将不含税全年一次性奖金减去当月工资、薪金所得低于税法规定费用扣除额的差额部分后，再按照上述第（1）条规定处理。

根据企业所得税和个人所得税的现行规定，企业所得税的纳税人、个人独资和合伙企业、个体工商户为个人支付的个人所得税税款，不得在所得税前扣除。

（三）关于失业保险费（金）征税问题

城镇企事业单位及其职工个人按照《失业保险条例》规定的比例，实际缴付的失业保险费，均不计入职工个人当期工资、薪金收入，免予征收个人所得税；超过《失业保险条例》规定的比例缴付失业保险费的，应将其超过规定比例缴付的部分计入职工个人当期的工资、薪金收入，依法计征个人所得税。

具备《失业保险条例》规定条件的失业人员领取的失业保险金，免予征收个人所得税。

（四）两个以上的纳税人共同取得同一项所得的计税问题

两个或两个以上的纳税义务人共同取得同一项所得的（如共同编写一部著作而取得稿酬所得），可以对每个人分得的收入分别减除费用，并计算各自应纳税款。

（五）个人兼职和退休人员再任职取得收入个人所得税的征税方法

个人兼职取得的收入应按照劳务报酬所得项目缴纳个人所得税；退休人员再任职取得的收入，在减除按《个人所得税法》规定的费用扣除标准后，按工资、薪金所得项目缴纳个人所得税。

（六）企业为股东个人购买汽车个人所得税的征税方法

企业为股东购买汽车并将汽车所有权办到股东个人名下，其实质为企业对股东进行红利性质的实物分配，应按照利息、股息、红利所得项目征收个人所得税。考虑到该股东个人名下的汽车同时也为企业经营使用的实际情况，允许合理减除部分所得，减除的具体数额由主管税务机关根据汽车的实际使用情况合理确定。

依据《中华人民共和国企业所得税暂行条例》以及有关规定，上述企业为个人股东购买的汽车，不属于企业的资产，不得在企业所得税前扣除折旧。

（七）个人取得拍卖收入个人所得税的征税方法

（1）根据《国家税务总局关于印发<征收个人所得税若干问题的规定>的通知》，作者将自己的文字作品手稿原件或复印件拍卖取得的所得，应以其转让收入额减除 800 元（转让收入额 4 000 元以下）或者 20%（转让收入额 4 000 元以上）后的余额为应纳税所得额，按照特许权使用费所得项目适用 20%的税率缴纳个人所得税。

（2）个人拍卖除文字作品原稿及复印件外的其他财产，应以其转让收入额减除财产原值和合理费用后的余额为应纳税所得额，按照财产转让所得项目适用 20%的税率缴纳个人所得税。

（八）企业年金或职业年金的计税方法

（1）企业和事业单位根据国家有关政策规定的办法和标准，为在本单位任职或者受雇的全体职工缴付的企业年金中的或职业年金中的单位缴费部分，在计入个人账户时，个人暂不缴纳个人所得税；超过部分应并入个人当期的工资、薪金所得计征个人所得税，由建立年金的单位代扣代缴。

（2）个人根据国家有关政策规定缴付的年金中的个人缴费部分，在不超过本人缴费工资计税基数的 4%标准内的部分，暂从个人当期的应纳税所得额中扣除；超过部分并入个人当期的工资、薪金所得计征个人所得税，由建立年金的单位代扣代缴。

（九）取得工伤保险待遇免征个人所得税

对工伤职工及其近亲属按照国务院颁布的《工伤保险条例》的规定取得的工伤保险待遇，免征个人所得税。工伤保险待遇，包括工伤职工按照《工伤保险条例》的规定取得的一次性伤残补助金、伤残津贴、一次性工伤医疗补助金、一次性伤残就业补助金、工伤医疗待遇、住院伙食补助费、外地就医交通食宿费用、工伤康复费用、辅助器具费用、生活护理费等，以及职工因工死亡，其近亲属按照《工伤保险条例》的规定取得的丧葬补助金、供养亲属抚恤金和一次性工亡补助金等。

（十）企业在销售商品（产品）和提供服务过程中向个人赠送礼品的计税方法

（1）企业在销售商品（产品）和提供服务过程中向个人赠送礼品，属于企业通过价格折扣、折让方式向个人销售商品（产品）和提供服务；企业在向个人销售商品（产品）和提供服务的同时给予赠品（如通信企业对个人购买手机赠送话费、入网费，或者购话费赠手机等）；企业对累积消费达到一定额度的个人按消费积分反馈礼品的情形之一的，不征收个人所得税。

（2）企业向个人赠送礼品，属于企业在业务宣传、广告等活动中，随机向本单位以外的个人赠送礼品的，对个人取得的礼品所得，按照其他所得项目，全额适用20%的税率缴纳个人所得税；属于企业在年会、座谈会、庆典以及其他活动中向本单位以外的个人赠送礼品的，对个人取得的礼品所得，按照其他所得项目，全额适用20%的税率缴纳个人所得税；属于企业对累积消费达到一定额度的顾客，给予额外抽奖机会，对个人的获奖所得，按照偶然所得项目，全额适用20%的税率缴纳个人所得税。

（3）税款由赠送礼品的企业代扣代缴。企业赠送的礼品是自产产品（服务）的，按该产品（服务）的市场销售价格确定个人的应税所得；赠送的礼品是外购商品（服务）的，按该商品（服务）的实际购置价格确定个人的应税所得。

（十一）个人购买符合规定的商业健康保险产品支出的扣除方法

对个人购买符合规定的商业健康保险产品的支出，允许在当年（月）计算应纳税所得额时予以税前扣除，扣除限额为2 400元/年（200元/月）。单位统一为员工购买符合规定的商业健康保险产品的支出，应分别计入员工个人工资薪金，视同个人购买，按上述限额予以扣除。

（十二）个人转让出租房屋的计税方法

（1）个人转让房屋的个人所得税应税收入不含增值税，其取得房屋时所支付价款中包含的增值税计入财产原值，计算转让所得时可扣除的税费不包括本次转让缴纳的增值税。

（2）个人出租房屋的个人所得税应税收入不含增值税，计算房屋出租所得可扣除的税费不包括本次出租缴纳的增值税。个人转租房屋的，其向房屋出租方支付的租金及增值税额，在计算转租所得时予以扣除。

（3）免征增值税的，确定计税依据时，成交价格、租金收入、转让房地产取得的收入不扣减增值税额。

（4）税务机关核定的计税价格或收入不含增值税。

单元七　税收优惠

一、免征个人所得税的优惠

（1）省级人民政府、国务院部委和中国人民解放军军以上单位，以及外国组织颁发的科学、教育、技术、文化、卫生、体育、环境保护等方面的奖金，免征个人所得税。

（2）国债和国家发行的金融债券利息，免征个人所得税。

（3）按照国家统一规定发给的补贴、津贴，免征个人所得税。发给中国科学院资深院士和中国工程院资深院士每人每年1万元的资深院士津贴，免征个人所得税。

（4）福利费、抚恤金、救济金，免征个人所得税。

（5）保险赔款，免征个人所得税。

（6）军人的转业费、复员费，免征个人所得税。

（7）按照国家统一规定，发给干部、职工的安家费、退职费、退休工资、离休工资、离休生活补助费，免征个人所得税。

（8）依照我国有关法律的规定，应予以免税的各国驻华使馆、领事馆的外交代表、领事官员和其他人员的所得，免征个人所得税。

上述所得，是指《中华人民共和国外交特权与豁免条例》和《中华人民共和国领事特权与豁免条例》规定免税的所得。

（9）中国政府参加的国际公约以及签订的协议中规定免税的所得，免征个人所得税。

（10）对乡、镇（含乡、镇）以上人民政府或经县（含县）以上人民政府主管部门批准成立的有机构、有章程的见义勇为基金或者类似性质组织奖励见义勇为者的奖金或奖品，经主管税务机关核准，免征个人所得税。

（11）企业和个人按照省级以上人民政府规定的比例提取并缴付的住房公积金、医疗保险金、基本养老保险金、失业保险金，不计入个人当期的工资、薪金收入，免予征收个人所得税。超过规定的比例缴付的部分，计征个人所得税。个人领取原提存的住房公积金、医疗保险金、基本养老保险金时，免征个人所得税。

（12）其他经国务院财政部门批准免税的所得，免征个人所得税。

二、减征个人所得税的优惠

（1）残疾、孤老人员和烈属的所得，减征个人所得税。

（2）因严重自然灾害造成重大损失的，减征个人所得税。

（3）其他经国务院财政部门批准减税的项目，减征个人所得税。

三、暂免征收个人所得税的优惠

（1）外籍个人以非现金形式或实报实销形式取得的住房补贴、伙食补贴、搬迁费、洗衣费，暂免征收个人所得税。

（2）外籍个人按合理标准取得的境内、境外出差补贴，暂免征收个人所得税。

（3）外籍个人取得的探亲费、语言训练费、子女教育费等，经当地税务机关审核批准为合理的部分，暂免征收个人所得税。可以享受免征个人所得税优惠的探亲费，仅限于外籍个人在我国的受雇地与其家庭所在地（包括配偶或父母居住地）之间搭乘交通工具，且每年不超过两次的费用。

（4）个人举报、协查各种违法、犯罪行为而获得的奖金，暂免征收个人所得税。

（5）个人办理代扣代缴税款手续，按规定取得的扣缴手续费，暂免征收个人所得税。

（6）个人转让自用5年以上并且是唯一的家庭居住用房取得的所得，暂免征收个人所得税。

单元八　境外所得的税额扣除

纳税义务人从中国境外取得的所得，准予其在应纳税额中扣除已在境外缴纳的个人所得税税额，但扣除额不得超过该纳税义务人境外所得依照我国税法规定计算的应纳税额。

税法所说的已在境外缴纳的个人所得税税额，是指纳税义务人从中国境外取得的所得，依照该所得来源国家或者地区的法律规定应当缴纳并且实际已经缴纳的税额。

【例 6-11】陈迩在甲国某家公司任职。20×8 年，陈迩取得工资、薪金收入 120 000 元（平均每月为 10 000 元），因提供一项专利技术使用权，一次取得特许权使用费收入 40 000元，该两项收入在甲国缴纳个人所得税 5 200 元。因在乙国出版著作，陈迩获得稿酬收入（版税）15 000 元，并在乙国缴纳该项收入的个人所得税 1 720 元。

要求：计算陈迩在中国应补缴或补减的税额。

解：

工资、薪金应纳税额＝[(10 000－4 800)×20%－555]×12＝5 820（元）

特许权使用费应纳税额＝40 000×(1－20%)×20%＝6 400（元）

甲国扣除限额＝12 220（元）

乙国所纳个人所得税＝[15 000×(1－20%)×20%]×(1－30%)＝1 680（元）

该纳税义务人的稿酬所得在乙国实际缴纳个人所得税 1 720 元，超出抵减限额 40 元，不能在本年度扣除，但可在以后 5 个纳税年度的该国减除限额的余额中补减。

综合上述计算结果，该纳税义务人在本纳税年度中的境外所得，应在中国补缴个人所得税 7 020 元。其在乙国缴纳的个人所得税未抵减完的 40 元，可在我国税法规定的前提条件下补减。

单元九　个人所得税的账务处理

一、工资、薪金所得税的会计核算

企业作为个人所得税的扣缴义务人，应按规定扣缴职工应缴纳的个人所得税。代扣个人所得税时，借记“应付职工薪酬”账户，贷记“应交税费——应交个人所得税”账户。

企业为职工代扣代缴个人所得税有两种情况：第一，职工自己承担个人所得税，企业只负有扣缴义务；第二，企业既承担税款，又负有扣缴义务。

【例 6-12】北京市五湖电器有限公司为张三、李四每月各发工资 6 000 元、5 405 元。合同约定，张三自己承担个人所得税，李四的个人所得税由公司承担。

要求：进行月末发工资时的会计处理。

解：

(1) 发放张三的工资时：

张三应纳个人所得税＝(6 000－3 500)×10％－105＝145（元）

借：应付职工薪酬　　6 000

　贷：库存现金　　5 855

　　应交税费——应交个人所得税　　145

(2) 发放李四的工资时：

李四应纳个人所得税＝(5 405－3 500－105)÷(1－10％)×10％－105＝95（元）

借：应付职工薪酬　　5 500

　贷：库存现金　　5 405

　　应交税费——应交个人所得税　　95

二、支付劳务报酬、特许权使用费、稿费、财产租赁费代扣代缴所得税的会计核算

企业支付给个人的劳务报酬、特许权使用费、稿费、财产租赁费，一般由支付单位作为扣缴义务人向纳税人扣留税款，并记入该企业的有关期间费用账户。即企业在支付上述费用时，借记“无形资产”“管理费用”“财务费用”“销售费用”等账户，贷记“应交税费——应交个人所得税”“库存现金”等账户；实际缴纳时，借记“应交税费——应交个人所得税”账户，贷记“银行存款”账户。

【例 6-13】工程师鲁小妹向新和木制品公司提供一项造伞专利使用权，一次取得收入50 000元。

要求：进行相应的会计处理。

解：

应纳税额＝50 000×(1－20％)×20％＝8 000（元）

(1) 公司计提扣缴个人所得税时：

借：无形资产　　50 000

　贷：应交税费——应交个人所得税　　8 000

　　库存现金　　42 000

(2) 该公司实际上缴扣缴的所得税时：

借：应交税费——应交个人所得税　　8 000

　贷：银行存款　　8 000

三、向个人购买财产（财产转让）代扣代缴所得税的会计核算

一般情况下，企业向个人购买财产用于购建企业固定资产项目的，支付的税金应作为企业购建固定资产的价值组成部分。

购建固定资产时，做会计分录如下：

借：固定资产

　贷：库存现金

应交税费——应交个人所得税

实际上缴个人所得税时，做会计分录如下：

借：应交税费——应交个人所得税

　贷：银行存款

四、向股东支付股利代扣代缴个人所得税的会计核算

企业向个人支付现金股利时，应代扣代缴个人所得税。企业按应支付给个人的现金股利金额，借记“利润分配”账户，贷记“应付股利”账户；当实际支付时，借记“应付股利”账户，贷记“库存现金”（或“银行存款”）、“应交税费——应交个人所得税”账户。

五、承包、承租经营所得应缴所得税的会计核算

承包、承租人对企业经营成果不拥有所有权，仅是按合同（协议）的规定取得一定所得的，其所得按工资、薪金所得项目征税，适用3%～45%的七级超额累进税率。

承包、承租人按合同（协议）的规定向发包、出租方交付一定费用后，企业经营成果归其所有的，承包、承租人取得的所得，按对企事业单位的承包经营、承租经营所得项目，适用5%～35%的五级超额累进税率征税。

单元十　个人所得税实训

一、实训目的

掌握个人所得税的计算及会计处理；熟悉个人所得税申报程序；掌握个人所得税纳税申报表等相关资料的填写方法；了解个人所得税的税制要素；培养学生理解能力、计算能力、账务处理能力和纳税申报的应用能力。

二、实训资料

北京居民李先生20×9年的收入如下：

（1）月工资为3 300元，年终奖为10 000元，每月误餐补助为150元，年内收到单位发放的实物福利共计1 500元。

（2）转让股票所得为2 000元。

（3）取得境外上市公司股票利息收入10 000元，已在境外缴纳个人所得税3 000元。

（4）转让居住6年的自有住房，取得租金收入185 000元，该房购入价值为97 000元，发生合理费用2 400元。

（5）年初出租另一套闲置住房，月租金为1 000元，已按规定缴纳相关税费。

（6）购买体育福利彩票中奖30 000元，将其中10 000元捐赠灾区。

（7）为某公司设计产品营销方案，取得一次性设计收入18 000元。

（8）于20×9年9月30日存入某商业银行一笔人民币款项，同年12月30日，将该笔存款取出，应得利息收入为100元。

（9）撰写一篇小说在晚报上连载3个月，报社每月支付稿酬4 000元。

三、实训任务

（1）计算各项所得在我国缴纳的个人所得税税额。

（2）指出各项所得的纳税申报方式，属于代扣代缴的，请指出扣缴义务人。

（3）自行填报个人所得税纳税申报表，进行自行纳税申报。

四、实训条件（自备）

（1）记账凭证。

（2）个人所得税纳税申报表1张。

深度阅读

《国家税务总局关于进一步简化和规范个人无偿赠与或受赠不动产免征营业税、个人所得税所需证明资料的公告》（国家税务总局公告2015年第75号）

《财政部　国家税务总局　保监会关于实施商业健康保险个人所得税政策试点的通知》（财税〔2015〕126号）

《财政部　国家税务总局　人力资源和社会保障部关于企业年金职业年金个人所得税有关问题的通知》（财税〔2013〕103号）

《财政部　国家税务总局关于营改增后契税、房产税、土地增值税、个人所得税计税依据问题的通知》（财税〔2016〕43号）

课后练习

一、单项选择题

1. 下列属于非居民纳税人的自然人有（　　）。

A. 在中国境内无住所且不居住，但有来源于中国境内的所得

B. 在中国境内有住所

C. 在中国境内无住所，但居住时间满一个纳税年度

D. 在中国境内有住所，但目前未居住

2. 根据个人所得税法律制度的规定，下列各项中，属于工资、薪金所得项目的是（　　）。

A. 年终加薪　　B. 托儿补助费　　C. 独生子女补贴　　D. 差旅费津贴

3. 某画家于20×6年8月将其精选的书画作品交由某出版社出版，从出版社取得报酬10万元，该笔报酬在缴纳个人所得税时适用的税目是（　　）。

A. 工资、薪金所得　　　　　　B. 劳务报酬所得

C. 稿酬所得　　　　D. 特许权使用费所得

4. 依据《个人所得税法》的规定，个人转让有价证券取得的所得，应属于（　　）征税项目。

A. 偶然所得　　　　B. 财产转让所得

C. 股息、红利所得　　　　D. 特许权使用费所得

5. 某单位高级工程师刘先生于20×7年8月取得特许权使用费收入3 000元，9月又取得一项特许权使用费收入4 500元。刘先生这两项收入应缴纳的个人所得税为（　　）元。

A. 1 160　　B. 1 200　　C. 1 340　　D. 1 500

6. 根据个人所得税法律制度的有关规定，下列各项中，不属于个人所得税免税项目的是（　　）。

A. 退休工资　　　　B. 彩票中奖所得

C. 保险赔款　　　　D. 福利费、抚恤金、救济金

二、多项选择题

1. 下列各项中，以取得的收入为应纳税所得额直接计征个人所得税的有（　　）。

A. 稿酬所得　　　　B. 偶然所得

C. 股息所得　　　　D. 特许权使用费所得

2. 根据个人所得税法律制度的规定，下列各项在计算应纳税所得额时，按照定额与定率相结合的方法扣除费用的有（　　）。

A. 劳务报酬所得

B. 特许权使用费所得

C. 对企事业单位的承包、承租经营所得

D. 财产转让所得

3. 下列各项中，适用5%～35%的五级超额累进税率征收个人所得税的有（　　）。

A. 个体工商户的生产经营所得

B. 合伙企业的生产经营所得

C. 个人独资企业的生产经营所得

D. 对企事业单位的承包经营、承租经营所得

4. 根据个人所得税法律制度的规定，下列各项中，免征个人所得税的有（　　）。

A. 离退休人员从社保部门领取的养老金

B. 省级人民政府的科学奖

C. 个人取得的保险赔款

D. 军人的转业费

三、业务题

1. 王先生在商场的有奖销售过程中中奖，奖金共计20 000元。王先生领奖时告知商场，从中奖收入中拿出4 000元通过教育部门捐赠给希望小学。

要求：(1) 计算商场代扣代缴的个人所得税。

(2) 计算王先生实际可得的中奖金额。

2. 国内某作家创作的一部小说在报刊上连载3个月，第1个月获得稿酬300元，第2

个月获得稿酬 4 000 元，第 3 个月获得稿酬 5 000 元。

要求：计算该作家取得稿酬收入应缴纳的个人所得税。

3. 王某为中国公民，20×7 年承包经营一个招待所，全年承包收入为 80 000 元（已扣除承包费）。

要求：计算王某 20×7 年应缴纳的个人所得税。

4. 演员王某进行演出，取得出场费 40 000 元。

要求：计算王某应缴纳的个人所得税。

5. 某作家出版一本书，取得稿酬 20 000 元。

要求：计算其应纳个人所得税。

6. 某作家写作一篇小说在晚报上连载 3 个月，报社每月支付其稿酬 4 000 元。

要求：计算该作家应缴纳的个人所得税。

7. 王某自 20×8 年 4 月 1 日起出租用于居住的住房，每月取得出租住房的租金收入为3 000元，7 月发生房屋维修费 1 600 元，不考虑其他税费。

要求：计算王某 20×8 年出租房屋应缴纳的个人所得税。

8. 王某于 20×8 年 4 月 1 日将一套居住了 2 年的普通住房出售，原值为 12 万元，售价为 30 万元，售房中发生费用 1 万元。

要求：计算王某出售房屋应缴纳的个人所得税。

9. 李某于 20×7 年 3 月取得如下收入：薪金收入为 3 900 元，一次性稿费收入为 5 000元，一次性讲学收入为 500 元，一次性翻译资料收入为 3 000 元，到期国债利息收入为 886 元。

要求：计算李某当月应缴纳的个人所得税。

10. 中国公民王先生在 A 国因提供一项专利技术使用权，一次取得特许权使用费收入 30 000 元，王先生因该收入在 A 国缴纳个人所得税 500 元。

要求：计算王先生在我国应缴纳的个人所得税。

11. 某企业为赵云、钱宙每月各发工资 3 800 元。但合同约定，赵云自己承担个人所得税，钱宙的个人所得税由企业承担。

要求：计算两人的个人所得税并进行相应的会计处理。

12. 孙工程师向一家公司提供一项专利使用权，一次取得收入 50 000 元。

要求：计算涉及的个人所得税并进行相应的会计处理。

四、实训题

（一）实训资料

中国公民李某 20×9 年的收入情况如下：

（1）3 月，出版一本书，取得稿酬 5 000 元。6—8 月，该书被某晚报连载，6 月取得稿费 1 000 元，7 月取得稿费 1 000 元，8 月取得稿费 1 500 元。因该书畅销，出版社于 9 月增加印数，又取得追加稿酬 3 000 元。

（2）6 月，购买社会福利彩票，中奖 20 万元，并通过非营利的社会团体向农村义务教育捐赠了 8 万元。

（3）10 月 1 日，一张 3 年期定期存单到期，李某将其全部取出，本金为 5 万元，年利率为 6%。

（4）学校公务用车改革，按月发给职工用车补贴，李某于 3 月收到补贴 500 元，当地规定的公务用车费用扣除标准为每月 300 元。李某 3 月的工资为 1 900 元，当月发放第一季度考核奖金4 000元。

（二）实训任务

（1）计算各项所得在我国缴纳的个人所得税。

（2）指出各项所得的纳税申报方式，属于代扣代缴的，请指出扣缴义务人。

（3）自行填报个人所得税纳税申报表，进行自行纳税申报。

（三）实训条件（自备）

（1）记账凭证。

（2）个人所得税纳税申报表 1 张。

学习情境七
资源税及账务处理

教学目标

1. 了解资源税的含义与纳税义务人；
2. 熟悉资源税应纳税额的计算；
3. 熟悉资源税的账务处理。

单元一 资源税概述

资源税是为了调节资源开发过程中的级差收入，以自然资源为课税对象征收的一种税。我国现行资源税的基本规范是2011年9月30日修订的《中华人民共和国资源税暂行条例》（以下简称《资源税暂行条例》）及2011年10月28日财政部、国家税务总局公布的《中华人民共和国资源税暂行条例实施细则》，以及2014年12月1日开始执行的石油、天然气从价计征改革；2015年5月1日起对稀土、钨、钼资源税从价定率征收；2015年8月1日煤炭资源税由从量定额改为从价定率征收；自2016年7月1日起在河北省实施水资源税改革试点；自2016年7月1日起对列举名称的21种资源品目实施资源税改革。

一、纳税义务人

资源税的纳税义务人是指在中华人民共和国领域及管辖海域开采应税资源的矿产品或者生产盐的单位和个人。

二、税目、单位税额

资源税的税目、单位税额如下：

（1）原油。人造石油不征税，开采的天然原油征税。

（2）天然气。专门开采的天然气和与原油同时开采的天然气征税，煤矿生产的天然气暂不征税。

(3) 煤炭。煤炭包括原煤和以未税原煤加工的洗选煤。

(4) 其他非金属矿。其他非金属矿原矿是指原油、天然气、煤炭和井矿盐以外的非金属矿原矿。

(5) 金属矿。

(6) 盐。一是固体盐，包括海盐原盐、湖盐原盐和井矿盐；二是液体盐（卤水），是指氯化钠含量达到一定浓度的溶液，是用于生产碱和其他产品的原料。

(7) 河北省水资源试点。水资源税的征税对象为地表水和地下水。地表水是陆地表面上动态水和静态水的总称，包括江、河、湖泊（含水库）、雪山融水等水资源。地下水是埋藏在地表以下各种形式的水资源。利用取水工程或者设施直接从江河、湖泊（含水库）和地下取用地表水、地下水的单位和个人，为水资源税纳税人。

资源税税目、税率表如表 7-1 所示。

表 7-1　　资源税税目、税率表

税目		征税对象	税率
原油			6%～10%
天然气			6%～10%
煤炭			2%～10%
金属矿	铁矿	精矿	1%～6%
	金矿	金锭	1%～4%
	铜矿	精矿	2%～8%
	铝土矿（耐火级矾土、研磨级矾土等高铝粘土）	原矿	3%～9%
	铅锌矿	精矿	2%～6%
	镍矿	精矿	2%～6%
	锡矿	精矿	2%～6%
	未列举名称的其他金属矿产品	原矿或精矿	税率不超过 20%
非金属矿	石墨	精矿	3%～10%
	硅藻土	精矿	1%～6%
	高岭土	原矿	1%～6%
	萤石	精矿	1%～6%
	石灰石	原矿	1%～6%
	硫铁矿	精矿	1%～6%
	磷矿	原矿	3%～8%
	氯化钾	精矿	3%～8%
	硫酸钾	精矿	6%～12%
	井矿盐	氯化钠初级产品	1%～6%
	湖盐	氯化钠初级产品	1%～6%
	提取地下卤水晒制的盐	氯化钠初级产品	3%～15%
	煤层（成）气	原矿	1%～2%
	粘土、砂石	原矿	每吨或立方米 0.1 元～5 元
	未列举名称的其他非金属矿产品	原矿或精矿	从量税率每吨或立方米不超过 30 元；从价税率不超过 20%

续前表

税目	征税对象	税率
海盐（海水晒制的盐，不包括提取地下卤水晒制的盐）	氯化钠初级产品（指井矿盐、湖盐原盐、提取地下卤水晒制的盐和海盐原盐，包括固体和液体形态的初级产品）	1%～5%
河北省水资源试点	参见《河北省人民政府关于印发河北省水资源税改革试点实施办法的通知》（冀政发〔2016〕34 号）	

拓展阅读

（1）对《资源税税目税率表》未列举名称的其他金属和非金属矿产品，按照从价计征为主、从量计征为辅的原则，由省级人民政府确定计征方式、具体税目和适用税率，报财政部、国家税务总局备案。省级人民政府在提出和确定适用税率时，要结合当前矿产企业实际生产经营情况，遵循改革前后税费平移原则，充分考虑企业负担能力，一个矿种原则上设定一档税率，少数资源条件差异较大的矿种可按不同资源条件、不同地区设定两档税率。

（2）对《资源税税目税率表》中列举名称的资源品目，由省级人民政府在规定的税率幅度内提出具体适用税率建议，报财政部、国家税务总局确定核准。

三、扣缴义务人适用的税额

（1）独立矿山、联合企业收购未税资源税应税产品的，按照本单位应税产品税额（率）标准，依据收购的数量（金额）代扣代缴资源税。

（2）其他收购单位收购的未税资源税应税产品，按主管税务机关核定的应税产品税额（率）标准，依据收购的数量（金额）代扣代缴资源税。

收购数量（金额）的确定比照课税数量（销售额）的规定执行。

扣缴义务人代扣代缴资源税的纳税义务发生时间为支付首笔货款或首次开具支付货款凭据的当天。

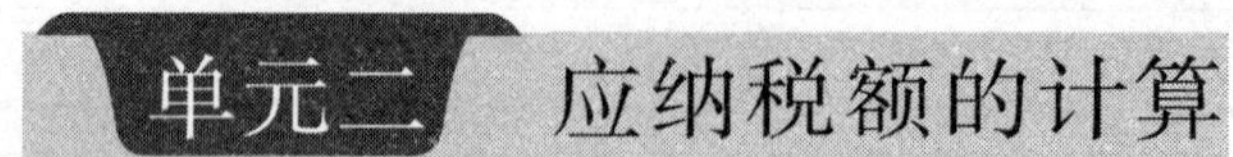

单元二 应纳税额的计算

一、计税依据

（一）确定资源税销售额或者销售数量的基本方法

确定资源税销售额或者销售数量的基本方法如下：

（1）销售额是指纳税人销售产品收取的全部价款和价外费用，但是不包括收取的销项税额。

价外费用是指价外向购买方收取的手续费、补贴、基金、集资费、返还利润、奖励费、违约金（延期付款利息）、包装费、包装物租金、储备费、运输装卸费、代收款项、代垫款项及其他各种性质的价外收费，但下列项目不包括在内：1）承运者的运费发票开具给购货方的，纳税人将该项发票转交给购货方的代垫运费。2）同时符合以下条件代为收取的政府性基金或者行政事业性收费：由国务院或者财政部批准设立的政府性基金以及由国务院或者省级人民政府及其财政、价格主管部门批准设立的行政事业性收费；收取时开具省级以上财政部门印制的财政票据；所收款项全部上缴财政。

（2）纳税人开采或者生产应税产品销售的，以销售数量计算销售额或者销售数量。

（3）纳税人开采或者生产应税产品自用的，以自用（非生产用）数量计算销售额或者销售数量。

拓展阅读

销售额不包括增值税销项税额和运杂费用。运杂费用是指应税产品从坑口或洗选（加工）地到车站、码头或购买方指定地点的运输费用、建设基金以及随运销产生的装卸、仓储、港杂费用。运杂费用应与销售额分别核算，凡未取得相应凭据或不能与销售额分别核算的，应当一并计征资源税。

（二）特殊情况销售额或者销售数量的确定方法

特殊情况销售额或者销售数量的确定方法如下：

（1）对开采稠油、高凝油、高含硫天然气、低丰度油气资源及三次采油的陆上油气田企业，根据以前年度符合减税规定的原油、天然气销售额占其原油、天然气总销售额的比例，确定资源税综合减征率和实际征收率，计算资源税应纳税额。其计算公式为：

$$综合减征率 = \sum(减税项目销售额 \times 减征幅度 \times 6\%) \div 总销售额$$

$$实际征收率 = 6\% - 综合减征率$$

$$应纳税额 = 总销售额 \times 实际征收率$$

（2）纳税人将其开采的原煤自用于连续生产洗选煤的，在原煤移送使用环节不缴纳资源税；自用于其他方面的，视同销售原煤。纳税人将其开采的原煤加工为洗选煤自用的，视同销售洗选煤。

（3）纳税人将其开采的原煤加工为洗选煤销售的，以洗选煤销售额乘以折算率作为应税煤炭销售额，计算缴纳资源税。其计算公式为：

$$洗选煤应纳税额 = 洗选煤销售额 \times 折算率 \times 适用税率$$

纳税人同时以自采未税原煤和外购已税原煤加工洗选煤的，应当分别核算；未分别核算的，按洗选煤计算缴纳资源税。

（4）纳税人同时销售（包括视同销售）应税原煤和洗选煤的，应当分别核算原煤和洗选煤的销售额；未分别核算或者不能准确提供原煤和洗选煤销售额的，一并视同销售原煤计算缴纳资源税。

（5）为公平原矿与精矿之间的税负，对同一种应税产品，征税对象为精矿的，纳税人销售原矿时，应将原矿销售额换算为精矿销售额缴纳资源税；征税对象为原矿的，纳税人销售自采原矿加工的精矿，应将精矿销售额折算为原矿销售额缴纳资源税。换算比或折算率原则上应通过原矿售价、精矿售价和选矿比计算，也可通过原矿销售额、加工环节平均成本和利润计算。

金矿以标准金锭为征税对象，纳税人销售金原矿、金精矿的，应比照上述规定将其销售额换算为金锭销售额缴纳资源税。

换算比或折算率应按简便可行、公平合理的原则，由省级财税部门确定，并报财政部、国家税务总局备案。

（6）纳税人申报的应税产品销售额明显偏低且无正当理由的，或者有视同销售应税煤炭行为而无销售价格的，除财政部、国家税务总局另有规定，按下列顺序确定计税价格：1）按纳税人最近时期同类原煤或洗选煤的平均销售价格确定。2）按其他纳税人最近时期同类原煤或洗选煤的平均销售价格确定。3）按组成计税价格确定。组成计税价格＝成本×（1＋成本利润率）÷（1－资源税税率）。

公式中的成本利润率由省、自治区、直辖市地方税务局按同类应税煤炭的平均成本利润率确定。

（7）纳税人用已纳资源税的应税产品进一步加工应税产品销售的，不再缴纳资源税。纳税人以未税产品和已税产品混合销售或者混合加工为应税产品销售的，应当准确核算已税产品的购进金额，在计算加工后的应税产品销售额时，准予扣减已税产品的购进金额；未分别核算的，一并计算缴纳资源税。

（8）以应税产品投资、分配、抵债、赠与、以物易物等，视同销售，依照有关规定计算缴纳资源税。

（9）为促进共伴生矿的综合利用，纳税人开采销售共伴生矿，共伴生矿与主矿产品销售额分开核算的，对共伴生矿暂不计征资源税；没有分开核算的，共伴生矿按主矿产品的税目和适用税率计征资源税。财政部、国家税务总局另有规定的，从其规定。

（10）资源税在应税产品的销售或自用环节计算缴纳。以自采原矿加工精矿产品的，在原矿移送使用时不缴纳资源税，在精矿销售或自用时缴纳资源税。

（11）纳税人以自采原矿加工金锭的，在金锭销售或自用时缴纳资源税。纳税人销售自采原矿或者自采原矿加工的金精矿、粗金，在原矿或者金精矿、粗金销售时缴纳资源税，在移送使用时不缴纳资源税。

二、应纳税额的计算

应纳税额和代扣代缴应纳税额的计算公式为：

（1）从价定率计征：

应纳税额＝应税产品销售额×适用比例税率

（2）从量定额计征：

应纳税额＝课税数量×单位税额

（3）代扣代缴义务人代扣代缴税额：

代扣代缴应纳税额＝收购未税矿产品的数量（销售额）×适用定额税率（比例税率）

【例 7－1】 20×8 年 9 月，克拉玛依油田销售原油取得 50 万元，适用的税率为 6%。要求：计算该油田当月应缴纳的资源税税额。

解：

应纳税额 =50×6%=3（万元）

【例 7-2】平顶山铁矿山于 20×8 年 10 月销售铁矿精矿石 100 万元，另，铁矿石适用税率为 5%。

要求：计算该铁矿山当月应缴纳的资源税税额。

解：

应纳税额=100×5%=5（万元）

【例 7-3】兖州铜矿山于 20×8 年 11 月销售铜矿石原矿 150 万元，折算精销售额为 200 万元，适用税率为 3%。

要求：计算该铜矿山应缴纳的资源税。

解：

应纳税额=200×3%=6（万元）

单元三　税收优惠与征收管理

一、减税、免税项目

资源税的减税、免税项目主要包括如下几个方面：

(1) 对依法在建筑物下、铁路下、水体下通过充填开采方式采出的矿产资源，资源税减征 50%。

(2) 对实际开采年限在 15 年以上的衰竭期矿山开采的矿产资源，资源税减征 30%。

(3) 对鼓励利用的低品位矿、废石、尾矿、废渣、废水、废气等提取的矿产品，由省级人民政府根据实际情况确定是否减税或免税，并制定具体办法。

(4) 对油田范围内运输稠油过程中用于加热的原油、天然气免征资源税。

(5) 对稠油、高凝油和高含硫天然气资源税减征 40%。

(6) 对三次采油资源税减征 30%。

(7) 对低丰度油气田资源税暂减征 20%。

(8) 对深水油气田资源税减征 30%。

符合上述 (4)～(8) 条减免税规定的原油、天然气划分不清的，一律不予减免资源税；同时符合上述两项及两项以上减税规定的，只能选择其中一项执行，不能叠加适用。

二、出口应税产品不退（免）资源税的规定

按规定，仅对在中国境内开采或生产应税产品的单位和个人征收资源税，对进口的矿产品和盐不征收资源税。由于对进口应税产品不征收资源税，相应地，对出口应税产品也不免征或退还已纳资源税。

三、纳税义务发生时间

（一）纳税人销售应税产品的纳税义务发生时间

纳税人销售应税产品，其纳税义务发生时间分为以下几种情况：

（1）纳税人采取分期收款结算方式的，其纳税义务发生时间为销售合同规定的收款日期的当天。

（2）纳税人采取预收货款结算方式的，其纳税义务发生时间为发出应税产品的当天。

（3）纳税人采取其他结算方式的，其纳税义务发生时间为收讫销售款或者取得索取销售款凭据的当天。

（二）纳税人自产自用应税产品的纳税义务发生时间

纳税人自产自用应税产品的纳税义务发生时间，为移送使用应税产品的当天。

（三）扣缴义务人代扣代缴税款的纳税义务发生时间

扣缴义务人代扣代缴税款的纳税义务发生时间，为支付首笔货款或者开具应支付货款凭据的当天。

四、纳税期限

纳税期限是纳税人发生纳税义务后缴纳税款的期限。资源税的纳税期限为 1 日、3 日、5 日、10 日、15 日或者 1 个月，纳税人的纳税期限由主管税务机关根据实际情况具体核定。不能按固定期限计算纳税的，可以按次计算纳税。

纳税人以 1 个月为一期纳税的，自期满之日起 10 日内申报纳税；以 1 日、3 日、5 日、10 日或者 15 日为一期纳税的，自期满之日起 5 日内预缴税款，于次月 1 日起 10 日内申报纳税并结清上月税款。

五、纳税地点

资源税的纳税地点为：

（1）纳税人应当向矿产品的开采地或盐的生产地缴纳资源税。纳税人在本省、自治区、直辖市范围开采或者生产应税产品，其纳税地点需要调整的，由省级地方税务机关决定。

（2）如果纳税人应纳的资源税属于跨省开采，其下属生产单位与核算单位不在同一省、自治区、直辖市的，对其开采的矿产品一律在开采地纳税，其应纳税款由独立核算、自负盈亏的单位，按照开采地的实际销售量（或者自用量）及适用的单位税额计算划拨。

（3）扣缴义务人代扣代缴的资源税，也应当向收购地主管税务机关缴纳。

（4）海洋原油、天然气资源税由国家税务总局海洋石油税务管理机构负责征收管理。

六、纳税申报

关于资源税的纳税申报内容，本书不做详述。

单元四　资源税的账务处理

一、资源税的会计科目设置

企业缴纳的资源税，通过“应交税费——应交资源税”科目进行核算。该科目贷方反映企业应缴纳的资源税税额，借方反映企业已经缴纳或允许抵扣的资源税税额；余额在贷方，表示企业应缴而未缴的资源税税额。

二、资源税的会计核算

（一）企业销售应税产品应纳资源税的账务处理

企业计算出销售的应税产品应缴纳的资源税，借记“税金及附加”等科目，贷记“应交税费——应交资源税”科目；缴纳资源税时，借记“应交税费——应交资源税”科目，贷记“银行存款”科目。

【例 7-4】北方煤矿本月对外销售原煤取得收入 240 000 元，该煤矿所采原煤的资源税单位税额为 2%。

要求：进行相应的会计处理。

解：

(1) 计提资源税时：

借：税金及附加　　4 800

　贷：应交税费——应交资源税　　4 800

(2) 缴纳资源税时：

借：应交税费——应交资源税　　4 800

　贷：银行存款　　4 800

（二）企业自产自用应税产品应纳资源税的账务处理

企业计算出自产自用的应税产品应缴纳的资源税，借记“生产成本”“制造费用”等科目，贷记“应交税费——应交资源税”科目；缴纳资源税时，借记“应交税费——应交资源税”科目，贷记“银行存款”科目。

【例 7-5】莫文煤矿本月将价值 200 000 元的原煤提炼成精煤，原煤的资源税税率为 2%。

要求：进行相应的会计处理。

解：

(1) 计提资源税时：

借：生产成本　　4 000

　贷：应交税费——应交资源税　　4 000

(2) 缴纳资源税时：

借：应交税费——应交资源税　　4 000

贷：银行存款　　4 000

（三）企业收购未税矿产品应纳资源税的账务处理

企业收购未税矿产品，按实际支付的收购款，借记“物资采购”等科目，贷记“银行存款”等科目；按代扣代缴的资源税，借记“物资采购”等科目，贷记“应交税费——应交资源税”科目。缴纳资源税时，借记“应交税费——应交资源税”科目，贷记“银行存款”科目。

【例 7-6】济南炼铁厂收购某铁矿开采厂未税矿石 5 000 吨，每吨收购价为 80 元，适用税率为 2%，该厂代扣代缴资源税款后用银行存款支付收购款。

要求：进行相应的会计处理。

解：

借：物资采购　　408 000
　　应交税费——应交增值税　　68 000
　贷：银行存款　　468 000
　　　应交税费——应交资源税　　8 000

（四）企业外购已税产品进一步加工应税产品应纳资源税的账务处理

企业外购已税产品进一步加工应税产品，在购入时，按所允许抵扣的资源税，借记“应交税费——应交资源税”科目，按外购价款扣除允许抵扣资源税后的数额，借记“物资采购”等科目，按应付的全部价款，贷记“银行存款”“应付账款”等科目；企业进一步加工应税产品销售时，按计算应缴纳的资源税，借记“税金及附加”科目，贷记“应交税费——应交资源税”科目；将销售应纳资源税扣抵已纳资源税后的差额上缴时，借记“应交税费——应交资源税”科目，贷记“银行存款”科目。

【例 7-7】西北盐厂本月外购液体海盐 20 万吨，每吨价款为 50 元，液体海盐资源税适用税率为 4%。该盐厂将全部液体海盐加工成固体盐 10 万吨，每吨含增值税售价为 468 元。固体盐适用的资源税税率为 5%。

要求：进行相应的会计处理。

解：

（1）购入液体海盐时：

借：物资采购　　9 600 000
　　应交税费——应交资源税　　400 000（10 000 000×4%）
　　　　　　——应交增值税　　1 700 000
　贷：银行存款　　11 700 000

（2）验收入库时：

借：原材料——液体海盐　　9 600 000
　贷：物资采购　　9 600 000

（3）销售固体盐时：

借：银行存款　　46 800 000
　贷：主营业务收入　　40 000 000
　　　应交税费——应交增值税　　6 800 000

（4）计提固体盐应缴的资源税时：

借：税金及附加　　2 000 000(40 000 000×5%)

　贷：应交税费——应交资源税　　2 000 000

（5）次月初缴纳资源税时：

本月应纳资源税＝2 000 000－400 000＝1 600 000（元）

借：应交税费——应交资源税　　1 600 000

　贷：银行存款　　1 600 000

单元五　资源税实训

一、实训目的

掌握资源税的计算及会计处理；熟悉资源税的纳税申报程序；掌握资源税的纳税申报表填制方法；培养学生的理解能力、计算能力、账务处理能力和纳税申报的实际应用能力。

二、实训资料

（一）企业概况

（1）企业名称：梁山泊矿石开采公司。

（2）企业性质：国有企业。

（3）企业法定代表：宋江。

（4）企业地址：北京市西城区西直门大街乙 20 号。

（5）开户银行：工商银行西直门支行。

（6）银行账号：110100000000556。

（二）模拟业务

该企业于 20×9 年 8 月发生如下经济业务（相关原始凭证略）：

（1）8 月 1 日—31 日，开采铁矿石 2 000 吨，直接移送自己的加工厂进行选矿，精选出精铁矿 1 200 吨、精铝矿 50 吨。

（2）8 月 10 日，将库房存储的上期开采出的精铁矿 1 000 吨与其他企业交换采矿设备 1 台。

（3）8 月 15 日，销售精铁矿 2 600 吨，每吨的含税价格为 500 元；预收下月交货的 800 吨精铁矿的销售款。

（4）8 月 20 日，收购未税铁矿石 1 200 吨（已支付收购价款）用于精铁矿的采选，本期尚未进行精选加工（由于自行开采的铁矿石无法满足本企业的加工销售使用，所以董事会决定从 8 月开始通过收购未税矿产品的方式备齐货源）。

（5）期初，该企业的精铁矿石库存为 5 000 吨，期末库存为 2 500 吨。除用于销售外，其他本期发出的精铁矿石用于非生产。

(6) 假设该企业的选矿比是25%；铁矿精矿资源税适用税率5%；铝矿原矿资源税适用税率4%；精铁矿销售价为每吨含税500元；精铝矿销售价为每吨含税680元；收购未税铁矿石收购价每吨含税280元。

三、实训任务

(1) 根据以上业务编制会计分录，并填制记账凭证。

(2) 计算各产品应纳的资源税。

(3) 登记“应交税费——应交资源税”明细账、“税金及附加”明细账。

(4) 填写资源税纳税申报表，进行账务处理并缴纳资源税。

四、实训条件（自备）

(1) 记账凭证。

(2) 三栏式明细账页2张。

(3) 资源税纳税申报表1张。

深度阅读

《中华人民共和国资源税暂行条例实施细则》（中华人民共和国财政部　国家税务总局令第66号）

《财政部　国家税务总局关于全面推进资源税改革的通知》（财税〔2016〕53号）

《财政部　国家税务总局　水利部关于印发〈水资源税改革试点暂行办法〉的通知》（财税〔2016〕55号）

《财政部　国家税务总局关于资源税改革具体政策问题的通知》（财税〔2016〕54号）

《国家税务总局关于发布修订后的〈资源税纳税申报表〉的公告》（国家税务总局公告2016年第38号）

课后练习

一、单项选择题

1. 根据资源税法律制度的规定，下列各项不属于资源税征税范围的是（　　）。

A. 天然气　　B. 地下水　　C. 原油　　D. 液体盐

2. 根据资源税法律制度的规定，下列各项不属于资源税征税范围的有（　　）。

A. 与原油同时开采的天然气　　B. 煤矿生产的天然气

C. 开采的天然原油　　D. 生产的海盐原盐

二、多项选择题

1. 按照我国《资源税暂行条例》及其实施细则的规定，下列有关资源税课税数量的表述中，正确的有（　　）。

A. 纳税人开采或者生产应税产品销售的，以开采或者生产的数量为课税数量

B. 纳税人开采或者生产应税产品自用的，以自用数量为课税数量

C. 扣缴义务人代扣代缴资源税的，以收购未税矿产品的数量为课税数量

D. 不能准确确定的，以应税产品的产量或主管税务机关确定的折算比换算为销售额或者销售数量。

2. 根据资源税法律制度的规定，关于资源税纳税义务发生时间的下列表述中，正确的有（　　）。

A. 采用分期收款结算方式销售应税产品的，为发出应税产品的当天

B. 采用预收货款结算方式销售应税产品的，为收到货款的当天

C. 自产自用应税产品的，为移送使用应税产品的当天

D. 扣缴义务人代扣代缴税款的，为支付首笔货款的当天

三、业务题

1. 某矿山于20×8年11月开采非金属矿3万吨（资源税适用税率3%，不含税销售价格每吨230元），其中销售2万吨，自用0.5万吨。

要求：计算该矿山11月应纳资源税税额。

2. 某油田于20×8年7月开采原油250 000吨，其中销售给炼油厂150 000吨，每吨售价为120元。原油资源税税率为6%，该油田预缴第三季度资源税300 000元。

要求：进行相应的会计处理。

3. 某煤矿于20×8年8月份对外直接销售原煤取得收入400 000元，销售自产用原煤加工的选煤取得收入60 000元。税务机关核定的选煤回收率为0.8，该煤矿所采原煤适用的税率为2%，煤矿已预缴8月份资源税9 000元。

要求：进行相应的会计处理。

4. 某矿山联合企业于20×8年8月自产铁矿石原矿460 000吨，每吨销售价格为110元，又分别于8月8日、8月12日、8月22日、8月28日收购未税铁矿石原矿22 000吨、30 000吨、20 000吨和34 000吨，每吨收购价格为70元。该矿山铁矿精矿资源税适用税率为5%，选矿比为25%，以10天为纳税期限，月终申报纳税并结清本月税款，该矿山预缴8月份资源税税款为7 800 000元。

要求：进行相应的会计处理。

5. 某盐场于20×9年6月16日、6月28日分别购进液体海盐20 000吨、30 000吨，每吨购进价格为200元。6月，该盐场对外销售由购进液体海盐加工的固体海盐80 000吨，每吨销售价格为300元，液体海盐与固体海盐资源税适用税率分别为2%、5%。

要求：进行相应的会计处理。

四、实训题

（一）实训资料

某工矿基地于20×9年11月开采原煤，直接销售取得销售额429 400元（含增值税）；将其中一部分连续加工成居民用蜂窝煤销售，取得收入259 900元（含增值税）；将1 000元自产原煤送职工食堂使用。该矿山适用的资源税税率为2%，当期增值税进项税额为10 535元。

（二）实训任务

（1）根据以上业务编制会计分录，并填制记账凭证。

（2）计算各产品应纳的资源税。

（3）登记“应交税费——应交资源税”明细账、“应交税费——应交增值税”明细账、“税金及附加”明细账。

（4）填写资源税纳税申报表，进行账务处理并缴纳资源税。

（三）实训条件（自备）

（1）记账凭证。

（2）三栏式明细账页3张。

（3）资源税纳税申报表1张。

学习情境八 土地增值税及账务处理

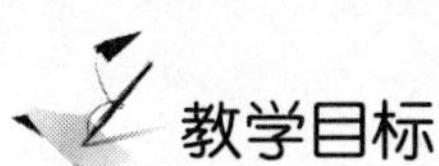

教学目标

1. 熟悉土地增值税的含义与纳税义务人；
2. 掌握土地增值税应纳税额的计算；
3. 掌握土地增值税的账务处理。

单元一 土地增值税概述

我国现行土地增值税的基本规范是1994年1月1日起实施的《中华人民共和国土地增值税暂行条例》（以下简称《土地增值税暂行条例》）、1995年1月财政部印发的《中华人民共和国土地增值税暂行条例实施细则》和之后财政部、国家税务总局陆续发布的一些有关土地增值税的规定、办法。

一、纳税义务人

土地增值税的纳税义务人为转让国有土地使用权、地上建筑物及附着物（以下简称转让房地产）并取得收入的单位和个人。

二、征税范围

（一）转让国有土地使用权

这里所说的国有土地，是指按国家法律规定属于国家所有的土地。

（二）地上建筑物及附着物连同国有土地使用权一并转让

这里所说的地上建筑物，是指建于土地上的一切建筑物，包括地上、地下的各种附属设施。这里所说的附着物，是指附着于土地上的不能移动或一经移动即遭损坏的物品。

三、征税范围的界定

(1) 对转让国有土地使用权及地上建筑物和附着物的行为征税。根据《中华人民共和国土地管理法》《中华人民共和国城市房地产管理法》及国家其他有关规定，不得自行转让的农村集体所有的土地，只有根据有关法律规定，由国家征用以后变为国家所有时，才能进行转让。

(2) 对国有土地使用权及地上建筑物和附着物的转让行为征税。

(3) 对转让房地产并取得收入的行为征税。

四、若干具体情况的判定

(一) 以出售方式转让国有土地使用权、地上建筑物及附着物

(1) 出售国有土地使用权。

(2) 取得国有土地使用权后进行房屋开发建造，然后出售。

(3) 存量房地产的买卖。

(二) 以继承、赠与方式转让房地产

(1) 房产所有人、土地使用权所有人将房屋产权、土地使用权赠与直系亲属或承担直接赡养义务人。

(2) 房产所有人、土地使用权所有人通过中国境内非营利的社会团体、国家机关将房屋产权、土地使用权赠与教育、民政和其他社会福利、公益事业。

这种情况因其只发生房地产产权的转让，没有取得相应的收入，属于无偿转让房地产的行为，所以不能将其纳入土地增值税的征税范围。

(三) 房地产的出租

房地产的出租，出租人虽取得了收入，但没有发生房产产权、土地使用权的转让行为，因此，不属于土地增值税的征税范围。

(四) 房地产的抵押

对房地产的抵押，在抵押期间不征收土地增值税。待抵押期满后，视该房地产是否转移占有而确定是否征收土地增值税。对于以房地产抵债而发生房地产权属转让的，应列入土地增值税的征税范围。

(五) 房地产的交换

按照规定，房地产的交换属于土地增值税的征税范围。但个人之间互换自有居住用房地产的，经当地税务机关核实，可以免征土地增值税。

(六) 以房地产进行投资、联营

以房地产进行投资、联营的，投资、联营的一方以土地（房地产）作价入股进行投资或作为联营条件，将房地产转让到所投资、联营的企业中时，暂免征收土地增值税。投资、联营企业将上述房地产再转让的，应征收土地增值税。

（七）合作建房

一方出地，另一方出资金，双方合作建房，建成后按比例分房自用的，暂免征收土地增值税；建成后转让的，应征收土地增值税。

（八）企业兼并转让房地产

在企业兼并中，被兼并企业将房地产转让到兼并企业中的，暂免征收土地增值税。

（九）房地产的代建房行为

房地产的代建房行为不属于土地增值税的征税范围。

（十）房地产的重新评估

房地产的重新评估不属于土地增值税的征税范围。

拓展阅读

纳税人将开发产品用于职工福利、奖励、对外投资、分配给股东或投资人、抵偿债务、换取其他单位和个人的非货币性资产等，发生所有权转移时应视同销售房地产，其收入应按照《国家税务总局关于房地产开发企业土地增值税清算管理有关问题的通知》（国税发〔2006〕187号）第三条规定执行。纳税人安置回迁户，其拆迁安置用房应税收入和扣除项目的确认，应按照《国家税务总局关于土地增值税清算有关问题的通知》（国税函〔2010〕220号）第六条规定执行。

五、税率

土地增值税实行四级超率累进税率，实行“增值多的多征，增值少的少征”的基本原则。土地增值税四级超率累进税率表如表8-1所示。

表8-1　土地增值税四级超率累进税率表

级数	增值额与扣除项目金额的比率	税率（%）	速算扣除系数（%）
1	50%（含）以下	30	0
2	50%～100%（含）	40	5
3	100%～200%（含）	50	15
4	200%以上	60	35

单元二　应税收入与扣除项目

一、应税收入的确定

（一）货币收入

货币收入是指纳税人转让房地产而取得的现金、银行存款、支票、银行本票、汇票等各种信用票据和国库券、金融债券、企业债券、股票等有价证券。这些类型的收入的实质都是转让方因转让土地使用权、房屋产权而向取得方收取的价款。货币收入一般比较容易确定。

（二）实物收入

实物收入是指纳税人转让房地产而取得的各种实物形态的收入，如钢材、水泥等建材，房屋、土地等不动产等。实物收入的价值不太容易确定，一般要对这些实物形态的财产进行估价。

（三）其他收入

其他收入是指纳税人转让房地产而取得的无形资产收入或具有财产价值的权利，如专利权、商标权、著作权、专有技术使用权、土地使用权、商誉权等。这种类型的收入比较少见，其价值需要进行专门的评估。

拓展阅读

（1）土地增值税纳税人转让房地产取得的收入为不含增值税收入。适用增值税一般计税方法的纳税人，其转让房地产的土地增值税应税收入不含增值税销项税额；适用简易计税方法的纳税人，其转让房地产的土地增值税应税收入不含增值税应纳税额。房地产开发企业采取预收款方式销售自行开发的房地产项目的，可按照以下方法计算土地增值税预征计征依据：土地增值税预征的计征依据＝预收款－应预缴增值税税款。

（2）免征增值税的，确定计税依据时，成交价格、租金收入、转让房地产取得的收入不扣减增值税额。

（3）税务机关核定的计税价格或收入不含增值税。

二、扣除项目的确定

（一）取得土地使用权所支付的金额

取得土地使用权所支付的金额包括两方面的内容：

（1）纳税人为取得土地使用权所支付的地价款。如果是以协议、招标、拍卖等出让方式取得土地使用权，地价款为纳税人所支付的土地出让金；如果是以行政划拨方式取得土地使用权，地价款为按照国家有关规定补缴的土地出让金；如果是以转让方式取得土地使用权，地价款为向原土地使用权人实际支付的地价款。

（2）纳税人在取得土地使用权时按国家统一规定缴纳的有关费用。它是指纳税人在取得土地使用权的过程中为办理有关手续，按国家统一规定缴纳的有关登记、过户手续费。

（二）房地产开发成本

房地产开发成本是指纳税人的房地产开发项目实际发生的成本，包括土地征用及拆迁补偿费、前期工程费、建筑安装工程费、基础设施费、公共配套设施费、开发间接费用等。

（1）土地征用及拆迁补偿费包括土地征用费、耕地占用税、劳动力安置费及有关地上与地下附着物拆迁补偿的净支出、动迁安置用房支出等。

（2）前期工程费包括规划、设计、项目可行性研究和水文、地质、勘察、测绘、“三通一平”等支出。

(3) 建筑安装工程费是指以出包方式支付给承包单位的建筑安装工程费，以自营方式发生的建筑安装工程费。

(4) 基础设施费包括开发小区内道路、供水、供电、供气、排污、排洪、通信、照明、环卫、绿化等工程发生的支出。

(5) 公共配套设施费包括不能有偿转让的开发小区内公共配套设施发生的支出。

(6) 开发间接费用是指直接组织、管理开发项目发生的费用，包括工资、职工福利费、折旧费、修理费、办公费、水电费、劳动保护费、周转房摊销等。

(三) 房地产开发费用

房地产开发费用是指与房地产开发项目有关的销售费用、管理费用和财务费用。根据现行财务会计制度的规定，这三项费用作为期间费用直接计入当期损益，不按成本核算对象进行分摊。故作为土地增值税扣除项目的房地产开发费用，不按纳税人房地产开发项目实际发生的费用进行扣除，而按《中华人民共和国土地增值税暂行条例实施细则》(以下简称《土地增值税暂行条例实施细则》) 的标准进行扣除。

《土地增值税暂行条例实施细则》规定，财务费用中的利息支出，凡能够按转让房地产项目计算分摊并提供金融机构证明的，允许据实扣除，但最高不能超过按商业银行同类同期贷款利率计算的金额。其他房地产开发费用，按取得土地使用权所支付的金额和房地产开发成本的金额之和的5%以内计算扣除。凡不能按转让房地产项目计算分摊利息支出或不能提供金融机构证明的，房地产开发费用按取得土地使用权所支付的金额和房地产开发成本的金额之和的10%以内计算扣除。计算扣除的具体比例，由各省、自治区、直辖市人民政府规定。

拓展阅读

财政部、国家税务总局对扣除项目金额中利息支出的计算问题做了两项专门规定：一是利息的上浮幅度按国家的有关规定执行，超过上浮幅度的部分不允许扣除；二是对于超过贷款期限的利息部分和加罚的利息不允许扣除。

(四) 与转让房地产有关的税金

与转让房地产有关的税金是指在转让房地产时缴纳的、城市维护建设税、印花税。因转让房地产缴纳的教育费附加，也可视同税金予以扣除。

拓展阅读

(1)《中华人民共和国土地增值税暂行条例》等规定的土地增值税扣除项目涉及的增值税进项税额，允许在销项税额中计算抵扣的，不计入扣除项目，不允许在销项税额中计算抵扣的，可以计入扣除项目。

(2) 营改增后，计算土地增值税增值额的扣除项目中“与转让房地产有关的税金”不包括增值税。

(3) 营改增后，房地产开发企业实际缴纳的城市维护建设税（以下简称城建税）、教育费附加，凡能够按清算项目准确计算的，允许据实扣除。凡不能按清算项目准确计算的，则按该清算项目预缴增值税时实际缴纳的城建税、教育费附加扣除。

(4) 其他转让房地产行为的城建税、教育费附加扣除比照房地产开发企业。

（五）其他扣除项目

对从事房地产开发的纳税人可按取得土地使用权所支付的金额和房地产开发成本的金额之和，加计20%扣除。

（六）旧房及建筑物的评估价格

旧房及建筑物的评估价格是指在转让已使用的房屋及建筑物时，由政府批准设立的房地产评估机构评定的重置成本价乘以成新度折扣率后的价格。评估价格须经当地税务机关确认。

例如，一幢房屋已使用近10年，建造时的造价为1 000万元，按转让时的建材及人工费用计算，建同样的新房需花费4 000万元，该房屋有六成新，则该房屋的评估价格为：4 000×60%=2 400（万元）。

拓展阅读

(1) 财税〔2006〕21号规定：纳税人转让旧房及建筑物，凡不能取得评估价格，但能提供购房发票的，经当地税务部门确认，《土地增值税暂行条例》第六条第（一）、（三）项规定的扣除项目的金额，可按发票所载金额并从购买年度起至转让年度止每年加计5%计算。对纳税人购房时缴纳的契税，凡能提供契税完税凭证的，准予作为“与转让房地产有关的税金”予以扣除，但不作为加计5%的基数。对于转让旧房及建筑物，既没有评估价格，又不能提供购房发票的，地方税务机关可以根据《中华人民共和国税收征收管理法》（以下简称《税收征管法》）第三十五条的规定，实行核定征收。

(2) 国家税务总局公告2016年第70号规定：营改增后，纳税人转让旧房及建筑物，凡不能取得评估价格，但能提供购房发票的，《中华人民共和国土地增值税暂行条例》第六条第（一）、（三）项规定的扣除项目的金额按照下列方法计算：1）提供的购房凭据为营改增前取得的营业税发票的，按照发票所载金额（不扣减营业税）并从购买年度起至转让年度止每年加计5%计算。2）提供的购房凭据为营改增后取得的增值税普通发票的，按照发票所载价税合计金额从购买年度起至转让年度止每年加计5%计算。3）提供的购房发票为营改增后取得的增值税专用发票的，按照发票所载不含增值税金额加上不允许抵扣的增值税进项税额之和，并从购买年度起至转让年度止每年加计5%计算。

单元三 应纳税额的计算

一、增值额的确定

土地增值税纳税人转让房地产所取得的收入减除规定的扣除项目金额后的余额为增值额。

纳税人有下列情形之一的，按照房地产评估价格计算征收：

(1) 隐瞒、虚报房地产成交价格的。

(2) 提供扣除项目金额不实的。

(3) 转让房地产的成交价格低于房地产评估价格，又无正当理由的。

二、应纳税额的计算方法

土地增值税按照纳税人转让房地产所取得的增值额和规定的税率计算征收。土地增值税应纳税额的计算公式为：

应纳税额＝∑(每级距的增值额×适用税率)

＝增值额×适用税率－扣除项目金额×速算扣除系数

【例 8-1】 位于北京朝阳区的某房地产开发公司 20×8 年 9 月采取直接收款方式销售 20×7 年 1 月开发的居民住宅，取得不含税收入 2 000 万元；增值税适用一般计税，按规定缴纳转让不动产税金 110 万元（不包括增值税）；为取得该片住宅的土地使用权，支付地价款和有关费用 200 万元（取得符合规定的财政票据）；投入开发成本 750 万元；支付银行存款利息费用 10.6 万元（不能按转让房地产项目计算分摊）、其他房地产开发费用 50 万元，20×8 年 9 月份该房地产开发公司符合抵扣条件的进项税额为 100 万元。该公司所在地人民政府规定房地产开发费用的计算扣除比例为 10%。

要求：计算该公司应缴纳的土地增值税税额。

解：

扣除项目金额＝200＋750＋(200＋750)×10%＋100＋7＋3＋(200＋750)×20%

＝1 345（万元）

增值额＝2 000－1 345＝655（万元）

增值率＝655÷1 345×100%＝48.7%

应纳税额＝655×30%＝196.5（万元）

单元四　税收优惠与征收管理

一、土地增值税的税收优惠

（一）建造普通标准住宅的税收优惠

纳税人建造普通标准住宅出售，增值额未超过扣除项目金额 20%的，免征土地增值税。

对于纳税人既建造普通标准住宅又进行其他房地产开发的，应分别核算增值额。不分别核算增值额或不能准确核算增值额的，其建造的普通标准住宅不能适用这一免税规定。

对企事业单位、社会团体以及其他组织转让旧房作为公共租赁住房房源，且增值额未超过扣除项目金额 20%的，免征土地增值税。

拓展阅读

普通标准住宅应同时满足：住宅小区建筑容积率在1.0以上；单套建筑面积在120平方米以下；实际成交价格低于同级别土地上住房平均交易价格的1.2倍。

（二）国家征用收回的房地产的税收优惠

因国家建设需要依法征用、收回的房地产，免征土地增值税。

二、土地增值税的征收管理

（一）纳税地点

土地增值税的纳税人应向房地产所在地主管税务机关办理纳税申报，并在税务机关核定的期限内缴纳土地增值税。

这里所说的房地产所在地，是指房地产的坐落地。纳税人转让的房地产坐落在两个或两个以上地区的，应按房地产所在地分别申报纳税。

当纳税人是法人，转让的房地产坐落地与其机构所在地或经营所在地一致时，则在办理税务登记的原管辖税务机关申报纳税即可；当转让的房地产坐落地与其机构所在地或经营所在地不一致时，则应在房地产坐落地所管辖的税务机关申报纳税。当纳税人是自然人，转让的房地产坐落地与其居住所在地一致时，则在住所所在地税务机关申报纳税；当转让的房地产坐落地与其居住所在地不一致时，则在办理过户手续所在地的税务机关申报纳税。

（二）纳税申报

土地增值税的纳税人应在转让房地产合同签订后的7日内，到房地产所在地主管税务机关办理纳税申报，并向税务机关提交房屋及建筑物产权、土地使用权证书，土地转让、房产买卖合同，房地产评估报告及其他与转让房地产有关的资料。纳税人因经常发生房地产转让而难以在每次转让后申报的，经税务机关审核同意后，可以定期进行纳税申报，具体期限由税务机关根据情况确定。

（三）房地产开发项目土地增值税清算

1. 土地增值税清算含义

土地增值税清算，是指纳税人在符合土地增值税清算条件后，依照税收法律、法规及土地增值税有关政策规定，计算房地产开发项目应缴纳的土地增值税税额，并填写“土地增值税清算申报表”，向主管税务机关提供有关资料，办理土地增值税清算手续，结清该房地产项目应缴纳土地增值税税款的行为。

2. 开发项目前期管理

主管税务机关应加强房地产开发项目的日常税收管理，实施项目管理。从纳税人取得土地使用权开始，按项目分别建立档案、设置台账，对纳税人项目立项、规划设计、施工、预售、竣工验收、工程结算、项目清盘等房地产开发全过程情况实行跟踪监控，对纳税人分期开发项目或者同时开发多个项目的，应督促纳税人根据清算要求按不同期间和不同项目合理归集有关收入、成本、费用；对纳税人分期开发项目或者同时开发多个项目的，积极结合发票管理规定，对纳税人实施项目专用票据管理措施。

3. 土地增值税清算受理

（1）纳税人符合下列条件之一的，应进行土地增值税的清算。

1）房地产开发项目全部竣工、完成销售的。

2）整体转让未竣工决算房地产开发项目的。

3）直接转让土地使用权的。

（2）对符合以下条件之一的，主管税务机关可要求纳税人进行土地增值税清算：

1）已竣工验收的房地产开发项目，已转让的房地产建筑面积占整个项目可售建筑面积的比例在85%以上，或该比例虽未超过85%，但剩余的可售建筑面积已经出租或自用的。

2）取得销售（预售）许可证满三年仍未销售完毕的。

3）纳税人申请注销税务登记但未办理土地增值税清算手续的，应在办理注销登记前进行土地增值税清算。

4）省（自治区、直辖市、计划单列市）税务机关规定的其他情况。

进行土地增值税清算的项目，纳税人应当在满足条件之日起90日内或收到主管税务机关下达清算通知之日起90日内办理清算手续。规定期限内拒不清算或不提供清算资料的，主管税务机关可依据《中华人民共和国税收征收管理法》有关规定处理。

纳税人清算土地增值税时，应提供如下清算资料：1）土地增值税清算表及其附表；2）房地产开发项目清算说明；3）项目竣工决算报表、取得土地使用权所支付的地价款凭证、国有土地使用权出让合同、银行贷款利息结算通知单、项目工程合同结算单、商品房购销合同统计表、销售明细表、预售许可证等与转让房地产的收入、成本和费用有关的证明资料；4）委托税务中介机构审核鉴证的清算项目，还应报送中介机构出具的《土地增值税清算税款鉴证报告》。

4. 清算审核方法

清算审核包括案头审核和实地审核，分为审核收入情况和审核土地增值税扣除项目。审核收入时主要关注收入的确认，审核扣除项目从以下方面入手：（1）取得土地使用权所支付的金额；（2）土地征用及拆迁补偿费、前期工程费、建筑安装工程费、基础设施费、公共配套设施费、开发间接费用；（3）房地产开发费用；（4）与转让房地产有关的税金；（5）代收费用、关联方交易行为的审核；（6）国家规定的其他扣除项目。

5. 核定征收

在土地增值税清算过程中，发现纳税人符合核定征收条件的，应按核定征收方式对房地产项目进行清算：（1）依照法律、行政法规的规定应当设置但未设置账簿的；（2）擅自销毁账簿或者拒不提供纳税资料的；（3）虽设置账簿，但账目混乱或者成本资料、收入凭证、费用凭证残缺不全，难以确定转让收入或扣除项目金额的；（4）符合土地增值税清算条件，企业未按照规定的期限办理清算手续，经税务机关责令限期清算，逾期仍不清算的；（5）申报的计税依据明显偏低，又无正当理由的。

6. 预征管理

科学合理制定预征率，将土地增值税预征和房地产项目管理工作结合起来，使预征率的调整和土地增值税清算的实际税负结合起来；把预征率的调整与房价上涨的情况结合起来。除保障性住房外，东部地区省份预征率不得低于2%，中部和东北地区省份不得低于1.5%，西部地区省份不得低于1%，各地根据不同类型房地产确定适当的预征率。

拓展阅读

纳税人按规定预缴土地增值税后，清算补缴的土地增值税，在主管税务机关规定的期限内补缴的，不加收滞纳金。

7. 土地增值税清算时确认收入

已全额开具商品房销售发票的，按照发票所载金额确认收入；未开具发票或未全额开具发票的，以交易双方签订的销售合同所载的售房金额及其他收益确认收入。销售合同所载商品房面积与有关部门实际测量面积不一致，在清算前已发生补、退房款的，应在计算土地增值税时予以调整。

房地产开发企业在工程竣工验收后，根据合同约定，扣留建筑安装施工企业一定比例的工程款，作为开发项目的质量保证金，在计算土地增值税时，建筑安装施工企业就质量保证金对房地产开发企业开具发票的，按发票所载金额予以扣除；未开具发票的，扣留的质保金不得计算扣除。

房地产开发企业逾期开发缴纳的土地闲置费不得扣除。

拓展阅读

（1）房地产开发企业在营改增后进行房地产开发项目土地增值税清算时，按以下方法确定相关金额：1）土地增值税应税收入＝营改增前转让房地产取得的收入＋营改增后转让房地产取得的不含增值税收入；2）与转让房地产有关的税金＝营改增前实际缴纳的营业税、城建税、教育费附加＋营改增后允许扣除的城建税、教育费附加。

（2）营改增后，土地增值税纳税人接受建筑安装服务取得的增值税发票，应在发票的备注栏注明建筑服务发生地县（市、区）名称及项目名称，否则不得计入土地增值税扣除项目金额。

单元五 土地增值税的账务处理

一、土地增值税的会计科目设置

为了对纳税人应纳土地增值税进行会计处理，应在“应交税费”科目下，设置“应交土地增值税”明细科目。

二、土地增值税的会计处理

（1）主营房地产业务的企业，转让房地产是房地产企业的主营业务，土地增值税是在转让房地产的流转环节纳税。计算转让房地产应缴纳的土地增值税时，借记“税金及附加”科目，贷记“应交税费——应交土地增值税”科目。企业实际缴纳土地增值税时，借记“应交税费——应交土地增值税”科目，贷记“银行存款”等科目。

（2）兼营房地产业务的企业，转让房地产取得的收入和销售成本记入“其他业务收入”“其他业务支出”科目。计算转让房地产应缴纳的土地增值税时，借记“税金及附加”科目，贷记“应交税费——应交土地增值税”科目。企业实际缴纳土地增值税时，借记“应交税费——应交土地增值税”科目，贷记“银行存款”等科目。

【例 8-2】 题干内容同【例 8-1】。

要求：进行相应的会计处理。

解：

1）取得土地使用权时：

借：无形资产——土地使用权　　2 000 000

　贷：银行存款　　2 000 000

2）转让房地产取得收入时：

借：银行存款　　20 000 000

　贷：主营业务收入　　20 000 000

3）支付银行存款利息时：

借：财务费用　　106 000

　贷：银行存款　　106 000

4）结转销售成本时：

借：主营业务成本　　7 500 000

　贷：开发产品　　7 500 000

5）按税法的规定计算应缴纳的各项税金及附加费时：

借：应交税费——应交增值税（转出未交增值税）

　　980 000［(20 000 000－2 000 000)×11%－1 000 000］

　贷：应交税费——未交增值税　　980 000

借：应交税费——未交增值税　　980 000

　贷：银行存款　　980 000

借：税金及附加　　20 630 000

　贷：应交税费——应交城市维护建设税　　68 600(980 000×7%)

　　　　——应交土地增值税　　1 965 000

　　　　——应交教育费附加　　29 400(980 000×3%)

（3）转让自己使用的房地产所取得的收入，借记“银行存款”等科目，贷记“固定资产清理”科目。转让的房地产是旧的或使用过的，计算土地增值税税额时，应以政府批准设立的房地产评估机构评定的重置成本乘以成新度折扣率后的价格计算扣除。同时，纳税人因计税需要而请评估机构进行房地产评估所支出的房地产评估费用，允许在计算增值额时扣除。企业按税法的规定计算应纳的土地增值税时，借记“固定资产清理”科目，贷记“应交税费——应交土地增值税”科目。企业实际缴纳土地增值税时，借记“应交税费——应交土地增值税”科目，贷记“银行存款”等科目。

【例 8-3】 某工业企业 20×7 年 12 月以不含税价 1 000 万元购进办公楼，4 年后转让，取得不含税收入 1 600 万元，按规定支付有关税金 88 万元。转让时，建筑物已提折旧140万元，转让当月符合抵扣条件的进项税额为100万元。

要求：进行相应的会计处理。

计算有关税金时：

借：固定资产清理　　2 296 000

　贷：应交税费——预交增值税　　300 000［(16 000 000－10 000 000)×5%］

　　　　　　——未交增值税

　　　　　　460 000［16 000 000×11%－300 000－1 000 000］

　　　　　　——应交土地增值税　　1 536 000

借：税金及附加　　76 000

　贷：应交税费——应交城市维护建设税　　53 200［(300 000＋460 000)×7%］

　　　　　　——应交教育费附加　　22 800［(300 000＋460 000)×3%］

单元六　土地增值税实训

一、实训目的

掌握土地增值税的计算及会计处理；熟悉土地增值税的纳税申报程序；掌握土地增值税纳税申报表的填制方法；培养学生的理解能力、计算能力、账务处理能力和纳税申报的实际应用能力。

二、实训资料

（一）企业概况

（1）企业名称：东京房地产开发公司。

（2）企业性质：私有企业。

（3）企业法定代表：高俅。

（4）企业地址：北京市西城区西直门大街乙20号。

（5）开户银行：工商银行西直门支行。

（6）银行账号：110100000000556。

（二）模拟业务

该企业于20×9年发生如下经济业务（相关原始凭证略）：

（1）2月1日，与当地建设银行签订借款合同一份，合同记载的借款金额为2 000万元，借款期限为10个月，还款到期日为11月30日。

（2）2月中旬，用借款2 000万元和自有资金800万元购得非耕地40 000平方米的使用权，用于开发写字楼和商品房，合同记载的土地使用权为60年，2月末办完相关权属证件。

（3）第一期工程（“三通一平”和第一栋写字楼开发）于11月30日竣工，按合同约定支付建筑承包商全部土地的“三通一平”费用 400 万元和写字楼建造费用 7 200 万元。写字楼占地面积为 12 000 平方米，建筑面积为 60 000 平方米。

（4）到 12 月 31 日为止，对外销售写字楼 50 000 平方米，全部签订了售房合同，每平方米售价为 0.32 万元，共计 16 000 万元。按售房合同规定，全部款项于 12 月 31 日均可收回，有关土地权证和房产证次年为客户办理。

三、实训任务

（1）根据以上业务编制会计分录，并填制记账凭证。

（2）计算该公司全年应缴纳的土地增值税。

（3）登记“应交税费——应交土地增值税”明细账。

（4）填写土地增值税项目登记表、土地增值税纳税申报表，进行账务处理并缴纳土地增值税。

四、实训条件（自备）

（1）记账凭证。

（2）三栏式明细账页 2 张。

（3）土地增值税项目登记表、土地增值税纳税申报表各 1 张。

《财政部　国家税务总局关于营改增后契税、房产税、土地增值税、个人所得税计税依据问题的通知》（财税〔2016〕43 号）

《国家税务总局关于营改增后土地增值税若干征管规定的公告》（国家税务总局公告 2016 年第 70 号）

课后练习

一、单项选择题

1. 下列各项中，应当缴纳土地增值税的是（　　）。

A. 继承房地产的行为　　B. 以房地产做抵押向银行贷款

C. 出售房屋并取得收入　　D. 出租房屋并取得收入

2. 根据税收法律制度的规定，下列各项中，属于超率累进税率的是（　　）。

A. 资源税税率　　B. 城镇土地使用税税率

C. 车辆购置税税率　　D. 土地增值税税率

二、多项选择题

1. 张某于 20×5 年以每套 80 万元的价格购入两套高档公寓作为投资。20×6 年，张某将其中一套公寓以 100 万元的价格转让给谢某，从中获利 20 万元。根据我国税收法律制度的规定，张某出售公寓的行为应缴纳的税种有（　　）。

A. 个人所得税　　B. 增值税　　C. 契税　　D. 土地增值税

2. 某房地产公司出售一幢已办理竣工结算的商用写字楼，获得 2 000 万元。根据税收法律制度的有关规定，下列各税种中，属于该公司此项售楼业务应缴纳的有（　　）。

A. 契税　　B. 增值税　　C. 印花税　　D. 土地增值税

3. 根据《土地增值税暂行条例》及其实施细则的规定，下列各项中，在计算土地增值税税额时可以从转让房地产取得的收入中扣除的项目有（　　）。

A. 取得土地使用权所支付的金额　　B. 房地产开发成本

C. 转让房地产缴纳的增值税　　D. 转让房地产缴纳的企业所得税

三、业务题

1. 某公司于 20×4 年转让一处旧房地产，取得收入 1 600 万元，该公司取得土地使用权所支付的金额为 200 万元，当地税务机关确认的房屋的评估价格为 800 万元，该公司支付给房地产评估机构的评估费为 20 万元，支付给中介人的中介费为 10 万元，缴纳的与转让该房地产有关的税金为 10 万元。

要求：计算该公司转让该房地产应缴纳的土地增值税税额。

2. 某房地产公司于 20×4 年 11 月发生如下经济业务：

(1) 签订一份写字楼销售合同，合同规定以预收货款方式结算。本月收到全部预收货款，共计 18 000 万元。该写字楼经税务机关审核可以扣除的项目为：开发成本 5 000 万元、缴纳的土地使用权转让费 3 000 万元、利息支出 150 万元、相关税金 990 万元、其他费用 800 万元、加计扣除额 1 600 万元。

(2) 采用直接收款方式销售现房，取得价款收入 200 万元；以预收款方式销售商品房，合同规定的价款为 500 万元，当月取得预收款 100 万元。此两项业务不考虑土地增值税。

(3) 将空置商品房出租，取得租金收入 20 万元。

已知：土地增值税实行四级超率累进税率，增值额未超过扣除项目金额 50%的部分，税率为 30%；增值额超过扣除项目金额 50%、未超过扣除项目金额 100%的部分，税率为 40%。

要求：计算该公司销售该写字楼应缴纳的土地增值税税额。

3. 某房地产开发公司购买一块土地建造写字楼，支付的地价款为 250 万元，拆迁安置补偿费为 50 万元，基础设施建筑安装费为 500 万元，公用设施配套费为 100 万元。该公司出售该写字楼取得收入 2 800 万元。假设利息支出无法分摊，不能按实际列支，其房地产开发费用按企业所属省政府确定的比例 10%计算。

要求：计算该公司应缴纳的土地增值税并进行账务处理。

4. 某工厂将新建的一幢办公楼出售，取得收入 900 万元，支付补缴的土地出让金 150 万元，工程成本费用等共支出 300 万元。

要求：计算该工厂应缴纳的土地增值税并进行账务处理。

四、实训题

（一）实训资料

某房地产开发企业于 20×9 年进行某小区的开发，于 20×9 年 1 月底投入“三通一平”的资金共 200 万元。第一幢房屋于 8 月建成并于 9 月全部销售，取得售房款 2 000 万元；第二幢房屋于9月建成并于10月全部销售，取得售房款6 500万元；12月最后一幢精装修住宅建成并全部销售，取得售房款3 600万元。已知企业为取得该小区的土地使用权所支付的费用为900万元，三幢房屋的开发成本（均不包括“三通一平”费用）分别为800万元、2 800万元和1 000万元（不含装修费用200万元），三幢房屋销售时缴纳的与销售房屋有关的税金分别为110万元、357.5万元和198万元（均不含印花税），三幢房屋的建筑面积分别为20 000平方米、50 000平方米和30 000平方米。该公司的利息支出均不能准确按项目计算分摊，该地政府规定允许扣除的房地产开发费用比例为10%。

（二）实训任务

（1）根据以上业务编制会计分录并填制记账凭证。

（2）该计算企业全年应缴纳的土地增值税。

（3）登记“应交税费——应交土地增值税”明细账。

（4）填写土地增值税项目登记表、土地增值税纳税申报表，进行账务处理并缴纳土地增值税。

（三）实训条件（自备）

（1）记账凭证。

（2）三栏式明细账页2张。

（3）土地增值税项目登记表、土地增值税纳税申报表各1张。

学习情境九 其他各税种及账务处理

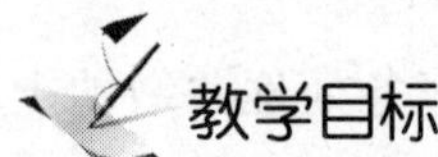

教学目标

1. 掌握房产税应纳税额的计算；
2. 掌握房产税的账务处理；
3. 掌握城市维护建设税与教育费附加应纳税额的计算；
4. 掌握城市维护建设税与教育费附加的账务处理；
5. 掌握车船税应纳税额的计算；
6. 掌握车船税的账务处理；
7. 掌握印花税应纳税额的计算；
8. 掌握印花税的账务处理；
9. 掌握契税应纳税额的计算；
10. 掌握契税的账务处理；
11. 掌握城镇土地使用税应纳税额的计算；
12. 掌握城镇土地使用税的账务处理。

单元一 房产税的核算

我国现行房产税的基本规范是1986年10月1日开始施行的《中华人民共和国房产税暂行条例》（以下简称《房产税暂行条例》）。

一、纳税义务人

房产税以在征税范围内的房屋产权所有人为纳税人，具体包括：

（1）产权属国家所有的，由经营管理单位纳税；产权属集体和个人所有的，由集体单位和个人纳税。

（2）产权出典的，由承典人纳税。

（3）产权所有人、承典人不在房产所在地的，由房产代管人或者使用人纳税。

（4）产权未确定及租典纠纷未解决的，亦由房产代管人或者使用人纳税。

（5）纳税单位和个人无租使用房产管理部门、免税单位及纳税单位的房产，由使用人代为缴纳房产税。

二、征税对象

房产税的征税对象是房产。所谓房产，是指有屋面和围护结构（有墙或两边有柱），能够遮风避雨，可供人们在其中生产、学习、工作、娱乐、居住或贮藏物资的场所。

房地产开发企业建造的商品房，在出售前，不征收房产税；但对出售前房地产开发企业已使用或出租、出借的商品房，应按规定征收房产税。

三、征税范围

房产税的征税范围为：城市、县城、建制镇和工矿区。城市是指国务院批准设立的市。县城是指县人民政府所在地的地区。建制镇是指经省、自治区、直辖市人民政府批准设立的建制镇。工矿区是指工商业比较发达、人口比较集中、符合国务院规定的建制镇标准但尚未设立建制镇的大中型工矿企业所在地。开征房产税的工矿区须经省、自治区、直辖市人民政府批准。

应当注意的是，房产税的征税范围不包括农村。

四、计税依据

房产税的计税依据是房产的计税价值或房产的租金收入。按照房产计税价值征税的，称为从价计征；按照房产租金收入计征的，称为从租计征。

（一）从价计征

《房产税暂行条例》规定，房产税依照房产原值一次减除10%～30%后的余值计算缴纳。各地扣除比例由当地省、自治区、直辖市人民政府确定。

1. 房产原值

房产原值是指纳税人按照会计制度规定，在账簿“固定资产”科目中记载的房屋原价。因此，凡按会计制度的规定在账簿中记载有房屋原价的，应以房屋原价按规定减除一定比例后的房产余值（房产余值是房产的原值减除规定比例后的剩余价值）计征房产税；没有记载房屋原价的，按照上述原则并参照同类房屋，按规定计征房产税。

拓展阅读

房产原值应包括与房屋不可分割的各种附属设备或一般不单独计算价值的配套设施（主要有暖气、卫生、通风、照明、煤气等设备；各种管线，如蒸汽、压缩空气、石油、给水排水等管道及电力、电讯、电缆导线；电梯、升降机、过道、晒台等）的价值。属于房屋附属设备的水管、下水道、暖气管、煤气管等应从最近的探视井或三通管起计算原值；电灯网、照明线应从进线盒连接管起计算原值。

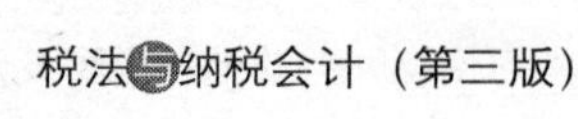

拓展阅读

自2010年12月21日起，对按照房产原值计税的房产，无论会计上如何核算，房产原值均应包含地价，包括为取得土地使用权支付的价款、开发土地发生的成本费用等。宗地容积率低于0.5的，按房产建筑面积的2倍计算土地面积并据此确定计入房产原值的地价。

纳税人对原有房屋进行改建、扩建的，要相应增加房屋的原值。

（1）对以房产投资联营，投资者参与投资利润分红，共担风险的，将房产余值作为计税依据计征房产税；对以房产投资，收取固定收入，不承担联营风险的，实际是以联营名义取得房产租金，出租方按租金收入计缴房产税。

（2）对融资租赁房屋的情况，在计征房产税时应以房产余值计算征收，至于租赁期内房产税的纳税人，由当地税务机关根据实际情况确定。

2. 房屋附属设备和配套设施的计税规定

（1）凡以房屋为载体，不可随意移动的附属设备和配套设施，如给排水、采暖、消防、中央空调、电气及智能化楼宇设备等，无论在会计核算中是否单独记账与核算，都应计入房产原值，计征房产税。

（2）对于更换房屋附属设备和配套设施的，在将其价值计入房产原值时，可扣减原来相应设备和设施的价值；对附属设备和配套设施中易损坏、需要经常更换的零配件，更新后不再计入房产原值。

3. 居民住宅区内业主共有的经营性房产

从2007年1月1日起，Z对居民住宅区内业主共有的经营性房产，由实际经营（包括自营和出租）的代管人或使用人缴纳房产税。其中，自营的房产，依照房产原值减除10%～30%后的余值计征房产税，没有房产原值或不能将业主共有房产与其他房产的原值准确划分开的，由房产所在地地方税务机关参照同类房产核定房产原值；出租的房产，依照租金收入计征房产税。

（二）从租计征

《房产税暂行条例》规定，房产出租的，以房产租金收入为房产税的计税依据。

所谓房产的租金收入，是指房屋产权所有人出租房产使用权所得的报酬，包括货币收入和实物收入。

以劳务或者其他形式抵付房租收入的，应根据当地同类房产的租金水平，确定一个标准租金额从租计征。

纳税人对个人出租房屋的租金收入申报不实或申报数与同一地段同类房屋的租金收入相比明显不合理的，税务部门可以按照《中华人民共和国税收征收管理法》的有关规定，采取科学合理的方法核定其应纳税款，具体办法由各省、自治区、直辖市地方税务机关结合当地实际情况制定。

拓展阅读

（1）房产出租的，计征房产税的租金收入不含增值税。

（2）免征增值税的，确定计税依据时，成交价格、租金收入、转让房地产取得的收入不扣减增值税额。

（3）税务机关核定的计税价格或收入不含增值税。

五、税率

我国现行房产税采用的是比例税率。由于房产税的计税依据分为从价计征和从租计征两种形式，所以房产税的税率也有两种：一种是按房产原值一次减除10%～30%后的余值计征，税率为1.2%；另一种是按房产出租的租金收入计征，税率为12%。自2008年3月1日起，对个人出租住房，不区分用途，按4%的税率征收房产税。

六、应纳税额的计算

（一）从价计征的计算

从价计征是按房产的原值减除一定比例后的余值计征，其计算公式为：

应纳税额＝应税房产原值×(1－扣除比例)×1.2%

【例9-1】北京市五湖电器有限公司的经营用房原值为300 000元，按照当地的规定，允许按减除30%后的余值计税，适用税率为1.2%。

要求：计算该公司应纳房产税税额。

解：

应纳税额＝300 000×(1－30%)×1.2%＝2 520（元）

（二）从租计征的计算

从租计征是按房产的租金收入计征，其计算公式为：

应纳税额＝租金收入×12%（或4%）

【例9-2】云门制药公司出租房屋10间，年租金收入为50 000元，适用税率为12%。

要求：计算该公司应纳房产税税额。

解：

应纳税额＝50 000×12%＝6 000（元）

七、税收优惠

房产税的税收优惠包括如下几个方面：

（1）国家机关、人民团体、军队自用的房产，免征房产税。但上述免税单位的出租房产以及非自身业务使用的生产、营业用房，不属于免税范围。

（2）由国家财政部门拨付事业经费的单位，如学校、医疗卫生单位、托儿所、幼儿园、敬老院、文化、体育、艺术等这些实行全额或差额预算管理的事业单位所有的，本身业务范围内使用的房产，免征房产税。

（3）宗教寺庙、公园、名胜古迹自用的房产，免征房产税。

（4）个人所有非营业用的房产，免征房产税（上海、重庆的房产税试点除外）。

（5）行使国家行政管理职能的中国人民银行总行（含国家外汇管理局）所属分支机构自用的房产，免征房产税。

（6）国家机关、军队、人民团体、财政补助事业单位、居民委员会、村民委员会拥有的体育场馆，用于体育活动的房产、土地，免征房产税。

八、纳税义务发生时间

房产税纳税义务发生时间分为以下几种情况：

（1）纳税人将原有房产用于生产经营，从生产经营之月起缴纳房产税。

（2）纳税人自行新建房屋用于生产经营，从建成之次月起缴纳房产税。

（3）纳税人委托施工企业建设的房屋，从办理验收手续之次月起缴纳房产税。

（4）纳税人购置新建商品房，自房屋交付使用之次月起缴纳房产税。

（5）纳税人购置存量房，自办理房屋权属转移、变更登记手续，房地产权属登记机关签发房屋权属证书之次月起缴纳房产税。

（6）纳税人出租、出借房产，自交付出租、出借房产之次月起缴纳房产税。

（7）房地产开发企业自用、出租、出借本企业建造的商品房，自房屋使用或交付之次月起缴纳房产税。

（8）自2009年1月1日起，纳税人因房产的实物或权利状态发生变化而依法终止纳税义务的，其应纳税款的计算截止到房产的实物或权利状态发生变化的当月月末。

九、纳税期限

房产税实行按年计算、分期缴纳的征收方法，具体纳税期限由省、自治区、直辖市人民政府确定。

十、纳税地点

房产税在房产所在地缴纳。房产不在同一地方的纳税人，应按房产的坐落地点分别向房产所在地的税务机关纳税。

十一、纳税申报

房产税的纳税人应按照《房产税暂行条例》的有关规定，及时办理纳税申报，并如实填写《房产税纳税申报表》。

十二、房产税的账务处理

为了反映和核算企业应缴、已缴、多缴或欠缴的房产税的情况，企业应在会计上设置“应交税费——应交房产税”科目进行核算。该科目贷方反映按规定计算应缴的房产税数额，借方反映实际缴纳的房产税数额；若有贷方余额，表示企业欠缴或需补缴的房产税税款，若有借方余额，表示企业实际多缴纳的房产税税款。

企业按规定计算应缴纳的房产税，借记“税金及附加”科目，贷记“应交税费——应交房产税”科目；缴纳时，借记“应交税费——应交房产税”科目，贷记“银行存款”科目。

【例 9-3】20×9 年 1 月 1 日，西南化工厂拥有的房产原值为 8 000 000 元，其中一部分房产为企业所办幼儿园使用，原值为 1 400 000 元。当地政府规定，按原值一次减除 20%后的余值计算应纳税额，税额按年计算、分月缴纳。

要求：进行相应的会计处理。

解：

月应纳税额＝(8 000 000－1 400 000)×(1－20%)×1.2%÷12＝5 280（元）

（1）每月末企业计算应纳税额时：

借：税金及附加　5 280

　贷：应交税费——应交房产税　5 280

（2）实际缴纳税款时：

借：应交税费——应交房产税　5 280

　贷：银行存款　5 280

单元二　城市维护建设税与教育费附加的核算

一、城市维护建设税

我国现行城建税的基本规范是 1985 年 2 月 8 日国务院发布的《中华人民共和国城市维护建设税暂行条例》(以下简称《城市维护建设税暂行条例》)。

（一）纳税义务人

城建税的纳税义务人是指负有缴纳“两税”义务的单位和个人，包括国有企业、集体企业、私营企业、股份制企业、其他企业和行政单位、事业单位、军事单位、社会团体、其他单位，以及个体工商户及其他个人。

（二）税率

城建税的税率是指纳税人应缴纳的城建税税额与纳税人实际缴纳的“两税”税额之间的比率。城建税按纳税人所在地的不同，设置了三档地区差别比例税率，即：

（1）纳税人所在地为市区的，税率为 7%。

（2）纳税人所在地为县城、镇的，税率为 5%。

（3）纳税人所在地不在市区、县城或者镇的，税率为 1%。

（三）计税依据

城建税的计税依据是指纳税人实际缴纳的“两税”税额。纳税人违反“两税”有关税法而加收的滞纳金和罚款，是税务机关对纳税人违法行为的经济制裁，不作为城建税的计税依据，但纳税人在被查补“两税”和被处以罚款时，应同时对其偷漏的城建税进行补税、征收滞纳金和罚款。

城建税以“两税”税额为计税依据并同时征收，如果要免征或者减征“两税”，也要同时免征或者减征城建税。

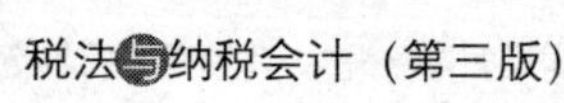

(1) 对出口产品退还增值税、消费税的，不退还已缴纳的城建税。

(2) 自2005年1月1日起，经国家税务总局正式审核批准的当期免抵的增值税额应纳入城建税和教育费附加的计征范围，分别按规定的税（费）率征收城建税和教育费附加。2005年1月1日前，已按免抵的增值税额征收的城建税和教育费附加不再退还，未征的不再补征。

（四）应纳税额的计算

城建税的应纳税额是由纳税人实际缴纳的"两税"税额所决定的，其计算公式为：

应纳税额＝纳税人实际缴纳的增值税、消费税税额×适用税率

【例9-4】西北某市区一化工企业于20×9年8月实际缴纳增值税50 000元、消费税30 000元。

要求：计算该企业应纳的城建税税额。

解：

应纳城建税税额＝(50 000＋30 000)×7%＝5 600（元）

由于城建税实行纳税人所在地差别比例税率，所以在计算应纳税额时，应注意根据纳税人所在地来确定适用税率。

（五）税收优惠

城建税原则上不单独减免，但因城建税具有附加税性质，当主税发生减免时，城建税相应发生税收减免。城建税的税收减免具体有以下几种情况：

(1) 城建税按减免后实际缴纳的"两税"税额计征，即随"两税"的减免而减免。

(2) 对于因减免税而需进行"两税"退库的，城建税也可同时退库。

(3) 海关对进口产品代征的增值税、消费税，不征收城建税。

(4) 对"两税"实行先征后返、先征后退、即征即退办法的，除另有规定外，对随"两税"附征的城建税和教育费附加，一律不予退（返）还。

（六）纳税环节

城建税的纳税环节是指《城市维护建设税暂行条例》规定的纳税人应当缴纳城建税的环节。城建税的纳税环节，实际上就是纳税人缴纳"两税"的环节。纳税人只要发生"两税"的纳税义务，就要在同样的环节，分别计算缴纳城建税。

（七）纳税地点

城建税以纳税人实际缴纳的增值税、消费税税额为计税依据，分别与"两税"同时缴纳。所以，纳税人缴纳"两税"的地点，就是该纳税人缴纳城建税的地点。但是，属于下列情况的，纳税地点的具体规定如下：

(1) 代扣代缴、代收代缴"两税"的单位和个人，同时也是城建税的代扣代缴、代收代缴义务人，其城建税的纳税地点为代扣代收地。

(2) 跨省开采的油田，下属生产单位与核算单位不在一个省内的，其生产的原油，在油井所在地缴纳增值税，其应纳税款由核算单位按照各油井的产量和规定税率，计算

汇拨各油井缴纳。所以，各油井应纳的城建税应由核算单位计算，随同增值税一并汇拨油井所在地，由油井在缴纳增值税的同时，一并缴纳城建税。

(3) 对流动经营等无固定纳税地点的单位和个人，应随同“两税”在经营地按适用税率缴纳城建税。

(八) 纳税期限

由于城建税是由纳税人在缴纳“两税”时同时缴纳的，所以其纳税期限分别与“两税”的纳税期限一致。根据增值税和消费税的法律法规，增值税、消费税的纳税期限均分别为1日、3日、5日、10日、15日、1个月或者1个季度；根据营业税的法律法规，营业税的纳税期限分别为5日、10日、15日、1个月或者1个季度。“两税”的纳税人的具体纳税期限，由主管税务机关根据纳税人应纳税额大小分别核定；不能按照固定期限纳税的，可以按次纳税。

(九) 纳税申报

城建税的纳税人应按《城市维护建设税暂行条例》的有关规定，及时办理纳税申报，并如实填写“城市维护建设税纳税申报表”(略)。

二、教育费附加概述

国务院于1986年4月28日颁布了《征收教育费附加的暂行规定》，并于2005年8月20日进行修改。2010年，财政部下发了《关于统一地方教育费附加政策有关问题的通知》，对各省、市、自治区的地方教育费附加进行了统一。

(一) 教育费附加的征收范围及计征依据

教育费附加对缴纳增值税、消费税的单位和个人征收，以其实际缴纳的增值税、消费税为计征依据，分别与增值税、消费税同时缴纳。

(二) 教育费附加的征收比率

现行教育费附加的征收比率为3%，地方教育费附加征收比率统一为2%。

(三) 教育费附加的计算

教育费附加的计算公式为：

应纳教育费附加=实纳增值税、消费税税额×征收比率

(四) 教育费附加的减免规定

教育费附加的减免规定包括如下两个方面：

(1) 对海关进口的产品征收的增值税、消费税，不征收教育费附加。

(2) 对由于减免增值税、消费税而发生退税的，可同时退还已征收的教育费附加。但对出口产品退还增值税、消费税的，不退还已征收的教育费附加。

(3) 经国务院批准，现将扩大政府性基金免征范围的有关政策通知如下：将免征教育费附加、地方教育附加、水利建设基金的范围，由现行按月纳税的月销售额或营业额不超过3万元(按季度纳税的季度销售额或营业额不超过9万元)的缴纳义务人，扩大到按月纳税的月销售额或营业额不超过10万元(按季度纳税的季度销售额或营业额不超过30万元)的缴纳义务人。

三、城市维护建设税与教育费附加的账务处理

企业应设置“应交税费——应交城市维护建设税”科目，其贷方登记应缴的城建税，借方登记已缴的城建税，期末贷方余额为尚未缴纳的城建税。按规定计算出的城建税，借记“税金及附加”等科目，贷记“应交税费——应交城市维护建设税”科目。实际缴纳时，借记“应交税费——应交城市维护建设税”科目，贷记“银行存款”科目。计算应缴教育费附加时，借记“税金及附加”等科目，贷记“应交税费——应交教育费附加”科目。缴纳时，借记“应交税费——应交教育费附加”科目，贷记“银行存款”科目。

单元三 车船税的核算

我国车船税的基本规范是 2011 年 2 月 25 日通过的、自 2012 年 1 月 1 日起实施的《中华人民共和国车船税法》(以下简称《车船税法》)。

一、纳税义务人和征税范围

车船税的纳税义务人是指在中华人民共和国境内的车辆、船舶（以下简称车船）的所有人或者管理人。车船税的纳税义务人应当依照《车船税法》的规定缴纳车船税。

车船税的征收范围是指依法应当在我国车船管理部门登记的车船（除规定减免的车船外）。

二、车辆

车辆包括机动车辆和非机动车辆。机动车辆是指依靠燃油、电力等能源作为动力运行的车辆，如汽车、拖拉机、无轨电车等。非机动车辆是指依靠人力、畜力运行的车辆，如三轮车、自行车、畜力驾驶车等。

三、船舶

船舶包括机动船舶和非机动船舶。机动船舶是指依靠燃料等能源作为动力运行的船舶，如客轮、货船、气垫船等。非机动船舶是指依靠人力或者其他力量运行的船舶，如木船、帆船、舢板等。

四、税目与税额

车船税实行定额税率。定额税率也称固定税额，是税率的一种特殊形式。车船税税目、税额表如表 9-1 所示。

表 9-1　　车船税税目、税额表

税目		年基准税额（元）	计税单位	备注
乘用车（按排气量分档）	1.0 升（含）以下	60～360	每辆	核定载客人数 9 人（含）以下
	1.0 升～1.6 升（含）	300～540		
	1.6 升～2.0 升（含）	360～660		
	2.0 升～2.5 升（含）	660～1 200		
	2.5 升～3.0 升（含）	1 200～2 400		
	3.0 升～4.0 升（含）	2 400～3 600		
	4.0 升以上	3 600～5 400		
商用车	客车	480～1 440	每辆	核定载客人数 9 人以上（包括电车）
	货车	16～120	整备质量每吨	包括半挂牵引车、三轮汽车和低速载货汽车等
挂车		按照货车税额的 50%计算	整备质量每吨	
其他车辆	专用作业车	16～120	整备质量每吨	不包括拖拉机
	轮式专用机械车	16～120		
摩托车		36～180	每辆	
船舶	机动船舶	3～6	净吨位每吨	船、非机动驳船分别按照机动船舶税额的 50%计算
	游艇	600～2 000	艇身长度每米	

（一）机动船舶具体适用税额

（1）净吨位小于或者等于 200 吨的，每吨 3 元。

（2）净吨位为 201～2 000 吨的，每吨 4 元。

（3）净吨位为 2 001～10 000 吨的，每吨 5 元。

（4）净吨位超过 10 001 吨的，每吨 6 元。

拖船按照发动机功率每 1 千瓦折合净吨位 0.67 吨计算征收车船税。

（二）游艇具体适用税额

（1）艇身长度不超过 10 米的游艇，每米 600 元。

（2）艇身长度超过 10 米但不超过 18 米的游艇，每米 900 元。

（3）艇身长度超过 18 米但不超过 30 米的游艇，每米 1 300 元。

（4）艇身长度超过 30 米的游艇，每米 2 000 元。

（5）辅助动力帆船，每米 600 元。

应注意：游艇艇身长度是指游艇总长度。

五、计税依据

车船税的计税依据包括如下几个方面：

（1）《车船税法》及其实施条例所涉及的排气量、整备质量、核定载客人数、净吨位、千瓦、艇身长度，以车船登记管理部门核发的车船登记证书或者行驶证所载数据为准。

（2）《车船税法》及其实施条例中涉及的整备质量、净吨位、艇身长度等计税单位，有尾数的一律按照尾数的计税单位据实计算车船税应纳税额。计算得出的应纳税额小数点后超过两位的可四舍五入保留两位。

（3）乘用车以车辆登记管理部门核发的机动车登记证书或者行驶证书所载的排气量毫升数确定税额区间。

（4）对因受地震、洪涝等严重自然灾害影响而纳税困难以及其他特殊原因确需减免税的车船，可以在一定期限内减征或者免征车船税。具体减免期限和数额由省、自治区、直辖市人民政府确定，报国务院备案。

（5）已经缴纳车船税的车船，因质量原因，车船被退回生产企业或者经销商的，纳税人可以向纳税所在地的主管税务机关申请退还自退货月份起至该纳税年度终了期间的税款。退货月份以退货发票所载日期的当月为准。

（6）纳税人在购买“交强险”时，由扣缴义务人代收代缴车船税的，凭注明已收税款信息的“交强险”保险单，车辆登记地的主管税务机关不再征收该纳税年度的车船税。再次征收的，车辆登记地的主管税务机关应予以退还。

（7）车船税扣缴义务人代收代缴的欠缴税款的滞纳金，从各省、自治区、直辖市人民政府规定的申报纳税期限截止日期的次日起计算。

（8）境内单位和个人租入外国籍船舶的，不征收车船税。境内单位和个人将船舶出租到境外的，应依法征收车船税。

（9）自2012年1月1日起，对节约能源的车船，减半征收车船税；对使用新能源的车船，免征车船税。纯电动乘用车、燃料电池乘用车不属于车船税征收范围。

六、应纳税额的计算

购置的新车船，购置当年的应纳税额自纳税义务发生的当月起按月计算。车船税应纳税额的计算公式为：

应纳税额＝年应纳税额÷12×应纳税月份数

【例9-5】某运输公司拥有载货汽车20辆（货车整备质量全部为10吨）、乘人大客车30辆、小客车5辆。载货汽车每吨年税额为80元，乘人大客车每辆年税额为500元，小客车每辆年税额为400元。

要求：计算该公司全年应纳车船税税额。

解：

全年应纳车船税税额＝20×10×80＋30×500＋5×400＝33 000（元）

【例9-6】某航运公司拥有机动船50艘，其中，净吨位200吨的有15艘，净吨位2 000吨的有10艘，净吨位5 000吨的有25艘。200吨机动船的单位税额为3元，2 000吨机动船的单位税额为4元，5 000吨机动船的单位税额为5元。

要求：计算该航运公司年应纳车船税税额。

解：

该公司年应纳车船税税额＝15×200×3＋10×2 000×4＋25×5 000×5
＝714 000（元）

七、税收优惠

车船税法定减免的项目包括如下几个方面：

（1）捕捞、养殖渔船。捕捞、养殖渔船是指在渔业船舶管理部门登记为捕捞船或者养殖船的渔业船舶，不包括在渔业船舶管理部门登记为捕捞船或者养殖船以外类型的渔业船舶。

（2）军队、武警专用的车船。军队、武警专用的车船是指按照规定在军队、武警车船管理部门登记，并领取军用牌照、武警牌照的车船。

（3）依照我国有关法律规定应当予以免税的外国驻华使馆、领事馆和国际组织驻华机构及有关人员的车船。

（4）省、自治区、直辖市人民政府根据当地实际情况，可以对公共交通车船、农村居民拥有并主要在农村地区使用的摩托车、三轮汽车和低速载货汽车定期减征或免征车船税。

八、纳税期限

车船税纳税义务发生时间为取得车船所有权或管理权的当月。以购买车船的发票或其他证明文件所载日期的当月为准。

车船税按年申报缴纳。纳税年度自公历 1 月 1 日起至 12 月 31 日止。具体申报纳税期限由省、自治区、直辖市人民政府确定。

九、纳税地点

车船税的纳税地点为车船的登记地或车船税扣缴义务人所在地。依法不需要办理登记的车船，车船税的纳税地点为车船的所有人或管理人所在地。

十、纳税申报

车船税的纳税人应按照《车船税法》的有关规定及时办理纳税申报，并如实填写《车船税纳税申报表》（略）。

十一、车船税的账务处理

车船税通过“税金及附加”和“应交税费——应交车船税”科目核算。“应交税费——应交车船税”科目贷方反映企业应缴纳的车船税税额，借方反映企业已经缴纳的车船税税额，余额在贷方表示企业应缴而未缴的车船税。

【例 9－7】题干如【例 9－5】所述。

要求：进行相应的会计处理。

解：

（1）计提时：

借：税金及附加　　　　33 000

贷：应交税费——应交车船税 33 000

（2）上缴时：

借：应交税费——应交车船税 33 000

贷：银行存款 33 000

单元四 印花税的核算

我国现行印花税的基本规范是1988年8月6日国务院发布并于同年10月1日实施的《中华人民共和国印花税暂行条例》。

一、纳税义务人

印花税的纳税义务人是在中国境内书立、使用、领受印花税法所列举的凭证并应依法履行纳税义务的单位和个人。单位和个人是指国内各类企业、事业、机关、团体、部队以及中外合资企业、合作企业、外资企业、外国公司和其他经济组织及在华机构等单位和个人。

（一）单位和个人

上述单位和个人，按照书立、使用、领受应税凭证的不同，可以分别确定为立合同人、立据人、立账簿人、领受人和使用人五种。

1. 立合同人

立合同人是指合同的当事人。

拓展阅读

所谓当事人，是指对凭证有直接权利义务关系的单位和个人，但不包括合同的担保人、证人、鉴定人。各类合同的纳税人是立合同人。当事人的代理人有代理纳税的义务，与纳税人负有同等的税收法律义务和责任。

2. 立据人

产权转移书据的纳税人是立据人。

3. 立账簿人

营业账簿的纳税人是立账簿人。所谓立账簿人，是指设立并使用营业账簿的单位和个人。例如，企业单位因生产、经营需要，设立了营业账簿，该企业即为纳税人。

4. 领受人

权利、许可证照的纳税人是领受人。领受人是指领取或接受并持有该项凭证的单位和个人。例如，某人因其发明创造，经申请依法取得国家专利机关颁发的专利证书，该人即为纳税人。

5. 使用人

在国外书立、领受，但在国内使用的应税凭证，其纳税人是使用人。

（二）各类电子应税凭证的签订人

各类电子应税凭证的签订人是指以电子形式签订各类应税凭证的当事人。

拓展阅读

对应税凭证，凡是由两方或两方以上当事人共同书立的，其当事人各方都是印花税的纳税人，应各就其所持凭证的计税金额履行纳税义务。

二、税目

印花税的税目是指印花税法明确规定的应当纳税的项目，它具体划定了印花税的征税范围。一般来说，列入税目的就要征税，未列入税目的就不征税。印花税共有如下13个税目。

（一）购销合同

购销合同包括供应、预购、采购、购销结合及协作、调剂、补偿、贸易等合同；此外，还包括出版单位与发行单位之间订立的图书、报纸、期刊和音像制品的应税凭证，如订购单、订数单等；还包括发电厂与电网之间、电网与电网之间（国家电网公司系统和南方电网公司系统内部各级电网互供电量除外）签订的购售电合同，但是，电网与用户之间签订的供用电合同不属于印花税列举征税的凭证，不征收印花税。

（二）加工承揽合同

加工承揽合同包括加工、定做、修缮、修理、印刷、广告、测绘、测试等合同。

（三）建设工程勘察设计合同

建设工程勘察设计合同包括勘察、设计合同。

（四）建筑安装工程承包合同

建筑安装工程承包合同包括建筑、安装工程承包合同。承包合同包括总承包合同、分包合同和转包合同。

（五）财产租赁合同

财产租赁合同包括租赁房屋、船舶、飞机、机动车辆、机械、器具、设备等合同，还包括企业、个人出租门店、柜台等签订的合同。

（六）货物运输合同

货物运输合同包括民用航空运输、铁路运输、海上运输、内河运输、公路运输和联运合同，以及作为合同使用的单据。

（七）仓储保管合同

仓储保管合同包括仓储、保管合同，以及作为合同使用的仓单、栈单等。

（八）借款合同

借款合同是指银行及其他金融组织与借款人（不包括银行同业拆借）所签订的合同，以及只填开借据并作为合同使用、取得银行借款的借据。银行及其他金融机构经营的融资租赁业务是一种以融物方式达到融资目的的业务，实际上是分期偿还的固定资金借款，因此融资租赁合同也属于借款合同。

拓展阅读

（1）对开展融资租赁业务签订的融资租赁合同（含融资性售后回租），统一按照其所载明的租金总额依照“借款合同”税目，按万分之零点五的税率计税贴花。

（2）在融资性售后回租业务中，对承租人、出租人因出售租赁资产及购回租赁资产所签订的合同，不征收印花税。

（九）财产保险合同

财产保险合同包括财产、责任、保证、信用等保险合同，以及作为合同使用的单据。财产保险合同分为企业财产保险、机动车辆保险、货物运输保险、家庭财产保险和农牧业保险五大类。家庭财产两全保险属于家庭财产保险性质，其合同在财产保险合同之列，应照章纳税。

（十）技术合同

技术合同包括技术开发、转让、咨询、服务等合同，以及作为合同使用的单据。但一般的法律、会计、审计等方面的咨询不属于技术咨询，其所立合同不贴印花。

（十一）产权转移书据

产权转移书据包括财产所有权和版权、商标专用权、专利权、专有技术使用权等转移书据和土地使用权出让合同、土地使用权转让合同、商品房销售合同等权利转移合同。产权转移书据是指单位和个人产权的买卖、继承、赠与、交换、分割等所立的书据。财产所有权转移书据的征税范围，是指经政府管理机关登记注册的动产、不动产的所有权转移所立的书据，以及企业股权转让所立的书据，并包括个人无偿赠送不动产所签订的个人无偿赠与不动产登记表。

（十二）营业账簿

营业账簿是指单位或者个人记载生产经营活动的财务会计核算账簿。营业账簿按其反映内容的不同，可分为记载资金的账簿和其他账簿。记载资金的账簿是指反映生产经营单位资本金数额增减变化的账簿。其他账簿是指除上述账簿以外的有关其他生产经营活动内容的账簿，包括日记账簿和各明细分类账簿。

（十三）权利、许可证照

权利、许可证照包括政府部门发放的房屋产权证、工商营业执照、商标注册证、专利证、土地使用证。

三、税率

印花税的税率有两种形式，即比例税率和定额税率。

（一）比例税率

在印花税的13个税目中，各类合同以及具有合同性质的凭证（含以电子形式签订的各类应税凭证)、产权转移书据、营业账簿中记载资金的账簿，适用比例税率。

印花税的比例税率分为4个档次，分别是0.05‰、0.3‰、0.5‰、1‰。适用0.05‰税率的为借款合同；适用0.3‰税率的为购销合同、建筑安装工程承包合同、技术合同；适用0.5‰税率的为加工承揽合同、建筑工程勘察设计合同、货物运输合同、产权转移书据、营业账簿税目中记载资金的账簿；适用1‰税率的为财产租赁合同、仓储保管合同、财产保险合同。

（二）定额税率

在印花税的13个税目中，权利、许可证照和营业账簿税目中的其他账簿，适用定额税率，均为按件贴花，税额为5元。这样的规定，主要是考虑到上述应税凭证比较特殊，有的是无法计算金额的凭证，如权利、许可证照，有的是虽记载金额，但以其作为计税依据又明显不合理的凭证，如其他账簿。采用定额税率便于纳税人缴纳税款，便于税务机关征管。印花税税目、税率表如表9-2所示。

表9-2　　印花税税目、税率表

税目	范围	税率	纳税人	说明
购销合同	包括供应、预购、采购、购销结合及协作、调剂、补偿、贸易等合同	按购销金额的0.3‰贴花	立合同人	
加工承揽合同	包括加工、定做、修缮、修理、印刷、广告、测绘、测试等合同	按加工或承揽收入的0.5‰贴花	立合同人	
建设工程勘察设计合同	包括勘察、设计合同	按收取费用的0.5‰贴花	立合同人	
建筑安装工程承包合同	包括建筑、安装工程承包合同	按承包金额的0.3‰贴花	立合同人	
财产租赁合同	包括租赁房屋、船舶、飞机、机动车辆、机械、器具、设备等合同	按租赁金额的1‰贴花（若税额不足1元，按1元贴花）	立合同人	
货物运输合同	包括民用航空运输、铁路运输、海上运输、内河运输、公路运输和联运合同	按运输费用的0.5‰贴花	立合同人	单据作为合同使用的，按合同贴花
仓储保管合同	包括仓储、保管合同	按仓储保管费用的1‰贴花	立合同人	仓单或栈单作为合同使用的，按合同贴花
借款合同	银行及其他金融组织和借款人（不包括银行同业拆借）所签订的借款合同	按借款金额的0.05‰贴花	立合同人	单据作为合同使用的，按合同贴花
财产保险合同	包括财产、责任、保证、信用等保险合同	按保险费收入的0.1‰贴花	立合同人	单据作为合同使用的，按合同贴花
技术合同	包括技术开发、转让、咨询、服务等合同	按所载金额的0.3‰贴花	立合同人	

续前表

税目	范围	税率	纳税人	说明
产权转移书据	包括财产所有权和版权、商标专用权、专利权、专有技术使用权等转移书据、土地使用权出让合同、土地使用权转让合同、商品房销售合同	按所载金额的0.5‰贴花	立据人	
营业账簿	生产、经营用账册	记载资金的账簿，按实收资本和资本公积的合计金额的0.5‰贴花。其他账簿，按件贴花5元	立账簿人	
权利、许可证照	包括政府部门发给的房屋产权证、工商营业执照、商标注册证、专利证、土地使用证	按件贴花5元	领受人	

四、计税依据的一般规定

印花税的计税依据为各种应税凭证上所记载的计税金额，具体规定为：

（1）购销合同的计税依据为合同记载的购销金额。

（2）加工承揽合同的计税依据是加工或承揽收入的金额。具体规定为：

1）对于由受托方提供原材料的加工、定做合同，凡在合同中分别记载加工费金额和原材料金额的，应分别按加工承揽合同、购销合同计税，两项税额的相加数，即为合同应贴印花；若合同中未分别记载，则应就全部金额依照加工承揽合同计税贴花。

2）对于由委托方提供主要材料或原料，受托方只提供辅助材料的加工合同，无论加工费和辅助材料金额是否分别记载，均以辅助材料与加工费的合计数，依照加工承揽合同计税贴花。对委托方提供的主要材料或原料金额不计税贴花。

（3）建设工程勘察设计合同的计税依据为收取的费用。

（4）建筑安装工程承包合同的计税依据为承包金额。

（5）财产租赁合同的计税依据为租赁金额；经计算，税额不足1元的，按1元贴花。

（6）货物运输合同的计税依据为取得的运输费金额（即运费收入），不包括所运货物的金额、装卸费和保险费等。

（7）仓储保管合同的计税依据为收取的仓储保管费用。

（8）借款合同的计税依据为借款金额。

（9）财产保险合同的计税依据为支付（收取）的保险费，不包括所保财产的金额。

（10）技术合同的计税依据为合同所载的价款、报酬或使用费。

（11）产权转移书据的计税依据为所载金额。

（12）营业账簿税目中记载资金的账簿的计税依据为实收资本与资本公积两项的合计金额。其他账簿的计税依据为应税凭证件数。

（13）权利、许可证照的计税依据为应税凭证件数。

五、计税依据的特殊规定

印花税计税依据的特殊规定具体包括如下几个方面：

(1) 凭证以金额、收入、费用作为计税依据的，应当全额计税，不得进行任何扣除。

(2) 同一凭证载有两个或两个以上经济事项而适用不同税目、税率（如分别记载金额）的，应分别计算应纳税额，相加后按合计税额贴花；未分别记载金额的，按税率高的计税贴花。

(3) 按金额比例贴花的应税凭证，未标明金额的，应按照凭证所载数量及国家牌价计算金额；没有国家牌价的，按市场价格计算金额，然后按规定税率计算应纳税额。

(4) 应税凭证所载金额为外国货币的，应按照凭证书立当日国家外汇管理局公布的外汇牌价折合成人民币，然后计算应纳税额。

(5) 应纳税额不足 1 角的，免纳印花税；1 角以上的，其税额尾数不满 5 分的不计，满 5 分的按 1 角计算。

(6) 有些合同在签订时无法确定计税金额，如技术转让合同中的转让收入是按销售收入的一定比例收取或是按实现利润分成的，财产租赁合同只是规定了月（天）租金标准而无租赁期限。对这类合同，可在签订时先按定额 5 元贴花，以后结算时再按实际金额计税，补贴印花。

(7) 应税合同在签订时纳税义务即已产生，应计算应纳税额并贴花。所以，不论合同是否兑现或是否按期兑现，均应贴花。

对已履行并贴花的合同，所载金额与合同履行后实际结算金额不一致的，只要双方未修改合同金额，一般不再办理完税手续。

(8) 有经营收入的事业单位，凡属由国家财政部门拨付事业经费，实行差额预算管理的单位，其记载经营业务的账簿，按其他账簿定额贴花，不记载经营业务的账簿不贴花；凡属经费来源实行自收自支的单位，应对记载资金的账簿和其他账簿分别计算应纳税额。跨地区经营的分支机构使用的营业账簿，应由各分支机构于其所在地计算贴花。上级单位核拨资金的分支机构，其记载资金的账簿按核拨的账面资金额计税贴花，其他账簿按定额贴花；上级单位不核拨资金的分支机构，只就其他账簿按件定额贴花。为避免对同一资金重复计税贴花，上级单位记载资金的账簿，应按扣除拨给下属机构资金数额后的其余部分计税贴花。

(9) 在商品购销活动中，采用以货换货方式进行商品交易签订的合同，是反映既购又销双重经济行为的合同。对此，应按合同所载的购、销合计金额计税贴花。合同未列明金额的，应按合同所载购、销数量依照国家牌价或者市场价格计算应纳税额。

(10) 施工单位将自己承包的建设项目分包或者转包给其他施工单位所签订的分包合同或者转包合同，应按新的分包合同或转包合同所载金额计算应纳税额。

六、应纳税额的计算

纳税人的印花税应纳税额，根据应纳税凭证的性质，分别按比例税率或者定额税率计算，其计算公式为：

应纳税额＝应税凭证计税金额（或应税凭证件数）×适用税率

【例 9－8】西北造纸公司于 20×9 年 2 月开业，当年主要发生如下业务：领受房屋产权证、工商营业执照、土地使用证各 1 件；与其他企业订立转移专用技术使用权书据 1 份，所载金额为 100 万元；订立产品购销合同 1 份，所载金额为 200 万元；订立借款合同 1 份，所载金额为 400 万元；企业记载资金的账簿中，实收资本、资本公积为 800 万元；其他营业账簿有 10 本。

要求：计算该公司当年应缴纳的印花税税额。

解：

应纳税额＝3×5＋1 000 000×0.5‰＋2 000 000×0.3‰＋4 000 000×0.05‰＋8 000 000×0.5‰＋10×5＝5 365（元）

七、税收优惠

税收优惠的主要内容如下：

（1）对已缴纳印花税凭证的副本或者抄本免税。但以副本或者抄本视同正本使用的，则应另贴印花。

（2）对财产所有人将财产赠给政府、社会福利单位、学校所立的书据免税。

（3）对国家指定的收购部门与村民委员会、农民个人书立的农副产品收购合同免税。

（4）对无息、贴息贷款合同免税。

（5）对外国政府或者国际金融组织向我国政府及国家金融机构提供优惠贷款所书立的合同免税。

（6）对农牧业保险合同免税。对该类合同免税，是为了支持农村保险事业的发展，减轻农牧业生产的负担。

（7）对特殊货运凭证免税。这类凭证包括军事物资运输凭证；抢险救灾物资运输凭证；新建铁路的工程临管线运输凭证。

（8）其他有关印花税的征免规定。具体有：

1）实行公司制改造的企业在改制过程中成立的新企业（重新办理法人登记的），其新启用的资金账簿记载的资金或因企业建立资本纽带关系而增加的资金，凡原已贴花的部分可不再贴花，未贴花的部分和以后新增加的资金按规定贴花。

2）以合并或分立方式成立的新企业，其新启用的资金账簿记载的资金，凡原已贴花的部分可不再贴花，未贴花的部分和以后新增加的资金按规定贴花。

3）企业债权转股权新增加的资金，按规定贴花。

4）企业改制中经评估增加的资金，按规定贴花。

5）企业其他会计科目记载的资金转为实收资本或资本公积的，按规定贴花。

6）企业改制前签订但尚未履行完的各类应税合同，改制后需要变更执行主体的，对仅改变执行主体、其余条款未做变动且改制前已贴花的，不再贴花。

7）企业因改制签订的产权转移书据，免予贴花。

八、征收管理

（一）纳税方法

根据税额大小、贴花次数以及税收征收管理的需要，印花税的纳税办法可分为以下三种。

1. 自行贴花办法

自行贴花办法一般适用于应税凭证较少或者贴花次数较少的纳税人。对已贴花的凭证，修改后所载金额增加的，其增加部分应当补贴印花税票。凡多贴印花税票者，不得申请退税或者抵用。

2. 汇贴或汇缴办法

汇贴或汇缴办法一般适用于应纳税额较大或者贴花次数频繁的纳税人。一份凭证应纳税额超过500元的，应向当地税务机关申请填写缴款书或者完税凭证，将其中一联粘贴在凭证上或者由税务机关在凭证上加注完税标记代替贴花。

3. 委托代征办法

委托代证办法主要是通过税务机关的委托，经由发放或者办理应纳税凭证的单位代为征收印花税税款。税务机关委托工商行政管理机关代售印花税票，按代售金额5%的比例支付代售手续费。

（二）纳税环节

印花税应当在书立或领受时贴花，具体是指在合同签订时、账簿启用时和证照领受时贴花。如果合同是在国外签订，并且不便在国外贴花，应在将合同带入境时办理贴花纳税手续。

（三）纳税地点

印花税一般实行就地纳税。对全国性商品物资订货会（包括展销会、交易会等）上所签订合同应纳的印花税，由纳税人回其所在地后及时办理贴花完税手续；对地方主办、不涉及省际关系的订货会、展销会上所签订合同的印花税，其纳税地点由各省、自治区、直辖市人民政府自行确定。

九、印花税的账务处理

由于印花税由纳税人以购买并一次贴足印花税票方式缴纳税款，不存在与税务机关结算或清算税款的问题，因而，企业缴纳的印花税不需要通过“应交税费”科目核算，购买印花税票时，可直接借记“税金及附加”科目，贷记“银行存款”科目。

【例9-9】某企业于20×9年年初签订了10份委托加工合同，合同总标的为300万元。企业按5元/份粘贴了印花税票且已进行了核算。经税务稽查，加工合同不得按件贴花，而且企业尚有20×9年3月签订的5份购销合同未贴印花税，合同总金额为200万元，税务机关做出补税及罚款3倍的决定。

要求：进行相应的会计处理。

解：

补缴印花税＝3 000 000×0.5‰－10×5＋2 000 000×0.3‰＝2 050（元）

罚款金额＝2 050×3＝6 150（元）

（1）补缴印花税时：

借：税金及附加　　2 050

　贷：银行存款　　2 050

（2）上缴罚款时：

借：营业外支出——税务罚款　　6 150

　贷：银行存款　　6 150

单元五　契税的核算

我国现行契税的基本规范是1997年7月7日国务院发布并于同年10月1日开始施行的《中华人民共和国契税暂行条例》（以下简称《契税暂行条例》）。

一、征税对象

契税的征税对象是境内转移的土地、房屋权属，具体包括以下内容。

（一）国有土地使用权出让

国有土地使用权出让是指土地使用者向国家交付土地使用权出让费用，国家将国有土地使用权在一定年限内让与土地使用者的行为。

（二）土地使用权的转让

土地使用权的转让是指土地使用者以出售、赠与、交换或者其他方式将土地使用权转移给其他单位和个人的行为。土地使用权的转让不包括农村集体土地承包经营权的转移。

（三）房屋买卖

房屋买卖是指以货币为媒介，出卖者向购买者过渡房产所有权的交易行为。以下几种特殊情况，视同买卖房屋：以房产抵债或实物交换房屋；以房产作投资或作股权转让；买房拆料或翻建新房，应照章征收契税。

（四）房屋赠与

房屋赠与是指房屋产权所有人将房屋无偿转让给他人所有。房屋的受赠人要按规定缴纳契税。

（五）房屋交换

房屋交换是指房屋所有者之间互相交换房屋的行为。

视同土地使用权转让、房屋买卖或者房屋赠与的情形包括：

（1）以土地、房屋权属作价投资、入股。

（2）以土地、房屋权属抵债。

（3）以获奖方式承受土地、房屋权属。

(4) 以预购方式或者预付集资建房款方式承受土地、房屋权属。

(六) 承受国有土地使用权支付的土地出让金

对承受国有土地使用权所应支付的土地出让金，要计征契税，不得因减免土地出让金而减免契税。

二、纳税义务人与税率

(一) 纳税义务人

契税的纳税义务人是境内转移土地、房屋权属，承受的单位和个人。境内是指中华人民共和国实际税收行政管辖范围内。土地、房屋权属是指土地使用权和房屋所有权。单位是指企业单位、事业单位、国家机关、军事单位和社会团体以及其他组织。个人是指个体经营者及其他个人，包括中国公民和外籍人员。

(二) 税率

契税实行3%～5%的幅度税率，各省、自治区、直辖市人民政府可以在幅度税率的范围内，按照本地区的实际情况确定。

三、计税依据

契税的计税依据为不动产的价格。由于土地、房屋权属转移方式不同，定价方法不同，因而具体计税依据视不同情况而确定。计征契税的成交价格不含增值税；免征增值税的，确定计税依据时，成交价格、租金收入、转让房地产取得的收入不扣减增值税额；税务机关核定的计税价格或收入不含增值税。

(一) 国有土地使用权出让、土地使用权出售、房屋买卖

国有土地使用权出让、土地使用权出售、房屋买卖，以成交价格为计税依据。成交价格是指土地、房屋权属转移合同确定的价格，包括承受者应交付的货币、实物、无形资产或者其他经济利益。

(二) 土地使用权赠与、房屋赠与

土地使用权赠与、房屋赠与，由征收机关参照土地使用权出售、房屋买卖的市场价格核定。

(三) 土地使用权交换、房屋交换

土地使用权交换、房屋交换，以所交换的土地使用权、房屋的价格差额为计税依据。也就是说，交换价格相等时，免征契税；交换价格不等时，由多交付的货币、实物、无形资产或者其他经济利益的一方缴纳契税。

(四) 以划拨方式取得土地使用权，转让房地产

以划拨方式取得土地使用权，经批准转让房地产时，由房地产转让者补缴契税。计税依据为补缴的土地使用权出让费用或者土地收益。

(五) 房屋附属设施

(1) 采取分期付款方式购买房屋附属设施土地使用权、房屋所有权的，应按合同规

定的总价款计征契税。

（2）承受的房屋附属设施权属如为单独计价的，按照当地确定的适用税率征收契税；如与房屋统一计价的，适用与房屋相同的契税税率。

（六）个人无偿赠与不动产

个人无偿赠与不动产（法定继承人除外），应对受赠人全额征收契税。

四、应纳税额的计算

契税采用比例税率，应纳税额的计算公式为：

应纳税额＝计税依据×税率

【例 9-10】居民张三有两套住房，张三将一套出售给居民李四，成交价格为 300 000 元；将另一套两居室住房与居民王五交换成两处一居室住房，并支付给王五换房差价款70 000元。

要求：计算张三、李四、王五相关行为应缴纳的契税（假定税率为 4%）。

解：

张三应缴纳契税＝70 000×4%＝2 800（元）

李四应缴纳契税＝300 000×4%＝12 000（元）

王五不缴纳契税。

五、契税优惠的一般规定

契税优惠的一般规定包括如下几个方面：

（1）国家机关、事业单位、社会团体、军事单位承受土地、房屋用于办公、教学、医疗、科研和军事设施的，免征契税。

（2）城镇职工按规定第一次购买公有住房的，免征契税。

（3）因不可抗力灭失住房而重新购买住房的，酌情减免契税。不可抗力是指自然灾害、战争等不能预见、不可避免，并不能克服的客观情况。

（4）土地、房屋被县级以上人民政府征用、占用后，重新承受土地、房屋权属的，由省级人民政府确定是否减免契税。

（5）承受荒山、荒沟、荒丘、荒滩土地使用权，并用于农、林、牧、渔业生产的，免征契税。

（6）经外交部确认，依照我国有关法律规定以及我国缔结或参加的双边和多边条约或协定，应当予以免税的外国驻华使馆、领事馆、联合国驻华机构及外交代表、领事官员和其他外交人员承受土地、房屋权属的，免征契税。

六、契税优惠的特殊规定

（一）企业公司制改造

非公司制企业按照《公司法》的规定，整体改建为有限责任公司（含国有独资公司）或股份有限公司，或者有限责任公司整体改建为股份有限公司，对改建后的公司承受原企业土地、房屋权属的，免征契税。

（二）企业股权重组

在股权转让中，单位、个人承受企业股权，企业土地、房屋权属不发生转移的，不征收契税。

（三）企业合并

两个或两个以上的企业依据法律规定、合同约定，合并改建为一个企业，对其合并后的企业承受原合并各方的土地、房屋权属，免征契税。

（四）企业分立

企业依照法律规定、合同约定，分设为两个或两个以上投资主体相同的企业，对派生方、新设方承受原企业土地、房屋权属的，免征契税。

（五）企业出售

国有、集体企业出售，被出售企业法人予以注销，并且买受人妥善安置原企业30%以上职工的，对其承受所购企业的土地、房屋权属，减半征收契税；全部安置原企业职工的，免征契税。

（六）企业关闭、破产

企业依照有关法律法规的规定实施关闭、破产后，债权人（包括关闭、破产企业职工）承受关闭、破产企业土地、房屋权属以抵偿债务的，免征契税。对非债权人承受关闭、破产企业土地、房屋权属，凡妥善安置原企业30%以上职工的，减半征收契税；全部安置原企业职工的，免征契税。

（七）房屋的附属设施

对于承受与房屋相关的附属设施（包括停车位、汽车库、自行车库、顶层阁楼以及储藏室）所有权或土地使用权的行为，按照契税法律法规的规定征收契税；对于不涉及土地使用权和房屋所有权转移变动的，不征收契税。

（八）继承土地、房屋权属

《中华人民共和国继承法》（以下简称《继承法》）规定的法定继承人（包括配偶、子女、父母、兄弟姐妹、祖父母、外祖父母）继承土地、房屋权属，不征收契税。

在婚姻关系存续期间，房屋、土地权属原归夫妻一方所有，变更为夫妻双方共有或另一方所有的，或者房屋、土地权属原归夫妻双方共有，变更为其中一方所有的，或者房屋、土地权属原归夫妻双方共有，双方约定、变更共有份额的，免征契税。

按照《继承法》的规定，非法定继承人根据遗嘱承受死者生前的土地、房屋权属，属于赠与行为，应征收契税。

（九）个人购买住房

(1) 对个人购买家庭唯一住房（家庭成员范围包括购房人、配偶以及未成年子女，下同），面积为90平方米及以下的，减按1%的税率征收契税；面积为90平方米以上的，减按1．5%的税率征收契税。

(2) 对个人购买家庭第二套改善性住房，面积为90平方米及以下的，减按1%的税率征收契税；面积为90平方米以上的，减按2%的税率征收契税（北京市、上海市、广州市、深圳市仍按财税〔2015〕39号）执行）。

七、纳税义务发生时间

契税的纳税义务发生时间是纳税人签订土地、房屋权属转移合同的当天，或者纳税人取得其他具有土地、房屋权属转移合同性质凭证的当天。

八、纳税期限

纳税人应当自纳税义务发生之日起10日内，向土地、房屋所在地的契税征收机关办理纳税申报，并在契税征收机关核定的期限内缴纳税款。

九、纳税地点

契税在土地、房屋所在地的征收机关缴纳。

十、征收管理

纳税人办理纳税事宜后，征收机关应向纳税人开具契税完税凭证。纳税人持契税完税凭证和其他规定的文件材料，依法向土地管理部门、房产管理部门办理有关土地、房屋的权属变更登记手续。土地管理部门和房产管理部门应向契税征收机关提供有关资料，并协助契税征收机关依法征收契税。

十一、契税的账务处理

缴纳契税不需通过“应交税费”科目核算，缴纳契税时，按受让土地使用权应缴纳的契税，借记“在建工程”科目，贷记“银行存款”科目；按购买房屋产权和受赠房屋等情况应缴纳的契税，借记“固定资产”“无形资产”“管理费用”等科目，贷记“银行存款”科目。

【例9-11】阳光公司取得一块土地的使用权，使用期限为10年，该土地的使用费为1 000 000元，按规定计算缴纳的契税为3 000元，用银行存款支付。

要求：进行相应的会计处理。

解：

借：无形资产——土地使用权　　1 003 000

　贷：银行存款　　1 003 000

单元六　城镇土地使用税的核算

城镇土地使用税由国务院决定自2007年1月1日起对企业、单位和个人开征。2013年12月4日，国务院第32次常务会议对《城镇土地使用税暂行条例》作了部分修改（自

2013 年 12 月 7 日起实施）。

一、纳税义务人

在城市、县城、建制镇、工矿区范围内使用土地的单位和个人，为城镇土地使用税（以下简称土地使用税）的纳税人。

土地使用税的纳税人通常包括以下几类：

（1）拥有土地使用权的单位和个人。

（2）拥有土地使用权的单位和个人不在土地所在地的，其土地的实际使用人和代管人为纳税人。

（3）土地使用权未确定或权属纠纷未解决的，其实际使用人为纳税人。

（4）土地使用权共有的，共有各方都是纳税人，由共有各方分别纳税。

拓展阅读

几个人或几个单位共同拥有一块土地的使用权，土地使用税的纳税人应是对这块土地拥有使用权的每个人或每个单位。他们应以其实际使用的土地面积占总面积的比例分别计算缴纳土地使用税。

二、征税范围

土地使用税的征税范围包括在城市、县城、建制镇和工矿区内的国家所有和集体所有的土地。

土地使用税的征税范围中，城市的土地包括市区和郊区的土地，县城的土地是指县人民政府所在地的城镇的土地，建制镇的土地是指镇人民政府所在地的土地。

建立在城市、县城、建制镇和工矿区以外的工矿企业不需缴纳土地使用税。

自 2009 年 1 月 1 日起，公园、名胜古迹内的索道公司经营用地依法缴纳土地使用税。

三、计税依据与税率

（一）计税依据

土地使用税以纳税人实际占用的土地面积为计税依据，土地面积计量标准为每平方米。税务机关根据纳税人实际占用的土地面积，按照规定的税额计算应纳税额，向纳税人征收土地使用税。

纳税人实际占用的土地面积按下列办法确定：

（1）由省、自治区、直辖市人民政府确定的单位组织测定土地面积的，以测定的面积为准。

（2）尚未组织测定土地面积，但纳税人持有政府部门核发的土地使用证书的，以证书确认的土地面积为准。

（3）尚未核发土地使用证书的，应由纳税人申报土地面积，据以纳税，待核发土地使用证书后再进行调整。

（二）税率

土地使用税采用定额税率，即采用有幅度的差别税额，按大、中、小城市和县城、建制镇、工矿区分别规定每平方米土地使用税年应纳税额。具体税率如表 9－3 所示。

表 9－3　　土地使用税税率表

级别	人口（人）	每平方米税额（元）
大城市	50 万以上	1.5～30
中等城市	20 万～50 万	1.2～2.4
小城市	20 万以下	0.9～1.8
县城、建制镇、工矿区		0.6～1.2

四、应纳税额的计算

土地使用税的应纳税额可以通过纳税人实际占用的土地面积乘以该土地所在地段的适用税额求得。其计算公式为：

全年应纳税额＝实际占用应税土地面积×适用税额

【例 9－12】西北制药公司在东南市的占地面积为 100 000 平方米，该应税土地每平方米年税额为 4 元。

要求：计算该公司全年应纳的土地使用税税额。

解：

全年应纳土地使用税税额＝100 000×4＝400 000（元）

五、土地使用税的优惠

法定免缴土地使用税的优惠主要包括如下几个方面：

（1）国家机关、人民团体、军队自用的土地，免缴土地使用税。这部分土地是指这些单位本身的办公用地和公务用地，如国家机关、人民团体的办公楼用地，军队的训练场用地等。

（2）由国家财政部门拨付事业经费的单位自用的土地，免缴土地使用税。这部分土地是指这些单位本身的业务用地，如学校的教学楼、操场、食堂等占用的土地。

（3）宗教寺庙、公园、名胜古迹自用的土地，免缴土地使用税。以上单位的生产、经营用地和其他用地（如公园、名胜古迹中附设的影剧院、饮食部、茶社、照相馆等营业单位使用的土地），不属于免税范围，应按规定缴纳土地使用税。

（4）市政街道、广场、绿化地带等公共用地，免缴土地使用税。

（5）直接用于农、林、牧、渔业的生产用地，免缴土地使用税。这部分土地是指直接从事种植、养殖、饲养的专业用地，不包括农副产品加工场地和生活办公用地。

（6）经批准开山填海整治的土地和改造的废弃土地，从使用的月份起免缴土地使用税 5 年～10 年。具体免税期限由各省、自治区、直辖市地方税务局在《中华人民共和国城镇土地使用税暂行条例》规定的期限内自行确定。

（7）非营利性医疗机构、疾病控制机构和妇幼保健机构等卫生机构自用的土地，免缴土地使用税。营利性医疗机构自用的土地自 2000 年起，免缴土地使用税 3 年。

（8）企业办的学校、医院、托儿所、幼儿园，其用地能与企业其他用地明确区分的，免缴土地使用税。

六、纳税期限

土地使用税实行按年计算、分期缴纳的征收方法，具体纳税期限由省、自治区、直辖市人民政府确定。

七、纳税义务发生时间

土地使用税的纳税义务发生时间包括如下几个方面：

（1）纳税人购置新建商品房，自房屋交付使用之次月起缴纳土地使用税。

（2）纳税人购置存量房，自办理房屋权属转移、变更登记手续，房地产权属登记机关签发房屋权属证书之次月起缴纳土地使用税。

（3）纳税人出租、出借房产，自交付出租、出借房产之次月起缴纳土地使用税。

（4）以出让或转让方式有偿取得土地使用权的，应由受让方从合同约定交付土地时间的次月起缴纳土地使用税；合同未约定交付时间的，由受让方从合同签订的次月起缴纳土地使用税。

（5）纳税人新征用的耕地，自批准征用之日起满 1 年时开始缴纳土地使用税。

（6）纳税人新征用的非耕地，自批准征用的次月起缴纳土地使用税。

（7）自 2009 年 1 月 1 日起，纳税人因土地权利状态发生变化而依法终止纳税义务的，其应纳税款的计算截止到土地权利状态发生变化的当月月末。

八、纳税地点和征收机构

（一）纳税地点

土地使用税在土地所在地缴纳。纳税人使用的土地不属于同一省、自治区、直辖市管辖的，由纳税人分别向土地所在地的税务机关缴纳土地使用税；在同一省、自治区、直辖市管辖范围内，纳税人跨地区使用土地的，其纳税地点由各省、自治区、直辖市地方税务局确定。

（二）征收机构

土地使用税由土地所在地的地方税务机关征收，其收入纳入地方财政预算管理。土地使用税征收工作涉及面广，政策性较强，在税务机关负责征收的同时，还必须注意加强同国土管理、测绘等有关部门的联系，及时取得土地的权属资料，共同协作把征收管理工作做好。

九、纳税申报

土地使用税的纳税人应按照有关规定及时办理纳税申报，并如实填写“城镇土地使用税纳税申报表”（略）。

十、土地使用税的账务处理

提取土地使用税时，借记“税金及附加”科目，贷记“应交税费——应交城镇土地使用税”科目；缴纳土地使用税时，借记“应交税费——应交城镇土地使用税”科目，贷记“银行存款”科目。

单元七 车辆购置税

现行车辆购置税法基本规范主要有2001年1月1日起实施的《中华人民共和国车辆购置税暂行条例》以及国家税务总局公布，2015年2月1日起实施的《车辆购置税征收管理办法》。

一、纳税义务人

在中华人民共和国境内购置应税车辆的单位和个人，为车辆购置税的纳税人。购置包括购买、进口、自产、受赠、获奖或者以其他方式取得并自用应税车辆的行为。

二、征税范围

车辆购置税的征收范围包括汽车、摩托车、电车、挂车、农用运输车。具体征收范围如下。

（一）汽车

包括各类汽车。

（二）摩托车

包括：（1）轻便摩托车，最高设计时速不大于50km/h，发动机汽缸总排量不大于$50cm^3$的两个或者三个车轮的机动车；（2）二轮摩托车，最高设计车速大于50km/h或者发动机汽缸总排量大于$50cm^3$的两个车轮的机动车；（3）三轮摩托车，最高设计车速大于50km/h或者发动机汽缸总排量大于$50cm^3$、空车重量不大于400kg的三个车轮的机动车。

（三）电车

包括：（1）无轨电车，以电能为动力由专用输电电缆线供电的轮式公共车辆；（2）有轨电车，以电能为动力在轨道上行驶的公共车辆。

（四）挂车

包括：（1）全挂车，无动力设备，独立承载，由牵引车辆牵引行驶的车辆；（2）半挂车，无动力设备，与牵引车辆共同承载，由牵引车辆牵引行驶的车辆。

（五）农用运输车

包括：（1）三轮农用运输车，柴油发动机，功率不大于7.4kW，载重量不大于500kg，最高车速不大于 40km/h 的三个车轮的机动车；(2) 四轮农用运输车，柴油发动机，功率不大于 28kW，载重量不大于 1 500kg，最高车速不大于 50km/h 的四个车轮的机动车。

拓展阅读

车辆购置税征收范围的调整，由国务院决定并公布，未列举的车辆不纳税。

三、计税依据与税率

（一）计税依据

车辆购置税的计税价格根据不同情况，按照下列规定确定：

(1) 纳税人购买自用的应税车辆，计税价格为纳税人购买应税车辆而支付给销售者的全部价款和价外费用，不包含增值税税款。

(2) 纳税人进口自用的应税车辆计税价格按下列计算公式确定：

计税价格＝关税完税价格＋关税＋消费税

(3) 纳税人购买自用或者进口自用应税车辆，申报的计税价格低于同类型应税车辆的最低计税价格，又无正当理由的，计税价格为国家税务总局核定的最低计税价格。

(4) 纳税人自产、受赠、获奖或者以其他方式取得并自用的应税车辆的计税价格，主管税务机关参照国家税务总局规定的最低计税价格核定。

(5) 国家税务总局未核定最低计税价格的车辆，计税价格为纳税人提供的有效价格证明注明的价格。有效价格证明注明的价格明显偏低的，主管税务机关有权核定应税车辆的计税价格。

(6) 进口旧车、因不可抗力因素导致受损的车辆、库存超过 3 年的车辆、行驶 8 万千米以上的试验车辆、国家税务总局规定的其他车辆，计税价格为纳税人提供的有效价格证明注明的价格。纳税人无法提供车辆有效价格证明的，主管税务机关有权核定应税车辆的计税价格。

(7) 免税条件消失的车辆，自初次办理纳税申报之日起，使用年限未满 10 年的，计税价格以免税车辆初次办理纳税申报时确定的计税价格为基准，每满 1 年扣减 10%；未满 1 年的，计税价格为免税车辆的原计税价格；使用年限 10 年（含）以上的，计税价格为 0。

拓展阅读

1) 价外费用是指销售方价外向购买方收取的基金、集资费、违约金（延期付款利息）和手续费、包装费、储存费、优质费、运输装卸费、保管费以及其他各种性质的价外收费，但不包括销售方代办保险等而向购买方收取的保险费，以及向购买方收取的代购买方缴纳的车辆购置税、车辆牌照费。

2) 最低计税价格是指国家税务总局依据机动车生产企业或者经销商提供的车辆价格信息，参照市场平均交易价格核定的车辆购置税计税价格。车辆购置税最低计税价格管理办法由国家税务总局另行制定。

（二）税率

车辆购置税的税率为 10%。

四、应纳税额的计算

车辆购置税实行从价定率的办法计算应纳税额。应纳税额的计算公式为：

应纳税额=计税价格×税率

【例 9-13】 甲公司与 20×7 年 3 月从汽车有限公司购入小汽车一辆，支付含税价 23 000 元，临时牌照费 550 元，代收保险费 3 000 元，零配件 4 000 元，车辆内饰 2 300 元，取得了符合规定的发票。

要求：计算甲公司缴纳的车辆购置税。

解：

$$\begin{aligned}\text{应纳税额} &= (23\,000+550+3\,000+4\,000+2\,300)\div(1+17\%)\times 10\% \\ &= 2\,807.69(\text{元})\end{aligned}$$

五、车辆购置税税收优惠

（1）外国驻华使馆、领事馆和国际组织驻华机构及其外交人员自用的车辆，免税。

（2）中国人民解放军和中国人民武装警察部队列入军队武器装备订货计划的车辆，免税。

（3）设有固定装置的非运输车辆，免税。

（4）有国务院规定予以免税或者减税的其他情形的，按照规定免税或者减税。

（5）已缴纳车辆购置税的车辆，发生下列情形之一的，准予纳税人申请退税：1）车辆退回生产企业或者经销商的；2）符合免税条件的设有固定装置的非运输车辆但已征税的；3）其他依据法律法规规定应予退税的情形。

六、纳税期限

纳税人购买自用应税车辆的，应当自购买之日起 60 日内申报纳税；进口自用应税车辆的，应当自进口之日起 60 日内申报纳税；自产、受赠、获奖或者以其他方式取得并自用应税车辆的，应当自取得之日起 60 日内申报纳税。免税车辆发生转让，但仍属于免税范围的，受让方应当自购买或取得车辆之日起 60 日内到主管税务机关重新申报免税。

七、纳税义务发生时间

纳税人应当在向公安机关车辆管理机构办理车辆登记注册前，缴纳车辆购置税。

免税、减税车辆因转让、改变用途等原因不再属于免税、减税范围的，应当在办理车辆过户手续前或者办理变更车辆登记注册手续前缴纳车辆购置税。

八、纳税地点和征收机构

（一）纳税地点

纳税人购置应税车辆，应当向车辆登记注册地的主管税务机关申报纳税；购置不需要办理车辆登记注册手续的应税车辆，应当向纳税人所在地的主管税务机关申报纳税。

（二）征收机构

车辆购置税由国家税务局征收。

九、纳税申报

纳税人办理纳税申报时应如实填写“车辆购置税纳税申报表”（以下简称纳税申报表），同时提供以下资料：（1）纳税人身份证明；（2）车辆价格证明；（3）车辆合格证明；（4）税务机关要求提供的其他资料。

十、车辆购置税的账务处理

车辆购置税是为了取得应税车辆而付出的代价，企业缴纳的车辆购置税应当作为所购置车辆的成本，通常不通过“应交税费”账户进行核算。

单元八 实训

一、印花税实训

（一）实训目的

掌握印花税的计算及会计处理；熟悉印花税纳税申报程序；掌握印花税纳税申报表等相关资料的填写方法；培养学生的理解能力、计算能力、账务处理能力和纳税申报的实际应用能力。

（二）实训资料

1. 企业概况

（1）企业名称：北京市五湖电器有限公司。

（2）地址：北京市长安街888号。

（3）法定代表人：王平。

（4）注册资本：380万元（北京市东明股份有限公司占66%，汪华占34%）。

（5）企业类型：有限责任公司。

（6）经营范围：制造并销售电热器、电风扇。

（7）开户银行：工商银行北京长安里支行（基本户）。

（8）银行账号：81451058675081002。

2. 模拟业务

20×9年，该公司发生如下业务（相关原始凭证略）：

（1）实收资本比20×8年增加100万元。

（2）与银行签订1年期借款合同，借款金额为300万元，年利率为5%。

（3）与甲公司签订以货换货合同，本公司的货物价值为350万元，甲公司的货物价值为450万元。

（4）与乙公司签订受托加工合同，乙公司提供价值 80 万元的原材料，本公司提供价值 15 万元的辅助材料，并收取加工费 20 万元。

（5）与丙公司签订技术转让合同，转让收入由丙公司按 20×0—20×5 年实现利润的 30％支付。

（6）与货运公司签订运输合同，载明的运输费用为 8 万元（其中含装卸费 0.5 万元）。

（7）与铁路部门签订运输合同，载明的运输费用及保管费用共计 20 万元。

（8）领受房屋产权证、土地使用证各 1 份。

（9）与广告公司签订广告制作合同 1 份，加工费为 3 万元，广告公司提供价值 7 万元的原材料。

（10）签订技术服务合同 1 份，记载的金额为 60 万元。

（11）签订租赁合同 1 份，记载的租赁费为 50 万元。

（12）签订转让专有技术使用权合同 1 份，记载的金额为 150 万元。

（三）实训任务

（1）根据以上业务逐项计算本月各项业务应纳的印花税，并编制会计分录。

（2）逐项填制记账凭证。

（3）按日序时逐笔记载印花税专用登记簿。

（4）按季向地方税务机关申报，编制印花税纳税申报表。

（四）实训条件（自备）

（1）记账凭证。

（2）印花税专用登记簿 1 张。

（3）印花税纳税申报表 1 张。

二、城建税及教育费附加实训

（一）实训目的

掌握城建税及教育费附加的计算与会计处理；熟悉城建税及教育费附加的计算；培养学生的理解能力、计算能力、账务处理能力及纳税申报的实际应用能力。

（二）实训资料

参考学习情境二单元八——二、一般纳税人（商品流通企业）增值税实训的实训资料。

（三）实训任务

（1）计算本月应缴纳的增值税。

（2）计算本月应缴纳的城建税及教育费附加。

（3）填制城建税及教育费附加纳税申报表。

（4）填写城建税及教育费附加税收缴款书。

（四）实训条件（自备）

（1）城建税及教育费附加纳税申报表 2 张。

（2）城建税及教育费附加税收缴款书 2 张。

深度阅读

《财政部　国家税务总局关于营改增后契税、房产税、土地增值税、个人所得税计税依据问题的通知》(财税〔2016〕43号)

《国家税务总局关于进一步简化和规范个人无偿赠与或受赠不动产免征营业税、个人所得税所需证明资料的公告》(国家税务总局公告2015年第75号)

《财政部　国家税务总局关于融资租赁合同有关印花税政策的通知》(财税〔2015〕144号)

《国家税务总局关于修改〈车辆购置税征收管理办法〉的决定》(国家税务总局令第38号)

《财政部　国家税务总局　住房城乡建设部关于调整房地产交易环节契税、营业税优惠政策的通知》(财税〔2016〕23号)

《国家税务总局关于车辆购置税征收管理有关问题的补充公告》(国家税务总局公告2016年第52号)

《国家税务总局关于发布〈印花税管理规程(试行)〉的公告》(国家税务总局公告2016年第77号)

课后练习

一、单项选择题

1. 某企业的一幢房产原值为600 000元，已知房产税税率为1.2%，当地规定的房产税扣除比例为30%，则该房产年度应缴纳的房产税税额为(　　)元。

A. 9 360　　B. 7 200　　C. 5 040　　D. 2 160

2. 20×8年，某企业固定资产的原值为3 000万元，其中房产原值为2 000万元，已计提折旧400万元，机器设备原值为1 000万元，已计提折旧240万元。已知当地政府规定的扣除比例为30%，则该企业20×8年应纳房产税税额为(　　)万元。

A. 16.8　　B. 168　　C. 24　　D. 240

3. 王某自有一处平房，共16间，其中7间用于个人开餐馆(房屋原值为20万元)。20×8年1月1日，王某将4间出典给李某，取得出典价款收入12万元；将剩余的5间出租给某公司，每月收取租金1万元。已知该地区规定房产税按照房产原值一次扣除20%后的余值计税，则王某20×8年应纳房产税税额为(　　)万元。

A. 1.632　　B. 0.816　　C. 0.516　　D. 1.652

4. 某企业有原值为2 000万元的房产，20×8年1月1日，该企业将全部房产对外投资联营，参与投资利润分红，并承担经营风险。已知当地政府规定的扣除比例为30%，该房产20×8年应纳房产税税额为(　　)万元。

A. 16.80　　B. 168　　C. 24　　D. 240

5. 某企业有一处原值为1 000万元的房产，20×8年7月1日，该企业将房产用于投资联营（收取固定收入，不承担联营风险），投资期为 5 年。已知该企业当年取得固定收入 50 万元，当地政府规定的扣除比例为 20%。该企业 20×8 年应缴纳的房产税税额为（　　）万元。

A. 6.0　　B. 9.6　　C. 10.8　　D. 15.6

6. 根据城建税的有关规定，下列各项中，属于城建税的计税依据是（　　）。

A. 纳税人当期应纳的“两税”税额　　B. 纳税人当期实纳的“两税”税额

C. 纳税人被处罚的“两税”罚款　　D. 纳税人因“两税”加收的滞纳金

7. 3 月，某企业因销售应税货物缴纳增值税 34 万元、消费税 12 万元，因出售房产缴纳增值税 10 万元、土地增值税 4 万元。已知该企业所在地的城建税税率为 7%。该企业 3 月应缴纳的城建税税额为（　　）万元。

A. 4.20　　B. 3.92　　C. 3.22　　D. 2.38

8. 根据车船税法律制度的规定，下列各项中，属于载货汽车计税依据的是（　　）。

A. 排气量　　B. 整备质量每吨　　C. 净吨位　　D. 购置价格

9. 20×8 年，某公司拥有 3 辆载客汽车，4 辆载货汽车（整备质量分别为 3 吨、4 吨、2.5 吨、2 吨）。当地车船税的年税额为：载客汽车每辆 100 元，载货汽车每吨 50 元。该公司应纳车船税税额为（　　）元。

A. 775　　B. 875　　C. 725　　D. 675

10. 根据印花税法律制度的规定，下列各项中，属于印花税纳税人的是（　　）。

A. 合同的双方当事人　B. 合同的担保人　　C. 合同的证人　　D. 合同的鉴定人

11. 下列应缴纳印花税的凭证是（　　）。

A. 房屋产权证、工商营业执照、税务登记证、营运许可证

B. 土地使用证、专利证、特殊行业经营许可证、房屋产权证

C. 商标注册证、卫生许可证、土地使用证、营运许可证

D. 房屋产权证、工商营业执照、商标注册证、专利证、土地使用证

12. 某企业 20×8 年的实收资本为 500 万元，资本公积为 400 万元。20×7 年，该企业的资金账簿上已按规定贴印花 2 500 元。该企业 20×8 年应纳印花税税额为（　　）元。

A. 500　　B. 750　　C. 2 000　　D. 4 500

13. 20×8 年 3 月，甲企业注册了新商标，领取了一份商标注册证；与某外商投资企业签订了一份货物买卖合同，合同标的额为 600 000 元，另外签订了运输合同，支付货物运输费 50 000 元；与工商银行某分行签订借款合同，借款金额为 1 000 000 元。已知商标注册证按件贴花 5 元，买卖合同、运输合同、借款合同适用的印花税税率分别为 0.3‰、0.5‰、0.05‰。甲企业 3 月应缴纳的印花税税额为（　　）元。

A. 250　　B. 255　　C. 260　　D. 265

14. 下列属于契税纳税义务人的有（　　）。

A. 土地、房屋抵债的抵债方　　B. 房屋赠与中的受赠方

C. 房屋赠与中的赠与方　　D. 土地、房屋投资的投资方

15. 根据土地使用税法律制度的规定，下列各项中，属于土地使用税计税依据的是（　　）。

A. 建筑面积　　B. 使用面积

C. 居住面积　　　　　　　　　　　　D. 实际占用的土地的面积

16. 林某有面积为140平方米的住宅一套，价值96万元。黄某有面积为120平方米的住宅一套，价值72万元。两人进行房屋交换，差价部分由黄某以现金补偿林某。已知契税的适用税率为3%，黄某应缴纳的契税税额为（　　）万元。

A. 4.8　　B. 2.88　　C. 2.16　　D. 0.72

二、多项选择题

1. 根据《房产税暂行条例》的规定，下列各项中，符合房产税纳税人规定的是(　　)。

A. 将房屋产权出典的，承典人为纳税人

B. 将房屋产权出典的，产权所有人为纳税人

C. 房屋产权未确定的，房产代管人或使用人为纳税人

D. 产权所有人不在房产所在地的，房产代管人或使用人为纳税人

2. 根据《房产税暂行条例》的规定，下列各项中，不符合房产税纳税义务发生时间规定的是（　　）。

A. 纳税人将原有房产用于生产经营，从生产经营之次月起缴纳房产税

B. 纳税人将自行新建房屋用于生产经营，从建成之次月起缴纳房产税

C. 纳税人委托施工企业建设的房屋，从办理验收手续之月起缴纳房产税

D. 纳税人购置新建商品房，自房屋交付使用之次月起缴纳房产税

3. 根据车船税法律制度的规定，下列车辆应当缴纳车船税的有（　　）。

A. 大轿车　　B. 挂车　　C. 摩托车　　D. 自行车

4. 根据印花税法律制度的规定，下列各项中，属于印花税征税范围的有（　　）。

A. 土地使用权出让合同　　B. 土地使用权转让合同

C. 商品房销售合同　　D. 房屋产权证

5. 根据税收法律制度的规定，下列各项中，规定了比例税率和定额税率两种税率形式的税种有（　　）。

A. 印花税　　B. 消费税　　C. 土地使用税　　D. 房产税

6. 下列各项中，按件贴花、税额为每件5元的印花税应税凭证有（　　）。

A. 权利、许可证照　　B. 营业账簿中的记载资金的账簿

C. 营业账簿中的其他账簿　　D. 合同类凭证

7. 根据印花税法律制度的规定，下列各项中，以所载金额作为计税依据缴纳印花税的有（　　）。

A. 产权转移书据　　B. 借款合同

C. 财产租赁合同　　D. 工商营业执照

8. 根据《契税暂行条例》的规定，下列各项中，属于契税征税对象的有（　　）。

A. 房屋买卖　　B. 国有土地使用权出让

C. 房屋赠与　　D. 农村集体土地承包经营权转移

9. 下列各项中，属于契税征收范围的是（　　）。

A. 国有土地使用权出租　　B. 将自有房屋抵押

C. 接受他人赠与房屋　　D. 接受他人房屋作价投资入股

10. 下列以成交价格为依据计算契税的有（　　）。

A. 土地使用权赠与　　　　　　　B. 土地使用权出让

C. 土地使用权交换　　　　　　　D. 土地使用权转让

11. 张某于20×5年以每套80万元的价格购入两套高档公寓作为投资。20×6年，张某将其中一套公寓以100万元的价格转让给谢某，从中获利20万元。根据我国税收法律制度的规定，张某出售公寓的行为应缴纳的税种有（　　）。

A. 个人所得税　B. 土地使用税　C. 契税　　　D. 土地增值税

12. 根据土地使用税法律制度的规定，在城市、县城、建制镇和工矿区范围内，下列属于土地使用税纳税人的有（　　）。

A. 拥有土地使用权的集体企业

B. 拥有土地使用权的国有公司

C. 使用土地的外商投资企业

D. 使用土地的外国企业在中国境内设立的机构

三、业务题

1. 某公司于20×8年8月开业，领受房屋产权证、工商营业执照、商标注册证、土地使用证各1件；与其他企业订立加工承揽合同1份，合同载明公司提供的原材料金额为300万元，需要支付的加工承揽费为20万元；另订立财产保险合同1份，保险金额为1 000万元，保险费为12万元。

要求：计算该公司20×8年8月应缴纳的印花税。

2. 某市区企业2月份实际缴纳增值税20万元、消费税15万元；1月末缴纳增值税滞纳金0.5万元、罚款4万元；进口原材料时已缴纳增值税5万元。

要求：计算该企业应缴纳的城建税并进行相应的会计处理。

3. 某企业的房产原值为4 000万元，其中有500万元的房产已出租2年，今年仍出租，年租金收入为50万元。

要求：进行相应的会计处理（当地按20%扣减房产原值）。

4. 某公司有卡车8辆，整备质量为4吨；仅供内部行驶的平板货车5辆；客车（18座）1辆。当地政府规定，载货汽车的单位税额为60元/吨，30座以内乘人汽车的单位税额为250元。

要求：计算该公司全年应缴纳的车船税并进行相应的会计处理。

5. 某企业20×9年的有关资料如下：

（1）实收资本比20×8年增加100万元。

（2）与银行签订借款合同，借款金额为300万元，年利率为5%。

（3）与铁路部门签订运输合同，载明运输费及保管费共计20万元。

（4）与甲企业签订技术转让合同，收入按甲公司以后年度利润的30%支付。

要求：计算企业应缴纳的印花税税额并进行相应的会计处理。

6. 某市生产企业对外转让一项土地使用权，转让价格为600 000元，已计提减值准备6 000元，无形资产的账面余额为800 000元，累计摊销380 000元，增值税税率为5%。企业做会计分录如下：

借：银行存款　　　　600 000

　　累计摊销　　　　380 000

　　无形资产减值准备　　6 000
　贷：应交税费——应交增值税　　30 000
　　　无形资产　　800 000
　　　营业外收入　　156 000

要求：分析企业会计核算中存在的问题。

四、实训题

（一）实训资料

京远公司于20×6年成立，并于20×9年发生以下应税项目：

（1）年初，启用新账簿8本。5月，资金账簿中登记本年增加实收资本500万元、资本公积100万元。

（2）与甲企业签订一份加工承揽合同，受托为其加工一批产品，双方约定由京远公司提供所需的价值200万元原材料、10万元的辅助材料，另收取加工费20万元，各项金额均在加工承揽合同中分别记载。

（3）与乙企业签订一份建筑工程承包合同，记载金额为2 000万元，将其中的500万元转包给另一家工程公司。

（4）与丙企业签订仓储合同一份，货物金额为500万元，仓储保管费为10万元。

（5）与丁企业签订一份运输保管合同，记载金额共计500万元，其中货物价值为400万元，运输费为50万元，装卸费为30万元，仓储保管费为20万元。

（二）实训任务

（1）根据以上业务逐项计算本月各项业务应纳的印花税，并编制会计分录。

（2）逐项填制记账凭证。

（3）逐笔记载印花税专用登记簿。

（4）按季向地方税务机关申报，编制印花税纳税申报表。

（三）实训条件（自备）

（1）记账凭证。

（2）印花税专用登记簿1张。

（3）印花税纳税申报表1张。

学习情境十
纳税综合实训

一、实训资料

（一）企业基本情况

1. 企业概况

（1）企业名称：北京市五湖电器有限公司。

（2）地址：北京市长安里888号。

（3）法定代表人：王平。

（4）注册资本：380万元（北京市东明股份有限公司占66%，汪华占34%）。

（5）企业类型：有限责任公司。

（6）经营范围：制造并销售电热器、电风扇。

（7）生产组织：基本生产车间一个，辅助车间一个，机修车间为基本生产车间及管理部门提供修理服务。

（8）其他：

1）开户银行：工商银行北京长安里支行（基本户）。

2）银行账号：81451058675081002。

3）银行预留印鉴如图10-1所示。

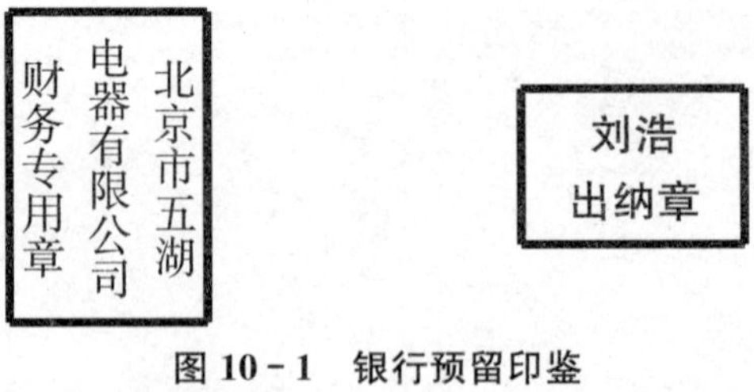

北京市五湖电器有限公司财务专用章

刘浩出纳章

图10-1 银行预留印鉴

4）税务登记号：110199514160154。

5）印花税票：剪下印花贴于账簿首页，并划双线注销。

6）孙立：财务部长；刘浩：负责出纳核算；张晶：负责工资薪金核算；李涛：负责资产物资核算；吴静：负责往来款项核算；张琴：负责收入、期间费用和利润的核算；吴江：负责成本核算；赵莉：负责总账报表核算；宋文：负责资金业务核算；韩江：负责公司涉税业务核算。

2. 主要涉税资料

(1) 该公司执行《企业会计准则》。

(2) 存货收发核算。计算各项发出存货的实际成本时，应先计算出期末加权平均单价（小数四舍五入，保留两位），再计算各项发出存货的实际成本（存货发出的数量×加权平均单价）。

1) 材料收发采用实际成本核算。根据材料验收入库凭证，逐笔编制记账凭证，进行材料的购入核算；月末根据平时材料发出凭证汇总编制“发出材料汇总表”，再据此编制记账凭证，集中进行材料发出的核算（月末一次加权平均法）。

2) 低值易耗品收发采用实际成本核算，并采用一次摊销法。

3) 库存商品收发采用实际成本核算。月末根据平时“产品完工进仓单”记录，汇总编制“库存商品入库汇总表”，并根据产品成本核算要求计算结转完工产品成本；月末根据平时商品销售出库的记录，汇总编制“主营业务成本计算表”，采用加权平均法计算并结转产品销售成本。

4) 存货明细账（材料、低值易耗品、库存商品）平时根据存货的收发凭证，逐笔进行材料、低值易耗品、库存商品的收发存数量核算。

(3) 成本费用核算。

1) 基本生产成本。产品成本核算采用品种法，按产品品种设置成本明细账；成本项目共设“直接材料”“直接人工”“制造费用”三项专栏，外购生产用动力费用（生产产品耗用水、电）并入“直接材料”项目。

2) 辅助生产成本。辅助生产车间发生的各种直接费用和间接费用，直接在“生产成本——辅助生产成本”科目中归集，其间接费用不通过“制造费用”科目归集，按辅助生产车间设多栏式明细账；辅助生产费用的分配采用直接分配法，月末将辅助生产车间的费用直接分配给辅助生产车间以外的各受益部门，辅助生产费用分配标准为修理工时。

3) 制造费用。按基本生产车间设多栏式明细账，分配标准为生产工时。

4) 其他有关费用。工会经费，按应付职工薪酬总额的2%计提；职工教育经费，按应付职工薪酬总额的1.5%计提；养老保险，企业负担部分按规定的计提基数76 160元的12%计提，个人按单位规定的个人计提基数及8%的比例计提；失业保险，企业负担部分按规定的计提基数77 160元的1%计提，个人按单位规定的个人计提基数及1%的比例计提；医疗保险，企业负担部分按规定的计提基数77 160元的2%计提，个人按单位规定的个人计提基数及2%的比例计提；工伤保险，企业负担部分按规定的计提基数77 160元的1.5%计提；生育保险，企业负担部分按规定的计提基数77 160元的1.5%计提。

(4) 固定资产核算。固定资产分为房屋及建筑物、机器设备、运输设备、办公设备四类，均采用年限平均法（综合）计算折旧。

(5) 长期股权投资核算。被投资单位名称为北京金华制造有限公司，注册资本为10 000万元，所得税税率为25%，投资额为100万元，占被投资单位注册资本的8%，采用成本法核算。

(6) 资产减值核算。

1) 坏账损失核算。设置“坏账准备”账户，采用应收账款余额百分比法，计提比例为10%。

2）存货减值核算。设置“存货跌价准备”账户，采用成本与可变现净值孰低方法核算。

3）短期投资减值核算。设置“短期投资跌价准备”账户，采用成本与市价孰低方法核算。

（7）税负核算。增值税税率为17%（一般纳税人）；城建税税率为7%；教育费附加税率为3%；所得税税率为25%。

（8）利润分配核算。按税后利润的10%提取法定盈余公积；按税后利润的5%提取法定公益金；按年末可供分配利润的60%向投资者分配利润。

（二）账户余额情况

公司的账户余额情况如表10-1所示。

表10-1　账户余额表

20×9年5月31日　　单位：元

编号	总账	明细账格式	借或贷	余额		备注
				总账	明细账	
1001	库存现金		借	5 800	5 800	
1002	银行存款	基本账户 81451058675081002	借	5 000 000	5 000 000	
1012	其他货币资金		借	223 500		
101203		银行承兑汇票	借		117 000	
101206		存出投资款	借		100 000	
101207		信用卡存款 0012-2451-9111	借		6 500	
1101	交易性金融资产	股票投资	借	100 000	100 000	紫光股份 10 000股
1121	应收票据		借	170 000		
		01山西万佳公司	借		10 000	
		02南宁大发公司	借		160 000	
1122	应收账款		借	140 700		
112201		北京华大公司	借		50 000	
112202		香港万达公司	借		90 700	
1221	其他应收款	01陈明	借	20 000	20 000	
1231	坏账准备	坏账准备				
1402	在途物资		借	650 000		
		A原材料	借		500 000	
		B原材料	借		150 000	
1403	原材料		借	2 350 000		
140301		A原材料	借		950 000	
140302		B原材料	借		600 000	
140303		C原材料	借		500 000	
140304		D原材料	借		300 000	
1405	库存商品		借	781 821		
140501		电热器	借		200 021	
140502		电风扇	借		581 800	

续前表

编号	总账	明细账格式	借或贷	余额		备注
				总账	明细账	
1411	周转材料		借	10 000		
1511	长期股权投资	其他股权投资	借	1 000 000		
5001	生产成本		借	645 722		
500101		基本生产成本	借		645 722	
		01 电热器	借		363 422	
		02 电风扇	借		282 300	
		03 共耗				
		04 生产成本转出				
500102		辅助生产成本				
		机修车间				
5101	制造费用	基本生产车间				
1601	固定资产		借	2 900 000		
160101		房屋建筑物	借		2 000 000	
160102		机器设备	借		360 000	
160103		运输设备	借		480 000	
160104		办公设备	借		60 000	
1602	累计折旧	累计折旧	贷	535 440	535 440	
1606	固定资产清理	其他设备				
1701	无形资产	非专利技术	借	97 000	97 000	
2001	短期借款	流动资金借款	贷	100 000	100 000	
2201	应付票据					
2202	应付账款		贷	203 000		
220201		山东飞龙集团	贷		117 000	
220202		上海天意商贸公司	贷		6 000	
220203		北京供电局				
220204		上海天马有限公司	贷		80 000	
2211	应付职工薪酬		贷	294 240	294 240	
2221	应交税费		贷	226 475		
222101		应交增值税	贷			
222102		未交增值税	贷		200 650	
222103		应交城建税	贷		14 045.5	
222105		应交所得税	贷		5 760	
222106		个人所得税	贷			
222107		应交教育费附加	贷		6 019.5	
2241	其他应付款		贷	138 000		

续前表

编号	总账	明细账格式	借或贷	余额		备注
				总账	明细账	
224101		社会保险费	贷		111 000	
224102		住房公积金	贷		21 000	
224103		工会经费	贷		6 000	
4001	实收资本		贷	3 800 000		
400101		北京市东明股份有限公司	贷		2 500 000	
400102		汪华	贷		1 300 000	
4101	盈余公积		贷	150 000		
410101		法定盈余公积	贷		100 000	
410102		法定公益金	贷		50 000	
4103	本年利润					
4104	利润分配		贷	285 000		
410405		未分配利润	贷		285 000	
6001	主营业务收入		贷	9 626 070.4		
600101		电热器	贷		5 543 286.3	
600102		电风扇	贷		4 082 784.1	
6051	其他业务收入		贷	50 000		
6111	投资收益		贷	195 727.6		
6301	营业外收入		贷	10 000		
6401	主营业务成本		借	973 500		
640101		电热器	借		473 500	
640102		电风扇	借		500 000	
6403	税金及附加		借	25 000		
6402	其他业务成本		借	40 000		
6601	销售费用	多栏式	借	80 000	80 000	
6602	管理费用	多栏式	借	301 000	301 000	
6603	财务费用	多栏式	借	20 000	20 000	
6711	营业外支出		借	5 000	5 000	
6801	所得税费用		借	74 910	74 910	

注：借方余额合计：15 613 953 元；贷方余额合计：15 613 953 元。

（三）经济业务

20×9 年 6 月，该公司发生如下业务：

（1）4 日，从沈阳电子机械厂购入材料一批，价款为 900 000 元，增值税税额为153 000元，开出支票一张。相关原始凭证如表 10－2～表 10－5 所示。

表 10－2

辽宁省增值税专用发票

发　票　联

NO　04838848

开票日期：20×9 年 6 月 3 日

购货单位		密码区	
名　　称	北京市五湖电器有限公司		245687478/>＋<1248<－<　加密版本：01
纳税人识别号	110199514160154		＊＋－－457－</148<－22－45　8641516972
地 址 、电 话	北京市长安里 888 号		＊－4－78>879458136845<7＋0　14785412
开户行及账号	工行长安里支行 8145105867081002		9/92/279>>－>98>><1　478131

货物或应税劳务、服务名称	规格型号	单位	数量	单价	金额	税率	税额
材料					900 000.00	17%	153 000.00
合　计					￥900 000.00	17%	￥153 000.00
价税合计（大写）	壹佰零伍万叁仟元整				（小写）￥1 053 000.00		

销货单位		备注
名　　称	沈阳电子机械厂	
纳税人识别号	420563426735637	
地 址 、电 话	沈阳市五里路 23 号	
开户行及账号	工商银行五里支行 42045276341	

收款人：　　复核：　　开票人：刘叶　　销货单位：（章）

第二联　发票联　购货方记账凭证

表 10－3

辽宁省增值税专用发票

抵　扣　联

NO　04838848

开票日期：20×9 年 6 月 3 日

购货单位		密码区	
名　　称	北京市五湖电器有限公司		245687478/>＋<1248<－<　加密版本：01
纳税人识别号	110199514160154		＊＋－－457－</148<－22－45　8641516972
地 址 、电 话	北京市长安里 888 号		＊－4－78>879458136845<7＋0　14785412
开户行及账号	工行长安里支行 8145105867081002		9/92/279>>－>98>><1　478131

货物或应税劳务、服务名称	规格型号	单位	数量	单价	金额	税率	税额
材料					900 000.00	17%	153 000.00
合　计					￥900 000.00	17%	￥153 000.00
价税合计（大写）	壹佰零伍万叁仟元整				（小写）￥1 053 000.00		

销货单位		备注
名　　称	沈阳电子机械厂	
纳税人识别号	8420563426735637	
地 址 、电 话	沈阳市五里路 23 号	
开户行及账号	工商银行五里支行 42045276341	

收款人：　　复核：　　开票人：刘叶　　销货单位：（章）

第一联　抵扣联　购货方抵扣凭证

表 10-4

中国工商银行 转账支票存根
支票号码：XⅡ415130
科　　目：
对方科目：
签发日期：20×9 年 6 月 3 日
收款人：沈阳电子机械厂
金　额：1 053 000.00
用　途：支付购料款
备　注：
单位主管：　　　　会计：

表 10-5　　收　料　单

收料部门：仓库　　20×9 年 6 月 5 日　　收字第 5 号

种类	编号	名称	规格	数量	单位	单价	成本总额									
							千	百	十	万	千	百	十	元	角	分
材料	C01	A 原材料	ZD0001	2 000	台	450.00			9	0	0	0	0	0	0	0
备注								¥	9	0	0	0	0	0	0	0

第三联　财务记账

负责人：孙立　　记账：李涛　　验收：张华　　填单：刘为

（2）6 日，申请银行汇票到江苏昆山商贸公司购货，手续费为 21 元。相关原始凭证如表 10-6 和表 10-7 所示。

表 10-6　　银行汇票申请书

中国工商银行　银行汇票申请书　（存　根）　1

申请日期　20×9 年 6 月 6 日　　第 1 号

申请人	北京市五湖电器有限公司	收款人	江苏昆山商贸公司
账号或住址	81451058675081002	账号或住址	20050410
用途	支付购货款	代理付款行	工行长安里支行
汇票金额	人民币（大写）陆拾万元整		千百十万千百十元角分 ¥60000000

此联申请人留存

上列款项请从我账户内支付 北京市五湖电器有限公司财务专用章 申请人 盖章	科　　目（借）： 对方科目（贷）： 转账日期：　　年　月　日 复核：　　记账：

表 10－7 中国工商银行北京长安里支行邮、电手续费收费凭证（借方凭证）

20×9 年 6 月 6 日

缴款人名称：北京市五湖电器有限公司	信（电）汇 笔 汇票1笔 其他 笔
账号：81451058675081002	异托、委托 笔 支票 笔（本） 专用托收 笔

邮费金额					电报费金额					手续费金额					合计金额				
百	十	元	角	分	百	十	元	角	分	百	十	元	角	分	百	十	元	角	分
										¥	2	1	0	0	¥	2	1	0	0

合计金额	人民币（大写）：贰拾壹元整

中国工商银行北京长安里支行 20×9年6月6日 转讫

复核： 记账：

复票： 制票：

（3）6 日，从江苏昆山商贸公司购入材料一批，已运达企业并验收入库，增值税专用发票上注明的价款共计 500 000 元，增值税税额为 85 000 元，同时收到对方寄来的运输发票一张，金额为 1 000 元，税额为 110 元，用现金支付。银行汇票多余款退回。相关原始凭证如表 10－8～表 10－13 所示。

表 10－8

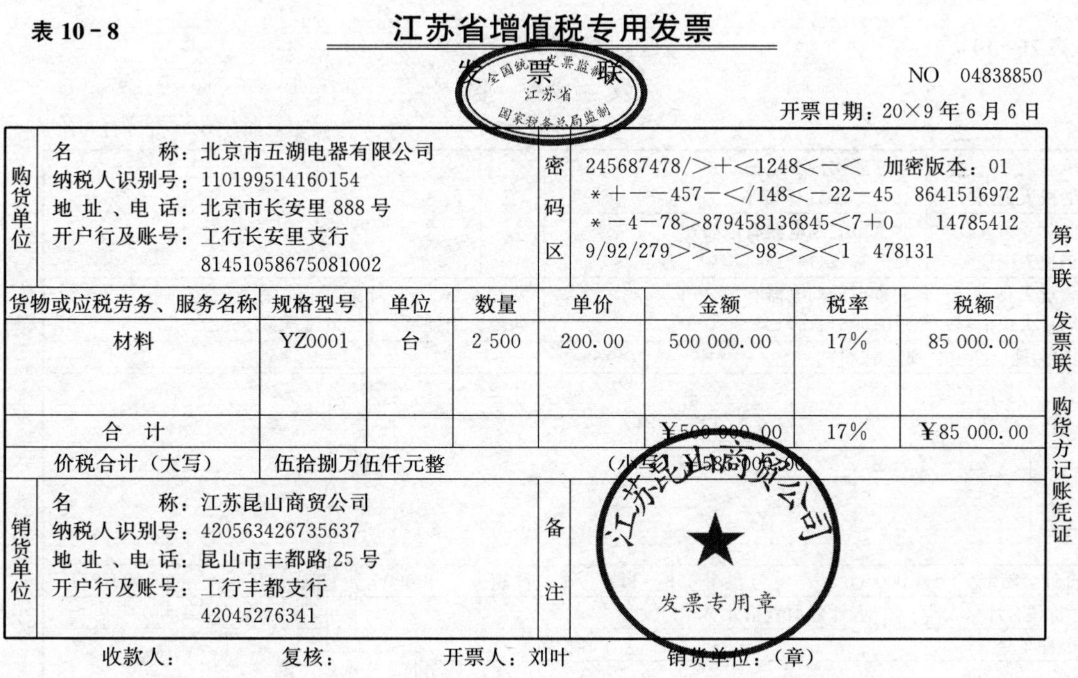

江苏省增值税专用发票

发 票 联

NO 04838850

开票日期：20×9 年 6 月 6 日

购货单位	名 称：北京市五湖电器有限公司 纳税人识别号：110199514160154 地 址 、电 话：北京市长安里 888 号 开户行及账号：工行长安里支行 81451058675081002	密码区	245687478/>+<1248<−< 加密版本：01 *+−−457−</148<−22−45 8641516972 *−4−78>879458136845<7+0 14785412 9/92/279>>−>98>><1 478131

货物或应税劳务、服务名称	规格型号	单位	数量	单价	金额	税率	税额
材料	YZ0001	台	2 500	200.00	500 000.00	17%	85 000.00
合 计					¥500 000.00	17%	¥85 000.00
价税合计（大写）	伍拾捌万伍仟元整				（小写）¥585 000.00		

销货单位	名 称：江苏昆山商贸公司 纳税人识别号：420563426735637 地 址 、电 话：昆山市丰都路 25 号 开户行及账号：工行丰都支行 42045276341	备注	

收款人： 复核： 开票人：刘叶 销货单位：（章）

第二联 发票联 购货方记账凭证

表 10-9

江苏省增值税专用发票

抵　扣　联

NO　04838850

开票日期：20×9 年 6 月 6 日

购货单位	名　　称：北京市五湖电器有限公司 纳税人识别号：110199514160154 地 址 、电 话：北京市长安里 888 号 开户行及账号：工行长安里支行 81451058675081002			密码区	245687478/>+<1248<-<　加密版本：01 *+--457-</148<-22-45　8641516972 *-4--78>879458136845<7+0　14785412 9/92/279>>->98>><1　478131			
货物或应税劳务、服务名称	规格型号	单位	数量	单价	金额	税率	税额	
材料	YZ0001	台	2 500	200.00	500 000.00	17%	85 000.00	
合　计					¥500 000.00	17%	¥85 000.00	
价税合计（大写）	伍拾捌万伍仟元整				（小写）¥585 000.00			
销货单位	名　　称：江苏昆山商贸公司 纳税人识别号：420563426735637 地 址 、电 话：昆山市丰都路 25 号 开户行及账号：工行丰都支行 42045276341			备注				

收款人：　　复核：　　开票人：刘叶　　销货单位：（章）

第一联　抵扣联　购货方抵扣凭证

表 10-10

江苏省增值税专用发票

发　票　联

NO　00036102

开票日期：20×9 年 6 月 6 日

承运人及纳税人识别号	江苏嘉铭汽车运输公司 420563426737687	密码区		
实际受票方及纳税人识别号	北京市五湖电器有限公司 110199514160154			
收货人及纳税人识别号	北京市五湖电器有限公司 110199514160154	发货人及纳税人识别号	江苏昆山商贸公司 420563426735637	
起运地、经由、到达地				
费用项目及金额	费用项目　运费　　金额　1 000.00	运输货物信息	YZ0001 号材料	
合计金额　1 000.00	税率　11%	税额　110.00	机器编码　589900027271	
价税合计（大写）	壹仟壹佰壹拾元整		（小写）1 110.00	
车种车号		车吨位数		
主管税务机关及代码	江苏 13408200	备注	完税凭证号 2011106538368	

江苏昆山商贸公司　发票专用章

第三联　发票联　受票方记账凭证

表 10－11　　　　　　　　**江苏省增值税专用发票**

NO　00036102

开票日期：20×9 年 6 月 6 日

承运人及 纳税人识别号	江苏嘉铭汽车运输公司 420563426737687	密码区	
实际受票方及 纳税人识别号	北京市五湖电器有限公司 110199514160154		
收货人及 纳税人识别号	北京市五湖电器有限公司 110199514160154	发货人及 纳税人识别号	江苏昆山商贸公司 420563426735637
起运地、经由、到达地			
费用项目及金额	费用项目：运费 金额：1 000.00	运输货物信息	YZ0001 号材料

合计金额	1 000.00	税率	11%	税额	110.00	机器编码	589900027271
价税合计（大写）	壹仟壹佰壹拾元整					（小写）	1 110. 00
车种车号		车吨位数		备注	完税凭证号 2011106538368		
主管税务机关及代码	江苏 13408200						

江苏昆山商贸公司
发票专用章

第二联　抵扣联　受票方扣税凭证

表 10－12　　　　　　　　**收　料　单**

收料部门：仓库　　　　20×9 年 6 月 6 日　　　　收字第 6 号

种类	编号	名称	规格	数量	单位	单价	成本总额									
							千	百	十	万	千	百	十	元	角	分
材料	YZ0001	B原材料		2 500	台	200.00			5	0	0	0	0	0	0	0
备注								¥	5	0	0	0	0	0	0	0

第三联　财务记账

负责人：孙立　　　记账：李涛　　　验收：张华　　　填单：刘为

表 10 - 13

中国工商银行

付款期限 壹个月

银行汇票（多余款 收账通知）4

汇票号码 第 X01213 号

出票日期（大写）：贰零×玖年陆月陆日　　代理付款行：长安里支行　　行号：6354812

收款人：北京市五湖电器有限公司			
出票金额	人民币（大写）	壹万伍仟元整	
实际结算金额	人民币（大写）	壹万伍仟元整	千 百 十 万 千 百 十 元 角 分 ¥ 1 5 0 0 0 0 0

申请人：　　账号或住址：

出票行：　　行号：

备注：

出票行盖章：

（印章：行长安里支行 业务专用章）

密押									
多余金额									
千	百	十	万	千	百	十	元	角	分
		¥	1	5	0	0	0	0	0

左列退回多余金额已收入你账户内

年　月　日　　账务主管：　　复核：　　经办：

此联出票行结清多余款后交申请人

（4）6 日，转账支付购销合同的印花税 2 000 元、印花税税款滞纳金及罚款 200 元。相关原始凭证如表 10 - 14 所示。

表 10 - 14

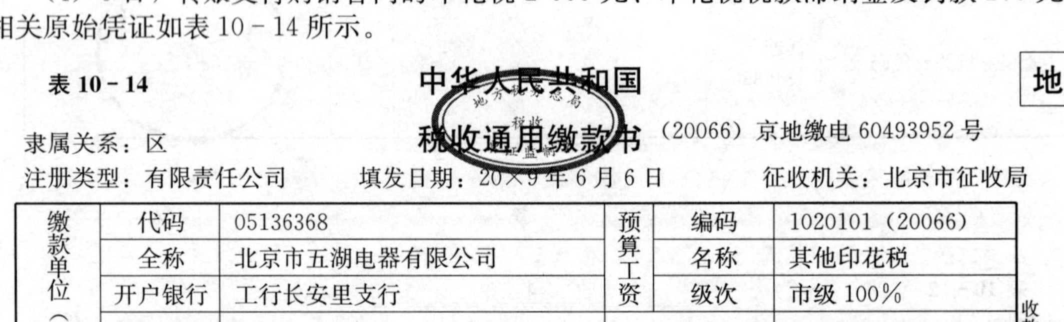

中华人民共和国

税收通用缴款书　　地

（20066）京地缴电 60493952 号

隶属关系：区

注册类型：有限责任公司　　填发日期：20×9 年 6 月 6 日　　征收机关：北京市征收局

缴款单位（个人）	代码	05136368	预算工资	编码	1020101（20066）
	全称	北京市五湖电器有限公司		名称	其他印花税
	开户银行	工行长安里支行		级次	市级 100%
	账号	81451058675081002	收缴国库		北京市国库

税款所属时期 20×9 年 5 月 1 日至 20×9 年 5 月 31 日				税款限缴日期 20×9 年 6 月 10 日		
品目名称	课税数量	计税金额或销售收入	税率或单位税额	应缴税额	已缴或扣除额	实缴金额
印花税						2 000.00
滞纳金及罚款						200.00
金额合计（大写）：人民币贰仟贰佰元整						¥2 200.00
缴款单位（个人）（盖章） 经办人（章）	填票人 周华利		上列款项已收妥并划转收款单位账户 国库（银行）盖章　年　月　日			备注

（印章：中国工商银行北京长安里支行 20×9年6月6日 转讫；北京市地方税务局 长安里-07 征税专用章）

无银行收讫章无效

第一联（收据）国库（经收处）收款盖章后退缴款单位（个人）作完税凭证

（5）6 日，转账支付社会保险经办机构职工社会保险费 111 000 元，住房公积金 21 000元、工会经费 6 000 元、个人所得税 5 760 元。相关原始凭证如表 10 - 15～表 10 - 17所示。

表 10-15

地

中华人民共和国
税收通用缴款书

(20066) 京地缴电 60493953 号

隶属关系：区

注册类型：有限责任公司　填发日期：20×9 年 6 月 6 日　征收机关：北京市征收局

缴款单位(个人)	代码	05136368	预算科目	编码	1020101 (20066)
	全称	北京市五湖电器有限公司		名称	社保
	开户银行	工行长安里支行		级次	市级 100%
	账号	81451058675081002	收缴国库		北京市国库
税款所属时期	20×9 年 5 月 1 日至 20×9 年 5 月 31 日		税款限缴日期	20×9 年 6 月 10 日	

品目名称	课税数量	计税金额或销售收入	税率或单位税额	应缴税额	已缴或扣除额	实缴金额
社会保险费				0.00		111 000.00
金额合计（大写）：人民币壹拾壹万壹仟元整						¥111 000.00
缴款单位（个人）（盖章） 经办人（章）	填票人　周华利		上列款项已收妥并划转收款单位账户 国库（银行）盖章　年　月　日			备注 正常一般　社保批量转申报 社保号：0277301

无银行收讫章无效

收款盖章后退缴款单位（个人）作完税凭证

第一联（收据）国库（经收处）

中国工商银行北京长安里支行 20×9年6月6日 转讫

北京市地方税务局 征税专用章 长安里-07

表 10-16

国

中华人民共和国
税收通用缴款书

(20066) 京国公 80150770 号

隶属关系：区

注册类型：有限责任公司　填发日期：20×9 年 6 月 6 日　征收机关：长安区征收局

缴款单位(个人)	代码	05136368	预算工资	编码	5012083
	全称	北京市五湖电器有限公司		名称	代收住房公积金、工会经费
	开户银行	工行长安里支行		级次	地市 100%
	账号	81451058675081002	收缴国库		住房公积专户（81999）工会经费（52666）
税款所属时期	20×9 年 5 月 1 日至 20×9 年 5 月 31 日		税款限缴日期	20×9 年 6 月 10 日	

品目名称	课税数量	计税金额或销售收入	税率或单位税额	应缴税额	已缴或扣除额	千	百	十	万	千	百	十	元	角	分
公积金		300 000.00	7.00%	21 000.00					2	1	0	0	0	0	0
工会经费		300 000.00	2.00%	6 000.00						6	0	0	0	0	0
税款小计								¥	2	7	0	0	0	0	0
滞纳金　逾期　天，每天按税款合计加收　‰															
金额合计（大写）：人民币贰万柒仟元整								¥	2	7	0	0	0	0	0
缴款单位(个人) (盖章) 经办人（章）	填票人 3-张越	上列款项已收妥并划转收款单位账户 国库（银行）盖章　年　月　日			备注 公积金开户行名称 工商银行 行号：05789 账号：43674228781										

无银行收讫章无效

收款盖章后退缴款单位（个人）作完税凭证

第一联（收据）国库（经收处）

中国工商银行北京长安里支行 20×9年6月6日 转讫

北京市长安区国家税务局 征税专用章 长安里所-07

表 10－17

中华人民共和国
税收通用缴款书

国

隶属关系：区　　　　（20×61）京国缴 104411959 号
注册类型：有限责任公司　　填发日期：20×9 年 6 月 6 日　　征收机关：长安区征收局

缴款单位（个人）	代码	05136368		预算工资	编码	48600
	全称	北京市五湖电器有限公司			名称	其他个人所得税
	开户银行	工行长安里支行			级次	中央 60%市级 40%
	账号	81451058675081002		收缴国库		长安支库
税款所属时期 20×9 年 5 月 1 日至 20×9 年 5 月 31 日				税款限缴日期 20×9 年 6 月 10 日		

品目名称	课税数量	计税金额或销售收入	税率或单位税额	应缴税额	已缴或扣除额	实缴金额
工资、薪金所得						￥5 760.00
金额合计	（大写）人民币伍仟柒佰陆拾元整					￥5 760.00
缴款单位（个人） （盖章） 经办人：	税务机关 （盖章） 填票人：		上列款项已收妥并划转收款单位账户 国库（银行）盖章　年　月　日			备注　一般申报正常预缴 北京市长安区国家税务局计划征收科 X10411959 120006000001115069

无银行收讫章无效

第一联（收据）国库（经收处）收款盖章后退缴款单位（个人）作完税凭证

（6）9 日，用现金 1 000 元从北京红剑文化用品公司购买办公用品。相关原始凭证如表 10－18 和表 10－19 所示。

表 10－18

北京市增值税普通发票

NO　04834850

开票日期：20×9 年 6 月 9 日

购货单位	名　　称：北京市五湖电器有限公司 纳税人识别号：110199514160154 地 址 、电 话：北京市长安里 888 号 开户行及账号：工行长安里支行 81451058675081002				密码区	＊＋0687478/>＋<1248<－<　加密版本：01 ＊＋－－457－</148<－22－45　8641516972 ＊－4－78>879458136845<7＋0　14785412 9/92/279>>－>98>><1　478131		
货物或应税劳务、服务名称	规格型号	单位	数量	单价	金额		税率	税额
档案盒		个	50	6.00	300.00		17%	51.00
装订机		个	2	210.00	420.00		17%	71.40
信笺		本	100	2.80	280.00		17%	47.60
合　计					￥1 000.00		17%	￥170.00
价税合计（大写）	壹仟壹佰柒拾元整				（小写）￥1 170.00			
销货单位	名　　称：北京红剑文化用品公司 纳税人识别号：420563426735638 地 址 、电 话：北京市密云路 4 号 开户行及账号：工商银行密云支行 42046276341				备注			

收款人：　　　复核：　　　开票人：　　　销货单位：

第二联　发票联　购货方记账凭证

表 10-19

支 出 证 明 单

20×9年6月9日 附件共1张

支出科目	摘要	万	千	百	十	元	角	分	缺乏正式单据之原因
购办公用品	购买装订机等		1	0	0	0	0	0	
合计人民币（大写）：⊗万壹仟零佰零拾零元零角零分									¥1 000.00

现金付讫

核准：王政　　复核：孙立　　证明人：张利　　经手：刘飞明

（7）9日，从北京云民纸箱厂购买纸箱800个，单价为6.5元，增值税税额为884元。开出工行转账支票一张支付购货款。相关原始凭证如表10-20～表10-23所示。

表 10-20

北京市增值税专用发票

发 票 联

（全国统一发票监制章 北京市 国家税务总局监制）

NO 04838856

开票日期：20×9年6月9日

购货单位	名　　称：北京市五湖电器有限公司 纳税人识别号：110199514160154 地 址、电 话：北京市长安里888号 开户行及账号：工行长安里支行 81451058675081002	密码区	245687478/>+<1248<-< 加密版本：01 *+--457-</148<-22-45 8641516972 *-4-78>879458136845<7+0 14785412 9/92/279>>->98>><1 478131

货物或应税劳务、服务名称	规格型号	单位	数量	单价	金额	税率	税额
纸箱					5 200.00	17%	884.00
合 计					¥5 200.00	17%	¥884.00
价税合计（大写）	陆仟零捌拾肆元整		（小写）¥6 084.00				

销货单位	名　　称：北京云民纸箱厂 纳税人识别号：420563426735637 地 址、电 话：北京市密云路3号 开户行及账号：工商银行密云支行 42045276341	备注	

（印章：北京云民纸箱厂 发票专用章）

第二联 发票联 购货方记账凭证

收款人：　　复核：　　开票人：刘叶　　销货单位：（章）

表 10－21

北京市增值税专用发票

抵 扣 联

NO 04838856

开票日期：20×9 年 6 月 9 日

购货单位	名 称：北京市五湖电器有限公司 纳税人识别号：110199514160154 地 址 、电 话：北京市长安里 888 号 开户行及账号：工行长安里支行 81451058675081002				密码区	245687478/>+<1248<−< 加密版本：01 *+−−457−</148<−22−45 8641516972 *−4−78>879458136845<7+0 14785412 9/92/279>>−>98>><1 478131		
货物或应税劳务、服务名称	规格型号	单位	数量	单价		金额	税率	税额
纸箱						5 200.00	17%	884.00
合 计						¥5 200.00	17%	¥884.00
价税合计（大写）	陆仟零捌拾肆元整			（小写）¥6 084.00				
销货单位	名 称：北京云民纸箱厂 纳税人识别号：420563426735637 地 址 、电 话：北京市密云路 3 号 开户行及账号：工商银行密云支行 42045276341			备注				

收款人： 复核： 开票人：刘叶 销货单位：（章）

第一联 抵扣联 购货方抵扣凭证

表 10－22

收 料 单

收料部门：仓库 20×9 年 6 月 9 日 收字第 7 号

种类	编号	名称	规格	数量	单位	单价	成本总额									
							千	百	十	万	千	百	十	元	角	分
周转材料		纸箱		800	个	6.50					5	2	0	0	0	0
备注										¥	5	2	0	0	0	0

负责人：孙立 记账：李涛 验收：张华 填单：刘为

第三联 财务记账

表 10－23

中国工商银行
转账支票存根

支票号码：XⅡ415136

科 目：

对方科目：

签发日期：20×9 年 6 月 9 日

收款人：北京云民纸箱厂
金 额：6 084.00
用 途：支付购料款
备 注：

单位主管： 会计：

（8）11 日，向武汉海宏有限责任公司赊销电风扇 1 100 件，单价为 500 元，增值税税额为 93 500 元，货已发出，发票已开，款未收。相关原始凭证如表 10－24、表 10－25 所示。

表 10－24

北京市增值税专用发票

此联不作报销凭证使用　　NO. 001785962

开票日期：20×9 年 6 月 11 日

购货单位	名　　称：武汉海宏有限责任公司 纳税人识别号：42015763245136 地 址 、电 话：武汉市中华路 302 号 87674588 开户行及账号：工行中华路支行 42064569612	密码区	458687478/>＋<1248<－<　加密版本：01 ＊＋－－457－</148<－22－45　4589216972 ＊－3－65>879458136845<7＋0　2455412 81561145>>－>98>><1　478131

货物或应税劳务、服务名称	规格型号	单位	数量	单价	金额	税率	税额
电风扇			1 100	500.00	550 000.00	17%	93 500.00
合　计					￥550 000.00	17%	￥93 500.00
价税合计（大写）	陆拾肆万叁仟伍佰元整				（小写）￥ 643 500.00		

销货单位	名　　称：北京市五湖电器有限公司 纳税人识别号：110199514160154 地 址 、电 话：北京市长安里 888 号 开户行及账号：工行长安里支行 81451058675081002	备注	（印章：北京市五湖电器有限公司 发票专用章）

收款人：　　复核：　　开票人：周云丽　　销货单位：（章）

第三联　记账联　销货方记账凭证

表 10－25

出　库　单

发货仓库：仓库　　第　　号

提货单位：武汉海宏有限责任公司　　20×9 年 6 月 11 日

类别	编号	名称型号	单位	应发数量	实发数量	单位成本	金额
产品	D02	电风扇	台	1 100	1 100		
合　计							

负责人：　　经发：　　保管：黄改云　　填单：

第三联　财务记账

（9）13 日，向武汉九头鸟公司销售电风扇一批，货款为 100 000 元，增值税税额为 17 000元，收到该公司交来的为期 30 天的商业承兑汇票一张。相关原始凭证如表 10－26～表 10－28 所示。

表 10-26

北京市增值税专用发票

此联不作报销凭证使用　　NO. 001785963

开票日期：20×9 年 6 月 13 日

购货单位	名　　称：武汉九头鸟公司 纳税人识别号：32010578624167 地 址 、电 话：武汉市江大路 2 号 84667188 开户行及账号：建行江大支行 3205637123		密码区	458687478/>+<1248<-< 加密版本：01 *+--457-</148<-22-45 4589216972 *-3-65>879458136845<7+0 12455412 8/56/145>>->98>><1 478131			
货物或应税劳务、服务名称	规格型号	单位	数量	单价	金额	税率	税额
电风扇		台	200	500.00	100 000.00	17%	17 000.00
合　计					￥100 000.00	17%	￥17 000.00
价税合计（大写）	壹拾壹万柒仟元整				（小写）￥117 000.00		
销货单位	名　　称：北京市五湖电器有限公司 纳税人识别号：110199514160154 地 址 、电 话：北京市长安里 888 号 开户行及账号：工行长安里支行 81451058675081002		备注				

收款人：　　复核：　　开票人：周云丽　　销货单位：（章）

第三联 记账联 销货方记账凭证

表 10-27

出　库　单

发货仓库：仓库

提货单位：武汉九头鸟公司　　20×9 年 6 月 13 日　　第　　号

类别	编号	名称型号	单位	应发数量	实发数量	单位成本	金额
产品	D02	电风扇	台	200	200		
合　计							

负责人：　　经发：　　保管：黄改云　　填单：

第三联 财务记账

表 10-28

商业承兑汇票（卡片）　2

汇票号码
开票日期（大写）：贰零×玖年陆月壹拾叁日　　　　第 XI025 号

付款人	全称	武汉九头鸟公司			收款人	全称	北京市五湖电器有限公司		
	账号	3205637123				账号	81451058675081002		
	开户银行	建行江大支行	行号	34256		开户银行	工行长安里支行	行号	67238
出票金额		人民币（大写）	壹拾壹万柒仟元整			千百十万千百十元角分	¥11700000		
汇票到期日					交易合同号码				
本汇票已经承兑，到期无条件支付票款 承兑人签章 承兑日期　20×9 年 8 月 13 日					本汇票请予以承兑，于到期日付款 武汉九头鸟公司 汇票专用章 出票签章				

此联持票人开户行随委托收款凭证寄付款人开户行作借方凭证附件

（10）16 日，向江苏泰和公司销售电风扇一批，货款为 600 000 元，增值税税额为 102 000 元，收到对方开具的银行汇票，已送存银行。相关原始凭证如表 10-29～表 10-32所示。

表 10-29

北京市增值税专用发票

此联不作报销凭证使用　　　　NO. 001785964

（全国统一发票监制章 北京市 国家税务总局监制）

开票日期：20×9 年 6 月 16 日

购货单位	名　称：江苏泰和有限责任公司 纳税人识别号：320105783624167 地 址 、电 话：南京市青年路 302 号 84674589 开户行及账号：建行青年路支行 32056237123			密码区	458687478/>+<1248<-< 加密版本：01 *+--457-</148<-22-45 4589216972 *-3-65>879458136845<7+0 12455412 8/56/145>>->98>><1478131			
货物或应税劳务、服务名称		规格型号	单位	数量	单价	金额	税率	税额
电风扇			台	1 200	500.00	600 000.00	17%	102 000.00
合　计						¥600 000.00	17%	¥102 000.00
价税合计（大写）		柒拾万零贰仟元整			（小写）¥702 000.00			
销货单位	名　称：北京市五湖电器有限公司 纳税人识别号：110199514160154 地 址 、电 话：北京市长安里 888 号 开户行及账号：工行长安里支行 81451058675081002			备注	北京市五湖电器有限公司 发票专用章			

第三联　记账联　销货方记账凭证

收款人：　　复核：　　开票人：周云丽　　销货单位：（章）

表 10 - 30

付款期限 壹个月	中国工商银行 银行汇票 2	汇票号码 25789 第 3 号

出票日期（大写）：贰零×玖年陆月壹拾陆日	代理付款行：建行青年路支行	行号：21035021568
收款人：北京市五湖电器有限公司	账号：81451058675081002	
出票金额 人民币（大写）	柒拾万零贰仟元整	
实际结算金额 人民币（大写）	柒拾万零贰仟元整	千百十万千百十元角分 ¥ 7 0 2 0 0 0 0 0
申请人：江苏泰和有限责任公司	账号或住址：32056237123	
出票行：建行青年路支行 行号：		
备注：	密押	科目（借）
凭票付款	多余金额	对方科目（贷）
	千百十万千百十元角分	兑付日期 年 月 日
出票行签章		复核 记账

（印章：中国工商银行 北京 汇票专用章）

此联代理付款后作联行往账借方凭证附件

表 10 - 31

付款期限 壹个月	中国工商银行 银行汇票（解讫通知） 3	汇票号码 第 号

出票日期（大写）：贰零×玖年陆月壹拾陆日	代理付款行：建行青年路支行	行号：21035021568
收款人：北京市五湖电器有限公司	账号：81451058675081002	
出票金额 人民币（大写）	柒拾万零贰仟元整	
实际结算金额 人民币（大写）	柒拾万零贰仟元整	千百十万千百十元角分 ¥ 7 0 2 0 0 0 0 0
申请人：江苏泰和有限责任公司	账号或住址：32056237123	
出票行：建行青年路支行 行号：		
备注：	密押	科目（借）
代理付款行盖章	多余金额	对方科目（贷）
	千百十万千百十元角分	转账日期 年 月 日
复核： 经办：		复核 记账

此联代理付款行兑付后随报单寄出票行 由出票行作多余额贷方凭证

表 10-32

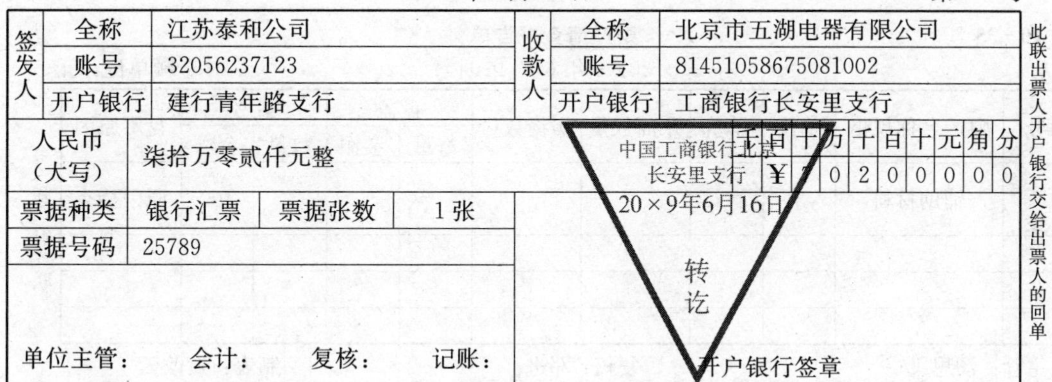

中国工商银行　**进账单**（回单）（1）　　**1**

20×9 年 6 月 16 日　　　　第　　号

签发人	全称	江苏泰和公司	收款人	全称	北京市五湖电器有限公司
	账号	32056237123		账号	81451058675081002
	开户银行	建行青年路支行		开户银行	工商银行长安里支行

人民币（大写）	柒拾万零贰仟元整	千	百	十	万	千	百	十	元	角	分
			¥	7	0	2	0	0	0	0	0

票据种类	银行汇票	票据张数	1 张
票据号码	25789		

中国工商银行北京长安里支行　20×9年6月16日　转讫

单位主管：　会计：　复核：　记账：　　开户银行签章

此联出票人开户银行交给出票人的回单

（11）16 日，将公司一台闲置的海尔 KFRD-50LW2P 柜机空调出售给北京静安公司，原价为 4 000 元，已计提折旧 2 500 元，售价为 1 000 元，以现金收讫款项。相关原始凭证如表 10-33、表 10-34 所示。

表 10-33　**固定资产处置申请单**

固定资产编号：089　　20×9 年 6 月 16 日　　固定资产卡账号：45

固定资产名称	规格型号	单位	数量	预计使用年限	原值	已提折旧	备注
海尔空调	KFRD-50LW2P	台	1	10	4 000.00	2 500.00	出售
使用部门：行政办公室							
固定资产状况及处置原因	闲置未用						
处理意见	使用部门	技术鉴定小组		固定资产管理部门		主管部门审批	
	申请出售	同意		同意出售		同意出售　王政	

表 10-34　**北京市增值税普通发票**

发　票　联　　（全国统一发票监制章　北京市　国家税务总局监制）

NO　00138848

开票日期：20×9 年 6 月 16 日

购货单位	名　　称：北京静安有限公司 纳税人识别号：110199514250154 地 址 、电 话：北京市朝阳街 123 号 开户行及账号：建行朝阳街支行 71451058663081002	密码区	245687478/>+<1248<-<　加密版本：01 *+--457-</148<-22-45　8641516972 *-4-78>879458136845<7+0　14785412 9/92/279>>->98>><1　478131

货物或应税劳务、服务名称	规格型号	单位	数量	单价	金额	税率	税额
海尔空调	KFRD-50 LW2P	台	1	1 000	1 000	17%	170
合　计					¥1 000.00	17%	¥170.00
价税合计（大写）	壹仟壹佰柒拾元整				（小写）¥1 170.00		

销货单位	名　　称：北京五湖电器有限公司 纳税人识别号：110199514160154 地 址 、电 话：北京市长安里 888 号 开户行及账号：工行长安里支行 81451058675081002	备注	（北京市五湖电器有限公司　发票专用章）

收款人：　复核：　开票人：　销货单位：

第二联　发票联　购货方记账凭证

（12）16 日，盘点时辅助材料盘亏，原因待查。30 日，经查，辅助材料盘亏由保管员李瑛赔偿 40 元，其余为正常消耗。相关原始凭证如表 10－35、表 10－36 所示。

表 10－35　财产清查报告单

20×9 年 6 月 16 日　　金额单位：元

编号	财产名称规格	单位	单价	账面数量	实物数量	盘盈		盘亏		盘亏原因
						数量	金额	数量	金额	
	辅助材料								100	原因待查

第二联 财务联

主管：汤思飞　　复核：邓进　　制表：黄改云

表 10－36　财产清查报告单

20×9 年 6 月 30 日　　金额单位：元

编号	财产名称规格	单位	单价	账面数量	实物数量	盘盈		盘亏		盘亏原因
						数量	金额	数量	金额	
	辅助材料								100	保管员赔偿 40 元

第二联 财务联

主管：汤思飞　　复核：邓进　　制表：黄改云

（13）16 日，在北京证券交易所出售本年购入用于短期获利的 0065 债券，收到 74 700.00元，其账面余额为购入成本 66 264.00 元。交割凭单如表 10－37 所示。

表 10－37　交割凭单

卖　20×9 年 6 月 16 日	成交过户交割凭单
公司代码：12345	证券名称：0065 债券
股东账号：12345678	成交数量：60 000
资金账号：666	成交价格：1.25
股东名称：北京市五湖电器有限公司	成交金额：75 000
申请编号：763	标准佣金：225
申请时间：	过户费：
资金前余额：￥244 500.00	印花税：75
资金余额：￥319 200.00	附加费用：
证券前余额：6 000 股	其他费用：
本次余额：0 股	实际收付金额：￥74 700.00
备注：债券买卖	

（14）16 日，从中国工商银行取得一笔期限为 4 个月、月利率为 7‰的借款 200 000 元，已划入企业的一般存款账户中。相关原始凭证如表 10－38、表 10－39 所示。

表 10－38

公司董事会决议

公司于 20×9 年 5 月 30 日召开董事会议，公司高层管理人员列席了会议。经与会董事审议，批准了公司关于向中国工商银行北京长安里支行申请流动资金借款的议案。决定向长安里支行申请借款 20 万元人民币，用于公司的生产经营，期限 4 个月。

北京市五湖电器有限公司董事会

二〇×九年五月三十日

表 10－39　　**贷款凭证（收账通知）**

20×9 年 6 月 16 日

<table>
<tr><td>贷款单位</td><td>北京市五湖电器有限公司</td><td>种类</td><td>短期</td><td>贷款记账号</td><td colspan="10">工行长安里支行 81451058675081002</td></tr>
<tr><td rowspan="2">金额</td><td colspan="4" rowspan="2">人民币（大写）贰拾万元整</td><td>千</td><td>百</td><td>十</td><td>万</td><td>千</td><td>百</td><td>十</td><td>元</td><td>角</td><td>分</td></tr>
<tr><td></td><td>¥</td><td>2</td><td>0</td><td>0</td><td>0</td><td>0</td><td>0</td><td>0</td><td>0</td></tr>
<tr><td rowspan="2">用途</td><td rowspan="2">流动资金周转借款</td><td colspan="2">单位申请期限</td><td colspan="11">自 20×9 年 7 月 1 日起至 20×9 年 11 月 1 日</td></tr>
<tr><td colspan="2">银行核定期限</td><td colspan="11">自 20×9 年 7 月 1 日起至 20×9 年 11 月 1 日</td></tr>
<tr><td colspan="4" rowspan="5">中国工商银行北京长安里支行 20×9年6月16日 转讫
上述贷款已核准发放，并已划入你单位账号。
月利率：0.7%</td><td colspan="11">单位会计分录</td></tr>
<tr><td colspan="11">收入</td></tr>
<tr><td colspan="11">付出</td></tr>
<tr><td colspan="11">复核　　记账</td></tr>
<tr><td colspan="11">主管　　会计</td></tr>
</table>

（15）17 日，上月所购的 A 原材料、B 原材料到达并验收入库，A 原材料为 2 000 台，单价为 250 元，B 原材料为 1 500 台，单价为 100 元。原始凭证如表 10－40 所示。

表 10－40　　**收　料　单**

收料部门：仓库　　20×9 年 6 月 17 日　　收字第 8 号

<table>
<tr><td rowspan="2">种类</td><td rowspan="2">编号</td><td rowspan="2">名称</td><td rowspan="2">规格</td><td rowspan="2">数量</td><td rowspan="2">单位</td><td rowspan="2">单价</td><td colspan="10">成本总额</td></tr>
<tr><td>千</td><td>百</td><td>十</td><td>万</td><td>千</td><td>百</td><td>十</td><td>元</td><td>角</td><td>分</td></tr>
<tr><td>材料</td><td></td><td>A 原材料</td><td>ZD0001</td><td>2 000</td><td>台</td><td>250.00</td><td></td><td></td><td>5</td><td>0</td><td>0</td><td>0</td><td>0</td><td>0</td><td>0</td><td>0</td></tr>
<tr><td>材料</td><td></td><td>B 原材料</td><td>YZ0001</td><td>1 500</td><td>台</td><td>100.00</td><td></td><td></td><td>1</td><td>5</td><td>0</td><td>0</td><td>0</td><td>0</td><td>0</td><td>0</td></tr>
<tr><td></td><td></td><td></td><td></td><td></td><td></td><td></td><td></td><td></td><td></td><td></td><td></td><td></td><td></td><td></td><td></td><td></td></tr>
<tr><td></td><td></td><td></td><td></td><td></td><td></td><td></td><td></td><td></td><td></td><td></td><td></td><td></td><td></td><td></td><td></td><td></td></tr>
<tr><td></td><td></td><td></td><td></td><td></td><td></td><td></td><td></td><td></td><td></td><td></td><td></td><td></td><td></td><td></td><td></td><td></td></tr>
<tr><td colspan="7">备注</td><td></td><td>¥</td><td>6</td><td>5</td><td>0</td><td>0</td><td>0</td><td>0</td><td>0</td><td>0</td></tr>
</table>

第三联　财务记账

负责人：孙立　　记账：李涛　　验收：张华　　填单：刘为

（16）17 日，开出现金支票一张，提取现金。原始凭证如表 10－41 所示。

表 10-41

中国工商银行
现金支票存根

支票号码：XII3576802
科　　目：
对方科目：
签发日期：20×9 年 6 月 17 日

收款人：北京市五湖电器有限公司
金　额：8 000.00
用　途：备用金
备　注：

单位主管：　　　会计：

(17) 17 日，将持有的银行承兑汇票背书转让给山东飞龙集团，冲抵前欠材料款 117 000元。原始凭证如表 10-42 所示。

表 10-42

背书人	被背书人　山东飞龙集团
北京市五湖电器有限公司财务专用章　王平 背书人签章 20×9 年 6 月 17 日	被背书人签章 年　月　日

(18) 17 日，公司采购员李明经领导批准，计划到西安出差，预支差旅费 1 500 元。原始凭证如表 10-43 所示。

表 10-43

借　支　单

20×9 年 6 月 17 日

借款部门	采购部	职别	职员	出差人姓名	李明
借款事由	公务出差西安			现金付讫	
借款金额人民币（大写）：	壹仟伍佰元整				¥1 500.00
批准人	王政	部门负责人	刘一明	财务负责人	孙立

收款人：李明

(19) 17 日，基本车间领用材料。领料单如表 10-44 所示。

表 10-44

领　料　单

发货仓库：仓库　　第 1 号

领料部门：基本生产车间　　20×9 年 6 月 17 日

类别	编号	名称型号	单位	应发数量	实发数量	单位成本	金额
材料		A 原材料	台	2 000	2 000	450	900 000.00
材料		B 原材料	台	2 000	2 000	250	500 000.00
材料		C 原材料	台	2 000	2 000	200	400 000.00
材料		D 原材料	台	2 000	2 000	100	200 000.00
合计							2 000 000.00

第三联　财务记账

负责人：　　经发：徐克　　保管：黄改云　　填单：刘胜

(20) 18 日，收到北京华太公司转账支票 50 000 元，偿还前欠款，当日存入银行。原始凭证如表 10-45 所示。

表 10-45

中国工商银行　**进账单**（回单）　**1**

20×9 年 6 月 18 日

签发人	全　称	北京华太公司	收款人	全称	北京市五湖电器有限公司
	账　号	42045276341		账号	81451058675081002
	开户银行	工行海淀支行		开户银行	工行长安里支行

人民币（大写）	伍万元整	千	百	十	万	千	百	十	元	角	分
				¥	5	0	0	0	0	0	0

票据种类		票据张数	
票据号码			

中国工商银行北京长安里支行　20×9年6月18日　转讫

开户银行签章

单位主管：　会计：　复核：　记账：

此联是出票人开户银行交给出票人的回单

(21) 18 日，开出转账支票支付上月工资 294 240 元。相关原始凭证如表 10-46、表 10-47 所示。

表 10-46 **北京市五湖电器有限公司工资结算汇总表**

20×9 年 5 月 30 日

编号	部门	基本工资	津贴	奖金	缺勤应扣		应付工资	代扣款项		实发工资
					事假	迟到早退		代扣税款	其他代扣	
1	行政办公室	28 000.00	3 000.00	2 000.00	0.00	0.00	33 000.00	1 450.00	0.00	31 550.00
2	人力资源部	15 000.00	1 400.00	700.00	0.00	0.00	17 100.00	640.00	0.00	16 460.00
3	财务部	21 000.00	1 900.00	800.00	0.00	0.00	23 700.00	840.00	0.00	22 860.00
4	采购部	20 000.00	1 820.00	1 800.00	230.00	20.00	23 370.00	750.00	0.00	22 620.00
5	采购部	6 000.00	420.00	1 300.00	0.00	0.00	7 720.00	430.00		7 290.00
6	车间生产人员	155 700.00	2 800.00	25 000.00	270.00	20.00	183 210.00	1 170.00	0.00	182 040.00
7	车间管理人员	9 000.00	700.00	2 200.00	0.00	0.00	11 900.00	480.00	0.00	11 420.00
合计		254 700.00	12 040.00	33 800.00	500.00	40.00	300 000.00	5 760.00	0.00	294 240.00

转账付讫

审核：孙立　　部门负责人：孙立　　制表：张晶

表 10-47

中 国 工 商 银 行
现 金 支 票 存 根

支票号码：XII415135
科　　目：________________
对方科目：________________
签发日期：20×9 年 6 月 18 日

收款人：北京市五湖电器有限公司
金　额：294 240.00
用　途：支付工资
备　注：

单位主管：　　　　会计：

（22）18 日，转账支付上月未缴增值税 200 650 元、城建税 14 045.5 元及教育费附加 6 019.5 元。相关原始凭证如表 10-48、表 10-49 所示。

表 10－48

中华人民共和国

税收通用缴款书

地

（20086）京地缴电 60493952 号

隶属关系：区

注册类型：有限责任公司　　　填发日期：20×9 年 6 月 18 日　　　征收机关：北京市征收局

缴款单位（个人）			预算科目		
	代码	05136368		编码	1020101（20066）
	全称	北京市五湖电器有限公司		名称	城建税及教育费附加
	开户银行	工行长安里支行		级次	市级 40%区级 60%
	账号	81451058675081002	收缴国库		北京市国库
税款所属时期	20×9 年 5 月 1 日至 20×9 年 5 月 31 日		税款限缴日期	20×9 年 6 月 20 日	

品目名称	课税数量	计税金额或销售收入	税率或单位税额	应缴税额	已缴或扣除额	实缴金额
城市维护建设税		200 650.00	7%	14 045.50	0	14 045.50
教育费附加		200 650.00	3%	6 019.50	0	6 019.50
金额合计（大写）：人民币贰万零陆拾伍元整						¥20 065.00
缴款单位（个人）（盖章）经办人（章）	周利华 王利军 北京市地方税务局 长安里-07 征税专用章		中国工商银行北京长安里支行 20×9年6月18日 上列款项已收妥并划转收款单位账户 转讫 国库（银行）盖章　年　月　日			备注

无银行收讫章无效

收款盖章后退缴款单位（个人）作完税凭证

第一联（收据）国库（经收处）

表 10－49

中华人民共和国

税收通用缴款书

㊖

（20086）京国缴 10411959 号

隶属关系：区

注册类型：有限责任公司　　　填发日期：　20×9 年 6 月 18 日　　　征收机关：北京市征收局

缴款单位（个人）			预算科目		
	代码	05136368		编码	48600
	全称	北京市五湖电器有限公司		名称	一般增值税
	开户银行	工行长安里支行		级次	中央 75%市级 25%
	账号	81451058675081002	收缴国库		长安支库
税款所属时期	20×9 年 5 月 1 日至 20×9 年 5 月 31 日		税款限缴日期	20×9 年 6 月 20 日	

品目名称	课税数量	计税金额或销售收入	税率或单位税额	已缴或扣除额	实缴金额
增值税		2 385 000.00	17%	204 800.00	200 650.00
金额合计（大写）：人民币贰拾万零陆佰伍拾元整					¥200 650.00
缴款单位（个人）（盖章）经办人（章）	税务机关（盖章）填票人 北京市长安区国家税务局 3号 征税专用章	中国工商银行北京长安里支行 20×9年6月18日 上列款项已收妥并划转收款单位账户 转讫 国库（银行）盖章　年　月　日			备注　一般申报 正常预缴 北京市长安区国家税务局计划征收科 X10411959 120006000001115069

无银行收讫章无效

收款盖章后退缴款单位（个人）作完税凭证

第一联（收据）国库（经收处）

（23）18 日，报销本月业务招待费 8 000 元，签发转账支票一张。相关原始凭证如表 10－50、表 10－51 所示。

表 10－50

北京市增值税普通发票

NO 04825448

开票日期：20×9 年 6 月 18 日

购货单位	名　　称：北京市五湖电器有限公司 纳税人识别号：110199514160154 地 址 、电 话：北京市长安里 888 号 开户行及账号：工行长安里支行 81451058675081002			密码区	245687478/＞＋＜1248＜－＜ 加密版本：01 ＊＋－－457－＜/148＜－22－45 8641516972 ＊－4－78＞879458136845＜7＋0 14785412 9/92/279＞＞－＞98＞＞＜1 478131			
货物或应税劳务、服务名称	规格型号	单位	数量	单价	金额	税率	税额	
餐费			1	8 000.00	8 000.00	6%	480.00	
合　计					¥8 000.00	6%	¥480.00	
价税合计（大写）	捌仟肆佰捌拾元整				（小写）¥8 480.00			
销货单位	名　　称：北京乐乐新歌舞厅 纳税人识别号：010562426735637 地 址 、电 话：北京市宣武路 15 号 开户行及账号：工行宣武支行 42045253341			备注				

第二联 发票联 购货方记账凭证

收款人：　　复核：　　开票人：　　销货单位：（章）

表 10－51

中国工商银行
转账支票存根

支票号码：XII415137
科　　目：
对方科目：
签发日期：20×9 年 6 月 18 日

收款人：北京市五湖电器有限公司
金　额：8 000.00
用　途：支付业务招待费
备　注：

单位主管：　　会计：

（24）18 日，开出转账支票支付财产保险 1 080 元。相关原始凭证如表 10－52、表 10－53 所示。

表 10－52

中国太平洋保险公司保险费发票

发票代码：246158101564
发票号码：00061254

20×9 年 6 月 18 日填制

交款人	北京市五湖电器有限公司	付款方式	支票
交款事由	财产保险费	保险单号	48795
金额（大写）：人民币壹仟零捌拾元整			
盖章：			
会计主管：　　记账：　　审核：		出纳：	经办：李丽

表 10－53

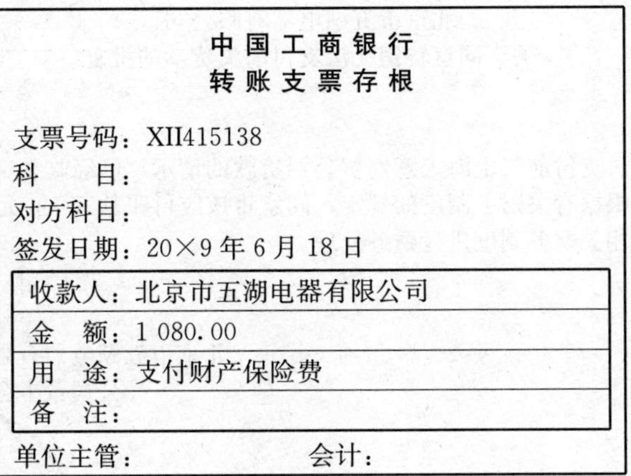

中国工商银行
转账支票存根

支票号码：XII415138
科　　目：
对方科目：
签发日期：20×9 年 6 月 18 日

收款人：北京市五湖电器有限公司
金　额：1 080.00
用　途：支付财产保险费
备　注：

单位主管：　　　　会计：

（25）19 日，报销培训费 800 元，以现金付款。相关原始凭证如表 10－54、表 10－55 所示。

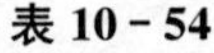

表 10－54

北京市行政事业性收费统一发票

收费日期：20×9 年 6 月 19 日　　　　发票号码：8479542

交费单位或个人	北京市五湖电器有限公司	收费许可证字号					85
收费项目	收费标准	金额					备注
		万	千	百	十	元	角	
培训费	800			8	0	0	0	
	合计		¥	8	0	0	0	
人民币合计（大写）	零万零千捌佰零拾零元零角零分							

第二联 发票联

收费单位（公章）　　　　负责人：　　　　开票人：周文

表 10－55

支 出 证 明 单

20×9 年 6 月 19 日　　　　附件共 1 张

支出科目	摘要	金额 万	千	百	十	元	角	缺乏正式单据之原因
培训费	支付培训费			8	0	0	0	
								现金付讫
合计人民币（大写）：零万零仟捌佰零拾零元零角零分								¥ 800.00

核准：王政　　　复核：孙立　　　证明人：张利　　　经手：刘飞明

（26）19 日，经董事会批准，将一笔无法支付的应付账款转为营业外收入。相关原始凭证如表 10－56 所示。

表 10－56

北京市五湖电器有限公司
关于同意转销无法支付前欠货款的批复

财务部：

你部《关于转销无法支付前欠上海天意商贸公司货款的请示》已经收悉。经核定，所述该公司已经破产倒闭事实属实，根据有关财务制度的规定，同意将该应付账款 6 000 元（人民币陆仟元整）转作营业外收入，请按照相关财务制度进行财务处理。

特此批复。

北京市五湖电器有限公司
公司董事会

20×9－06－19

（27）19 日，领用辅助材料。相关原始凭证如表 10－57～表 10－59 所示。

表 10－57

领 料 单

发货仓库：仓库　　　　第 2 号

领料部门：基本生产车间　　　　20×9 年 6 月 19 日

类别	编号	名称型号	单位	应发数量	实发数量	单位成本	金额
辅料		螺丝	个	17 040	17 040	0.5	8 520.00
合计							￥8 520.00

第三联 财务记账

负责人：　　经发：徐克　　保管：黄改云　　填单：刘胜

表 10－58

领　料　单

发货仓库：仓库　　　　　　　　　　　　　　　　　　　　第 3 号

领料部门：管理部门　　　　　　　　　　　　　　　　20×9 年 6 月 19 日

类别	编号	名称型号	单位	应发数量	实发数量	单位成本	金额
辅料		螺丝	个	20	20	0.5	10.00
合计							¥10.00

负责人：　　　　经发：　徐克　　　　保管：黄改云　　　　填单：刘胜

第三联　财务记账

表 10－59

领　料　单

发货仓库：仓库　　　　　　　　　　　　　　　　　　　　第 4 号

领料部门：销售部门　　　　　　　　　　　　　　　　20×9 年 6 月 19 日

类别	编号	名称型号	单位	应发数量	实发数量	单位成本	金额
辅料		螺丝	个	20	20	0.5	10.00
合计							¥10.00

负责人：　　　　经发：　徐克　　　　保管：黄改云　　　　填单：刘胜

第三联　财务记账

（28）19 日，李明出差报销差旅费 1 500 元。相关原始凭证如表 10－60、表 10－61 所示。

表 10－60

差旅费报销单

20×9 年 6 月 19 日

姓名：李明　　部门：市场部　　出差事由：西安出差　　单据张数 6 张

起止日期				起止地点	火车费	市内车费	住宿费	途中伙食补助			住勤费		其他
月	日	月	日					标准	天数	金额	天数	金额	
6	17	6	18	武汉—西安	126.00	148.00	450.00	60.00	5.0	300.00	5.00	350.00	
6	18	6	19	西安—武汉	126.00								
合　计					252.00	148.00	450.00	60.00	5.00	300.00	5.00	350.00	
人民币（大写）：壹仟伍佰元整								应退（补）：					

审核：王政　　部门主管：刘一明　　财务主管：孙立

表 10－61

收　款　收　据

20×9 年 6 月 19 日

编号：154798

交款人（单位）	李明							
摘要	报销差旅费							
金额（大写）	人民币壹仟伍佰元整	万	千	百	十	元	角	分
		¥	1	5	0	0	0	0

北京市五湖电器有限公司 财务专用章

主管：　　会计：　　出纳：刘浩

（29）19 日，以转账支票支付电话费 1 632 元。相关原始凭证如表 10－62、表 10－63 所示。

表 10－62

中国电信北京分公司结算凭证

发票代码：142010662085

开票日期：20×9 年 6 月 19 日　　北京市 发票联 国家税务总局监制　　发票号码：18511385

<table>
<tr><td rowspan="3">付款方</td><td>全称</td><td colspan="3">北京市五湖电器有限公司</td><td rowspan="3">收款方</td><td>全称</td><td colspan="8"></td></tr>
<tr><td>账号或地址</td><td colspan="3"></td><td>账号</td><td colspan="8"></td></tr>
<tr><td>开户银行</td><td></td><td>行号</td><td></td><td>开户银行</td><td colspan="8"></td></tr>
<tr><td rowspan="2" colspan="2">收费金额
人民币（大写）</td><td rowspan="2" colspan="5">壹仟陆佰叁拾贰元叁角陆分</td><td>十</td><td>万</td><td>千</td><td>百</td><td>十</td><td>元</td><td>角</td><td>分</td></tr>
<tr><td></td><td>¥</td><td>1</td><td>6</td><td>3</td><td>2</td><td>3</td><td>6</td></tr>
<tr><td>款项性质</td><td colspan="2">20×9 年 4 月份电信业务费用</td><td>合同号码</td><td colspan="3">37 762 620</td><td colspan="5">附寄单证张数</td><td colspan="3">一张</td></tr>
<tr><td colspan="15">备注：业务号码：84675369
固话/PHS 月租费 25.00　市话费　1 600.52　功能使用费　6.00　上期余额 0.84
实收款：1 632.00　本期余额　0.48</td></tr>
</table>

单位主管：　　会计：　　复核：　　记账：　　（收款单位盖发票专用章有效）

表 10-63

中国工商银行 转账支票存根
支票号码：XⅡ415141
科　　目：
对方科目：
签发日期：20×9 年 6 月 19 日
收款人：北京市电信公司
金　额：1 632.00
用　途：支付电话费
备　注：
单位主管：　　　　　会计：

(30) 19 日，持有的南宁大发公司签发的银行承兑汇票到期，收到票款 160 000 元。相关原始凭证如表 10-64 所示。

表 10-64　**委托收款**凭证（收账通知）　**4**　第Ⅺ036511 号

电邮　委托日期　20×9 年 6 月 19 日　付款期限：年 月 日

付款人	全 称	南宁大发公司	收款方	全称	北京市五湖电器有限公司					
	账号或地址	68325420778		账号	81451058675081002					
	开户银行	工行南门支行		开户银行	长安里支行	行号				
委收金额	人民币(大写)	壹拾陆万元整	十	万	千	百	十	元	角	分
			1	6	0	0	0	0	0	0
款项内容	货款		委托收款凭据名称	银行承兑汇票	附寄单证张数					
备注：（印章：工行长安里支行 业务专用章）			上列款项 1. 已全部划回收入你方账户 2. 全部未收到							

此联是收款人开户银行在款项收妥后给收款人的收账通知

单位主管：　会计：　复核：　记账：　付款人开户银行收到日期：　年　月　日　支付日期：年　月　日

(31) 20 日，收到银行委托收款支付水电费。相关原始凭证如表 10-65～表 10-68 所示。

表 10－65 **北京市电力公司普通电费发票**

发票联

发票代码：142010662085

户号：0004000733　　收款日期 20×9 年 6 月 20 日　　发票号码：04976922

户名	北京市五湖电器有限公司				地址	北京市长安里 888 号	
款项性质	电费：20×9 年 6 月				代收机构		
用电信息及收费详情		平段	峰段	谷段	无功	其他收费项目	单价	金额
	止码	58 686				还贷基金	0.020 0	36.22
	起码	60 688				可再生资源	0.001 0	1.81
	倍率	1				城镇附加	0.010 0	18.17
	计费电量	1 382.85				农网维护	0.018 8	34.05
	电价	0.646 4	1.163 5	0.130 3		国家后扶	0.008 3	15.03
	电费	893.87				省级后扶	0.000 5	0.91
合计金额（大写）：壹仟元整					合计金额（小写）：1 000.00			

收费专章：　　收款人：　　开票人：　　合同号：

第一联 付款方报销凭证

表 10－66 **北京市水务集团有限公司水费发票**

发票联

1420106620

开票时间：20×9 年 6 月 20 日　　NO 00119664

用户名称	北京市五湖电器有限公司				用户代码	400001500			
用户地址	北京市长安里 888 号				批　号				
月份	起码	止码	水量	水费单价	水费	资源费单价	资源	滞纳金	小计
20×906	01712	01845	798	2.5	1 995.00	0	0		1 995.00
应收（大写）壹仟玖佰玖拾伍元整							¥1 995.00		
实收		上期余额			本期余额				

▲本发票不准携带外地开具▼

第二联 此联作报销凭证

表 10-67

委邮　**委托收款**　凭证（付款通知）　**5**

委托日期　20×9 年 6 月 20 日

第　号
委托号码 420145
付款期限　年　月　日

<table>
<tr><td rowspan="3">付款人</td><td>全称</td><td>北京市五湖电器有限公司</td><td rowspan="3">收款人</td><td>全称</td><td colspan="3">北京市电力公司</td></tr>
<tr><td>账号或地址</td><td>81451058675081002</td><td>账号</td><td colspan="3">45871369514</td></tr>
<tr><td>开户银行</td><td>工行长安里支行</td><td>开户银行</td><td>工商建设路支行</td><td>行号</td><td></td></tr>
<tr><td>委收金额</td><td>人民币（大写）</td><td colspan="3">壹仟元整</td><td colspan="3">千 百 十 万 千 百 十 元 角 分
¥ 1 0 0 0 0 0</td></tr>
<tr><td colspan="2">款项内容</td><td>电费</td><td>委托收款凭据名称</td><td></td><td>附寄单证张数</td><td colspan="2"></td></tr>
<tr><td colspan="3">备注：</td><td colspan="5">付款人注意
1. 应于见票当日通知开户银行划款。
2. 如需拒付，应在规定期限内，将拒付理由书并附债务证明退交开户银行。</td></tr>
</table>

此联是收款人开户银行给付款人按期付款的通知

单位主管：　会计：　复核：　记账：　付款人开户银行盖章：　年　月　日

表 10-68

委邮　**委托收款**　凭证（付款通知）　**5**

委托日期　20×9 年 6 月 20 日

第　号
委托号码 420146
付款期限　年　月　日

<table>
<tr><td rowspan="3">付款人</td><td>全称</td><td>北京市五湖电器有限公司</td><td rowspan="3">收款人</td><td>全称</td><td colspan="3">北京市自来水公司</td></tr>
<tr><td>账号或地址</td><td>81451058675081002</td><td>账号</td><td colspan="3">45871369515</td></tr>
<tr><td>开户银行</td><td>工行长安里支行</td><td>开户银行</td><td>工商建设路支行</td><td>行号</td><td></td></tr>
<tr><td>委收金额</td><td>人民币（大写）</td><td colspan="3">壹仟玖佰玖拾伍元整</td><td colspan="3">千 百 十 万 千 百 十 元 角 分
¥ 1 9 9 5 0 0</td></tr>
<tr><td colspan="2">款项内容</td><td>电费</td><td>委托收款凭据名称</td><td></td><td>附寄单证张数</td><td colspan="2"></td></tr>
<tr><td colspan="3">备注：</td><td colspan="5">付款人注意
1. 应于见票当日通知开户银行划款。
2. 如需拒付，应在规定期限内，将拒付理由书并附债务证明退交开户银行。</td></tr>
</table>

此联是收款人开户银行给付款人按期付款的通知

单位主管：　会计：　复核：　记账：　付款人开户银行盖单：　年　月　日

（32）20 日，开出转账支票支付修理费。相关原始凭证如表 10-69、表 10-70 所示。

表 10－69

北京市增值税普通发票

NO 04837748

开票日期：20×9 年 6 月 20 日

购货单位	名　　　称：北京市五湖电器有限公司 纳税人识别号：110199514160154 地 址 、电 话：北京市长安里 888 号 开户行及账号：工行长安里支行 81451058675081002				密码区	245687478/＞＋＜1248＜－＜　加密版本：01 ＊＋－－457－＜/148＜－22－45　8641516972 ＊－4－78＞879458136845＜7＋0　14785412 9/92/279＞＞－＞98＞＞＜1　478131		
货物或应税劳务、服务名称		规格型号	单位	数量	单价	金额	税率	税额
修理费				1	1 600.00	1 600.00	17%	272.00
合　计						￥1 600.00	17%	￥272.00
价税合计（大写）		壹仟捌佰柒拾贰元整				（小写）￥1 872.00		
销货单位	名　　　称：北京大名维修有限公司 纳税人识别号：010348426735637 地 址 、电 话：北京市西城路 32 号 开户行及账号：工行西城支行 42045252431				备注			

收款人：　　　　复核：　　　　开票人：　　　　销货单位：（章）

第二联　发票联　购货方记账凭证

表 10－70

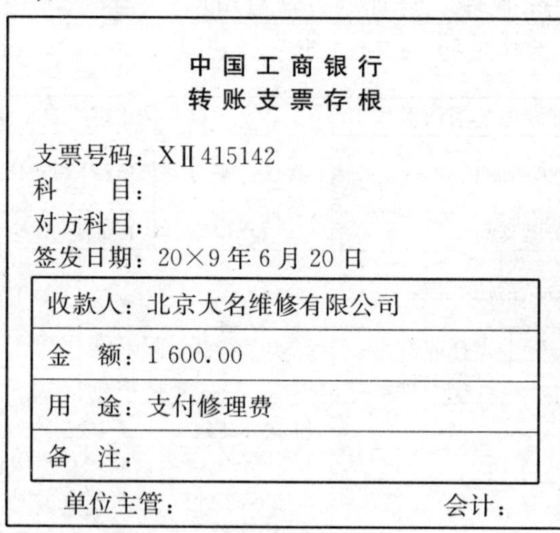

中 国 工 商 银 行
转 账 支 票 存 根

支票号码：XⅡ415142
科　　目：
对方科目：
签发日期：20×9 年 6 月 20 日

收款人：北京大名维修有限公司
金　额：1 600.00
用　途：支付修理费
备　注：

单位主管：　　　　会计：

（33）20 日，销售电热器 10 台，收到银行本票一张，开出增值税专用发票，价款为 3 000元，增值税税额为 510 元。相关原始凭证如表 10－71～表 10－75 所示。

表 10-71

北京市增值税专用发票

全国统一发票监制章 国家税务总局监制

此联不作报销扣款凭证使用　　　　NO. 001785962

开票日期：20×9 年 6 月 20 日

购货单位	名　　称：北京达达商贸公司 纳税人识别号：320105783624167 地 址 、电 话：北京市北海路 1 号 65674588 开户行及账号：交行北海支行 3205637123			密码区	458687478/＞＋＜1248＜－＜　加密版本：01 ＊＋－－457－＜/148＜－22－45　4589216972 ＊－3－65＞879458136845＜7＋0　12455412 8/56/145＞＞－＞98＞＞＜1　478131		
货物或应税劳务、服务名称	规格型号	单位	数量	单价	金额	税率	税额
电热器	YD0001	台	10	300.00	3 000.00	17%	510.00
合　　计					￥3 000.00	17%	￥510.00
价税合计（大写）	叁仟伍佰壹拾元整			（小写）￥3 510.00			
销货单位	名　　称：北京市五湖电器有限公司 纳税人识别号：110199514160154 地址、电话：　北京市长安里 888 号 开户行及账号：工行长安里支行 81451058675081002			备注	北京市五湖电器有限公司 发票专用章		

收款人：　　　　复核：　　　　开票人：周云丽　　　　销货单位：

第三联　记账联　销货方记账凭证

表 10-72

出　库　单

发货仓库：仓库

提货单位：北京达达商贸公司　　　　20×9 年 6 月 20 日　　　　第　号

类别	编号	名称型号	单位	应发数量	实发数量	单位成本	金额
产品		电热器	台	10	10		
合　　计							

负责人：　　　　经发：　　　　保管：黄改云　　　　制单：

第三联　账务记账

表 10-73

付款期限 壹个月

中国工商银行

银行本票 2

汇票号码 25789
第 3 号

出票日期（大写）：贰零×玖年陆月贰拾日　　代理付款行：交行北海路支行　行号：21035021568

收款人：北京市五湖电器有限公司		账号：81451058675081002										
出票金额	人民币（大写）	叁仟伍佰壹拾元整										
实际结算金额	人民币（大写）	叁仟伍佰壹拾元整	千	百	十	万	千	百	十	元	角	分
							¥	3	5	1	0	0	0

申请人：北京达达商贸公司　　账号或住址：32056237123

出票行：交行北海支行 行号：637123

备注：

凭票付款

出票行签章

（印章：中国交通银行 北京 汇票专用章）

密押									科目（借）
多余金额									对方科目（贷）
千	百	十	万	千	百	十	元	角	分	兑付日期　年　月　日
										复核　记账

此联代理付款行付款后作联行往账借方凭证附件

表 10-74

付款期限 壹个月

中国工商银行

银行本票（解讫通知） 3

汇票号码
第　号

出票日期（大写）：贰零×玖年陆月贰拾日　　代理付款行：交行北海路支行　行号：21035021568

收款人：北京市五湖电器有限公司		账号：81451058675081002										
出票金额	人民币（大写）	叁仟伍佰壹拾元整										
实际结算金额	人民币（大写）	叁仟伍佰壹拾元整	千	百	十	万	千	百	十	元	角	分
							¥	3	5	1	0	0	0

申请人：北京达达商贸公司　　账号或住址：32056237123

出票行：交行北海支行 行号：637123

备注：

代理付款行盖章

密押										科目（借）
多余金额										对方科目（贷）
千	百	十	万	千	百	十	元	角	分	转账日期　年　月
										复核　记账

复核：　经办：

此联代理付款行兑付后随报单寄出票行

由出票行作多余额贷方凭证

表 10-75

中国工商银行 **进账单**（回单） **1**

20×9 年 6 月 20 日　　　　第　　号

付款人	全称	北京达达商贸公司	收款人	全称	北京市五湖电器有限公司
	账号	32056237123		账号	81451058675081002
	开户银行	交通银行北海路支行		开户银行	工商银行长安里支行
人民币（大写）	叁仟伍佰壹拾元整			千百十万千百十元角分	¥351000
票据种类	银行本票	票据张数	1 张	中国工商银行北京长安里支行 20×9年6月20日 转讫	
票据号码	25789				
单位主管：　会计：　复核：　记账：				开户银行签章	

此联出票人开户银行交给出票人的回单

（34）20 日，开出信用证凭证，偿付前欠款。相关原始凭证如表 10-76 所示。

表 10-76

中国工商银行 **进账单**（回单） **1**

委托日期 20×9 年 6 月 20 日　　　　第　　号

付款人	全称	北京市五湖电器有限公司	收款人	全称	上海天马有限公司
	账号	81451058675081002		账号	63025942654
	汇出地点	北京　市/县		汇入地点	上海　市/县
汇出行名称		工行长安里支行	汇入行名称		交通银行长江路支行
金额	人民币（大写）	捌万元整		亿千百十万千百十元角分	¥8000000
汇款用途：还欠款如需加急，请在括号内注明（　）			支付密码		
工行长安里支行 业务专用章 汇出行签章			附加信息及用途： 复核：　记账：		

此联汇出行给汇款人的回单

（35）20 日，收到本季度银行利息 265 元。相关原始凭证如表 10-77 所示。

表 10-77　　中国工商银行存款利息凭证

20×9 年 6 月 20 日

收款单位	账号	81451058675081002	付款单位	账号	200034578
	户名	北京市五湖电器有限公司		户名	工行长安里支行
	开户银行	工行长安里支行		开户银行	工行长安里支行
积数			利率 0.98‰		利息：265.00
中国工商银行北京长安里支行 20×9年6月20日 转讫 ________户第 2 季度利息			科　　目________ 对方科目________ 复核员：　　记账员：张明		

此联出票人开户银行交给出票人的回单

（36）22 日，以现金支付过路过桥费。相关原始凭证如表 10-78、表 10-79 所示。

表 10-78

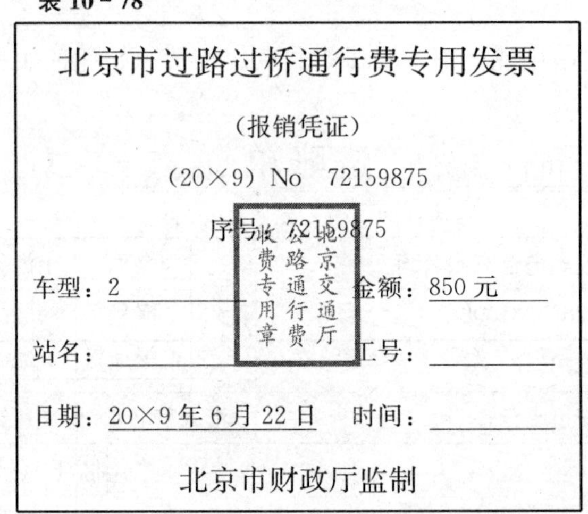
北京市过路过桥通行费专用发票

（报销凭证）

（20×9）No　72159875

序号：72159875

车型：2　　金额：850 元

站名：　　工号：

日期：20×9 年 6 月 22 日　　时间：

北京市财政厅监制

表 10-79　　支出证明单

20×9 年 6 月 22 日　　附件共 1 张

支出科目	摘　要	万	千	百	十	元	角	分	缺乏正式单据之原因
支付交通费	过路费			8	5	0	0	0	现金付讫
合计人民币（大写）：零万零仟捌佰伍拾零元零角零分		￥850.00							

核准：王政　　复核：孙立　　证明人：张乐喜　　经手：刘明

（37）23 日，将收到的商业承兑汇票贴现。相关原始凭证如表 10－80、表 10－81 所示。

表 10－80

贴现申请书

工行长安里支行：

我公司于20×9年6月10日与兰州黄羊有限公司签订NO. 0022745号供销合同。20×9年6月10日双方议定以商业承兑汇票方式结清账款，于20×9年6月11日兰州黄羊有限公司开给（或背书转让给）我公司商业承兑汇票壹张，金额为人民币（大写）壹拾壹万柒仟元整。现我公司由于流动资金紧张、业务发展之需，特向贵行申请商业汇票贴现。

附汇票基本要素：

汇票号码：AA/0100235834　　　承兑协议编号：

我公司郑重承诺：如因本汇票之真伪或对方银行因各种原因拒付而给贵行造成的一切经济损失，由我公司承担全部赔付责任。

公司名称：北京市五湖电器有限公司

法人代表签字：王平 王平

20×9 年 6 月 23 日

表 10－81　　**贴　现　凭　证**（收账通知）　　4

申请日期 20×9 年 6 月 23 日　　　　第 0125 号

贴现汇票	种类	商业汇票	号码	AA/0100235834	持票人	名称	北京市五湖电器有限公司
	出票日	20×9 年 6 月 11 日				账号	81451058675081002
	到票日	20×9 年 7 月 11 日				开户银行	工行长安里支行
汇票承兑人	兰州黄羊有限公司			账号	05637123	开户银行	建行江大支行
汇票金额	人民币（大写）壹拾壹万柒仟元整					千百十万千百十元角分	¥ 1 1 7 0 0 0 0 0
贴现率	‰	贴现利息	千百十万千百十元角分 ¥ 6 0 4 0 0		实付贴现金额	千百十万千百十元角分	¥ 1 1 6 3 9 6 0 0
贴现款项已入你单位账户。银行签章　年　月　日			备注：				

此联银行给持票人的收账通知

（中国工商银行 长安里支行 20×9年6月23日 转讫）

（38）24 日，管理人员发现上月购进的 A 原材料 52.5 千克被盗，金额为 31 500 元（其中含分摊的运输费用 4 650 元）。相关原始凭证如表 10－82、表 10－83 所示。

表 10-82 **财产清查报告单**

20×9 年 6 月 24 日 金额单位：元

编号	财产名称及规格	单位	单价	账面数量	实物数量	盘盈		盘亏		盘亏原因
						数量	金额	数量	金额	
	A原材料	千克	600	800	747.5			52.5	31 500	被盗

第二联 财务联

主管：汤思飞 复核：邓进 制表：黄改云

表 10-83 **增值税转出报告单**

20×9 年 6 月 24 日 金额单位：元

增值税转出所属材料	转出材料金额	转出增值税	转出原因	处理意见
A原材料	26 850	4 564.5	被盗	同意
运费	4 650	350	被盗	同意
合计	31 500	4 914.5		

主管：汤思飞 复核：邓进 制表：黄改云

（39）24 日，购入 3 辆小轿车，小轿车适用的关税税率为 25%，消费税税率为 9%，缴纳关税 105 113.25 元、增值税 98 182.71 元、消费税 51 979.08 元，取得完税凭证，同时缴纳车辆购置税 57 754.53 元。相关原始凭证如表 10-84～表 10-88 所示。

表 10-84 **海关 进出口关税 专用缴款书**

收入系统：海关系统 填发日期 20×9 年 6 月 24 日 NO.

收款单位	收入机关	中央金库	缴款单位	名称	
	科目			账号	
	收款国库			开户银行	

税号	货物名称	数量	单位	完税价格（¥）	税率（%）	税款金额（¥）
	小轿车	3	辆	420 453	25%	105 113.25
金额人民币（大写）壹拾万伍仟壹佰壹拾叁元贰角伍分					合计（¥）	105 113.25

申请单位编号		报关单编号		填制单位 制单人 复核人	收款国库（银行）
合同(批文)号		运输工具（号）			
缴款期限	20×9 年 6 月 30 日	提/装货单号			
备注 一般征税，US＄6.85					

表 10-85 **海关 代征增值税（消费税）专用缴款书**

收入系统：海关系统 填发日期 20×9 年 6 月 24 日

<table>
<tr><td rowspan="3">收款单位</td><td colspan="2">收入机关</td><td colspan="2">中央金库</td><td rowspan="3">缴款单位</td><td colspan="2">名称</td><td colspan="2"></td></tr>
<tr><td colspan="2">科目</td><td colspan="2"></td><td colspan="2">账号</td><td colspan="2"></td></tr>
<tr><td colspan="2">收款国库</td><td colspan="2"></td><td colspan="2">开户银行</td><td colspan="2"></td></tr>
<tr><td colspan="2">税号</td><td colspan="3">货物名称</td><td>数量</td><td>单位</td><td>完税价格（¥）</td><td>税率（%）</td><td>税款金额（¥）</td></tr>
<tr><td colspan="2"></td><td colspan="3"></td><td></td><td></td><td></td><td></td><td></td></tr>
<tr><td colspan="8">金额人民币（大写）</td><td>合计（¥）</td><td></td></tr>
<tr><td colspan="2">申请单位编号</td><td></td><td>报关单编号</td><td colspan="2"></td><td colspan="2" rowspan="4">填制单位
制单人
复核人</td><td colspan="2" rowspan="4">收款国库（银行）</td></tr>
<tr><td colspan="2">合同(批文)号</td><td></td><td>运输工具（号）</td><td colspan="2"></td></tr>
<tr><td colspan="2">缴款期限</td><td>20×9 年 6 月 30 日</td><td>提/装货单号</td><td colspan="2"></td></tr>
<tr><td colspan="6">备注 一般征税，US$6.85</td></tr>
</table>

表 10-86

中国工商银行
转账支票存根

支票号码：XⅡ415143
科　　目：
对方科目：
签发日期：20×9 年 6 月 24 日

收款人：天津市塘沽海关
金　额：255 275.04
用　途：支付汽车税款
备　注：

单位主管：　　　　会计：

表 10-87

中国工商银行
转账支票存根

支票号码：XⅡ415144
科　　目：
对方科目：
签发日期：20×9 年 6 月 24 日

收款人：朝阳区国税局
金　额：57 754.53
用　途：支付车辆购置税
备　注：

单位主管：　　　　会计：

表 10-88

车辆购置税纳税申报表

填表日期：20×9 年 6 月 24 日　　行业代码：　　注册类型代码：

纳税人名称：　　金额单位：元

<table>
<tr><td>纳税人证件名称</td><td></td><td colspan="2">证件号码</td><td colspan="2"></td></tr>
<tr><td>联系电话</td><td></td><td>邮政编码</td><td></td><td>地址</td><td></td></tr>
<tr><td colspan="6">车辆基本情况</td></tr>
<tr><td>车辆类别</td><td colspan="5">1. 汽车；2. 摩托车；3. 电车；4. 挂车；5. 农用运输车</td></tr>
<tr><td>生产企业名称</td><td colspan="2">福特汽车制造公司</td><td colspan="2">机动车销售统一发票（或有效凭证）价格</td><td></td></tr>
<tr><td>厂牌型号</td><td colspan="2"></td><td colspan="2">关税完税价格</td><td></td></tr>
<tr><td>发动机号码</td><td colspan="2"></td><td colspan="2">关税</td><td></td></tr>
<tr><td>车辆识别代号（车架号码）</td><td colspan="2"></td><td colspan="2">消费税</td><td></td></tr>
<tr><td>购置日期</td><td colspan="2">20×9 年 6 月 24 日</td><td colspan="2">免（减）税条件</td><td></td></tr>
<tr><td>申报计税价格</td><td>计税价格</td><td>税率</td><td colspan="2">免税、减税额</td><td>应纳税额</td></tr>
<tr><td>1</td><td>2</td><td>3</td><td colspan="2">4=2×3</td><td>5=1×3 或 2×3</td></tr>
<tr><td></td><td></td><td>10%</td><td colspan="2"></td><td></td></tr>
<tr><td></td><td></td><td></td><td colspan="2"></td><td></td></tr>
<tr><td colspan="3">申报人声明</td><td colspan="3">授权声明</td></tr>
<tr><td colspan="3">此纳税申报表是根据《中华人民共和国车辆购置税暂行条例》的规定填报的，我相信它是真实的、可靠的、完整的。
声明人签字：</td><td colspan="3">如果你已委托代理人申报，请填写以下资料：
为代理一切税务事宜，现授权（　　），地址（　　）为本纳税人的代理申报人，任何与本申报表有关的往来文件，都可寄予此人。
授权人签字：</td></tr>
<tr><td rowspan="5">纳税人签名或盖章</td><td colspan="5">如委托代理人的，代理人应填写以下各栏</td></tr>
<tr><td>代理人名称</td><td colspan="2"></td><td colspan="2" rowspan="4">代理人（章）</td></tr>
<tr><td>地址</td><td colspan="2"></td></tr>
<tr><td>经办人</td><td colspan="2"></td></tr>
<tr><td>电话</td><td colspan="2"></td></tr>
<tr><td colspan="2">接收人：

接收日期：</td><td colspan="4">

主管税务机关（章）：</td></tr>
</table>

（40）24 日，将 45 张 100 元、4 张 50 元、12 张 10 元、36 张 5 元的现金存入银行。进账单如表 10-89 所示。

表 10－89　　　　　　中国工商银行**现金进账单**（回单或收账通知）

20×9 年 6 月 24 日　　　　　　　　　　　　　　　　第 12 号

收款人	全称	北京市五湖电器有限公司	开户银行	工行长安里支行
	账号	81451058675081002	款项来源	货款
人民币（大写）	伍仟元整			十万千百十元角分：¥500000

票面	张数	十	万	千	百	十	元	角	分	票面	张数	千	百	十	元	角	分
壹佰元	45			4	5	0	0	0	0	伍角							
伍拾元	4				2	0	0	0	0	贰角							
贰拾元										壹角							
拾元	12				1	2	0	0	0	伍分							
伍元	36				1	8	0	0	0	贰分							
贰元										壹分							
壹元																	

中国工商银行北京长安里支行
20×9年6月24日
转讫
（收款银行盖章）

收银员　　复核员

（41）24 日，库存现金盘点，盘盈 900 元。相关原始凭证如表 10－90 所示。

表 10－90　　　　　　　　　　**现金盘点报告表**

20×9 年 6 月 24 日

单位名称：北京市五湖电器有限公司　　　　　　　　　　　　单位：元

实存金额	账存金额	盘亏情况		备注
		盘盈数	盘亏数	
		900.00		
处理意见：				

主管：孙立　　　　　　　　会计：赵莉　　　　　　　　核点：张丽

（42）25 日，开出支票支付工程预付款。相关原始凭证如表 10－91、表 10－92 所示。

表 10－91

北京市增值税普通发票

NO 04837652

开票日期：20×9 年 6 月 25 日

购货单位	名　　称：北京市五湖电器有限公司 纳税人识别号：110199514160154 地 址 、电 话：北京市长安里 888 号 开户行及账号：工行长安里支行 81451058675081002				密码区	245687478/＞＋＜1248＜－＜ 加密版本：01 ＊＋－－457－＜/148＜－22－45 8641516972 ＊－4－78＞879458136845＜7＋0 14785412 9/92/279＞＞－＞98＞＞＜1 478131		
货物或应税劳务、服务名称	规格型号	单位	数量	单价	金额	税率	税额	
工程款			1	200 000.00	200 000.00	11%	22 000.00	
合　计					￥200 000.00	11%	22 000.00	
价税合计（大写）	贰拾贰万贰仟元整			（小写）￥222 000.00				
销货单位	名　　称：北京第二建筑公司 纳税人识别号：010347529735637 地 址 、电 话：北京市东城路 32 号 开户行及账号：工行东城支行 42687152431				备注			

收款人：　　　　复核：　　　　开票人：　　　　销货单位：（章）

第二联 发票联 购货方记账凭证

（印章：北京市第二建筑公司 财务专用章）

表 10－92

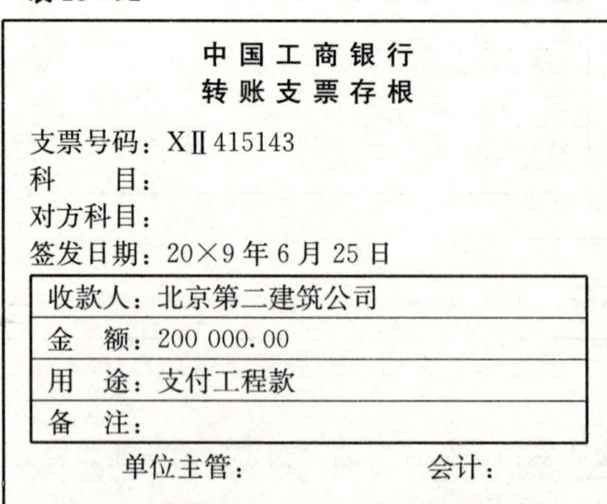

中国工商银行
转账支票存根

支票号码：XⅡ415143

科　　目：

对方科目：

签发日期：20×9 年 6 月 25 日

收款人：北京第二建筑公司
金　额：200 000.00
用　途：支付工程款
备　注：

单位主管：　　　　会计：

（43）25 日，开出支票一张，支付广告费。相关原始凭证如表 10－93、表 10－94 所示。

表 10－93

北京市增值税普通发票

NO 04864282

开票日期：20×9 年 6 月 25 日

购货单位	名　　称：北京市五湖电器有限公司 纳税人识别号：110199514160154 地 址 、电 话：北京市长安里 888 号 开户行及账号：工行长安里支行 81451058675081002				密码区	245687478/>+<1248<−< 加密版本：01 *+−−457−</148<−22−45 8641516972 *−4−78>879458136845<7+0 14785412 9/92/279>>−>98>><1 478131		
货物或应税劳务、服务名称		规格型号	单位	数量	单价	金额	税率	税额
广告费				1	10 000.00	10 000.00	6%	600.00
合　计						¥10 000.00	6%	600.00
价税合计（大写）		壹万零陆佰元整			（小写）¥10 600.00			
销货单位	名　　称：北京阳光广告有限公司 纳税人识别号：010257329735637 地 址 、电 话：北京市武平路 321 号 开户行及账号：工行武平支行 42687534931				备注	北京阳光广告有限公司 财务专用章		

收款人：　　复核：　　开票人：　　销货单位：（章）

第二联 发票联 购货方记账凭证

表 10－94

中 国 工 商 银 行
转 账 支 票 存 根

支票号码：XⅡ415044

科　　目：

对方科目：

签发日期：20×9 年 6 月 25 日

收款人：北京阳光广告有限公司
金　额：10 000.00
用　途：支付广告费
备　注：

单位主管：　　会计：

（44）30 日，分配水费、电费、工资，计提固定资产折旧。相关原始凭证如表 10－95～表 10－100 所示。

表 10－95　　**外购水费分配表**

20×9 年 6 月 30 日　　单位：元

项目 / 应借科目	耗用量（立方）	单价	金额	共同耗用分配		
				分配标准（生产工人工资）	分配率	金额
制造费用	480			×	×	×
管理费用	220			×	×	×
销售费用	98			×	×	×
合计	798	2.50		×	×	×

审核：孙立　　记账：　　制表：吴江

表 10-96　　**外购电费分配表**

20×9 年 6 月 30 日　　单位：元

应借科目			耗用量（度）	单价	金额	共同耗用分配		
						分配标准（产品生产工时）	分配率	金额
生产成本	基本生产成本	电风扇				110 小时		
		电热器				90 小时		
		小计	1 200			200 小时		
制造费用			400			×	×	×
管理费用			300			×	×	×
销售费用			100			×	×	×
合计			2 000	0.50		×	×	×

审核：孙立　　记账：　　制表：吴江

表 10-97　　**北京市五湖电器有限公司工资结算表**

20×9 年 6 月 30 日　　单位：元

编号	姓名	部门	基本工资	津贴	奖金	缺勤应扣		应付工资	代扣款项		实发工资	签收人
						事假	迟到早退		代扣税款	其他代扣		
101	王政	行政办公室	5 000.00	1 000.00	500.00	0.00	0.00	6 500.00	100.00		6 400.00	王政
102	张芳	行政办公室	2 720.00	500.00	200.00	0.00	0.00	3 420.00	48.00		3 372.00	张芳
……		行政办公室	……	……	……	……	……	……	……	……		……
小计			28 000.00	3 000.00	2 000.00	0.00	0.00	33 000.00	1 450.00		31 550.00	
201	李忆欣	人力资源部	3 100.00	600.00	300.00	0.00	0.00	4 000.00	55.00		3 945.00	李忆欣
202	胡和平	人力资源部	1 850.00	300.00	200.00	0.00	0.00	2 350.00	200.00		2 150.00	胡和平
……		人力资源部	……	……	……	……	……	……	……	……		……
小计			15 000.00	1 400.00	700.00	0.00	0.00	17 100.00	690.00		16 410.00	
301	孙立	财务部	3 700.00	700.00	400.00	0.00	0.00	4 800.00	60.00		4 740.00	孙立
302	吴静	财务部	800.00	200.00	200.00	0.00	0.00	1 200.00	10.00		1 190.00	吴静
……		财务部	……	……	……	……	……	……	……	……		……
小计			21 000.00	1 900.00	800.00	0.00	0.00	23 700.00	840.00		22 860.00	
401	黄百利	销售部	4 450.00	900.00	400.00	0.00	0.00	5 750.00	80.00		5 670.00	黄百利
402	余海	销售部	2 700.00	500.00	200.00	0.00	20.00	3 380.00	40.00		3 340.00	余海
……		销售部	……	……	……	……	……	……	……	……		……
小计			20 000.00	1 900.00	1 770.00	0.00	20.00	23 650.00	790.00		22 860.00	
501	马莉	采购部	3 400.00	210.00	1 700.00	0.00	20.00	5 290.00	198.00		5 092.00	马莉
502	向伟	采购部	2 800.00	180.00	1 700.00	0.00	0.00	4 680.00	105.00		4 575.00	向伟
……		采购部	……	……	……	……	……	……	……	……		……
小计			6 000.00	420.00	1 300.00	0.00	20.00	7 700.00	430.00		7 270.00	
601	林冰	生产车间	3 600.00	700.00	400.00	0.00	0.00	4 700.00	58.00		4 642.00	林冰
602	李好	生产车间	2 200.00	500.00	200.00	110.00	0.00	2 790.00	42.00		2 748.00	李好
……		生产车间	……	……	……	……	……	……	……	……		
小计			164 700.00	3 500.00	27 200.00	500.00	0.00	194 900.00	1 650.00		193 250.00	
合计			254 700.00	12 120.00	33 770.00	500.00	40.00	300 050.00	5 850.00	0.00	294 200.00	

批准：王政　　审核：孙立　　部门负责人：孙立　　制表：张晶

表 10-98　**北京市五湖电器有限公司工资结算汇总表**

20×9 年 6 月　单位：元

编号	部门	基本工资	津贴	奖金	缺勤应扣		应付工资	代扣款项		实发工资
					事假	迟到早退		代扣税款	其他代扣	
1	行政办公室	28 000.00	3 000.00	2 000.00	0.00	0.00	33 000.00	1 450.00	0.00	31 550.00
2	人力资源部	15 000.00	1 400.00	700.00	0.00	0.00	17 100.00	690.00	0.00	16 410.00
3	财务部	21 000.00	1 900.00	800.00	0.00	0.00	23 700.00	840.00	0.00	22 860.00
4	销售部	20 000.00	1 900.00	1 770.00	0.00	20.00	23 650.00	790.00	0.00	22 860.00
5	采购部	6 000.00	420.00	1 300.00	0.00	20.00	7 700.00	430.00	0.00	7 270.00
6	产品生产人员	155 700.00	2 800.00	25 000.00	500.00	0.00	183 000.00	1 170.00	0.00	181 830.00
7	车间管理人员	9 000.00	700.00	2 200.00	0.00	0.00	11 900.00	480.00	0.00	11 420.00
合计		254 700.00	12 120.00	33 770.00	500.00	40.00	300 050.00	5 850.00	0.00	294 200.00

审核：孙立　　部门负责人：孙立　　制表：张晶

表 10-99　**工资费用分配表**

20×9 年 6 月 30 日

应借科目 \ 项目			共同耗用分配		
			分配标准（产品生产工时）	分配率	金额（元）
生产成本	基本生产成本	电风扇	110 小时		
		电热器	90 小时		
		小　计	200 小时		
制造费用			×	×	
管理费用			×	×	
销售费用			×	×	
合　计			×	×	

审核：孙立　　制表：吴江

表 10-100　**折旧计算表**

20×9 年 6 月 30 日　单位：元

使用单位	固定资产类别	月初应计提固定资产原值	月折旧率（%）	月折旧额
基本生产车间	机器设备	360 000	0.83%	
	房屋及建筑物	1 000 000	0.21%	
	小计	1 360 000		
公司管理部门	运输设备	480 000	0.83%	
	办公设备	50 000	0.83%	
	房屋及建筑物	800 000	0.21%	
	小计	1 330 000		
销售机构	房屋及建筑物	200 000	0.21%	
	办公设备	10 000	0.83%	
	小计	210 000		
合计		2 900 000		

审核：孙立　　制单：李涛

（45）30 日，分配制造费用，计算完工产品成本。相关原始凭证如表 10-101～表 10-105 所示。

表 10-101　　**制造费用分配表**

20×9 年 6 月 30 日

分配对象＼项目	生产工时（实际）	分配率	应分配费用（元）
电风扇	110 小时		
电热器	90 小时		
合　计	200 小时		

审核：孙立　　制单：吴江

表 10-102　　**产品成本计算表**

车间名称：　　20×9 年 6 月 30 日　　完工产量：2 500

成品名称：电热器　　在产品数量：0

单位：元

项　目	直接材料	直接人工	制造费用	合　计
期初在产品成本	350 930	10 269	2 223.85	363 422.85
本期生产成本				
合计				
完工产品成本				
单位产品成本				
月末在产品成本				

主管：孙立　　复核：孙立　　制表：吴江

表 10-103　　**产品成本计算表**

车间名称：　　20×9 年 6 月 30 日　　完工产量：2 800

成品名称：电风扇　　在产品数量：100

单位：元

项　目	直接材料	直接人工	制造费用	合　计
期初在产品成本	271 420	9 801	1 079.15	282 300.15
本期生产成本				
合计				
完工产品成本				
单位产品成本				
月末在产品成本				

主管：孙立　　复核：孙立　　制表：吴江

表 10-104　　**完工产品成本汇总表**

20×9 年 6 月 30 日　　单位：元

产品名称＼项目	直接材料	直接人工	制造费用	完工产品总成本	完工产品产量	单位成本
电热器						
电风扇						
合　计						

审核：孙立　　记账：孙立　　制单：吴江

表 10－105

入　库　单

收料部门：仓库　　　　20×9 年 6 月　　　　专字　第 5 号

种　类	编　号	名　称	规　格	数　量	单　位	单　价	成本总额									
							千	百	十	万	千	百	十	元	角	分
完工产品		电热器		2 500	台											
完工产品		电风扇		2 800	台											
备注																

负责人：张丽　　　　记账：王丽　　　　验收：张华　　　　填单：刘为

（46）30 日，计算并结转有关税费，填制表 10－106～表 10－108。

表 10－106

应缴增值税计算表

20×9 年 6 月 30 日　　　　单位：元

项目	金额	备注
销项税额		
加：进项税额转出		
出口退税		
减：进项税额		
已交税款		
减免税款		
出口抵减内销产品应纳税额		
应交增值税额		

审核：孙立　　　　制表：韩江

表 10－107

应缴城建税及教育费附加计算表

20×9 年 6 月 30 日　　　　单位：元

项目	计提基数			比例	计提金额
	应交增值税	消费税	合计		列入税金及附加
城建税				7%	
教育费附加				3%	
合计					

审核：孙立　　　　制表：韩江

表 10－108

所得税计算表

20×9 年 6 月　　　　单位：元

项　　目	金　　额	备　　注
会计利润		
减：不计入应纳税所得的收益		
1. 国库券利润收益		
2. 分得税后利润收益		

续前表

项目	金额	备注
加：不应抵减应纳税所得额支出		
1. 罚没款支出		
2. 赞助支出		
3. 超计税工资支出		
4. 超标准业务招待费		
应纳税所得额		
适用税率	25%	
应交所得税		

审核：孙立　　　　　　　　　　　　　　　　制表：韩江

（47）将损益类账户结转到“本年利润”账户，填制表10－109。

表10－109　　　　　　　　　　损益类账目结转计算表

账户名称	结转前余额	结转前余额	转入本年利润	
	借方	贷方	借方	贷方
主营业务收入				
其他业务收入				
主营业务成本				
其他业务成本				
税金及附加				
销售费用				
管理费用				
财务费用				
资产减值损失				
公允价值变动损益				
投资收益				
营业外收入				
营业外支出				
所得税费用				

审核：孙立　　　　　　　　　　　　　　　　制表：张琴

二、实训任务

（1）对有关业务进行账务处理并编制记账凭证。

（2）建立涉税账户明细分类账并登记明细分类账。

（3）填制本月应纳各税的纳税申报表、附表及税收缴款书，熟悉税收缴纳程序。

（4）编制本期发生额的科目汇总表。

三、实训条件（自备）

实训条件需自备，本书不提供。

课后练习

一、实训资料

（一）企业概况

1. 公司基本情况

（1）企业名称：A 公司。

（2）企业性质：国有企业。

（3）企业法定代表：宋江。

（4）企业地址：北京市西城区西直门大街乙 20 号。

（5）开户银行：工商银行西直门支行。

（6）银行账号：001×××××540021。

（7）税务登记号：110100000000556。

（8）主要产品：甲、乙两种产品。

（9）部门设置：公司内设 1 个生产车间，另设 4 个行政职能部门、1 个销售机构。

2. 有关人员

（1）会计主管：柴进。

（2）会计：时迁。

（3）出纳：杨志。

（4）保管员：王英。

3. 企业财务制度的有关规定及说明

（1）会计核算程序：科目汇总表账务处理程序。

（2）产品成本核算：采用品种法计算产品成本。

（3）盈余公积：在年末一次提取，法定盈余公积按 10%提取，任意盈余公积按 5%提取。

4. 有关账户余额资料

20×9 年 12 月初，总分类账户余额如表 10－110 所示。

表 10－110　　**科目余额表**　　单位：元

会计科目	借方余额	贷方余额
库存现金	30 000	
银行存款	500 000	
应收账款	20 000	
应收票据	10 000	
其他应收款	10 000	

续前表

会计科目	借方余额	贷方余额
预付账款	20 000	
原材料	10 000	
低值易耗品	5 000	
库存商品	1 100 000	
固定资产	300 000	
累计折旧		20 000
短期借款		100 000
应付账款		300 000
应付票据		20 000
预收账款		10 000
应付职工薪酬		10 000
应交税费		10 000
其他应付款		5 000
实收资本		1 400 000
资本公积		100 000
盈余公积		10 000
本年利润		10 000
利润分配——未分配利润		20 000
生产成本	10 000	
合计	2 015 000	2 015 000

（二）模拟业务

20×9 年 12 月，发生的具体经济业务如下（相关原始凭证略）：

（1）2 日，从南京市华盛工厂购入 A 材料 1 000 千克，每千克 20 元，计 20 000 元，增值税税额为 3 400 元；购入 B 材料 2 000 千克，每千克 60 元，计 120 000 元，增值税税额为 20 400 元。保管人员填制收料单，材料已如数入库，根据合同的约定，货款在 10 日内付清。

（2）3 日，企业销售甲产品给长城公司，增值税发票已开出，货款为 320 000 元，税额为 54 400 元，产品已通过铁路运输部门发出，并开出转账支票代购货方垫付运费 1 680 元。货款已办妥托收承付手续，取得托收凭证回单。

（3）4 日，向四明公司租入车间生产用设备 1 台，原值 90 000 元，租赁期为 3 年，年租金为 9 600 元，签发转账支票支付 1 年租金。

（4）4 日，签发转账支票支付申请自创专利权注册登记及律师公证费 3 000 元。

（5）4 日，收到天河公司归还前欠货款 58 500 元。

（6）5 日，新建服务队开来发票，要求支付机修车间房屋小修费用 200 元，以现金付给。

（7）5 日，业务员李庆出差预支差旅费 3 000 元。财务人员根据审核无误的借款单以现金付讫。

（8）5 日，签发转账支票 1 张，预付大华工厂货款 100 000 元。

（9）5 日，市电视台开来收据，要求支付广告费 20 000 元，开具转账支票付给。

(10) 7日，根据合同的约定以电汇方式支付2日购入的A材料和B材料款。

(11) 7日，以现金800元购买办公用品，取得普通发票。

(12) 8日，长安区新华街道开来收据，要求支付描图费88元，当即以现金支付。

(13) 9日，新华安装工程队承包的车床安装工程已竣工并交付使用，签发转账支票支付安装工程费6 000元，并结转固定资产。

(14) 9日，以汇总结算方式向上海外贸公司支付合同违约金2 800元。

(15) 9日，发出甲材料2 000千克、其他材料一批，委托新星工厂进行加工，签发转账支票支付运费160元。

(16) 9日，以银行汇票支付新星工厂的委托加工费及增值税3 416.40元。

(17) 11日，签发转账支票支付大通汽车运输公司委托加工材料运杂费200元。

(18) 11日，委托新星工厂加工的原材料已收到并验收入库。

(19) 11日，业务员李庆出差回来，报销差旅费2 400元，退回多余现金600元。

(20) 12日，为生产甲产品领用A材料700千克、B材料300千克，为生产乙产品领用B材料500千克。A、B材料的单位成本分别为20元、60元。

(21) 14日，从银行提回现金80 000元，备发工资，开出现金支票。

(22) 14日，一栋仓库不能继续使用，申请报废，经审批同意报废。

(23) 14日，收到兴利机械厂开来的转账支票一张，金额为860元，系仓库报废残值收入。

(24) 15日，出租办公用房5间，结转租出固定资产。

(25) 15日，出租办公用房5间的当月租金为2 500元，收到科龙公司交来的转账支票一张。

(26) 15日，出售闲置机器设备一台，收到长江工厂签发的转账支票一张，价款为38 000元。

(27) 16日，本月5日经批准委托省证券公司发行5年期债券100万元，现发行完毕，收到省证券公司划入的债券款110万元。

(28) 16日，收到省证券公司开来的收款收据，要求支付发行债券的印刷费及手续费5 000元，签发转账支票付给。

(29) 18日，向新华机械厂转让技术使用权，收到转让技术使用权收入5 000元，收到信汇凭证一张。

(30) 18日，与银行签订1年期借款合同，借款金额为300万元，年利率为5%。

(31) 18日，收到市商业公司交来的转账支票一张，系仓库租金3 000元，开具收款收据。

(32) 18日，委托某外贸进出口公司进口小汽车，离岸价格为480 000美元，支付国外运费保险费共计20 000美元，当日外汇牌价为1USD=7.3RMB。关税税率为20%，代征增值税税率为17%，小汽车消费税税率为5%，向海关支付关税，取得关税完税凭证。

(33) 19日，收到市自来水公司水费结算单，结付上月水费和本月排水设施使用费。

(34) 21日，收到未领取的短期股票投资现金股利8 000元，存入银行。

(35) 26日，收到环保监理站收款收据一张，要求支付排污费6 000元，签发转账支票付给。

（36）29 日，签发转账支票向信财租赁公司支付融资租入固定资产租赁费 5 000 元。

（37）30 日，按工资总额计提本月工会经费和职工教育经费。

（38）31 日，接银行通知，本季短期借款利息 13 500 元已划付，10 月、11 月已预提 9 500 元，结转本月应计利息支出。

（39）31 日，接银行通知，本季银行存款利息 1 800 元已划入存款户。

（40）31 日，经核准，将无法支付给大兴公司的其他应付款 800 元转为资本公积。

（41）31 日，分配结转本月应摊销的无形资产。

（42）31 日，根据计量仪表，计算并分配结转本月应付电费。

（43）31 日，根据计量仪表，计算并分配结转本月应付水费。

（44）31 日，按本月发放工资分配结转本月工资。

（45）31 日，计算并结转本月验收入库的材料的成本差异。

（46）31 日，分配并结转本月领用材料和包装物发生的费用。

（47）31 日，结转本月领用及摊销低值易耗品价值。

（48）31 日，分配并结转本月辅助生产费用。

（49）31 日，分配并结转本月制造费用。

（50）31 日，计算并结转本月完工入库产品成本。

（51）31 日，结转本月已售产品销售成本。

（52）31 日，计算并结转本月应纳增值税、城建税和教育费附加。

二、实训任务

（1）对有关业务进行账务处理并编制记账凭证。

（2）建立涉税账户明细分类账并登记明细分类账。

（3）填制本月应纳各税的纳税申报表、附表及税收缴款书，熟悉税收缴纳程序。

（4）编制本期发生额的科目汇总表。

三、实训条件

实训条件需自备，本书不提供。

参考文献

1. 马海涛主编．中国税制（第 3 版）．北京：中国人民大学出版社，2007.

2. 中华人民共和国财政部制定．企业会计准则——应用指南（2006）．北京：中国财政经济出版社，2006.

3. 中国注册会计师协会编．会计．北京：中国财政经济出版社，2017.

4. 中国注册会计师协会编．税法．北京：中国财政经济出版社，2017.

5. 乔梦虎主编．纳税实务．北京：高等教育出版社，2005.

6. 郭传章主编．新编企业纳税会计实训（第 2 版）．大连：大连理工大学出版社，2007.

7. 全国税务师执业资格考试教材编写组编．涉税服务实务．北京：中国税务出版社，2017.

图书在版编目（CIP）数据

税法与纳税会计/薛有奎主编．—3版．—北京：中国人民大学出版社，2018.2
21世纪高职高专会计类专业课程改革规划教材
ISBN 978-7-300-24824-0

Ⅰ．①税… Ⅱ．①薛… Ⅲ．①税法-中国-高等职业教育-教材 ②税收会计-高等职业教育-教材 Ⅳ．①D922.22 ②F810.42

中国版本图书馆CIP数据核字（2017）第200690号

普通高等职业教育“十三五”规划教材
21世纪高职高专会计类专业课程改革规划教材
税法与纳税会计（第三版）
主　编　薛有奎
副主编　李巧俐　缪金和　李智英
参　编　张　静　冯洪涛　王新玉
Shuifa yu Nashui Kuaiji

出版发行	中国人民大学出版社		
社　　址	北京中关村大街31号	**邮政编码**	100080
电　　话	010－62511242（总编室）		010－62511770（质管部）
	010－82501766（邮购部）		010－62514148（门市部）
	010－62515195（发行公司）		010－62515275（盗版举报）
网　　址	http://www.crup.com.cn		
	http://www.ttrnet.com(人大教研网)		
经　　销	新华书店		
印　　刷	北京昌联印刷有限公司	**版　　次**	2011年6月第1版
规　　格	185 mm×260 mm　16开本		2018年2月第3版
印　　张	21.75	**印　　次**	2018年2月第1次印刷
字　　数	505 000	**定　　价**	45.00元